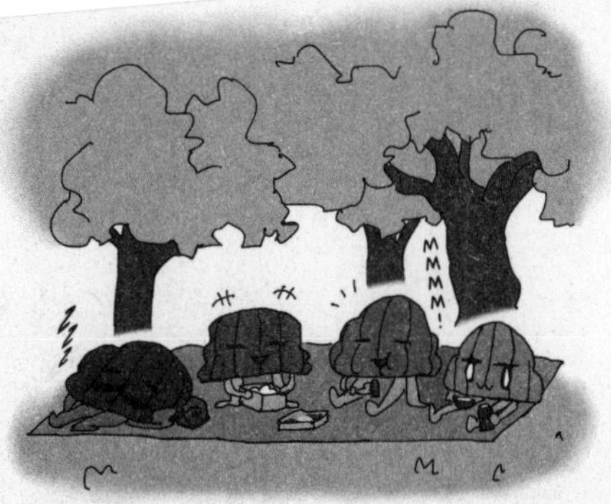

戸塚慶文
Yoshifumi Tozuka

Ich erinnere mich, wie wir als Familie mit Verwandten und Freunden Jahr für Jahr zusammenkamen, um die Kirschblüte zu bewundern. In der Nähe meines Elternhauses gab es einen herrlichen, reihenweise mit Kirschbäumen umsäumten Platz und in der Nähe des Hauses meines Großvaters einen Fluss, an dem ein Kirschbaum neben dem anderen blühte. Wir gingen oft dorthin. Später, als ich erwachsen wurde, kam es immer seltener dazu. Ich denke es ist gut, wenn man sich solche Traditionen zu jeder Jahreszeit bewahren kann. Jetzt, da ich diese Zeilen schreibe, merke ich erst, wie dankbar ich sein darf, solch schöne Erinnerungen an diese Zeit zu haben.

Wir produzieren nachhaltig

- Klimaneutrales Produkt
- Papiere aus nachhaltigen und kontrollierten Quellen
- Hergestellt in Europa

FSC
www.fsc.org
MIX
Papier aus verantwortungsvollen Quellen
FSC® C083411

CARLSEN MANGA

Aus dem Japanischen von Martin Gericke

First published in Japan in 2020 by SHUEISHA Inc., Tokyo.
German translation rights in Germany, Austria, Luxembourg and German-speaking Switzerland arranged by SHUEISHA Inc. through VME PLB SAS, France.

Redaktion: Anne Berling
Textbearbeitung: Karen Eifler
Herstellung: Björn Liebchen

ISBN: 978-3-551-71092-5

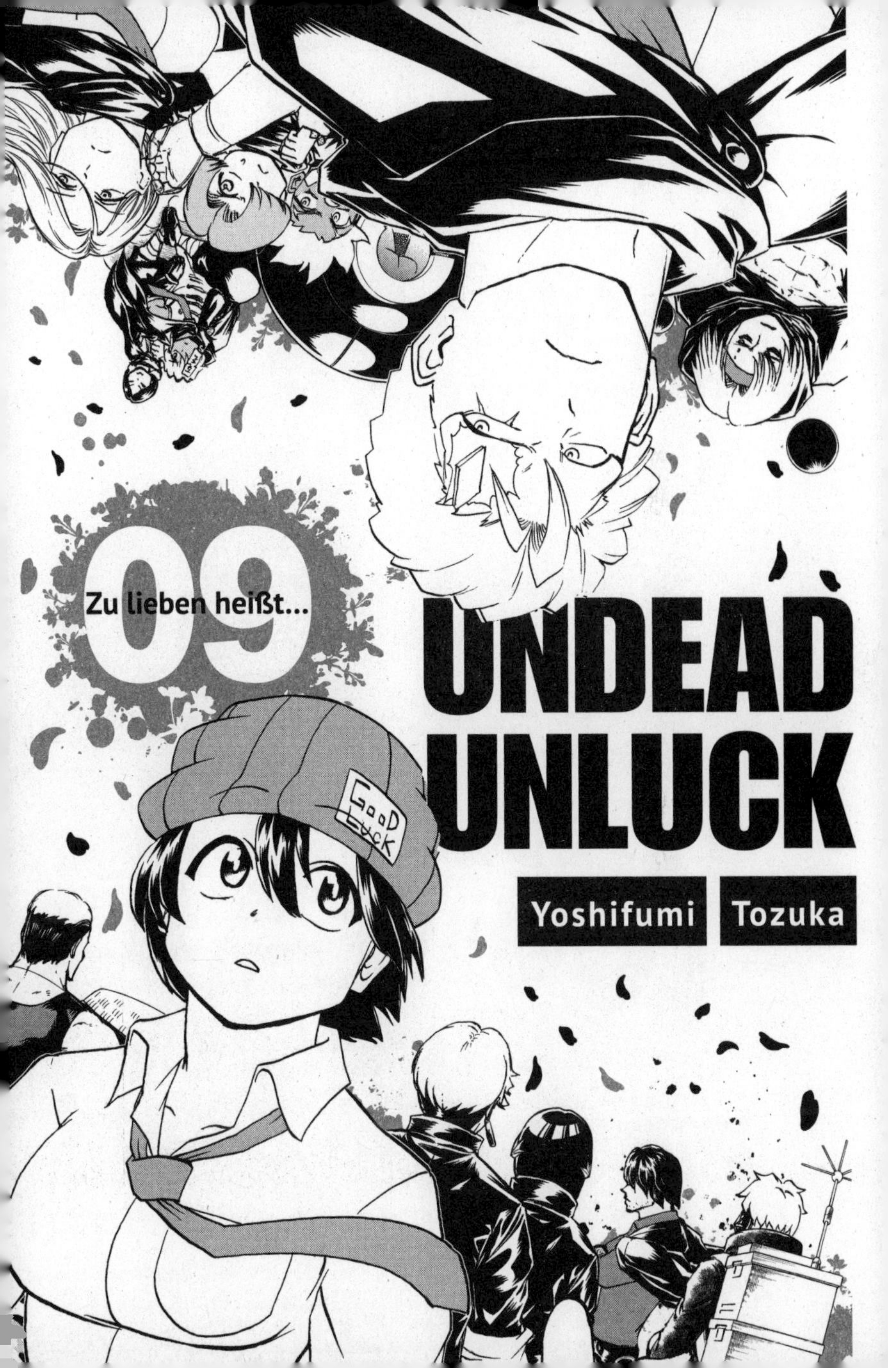
09
Zu lieben heißt...
UNDEAD UNLUCK
Yoshifumi Tozuka
GOOD LUCK

UNDEAD UNLUCK

CHARAKTERE

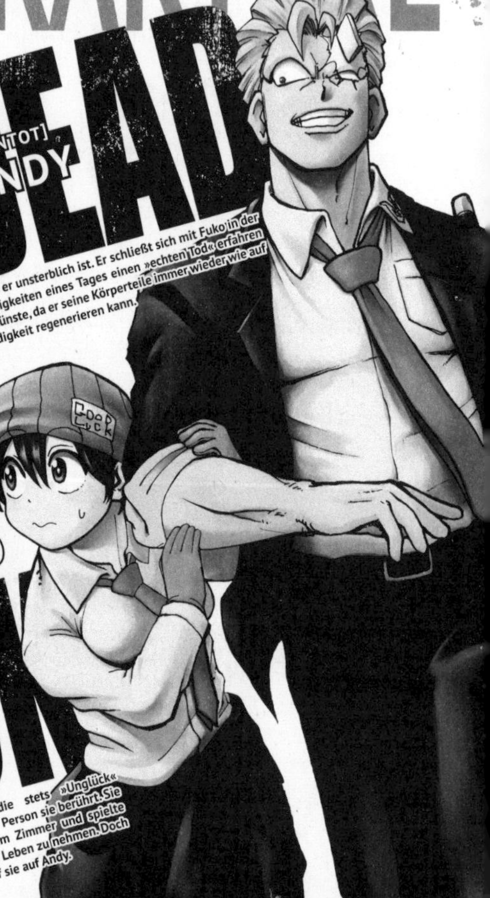

UNDEAD

[UNTOT]
ANDY

Besitzt die Fähigkeit »Undead«, wodurch er unsterblich ist. Er schließt sich mit Fuko in der Hoffnung zusammen, mithilfe ihrer Fähigkeiten eines Tages einen »echten Tod« erfahren zu können. Besitzt erstaunliche Kampfkünste, da er seine Körperteile immer wieder wie auf Knopfdruck und in rasender Geschwindigkeit regenerieren kann.

UNLUCK

[UNGLÜCK]
FUKO

Besitzt die Fähigkeit »Unluck«, die stets »Unglück« heraufbeschwört, sobald eine andere Person sie berührt. Sie lebte lange zurückgezogen in ihrem Zimmer und spielte bereits mit dem Gedanken, sich das Leben zu nehmen. Doch bevor es dazu kommen konnte, traf sie auf Andy.

STORY

Da sie anderen Menschen mit ihrem »Unglück« ungewollt Pech beschert, hatte sich Fuko eigentlich vorgenommen, ihrem Leben ein Ende zu setzen. Doch nach der kuriosen Begegnung mit Andy, einem mysteriösen Kerl mit einem unsterblichen Körper, gewinnt sie ihren Lebenswillen zurück und schöpft neuen Mut. In der Zwischenzeit erfahren die beiden von der Existenz einer Organisation, der Union, welche sogenannte UMA (unidentifizierte, mysteriöse Arten) und andere unbekannte Phänomene aufspürt und in Gewahrsam nimmt. In der Union gibt es einen runden Tisch, der auf zehn Mitglieder begrenzt ist und an dem sich die Negatoren versammeln. Andy und Fuko beschließen, der Union beizutreten, und besiegen dafür zwei der bisherigen Mitglieder, um sich einen Platz am besagten Tisch zu sichern. Dort erfahren sie auch den Grund für die Existenz der Union: Es gilt, die vom Schöpfer auferlegten Quests zu lösen und gegen ihn zu rebellieren. Es gelingt unseren Helden zwar, Summer zu besiegen, doch die Erde gerät dadurch völlig aus den Fugen: Das Klima und der normale Lauf der vier Jahreszeiten spielen verrückt und die Welt verfällt in eine extreme Eiszeit. Fuko begibt sich daraufhin freiwillig in die Fänge von Under, stellt aber die Bedingung, dass dafür UMA Winter neutralisiert wird. Somit bleibt nur noch Spring, bevor alle vier Jahreszeiten-UMA besiegt sind.

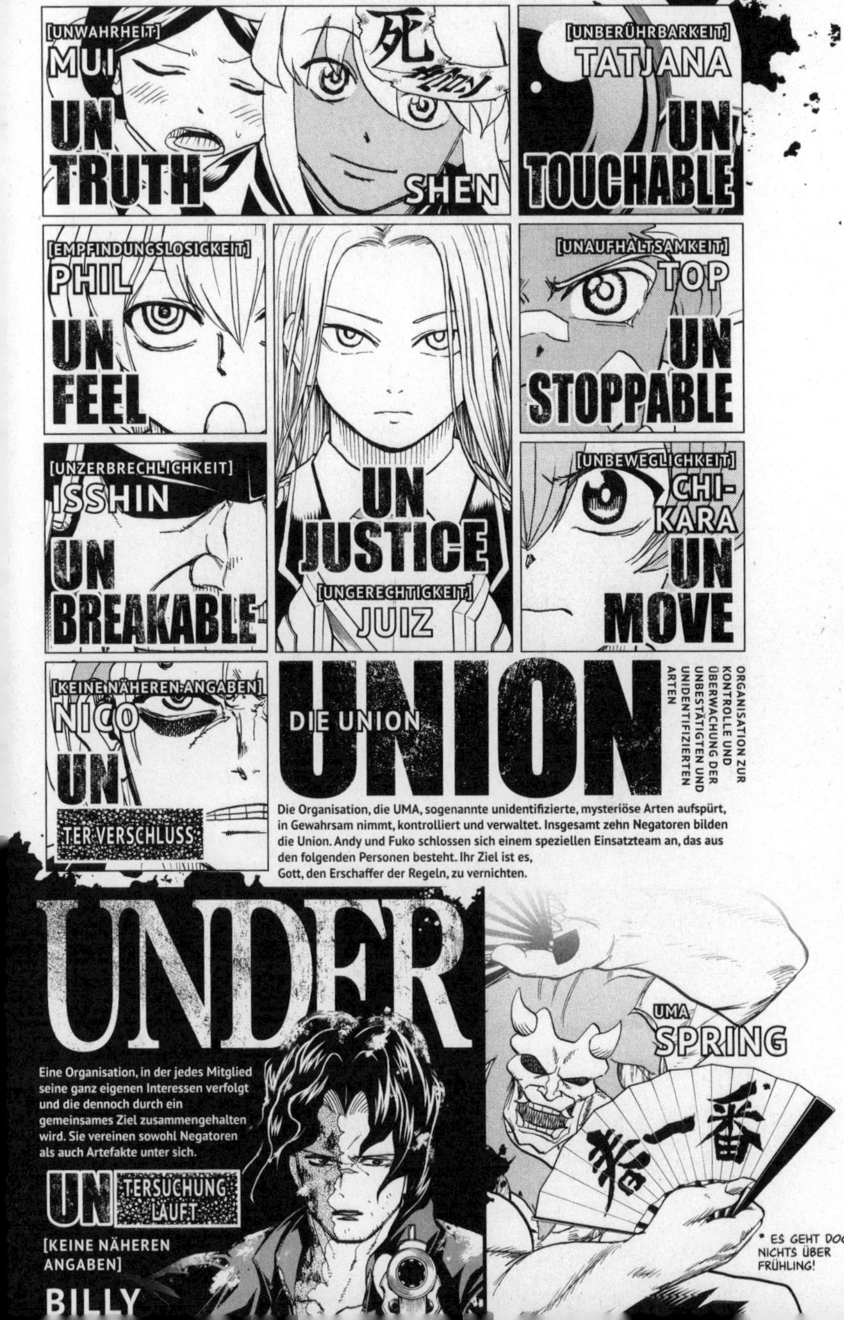
[UNWAHRHEIT]
MUI
UN TRUTH
SHEN
[UNBERÜHRBARKEIT]
TATJANA
UN TOUCHABLE
[EMPFINDUNGSLOSIGKEIT]
PHIL
UN FEEL
UN JUSTICE
[UNGERECHTIGKEIT]
JUIZ
[UNAUFHALTSAMKEIT]
TOP
UN STOPPABLE
[UNZERBRECHLICHKEIT]
ISSHIN
UN BREAKABLE
[UNBEWEGLICHKEIT]
CHI-KARA
UN MOVE
[KEINE NÄHEREN ANGABEN]
NICO
UN
TER VERSCHLUSS
UNION
DIE UNION
ORGANISATION ZUR KONTROLLE UND ÜBERWACHUNG DER UNBESTÄTIGTEN UND UNIDENTIFIZIERTEN ARTEN
Die Organisation, die UMA, sogenannte unidentifizierte, mysteriöse Arten aufspürt, in Gewahrsam nimmt, kontrolliert und verwaltet. Insgesamt zehn Negatoren bilden die Union. Andy und Fuko schlossen sich einem speziellen Einsatzteam an, das aus den folgenden Personen besteht. Ihr Ziel ist es, Gott, den Erschaffer der Regeln, zu vernichten.
UNDER
Eine Organisation, in der jedes Mitglied seine ganz eigenen Interessen verfolgt und die dennoch durch ein gemeinsames Ziel zusammengehalten wird. Sie vereinen sowohl Negatoren als auch Artefakte unter sich.
UN
TERSUCHUNG LÄUFT
[KEINE NÄHEREN ANGABEN]
BILLY
UMA
SPRING
* ES GEHT DOCH NICHTS ÜBER FRÜHLING!

UNDEAD UNLUCK

アンデッドアンラック

INHALT

09 Zu lieben heißt...

No. 071 Zu lieben heißt...

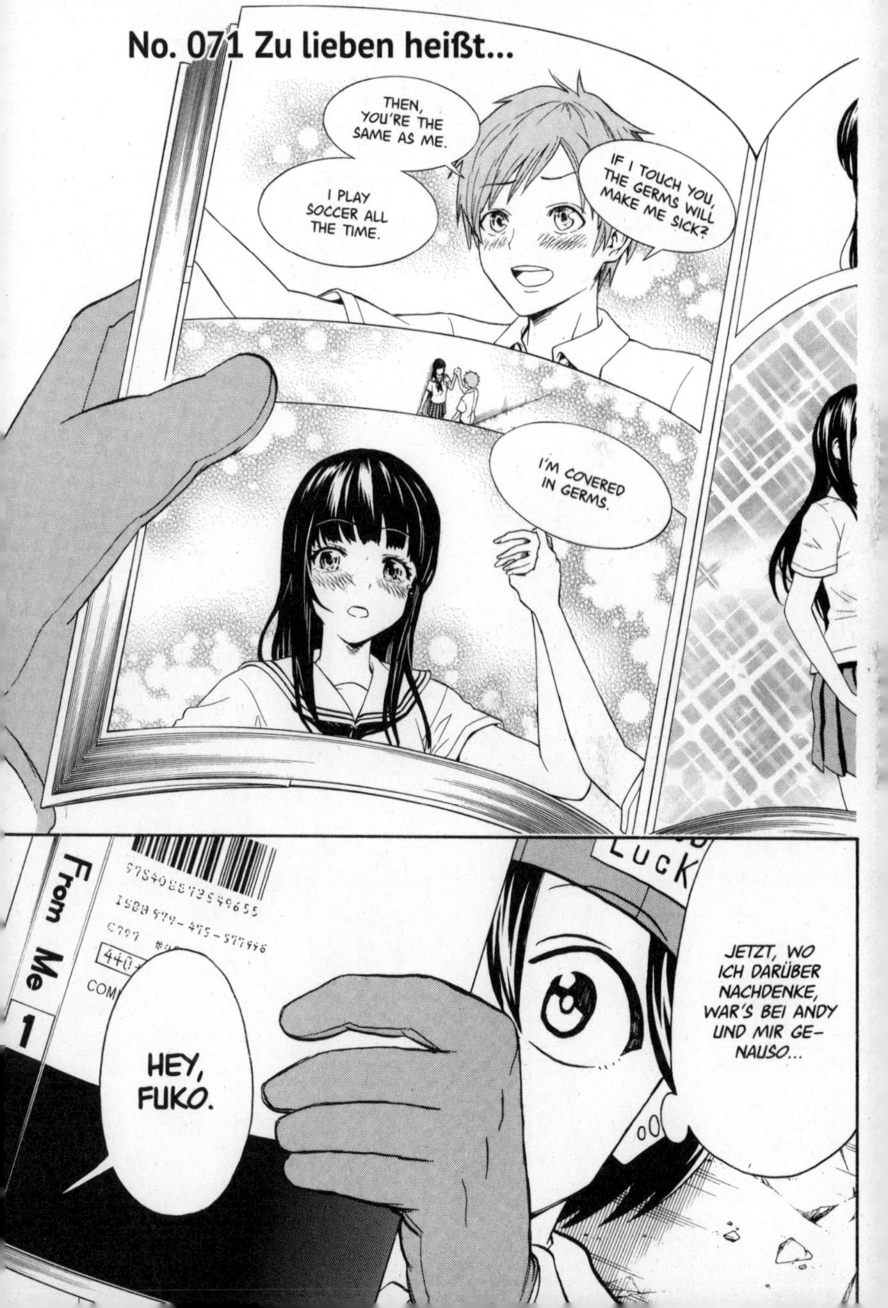

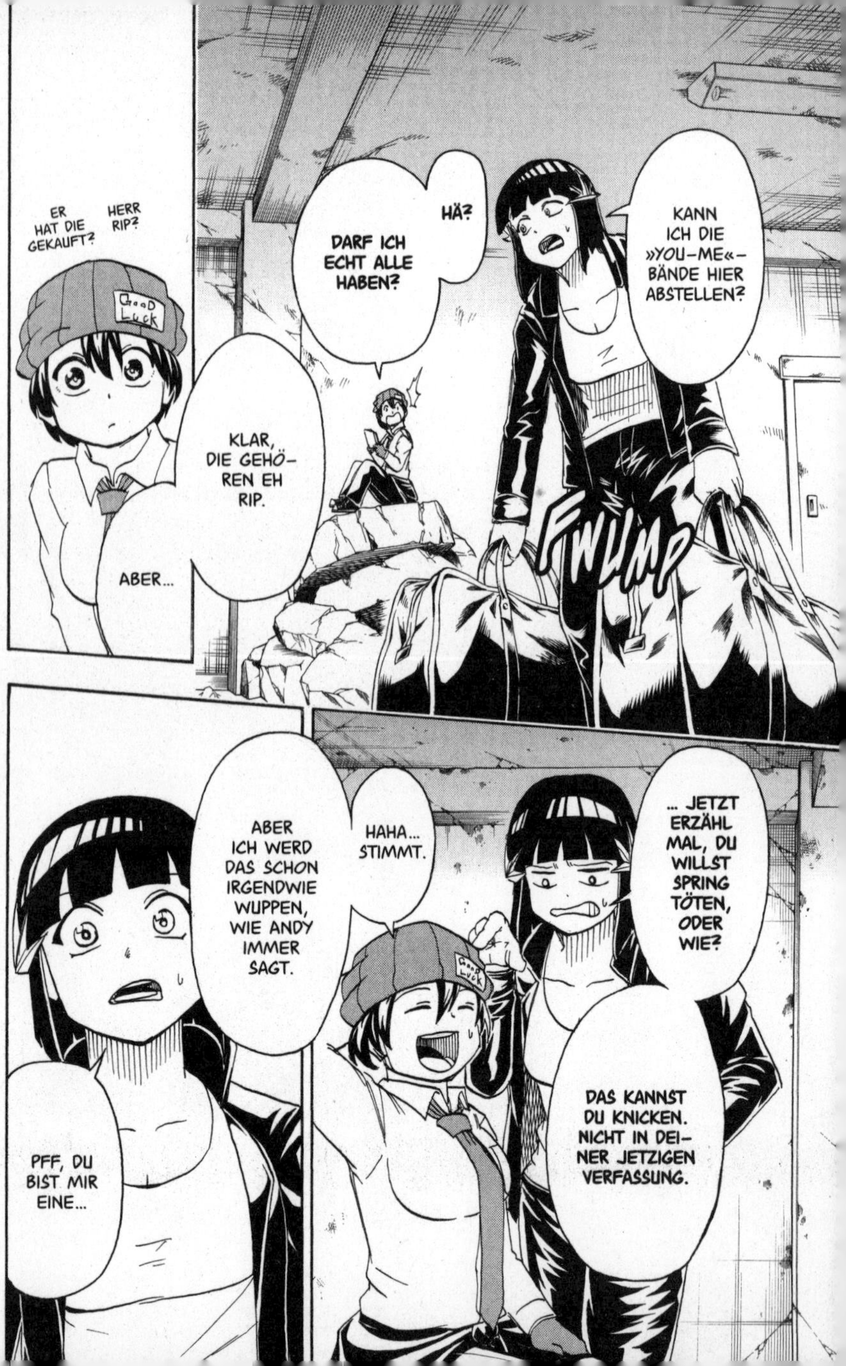
KANN ICH DIE »YOU-ME«-BÄNDE HIER ABSTELLEN?
HÄ?
DARF ICH ECHT ALLE HABEN?
FWUMP
KLAR, DIE GEHÖREN EH RIP.
ABER...
HERR RIP?
ER HAT DIE GEKAUFT?
... JETZT ERZÄHL MAL, DU WILLST SPRING TÖTEN, ODER WIE?
DAS KANNST DU KNICKEN. NICHT IN DEINER JETZIGEN VERFASSUNG.
HAHA... STIMMT.
ABER ICH WERD DAS SCHON IRGENDWIE WUPPEN, WIE ANDY IMMER SAGT.
PFF, DU BIST MIR EINE...

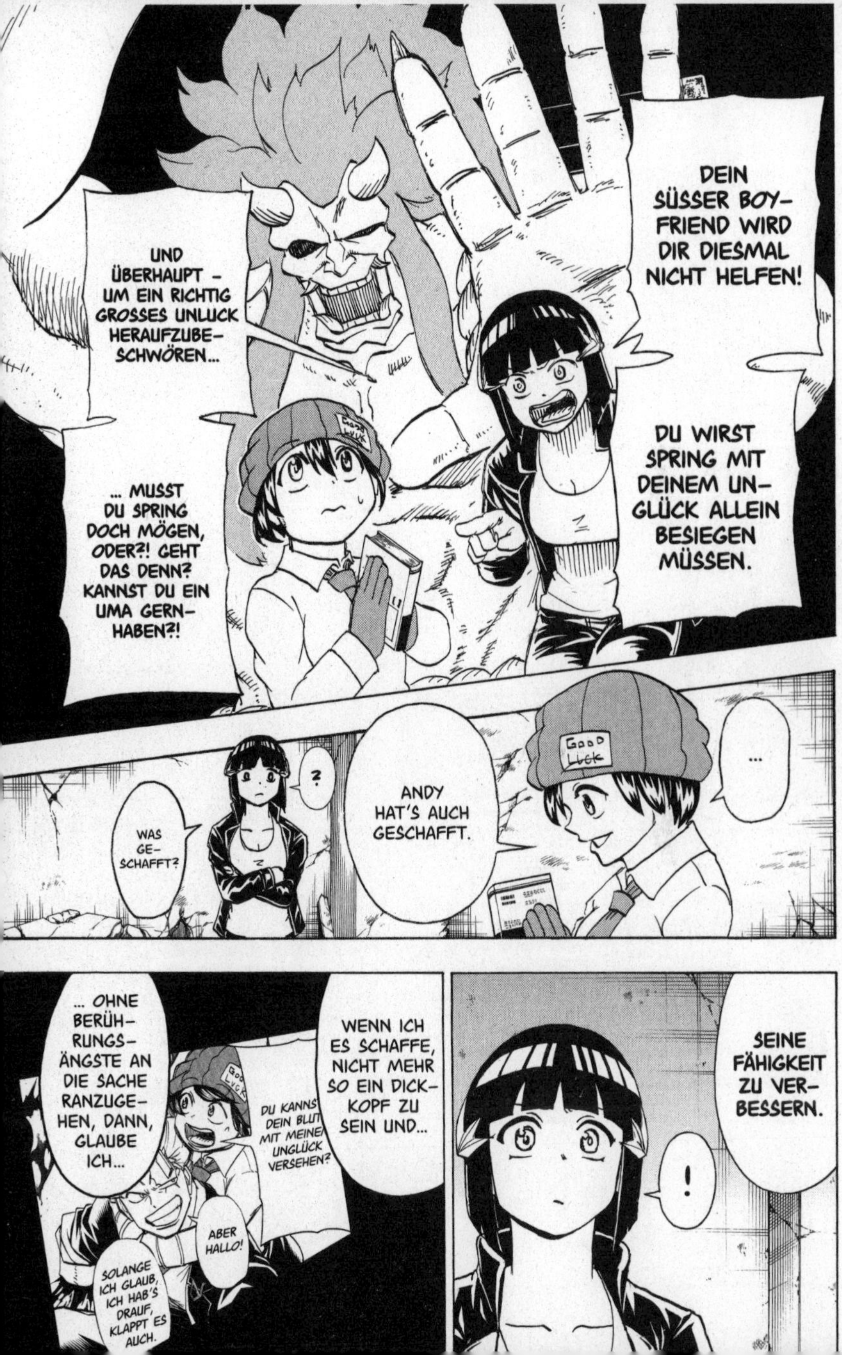
DEIN SÜSSER BOY-FRIEND WIRD DIR DIESMAL NICHT HELFEN!
DU WIRST SPRING MIT DEINEM UN-GLÜCK ALLEIN BESIEGEN MÜSSEN.
UND ÜBERHAUPT – UM EIN RICHTIG GROSSES UNLUCK HERAUFZUBE-SCHWÖREN...
... MUSST DU SPRING DOCH MÖGEN, ODER?! GEHT DAS DENN? KANNST DU EIN UMA GERN-HABEN?!
...
ANDY HAT'S AUCH GESCHAFFT.
?
WAS GE-SCHAFFT?
SEINE FÄHIGKEIT ZU VER-BESSERN.
!
WENN ICH ES SCHAFFE, NICHT MEHR SO EIN DICK-KOPF ZU SEIN UND...
... OHNE BERÜH-RUNGS-ÄNGSTE AN DIE SACHE RANZUGE-HEN, DANN, GLAUBE ICH...
DU KANNS DEIN BLUT MIT MEINE UNGLÜCK VERSEHEN?
ABER HALLO!
SOLANGE ICH GLAUB, ICH HAB'S DRAUF, KLAPPT ES AUCH.

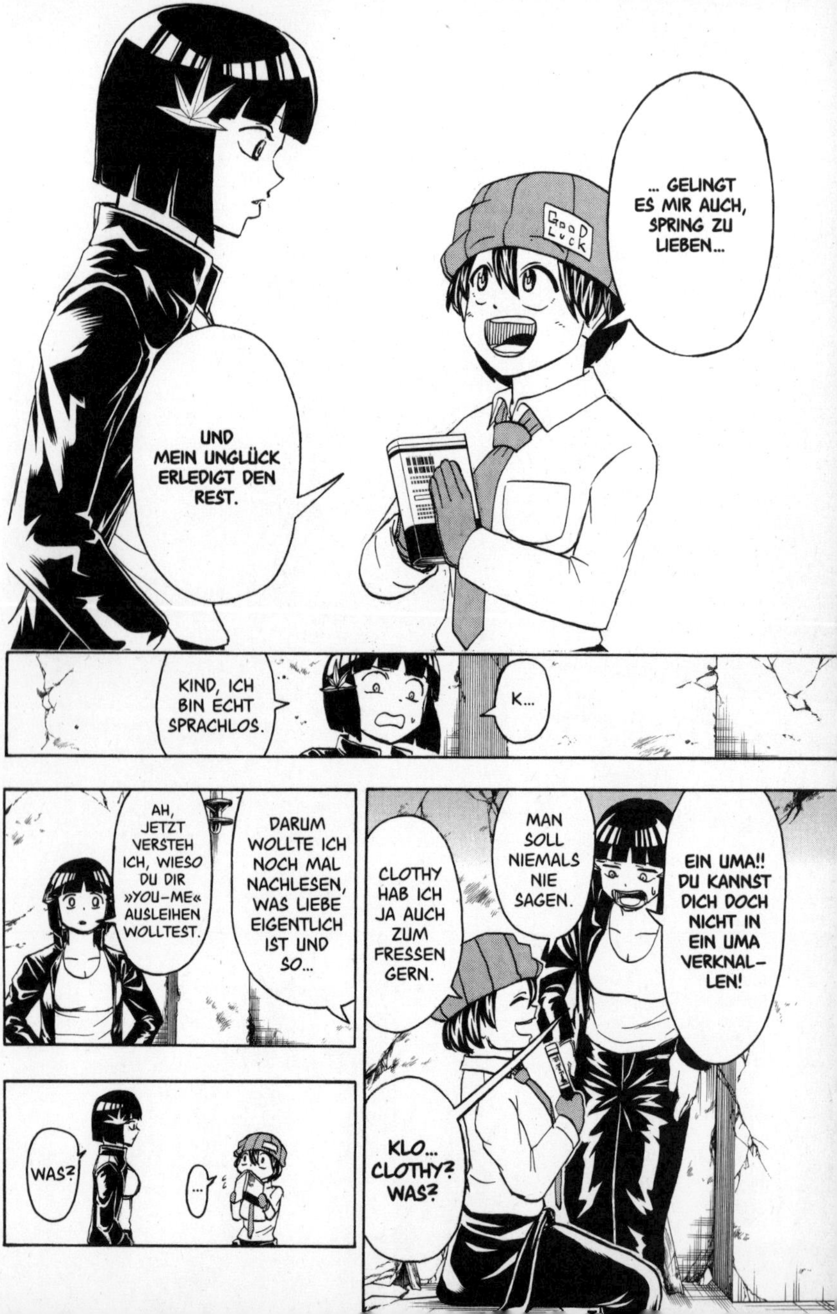
... GELINGT ES MIR AUCH, SPRING ZU LIEBEN...
UND MEIN UNGLÜCK ERLEDIGT DEN REST.
K...
KIND, ICH BIN ECHT SPRACHLOS.
EIN UMA!! DU KANNST DICH DOCH NICHT IN EIN UMA VERKNAL-LEN!
MAN SOLL NIEMALS NIE SAGEN.
CLOTHY HAB ICH JA AUCH ZUM FRESSEN GERN.
KLO... CLOTHY? WAS?
DARUM WOLLTE ICH NOCH MAL NACHLESEN, WAS LIEBE EIGENTLICH IST UND SO...
AH, JETZT VERSTEH ICH, WIESO DU DIR »YOU-ME« AUSLEIHEN WOLLTEST.
...
WAS?

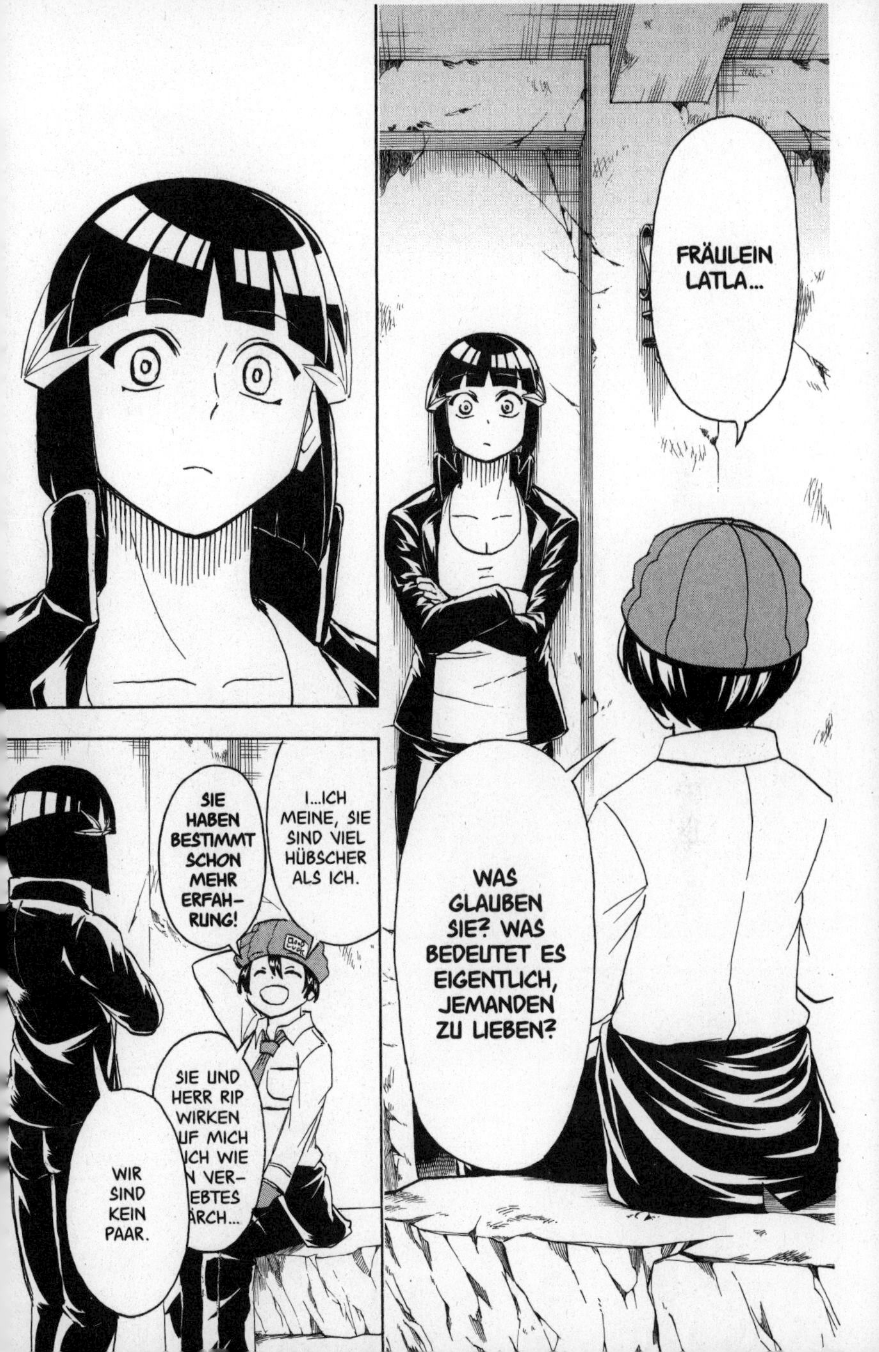
FRÄULEIN LATLA...
WAS GLAUBEN SIE? WAS BEDEUTET ES EIGENTLICH, JEMANDEN ZU LIEBEN?
I...ICH MEINE, SIE SIND VIEL HÜBSCHER ALS ICH.
SIE HABEN BESTIMMT SCHON MEHR ERFAHRUNG!
SIE UND HERR RIP WIRKEN UF MICH ICH WIE N VER- EBTES ÄRCH...
WIR SIND KEIN PAAR.

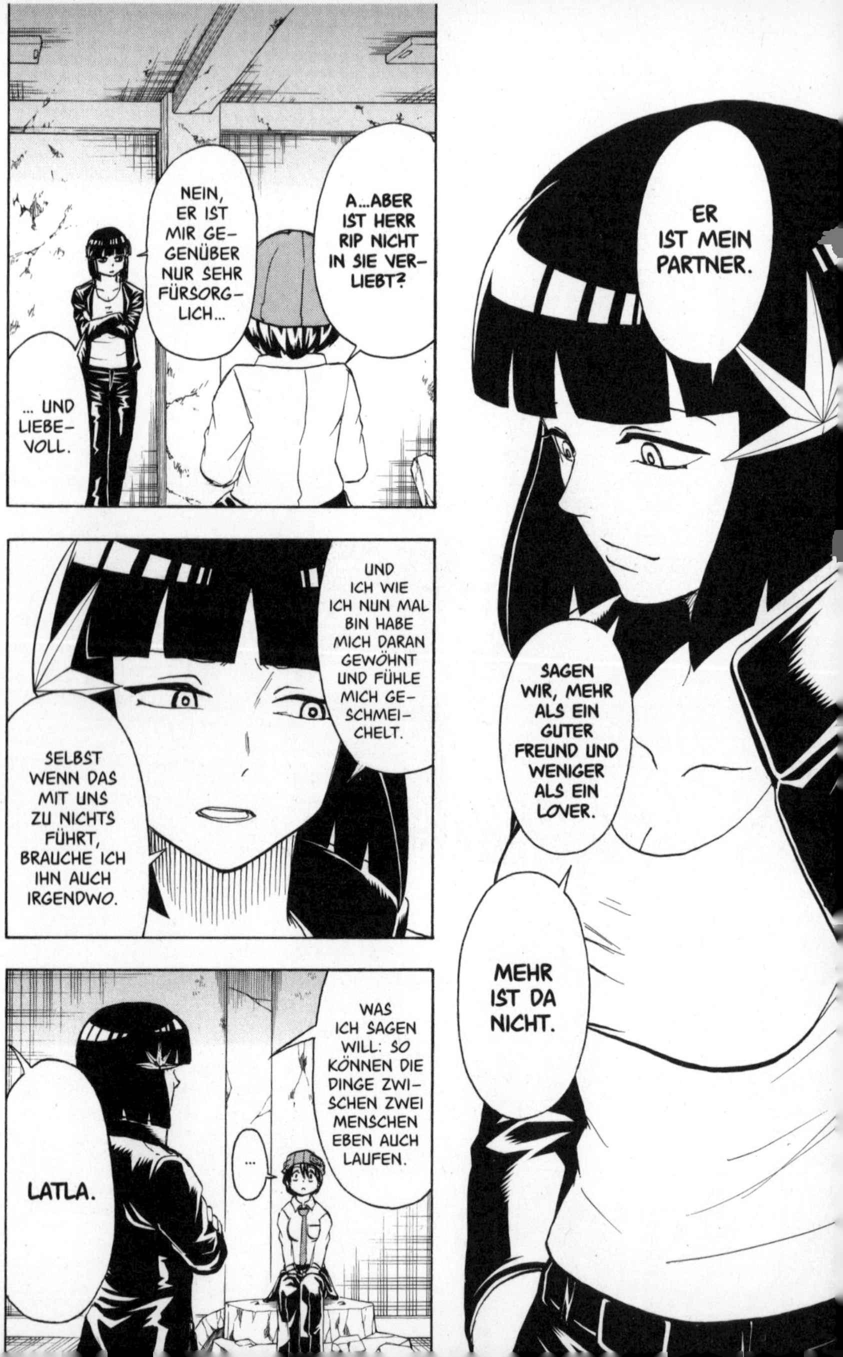
ER IST MEIN PARTNER.
SAGEN WIR, MEHR ALS EIN GUTER FREUND UND WENIGER ALS EIN LOVER.
MEHR IST DA NICHT.
A...ABER IST HERR RIP NICHT IN SIE VERLIEBT?
NEIN, ER IST MIR GEGENÜBER NUR SEHR FÜRSORGLICH...
... UND LIEBEVOLL.
UND ICH WIE ICH NUN MAL BIN HABE MICH DARAN GEWÖHNT UND FÜHLE MICH GESCHMEICHELT.
SELBST WENN DAS MIT UNS ZU NICHTS FÜHRT, BRAUCHE ICH IHN AUCH IRGENDWO.
WAS ICH SAGEN WILL: SO KÖNNEN DIE DINGE ZWISCHEN ZWEI MENSCHEN EBEN AUCH LAUFEN.
...
LATLA.

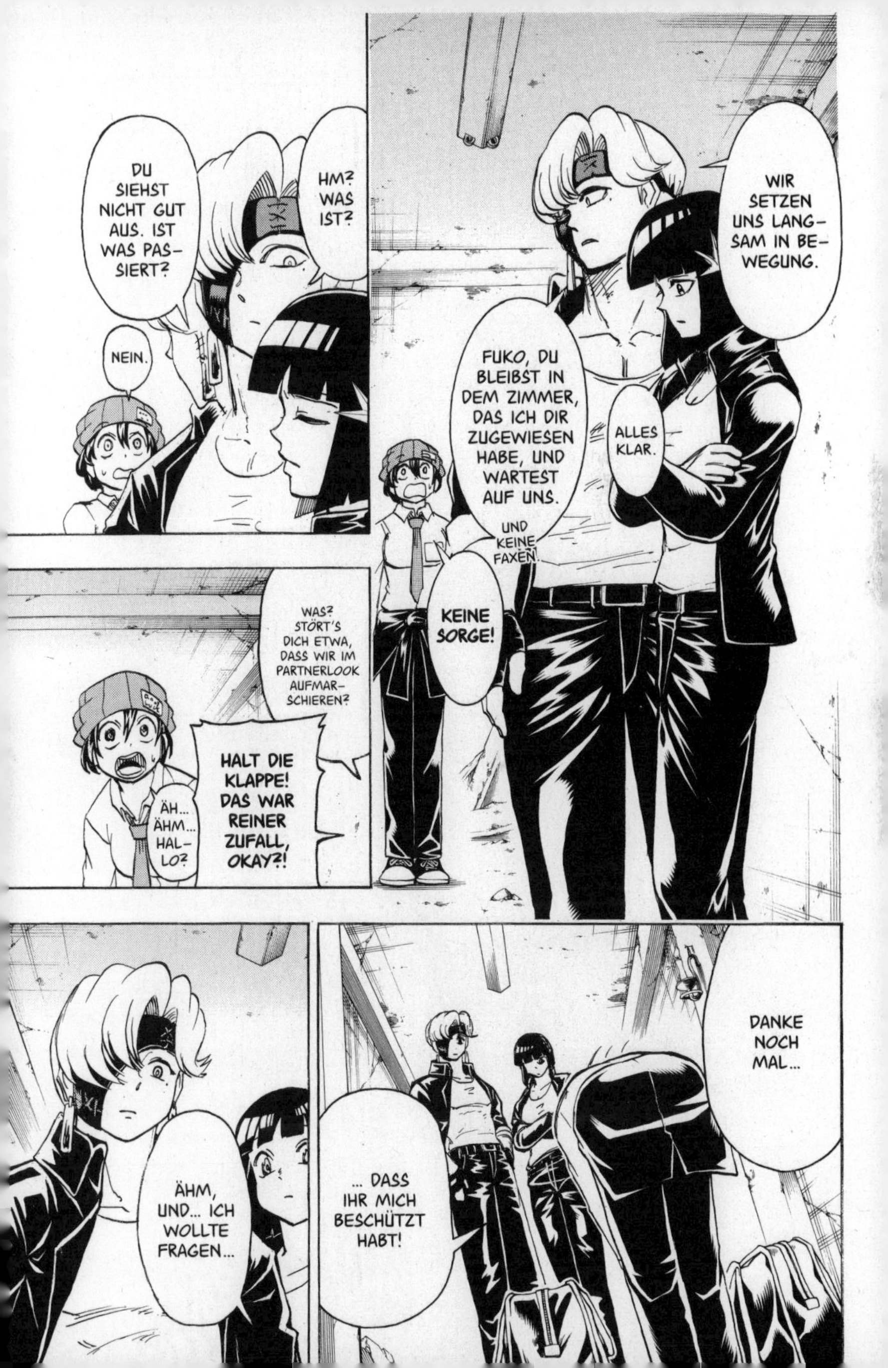
WIR SETZEN UNS LANGSAM IN BEWEGUNG.
ALLES KLAR.
FUKO, DU BLEIBST IN DEM ZIMMER, DAS ICH DIR ZUGEWIESEN HABE, UND WARTEST AUF UNS.
UND KEINE FAXEN.
KEINE SORGE!
HM? WAS IST?
DU SIEHST NICHT GUT AUS. IST WAS PASSIERT?
NEIN.
WAS? STÖRT'S DICH ETWA, DASS WIR IM PARTNERLOOK AUFMARSCHIEREN?
HALT DIE KLAPPE! DAS WAR REINER ZUFALL, OKAY?!
ÄH... ÄHM... HALLO?
DANKE NOCH MAL...
... DASS IHR MICH BESCHÜTZT HABT!
ÄHM, UND... ICH WOLLTE FRAGEN...

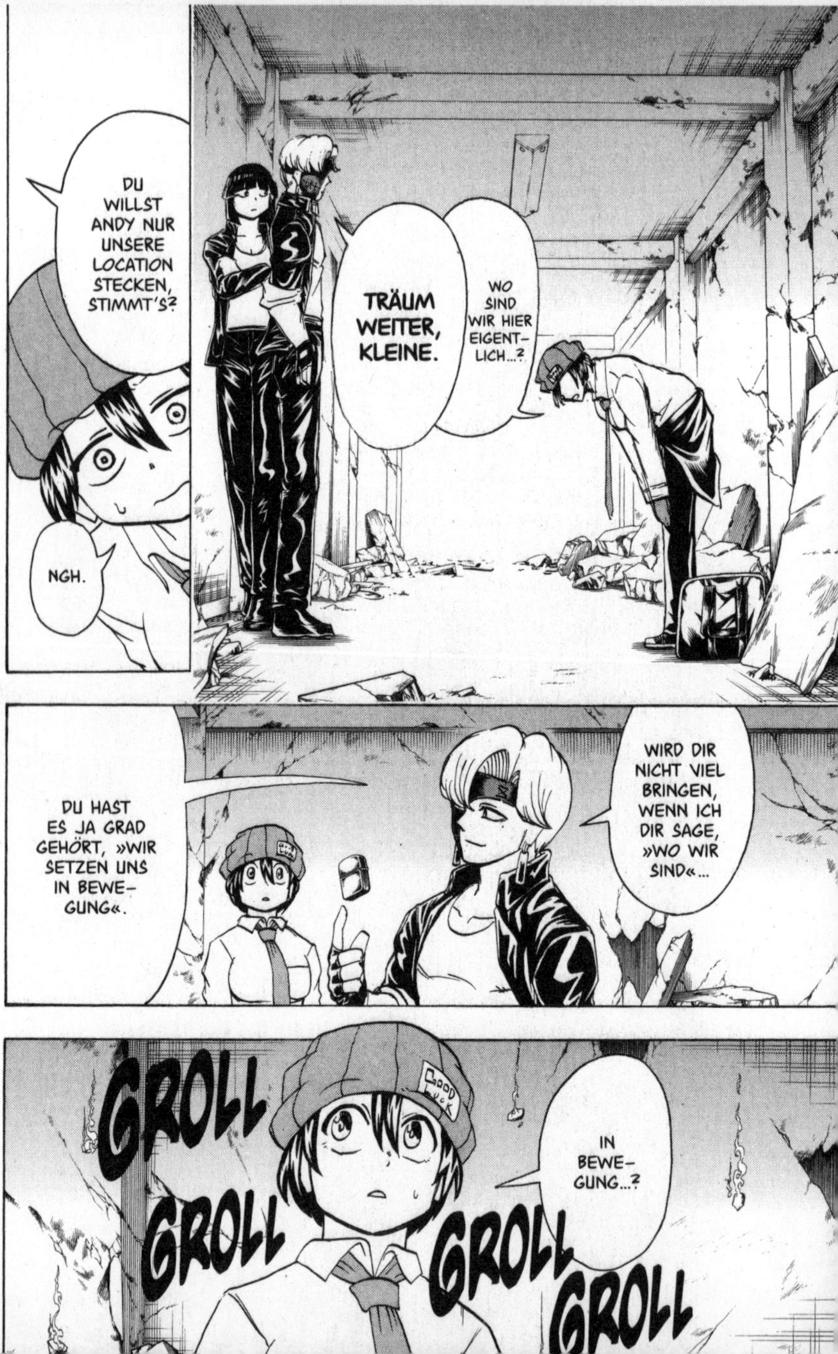
WO SIND WIR HIER EIGENTLICH...?
TRÄUM WEITER, KLEINE.
DU WILLST ANDY NUR UNSERE LOCATION STECKEN, STIMMT'S?
NGH.
WIRD DIR NICHT VIEL BRINGEN, WENN ICH DIR SAGE, »WO WIR SIND«...
DU HAST ES JA GRAD GEHÖRT, »WIR SETZEN UNS IN BEWEGUNG«.
IN BEWEGUNG...?
GROLL
GROLL
GROLL
GROLL
GOOD LUCK

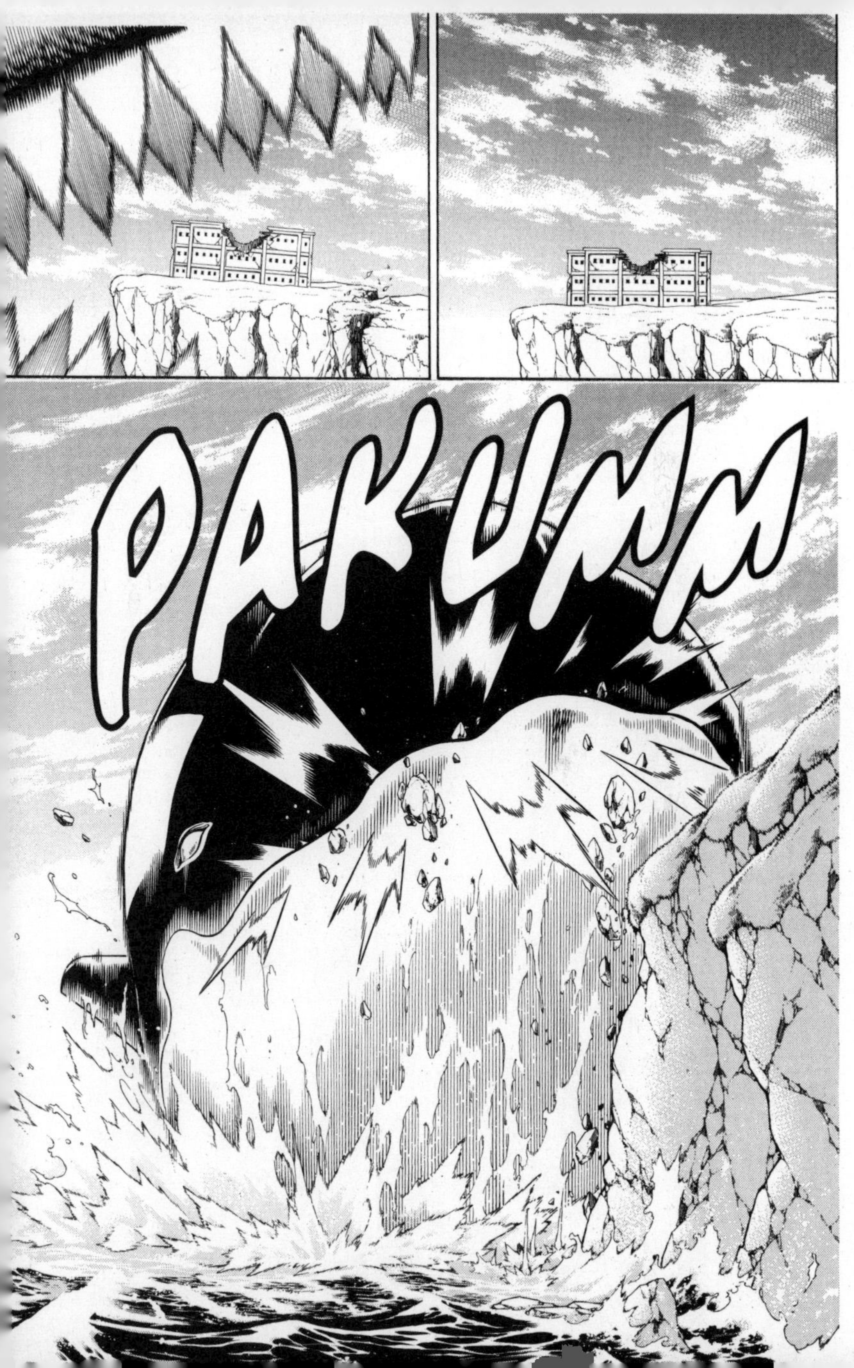
PAKUM

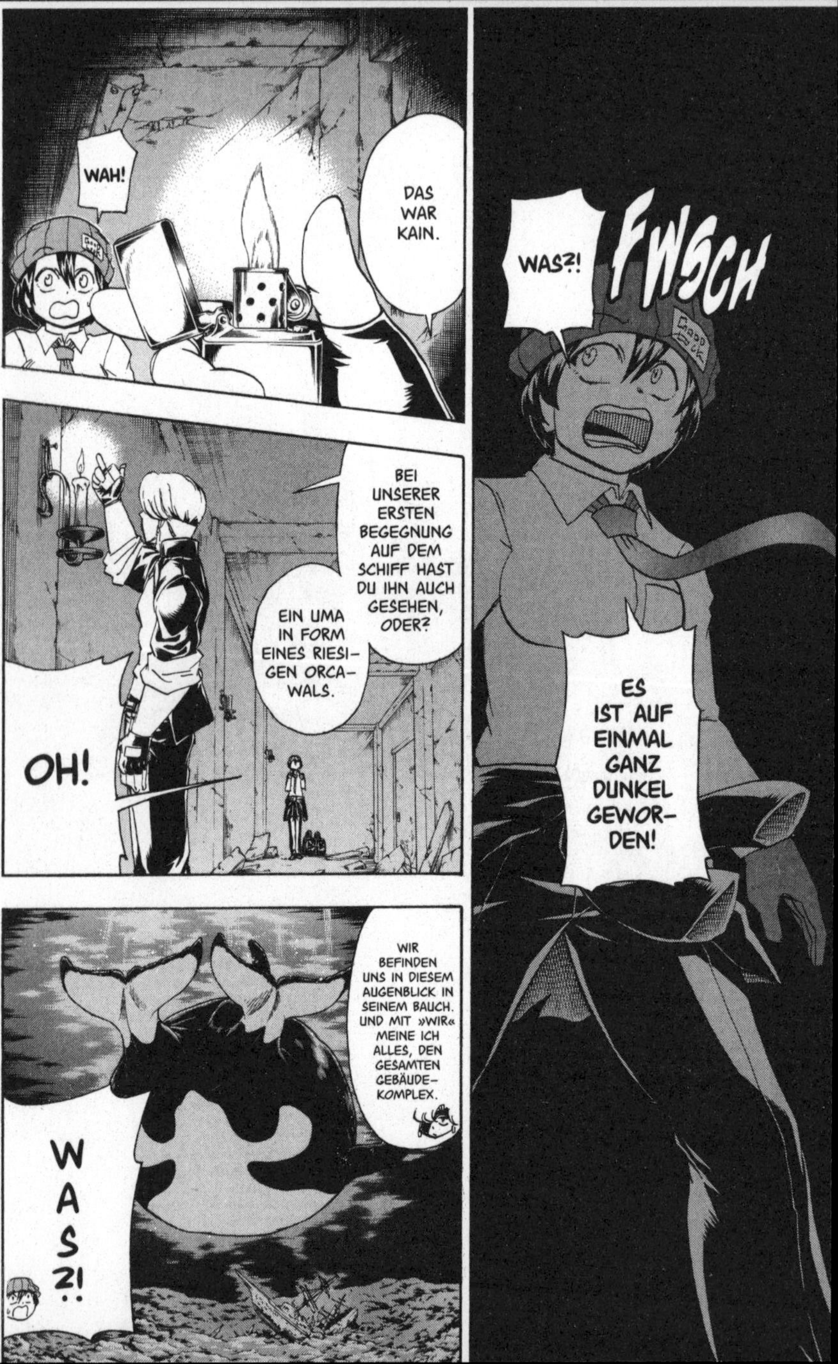
WAS?!
FWSCH
ES IST AUF EINMAL GANZ DUNKEL GEWORDEN!
DAS WAR KAIN.
WAH!
BEI UNSERER ERSTEN BEGEGNUNG AUF DEM SCHIFF HAST DU IHN AUCH GESEHEN, ODER?
EIN UMA IN FORM EINES RIESIGEN ORCAWALS.
OH!
WIR BEFINDEN UNS IN DIESEM AUGENBLICK IN SEINEM BAUCH. UND MIT »WIR« MEINE ICH ALLES, DEN GESAMTEN GEBÄUDEKOMPLEX.
WAS?!

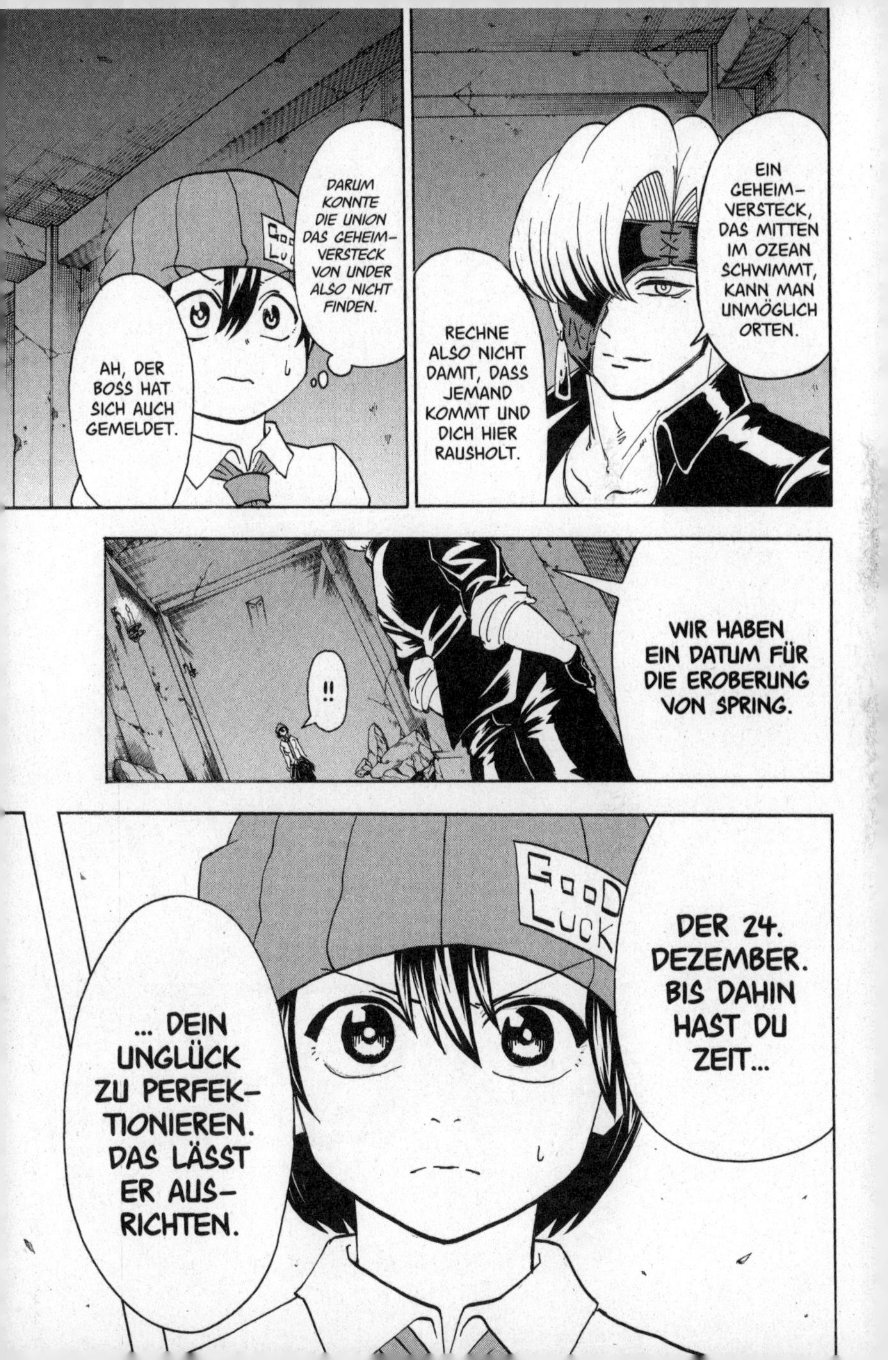
EIN GEHEIMVERSTECK, DAS MITTEN IM OZEAN SCHWIMMT, KANN MAN UNMÖGLICH ORTEN.
RECHNE ALSO NICHT DAMIT, DASS JEMAND KOMMT UND DICH HIER RAUSHOLT.
DARUM KONNTE DIE UNION DAS GEHEIMVERSTECK VON UNDER ALSO NICHT FINDEN.
AH, DER BOSS HAT SICH AUCH GEMELDET.
WIR HABEN EIN DATUM FÜR DIE EROBERUNG VON SPRING.
!!
DER 24. DEZEMBER. BIS DAHIN HAST DU ZEIT...
GOOD LUCK
... DEIN UNGLÜCK ZU PERFEKTIONIEREN. DAS LÄSST ER AUSRICHTEN.

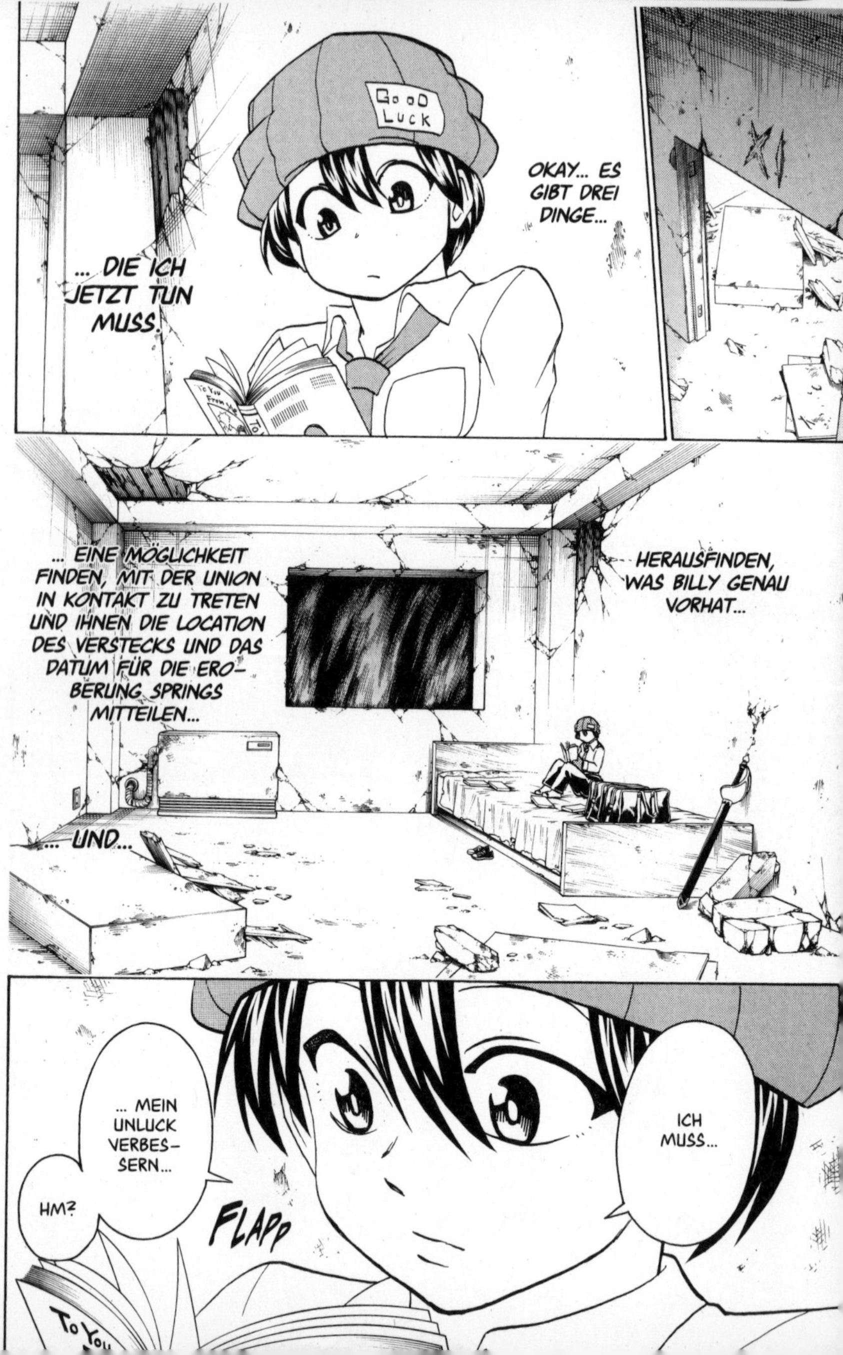
GOOD LUCK
OKAY... ES GIBT DREI DINGE...
... DIE ICH JETZT TUN MUSS.
HERAUSFINDEN, WAS BILLY GENAU VORHAT...
... EINE MÖGLICHKEIT FINDEN, MIT DER UNION IN KONTAKT ZU TRETEN UND IHNEN DIE LOCATION DES VERSTECKS UND DAS DATUM FÜR DIE ERO-BERUNG SPRINGS MITTEILEN...
... UND...
ICH MUSS...
... MEIN UNLUCK VERBES-SERN...
FLAPP
HM?
TO YOU

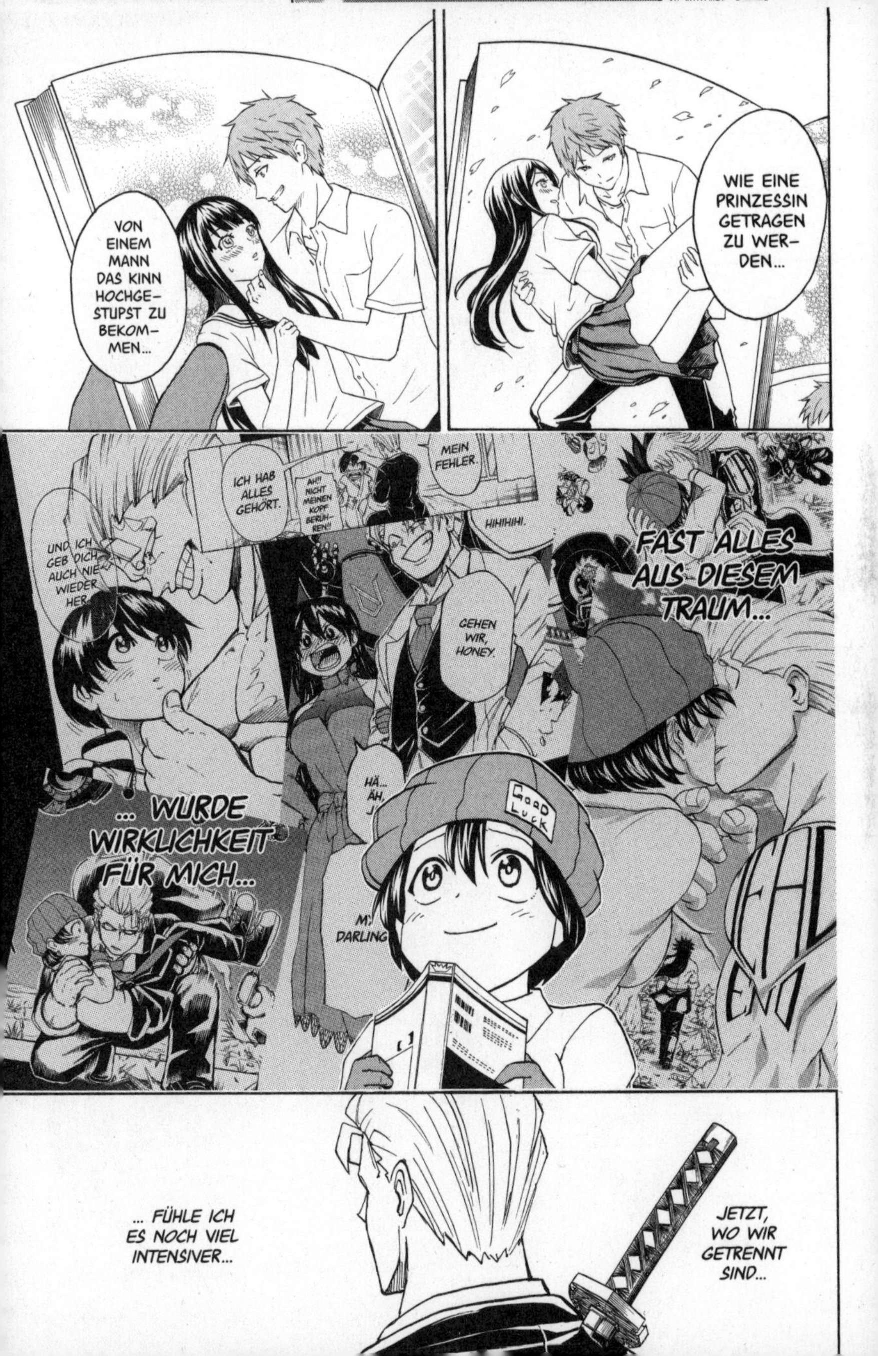
WIE EINE PRINZESSIN GETRAGEN ZU WERDEN...
VON EINEM MANN DAS KINN HOCHGESTUPST ZU BEKOMMEN...
FAST ALLES AUS DIESEM TRAUM...
MEIN FEHLER.
AH! NICHT MEINEN KOPF BERÜHREN!!
ICH HAB ALLES GEHÖRT.
HIHIHIHI.
UND ICH GEB DICH AUCH NIE WIEDER HER
GEHEN WIR, HONEY.
... WURDE WIRKLICHKEIT FÜR MICH...
JETZT, WO WIR GETRENNT SIND...
... FÜHLE ICH ES NOCH VIEL INTENSIVER...

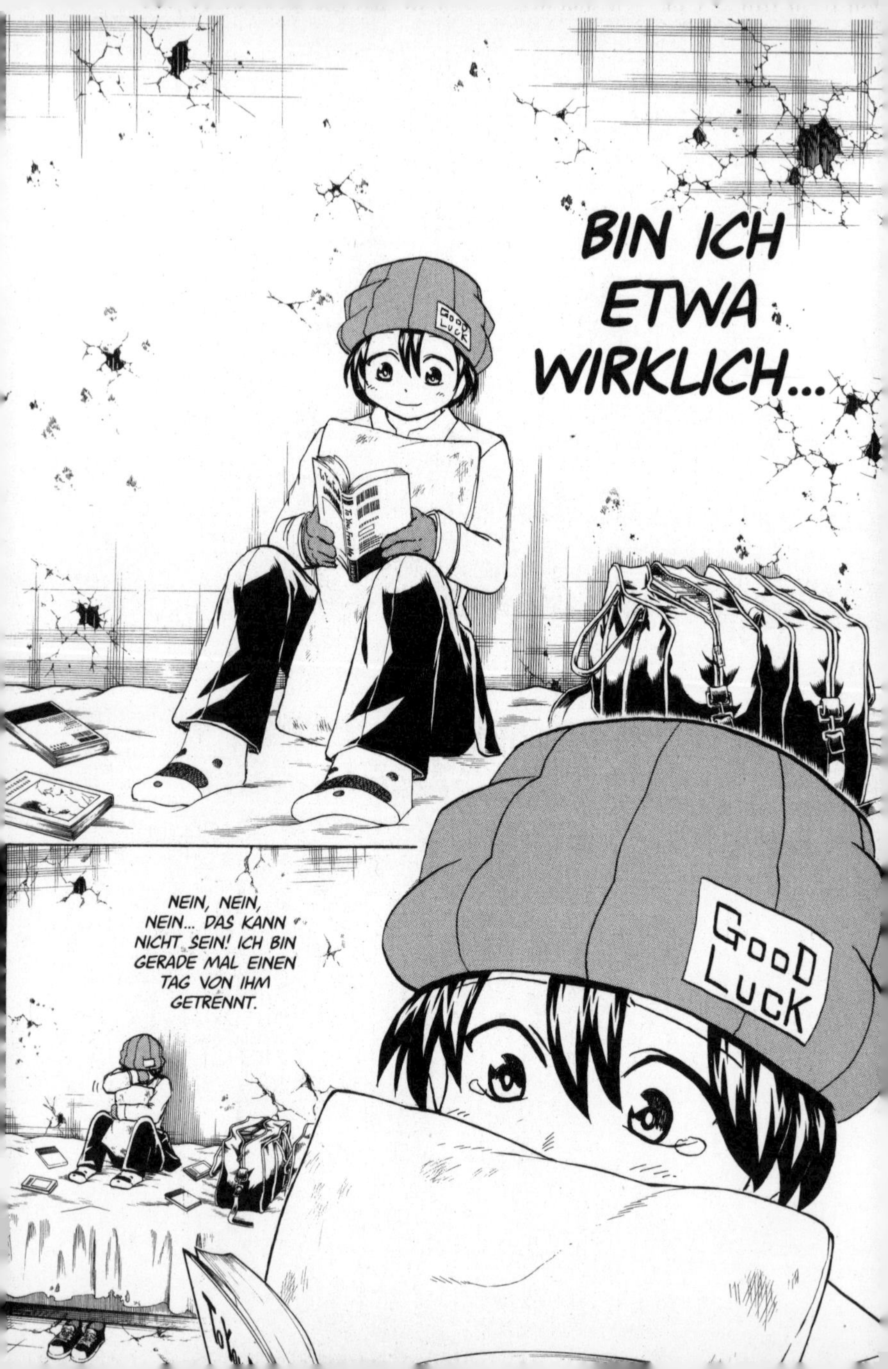
BIN ICH ETWA WIRKLICH...
GOOD LUCK
NEIN, NEIN, NEIN... DAS KANN NICHT SEIN! ICH BIN GERADE MAL EINEN TAG VON IHM GETRENNT.
GOOD LUCK

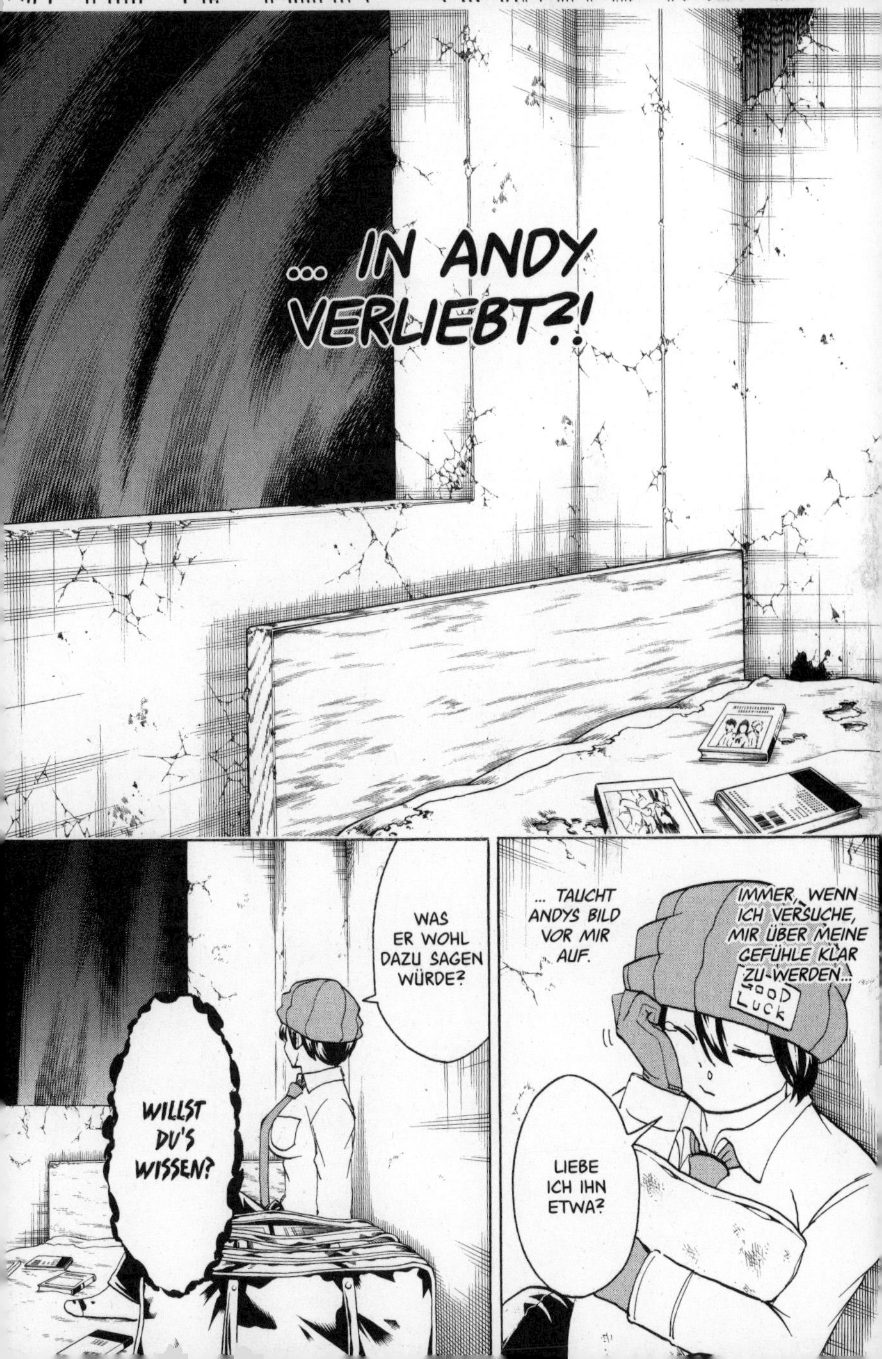
... IN ANDY VERLIEBT?!
IMMER, WENN ICH VERSUCHE, MIR ÜBER MEINE GEFÜHLE KLAR ZU WERDEN...
... TAUCHT ANDYS BILD VOR MIR AUF.
GOOD LUCK
LIEBE ICH IHN ETWA?
WAS ER WOHL DAZU SAGEN WÜRDE?
WILLST DU'S WISSEN?

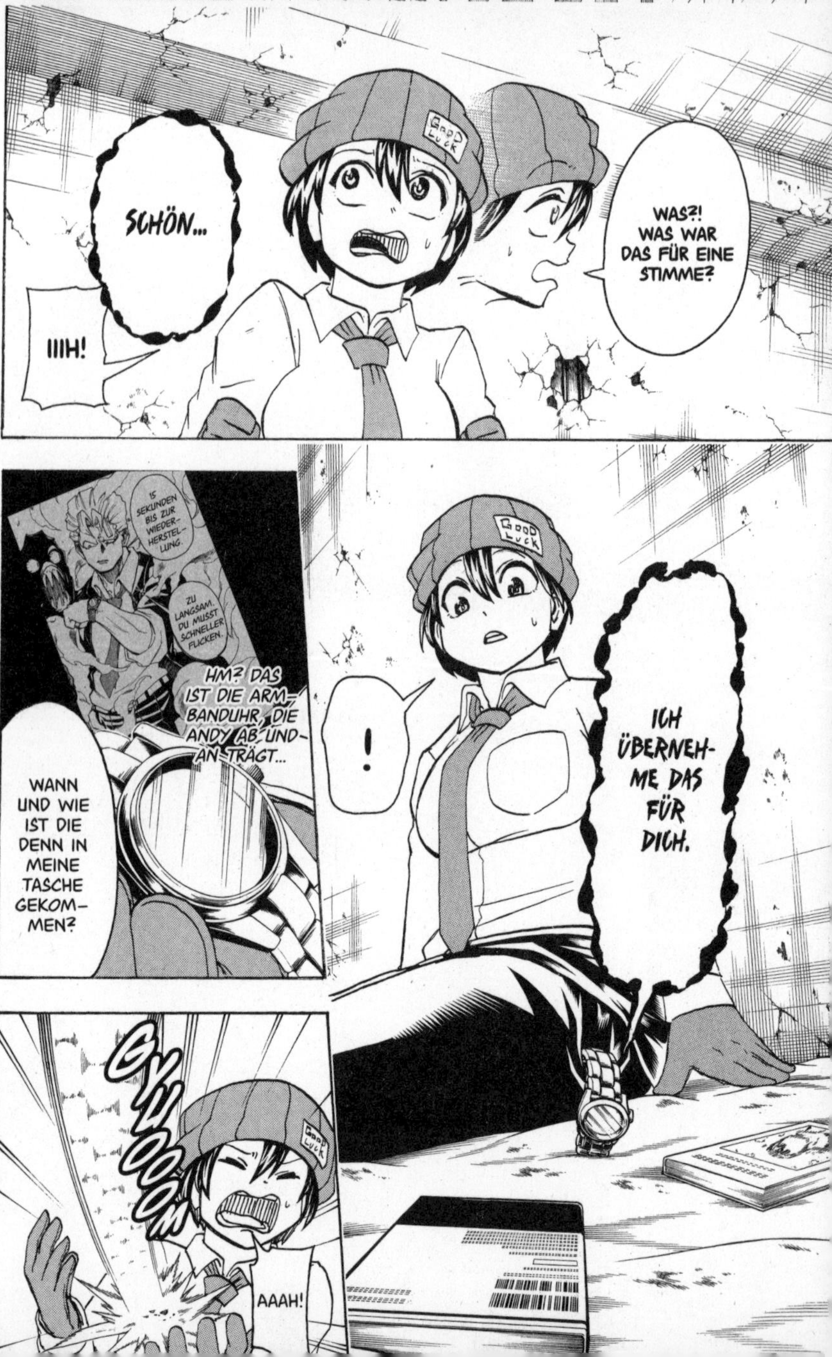
WAS?! WAS WAR DAS FÜR EINE STIMME?
SCHÖN...
IIIH!
ICH ÜBERNEHME DAS FÜR DICH.
!
HM? DAS IST DIE ARMBANDUHR, DIE ANDY AB UND AN TRÄGT...
15 SEKUNDEN BIS ZUR WIEDERHERSTELLUNG.
ZU LANGSAM. DU MUSST SCHNELLER FLICKEN.
WANN UND WIE IST DIE DENN IN MEINE TASCHE GEKOMMEN?
GYUOOOM
AAAH!

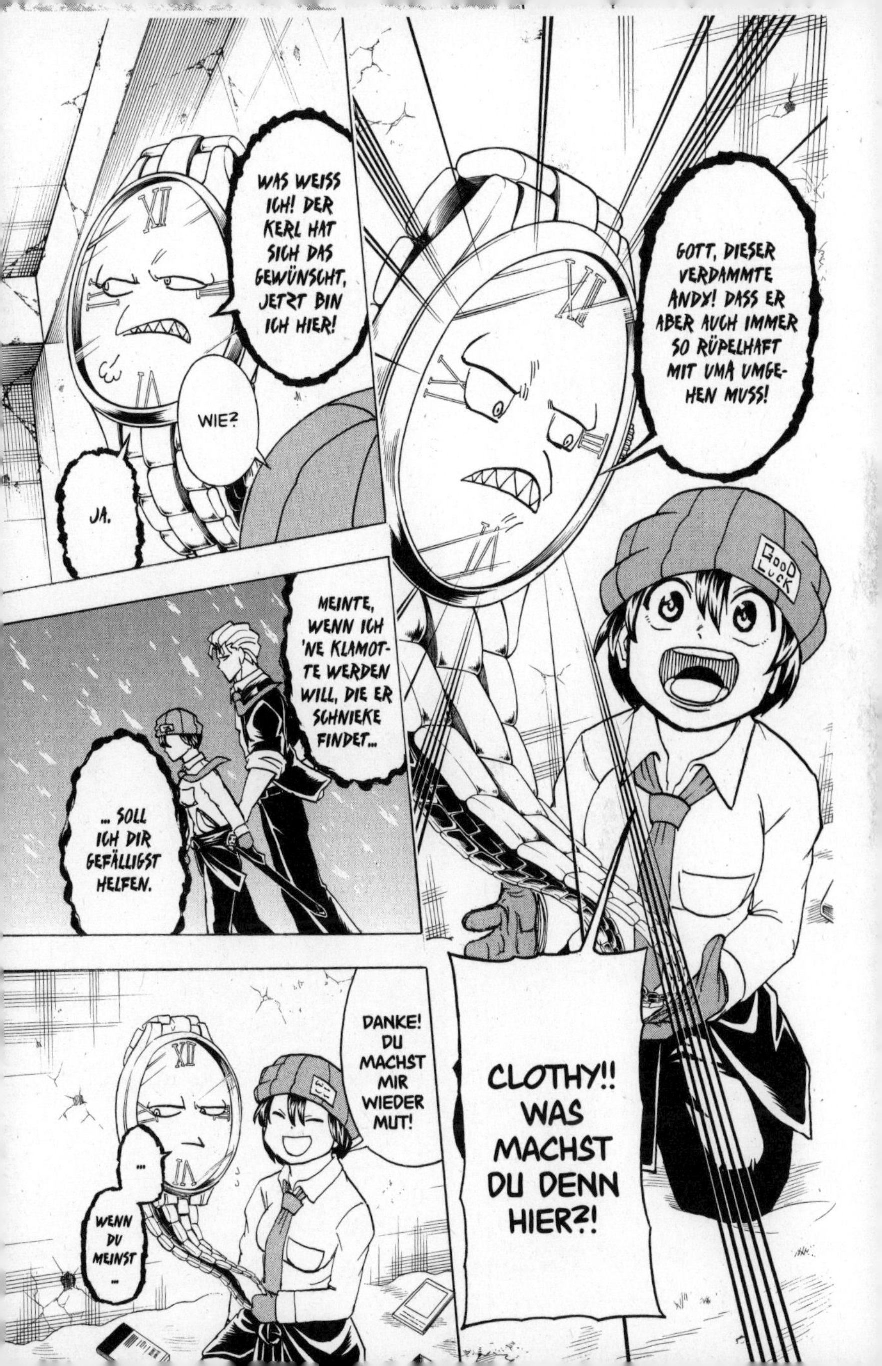
GOTT, DIESER VERDAMMTE ANDY! DASS ER ABER AUCH IMMER SO RÜPELHAFT MIT UMA UMGEHEN MUSS!
CLOTHY!! WAS MACHST DU DENN HIER?!
WAS WEISS ICH! DER KERL HAT SICH DAS GEWÜNSCHT, JETZT BIN ICH HIER!
WIE?
JA.
MEINTE, WENN ICH 'NE KLAMOTTE WERDEN WILL, DIE ER SCHNIEKE FINDET...
... SOLL ICH DIR GEFÄLLIGST HELFEN.
DANKE! DU MACHST MIR WIEDER MUT!
...
WENN DU MEINST ...

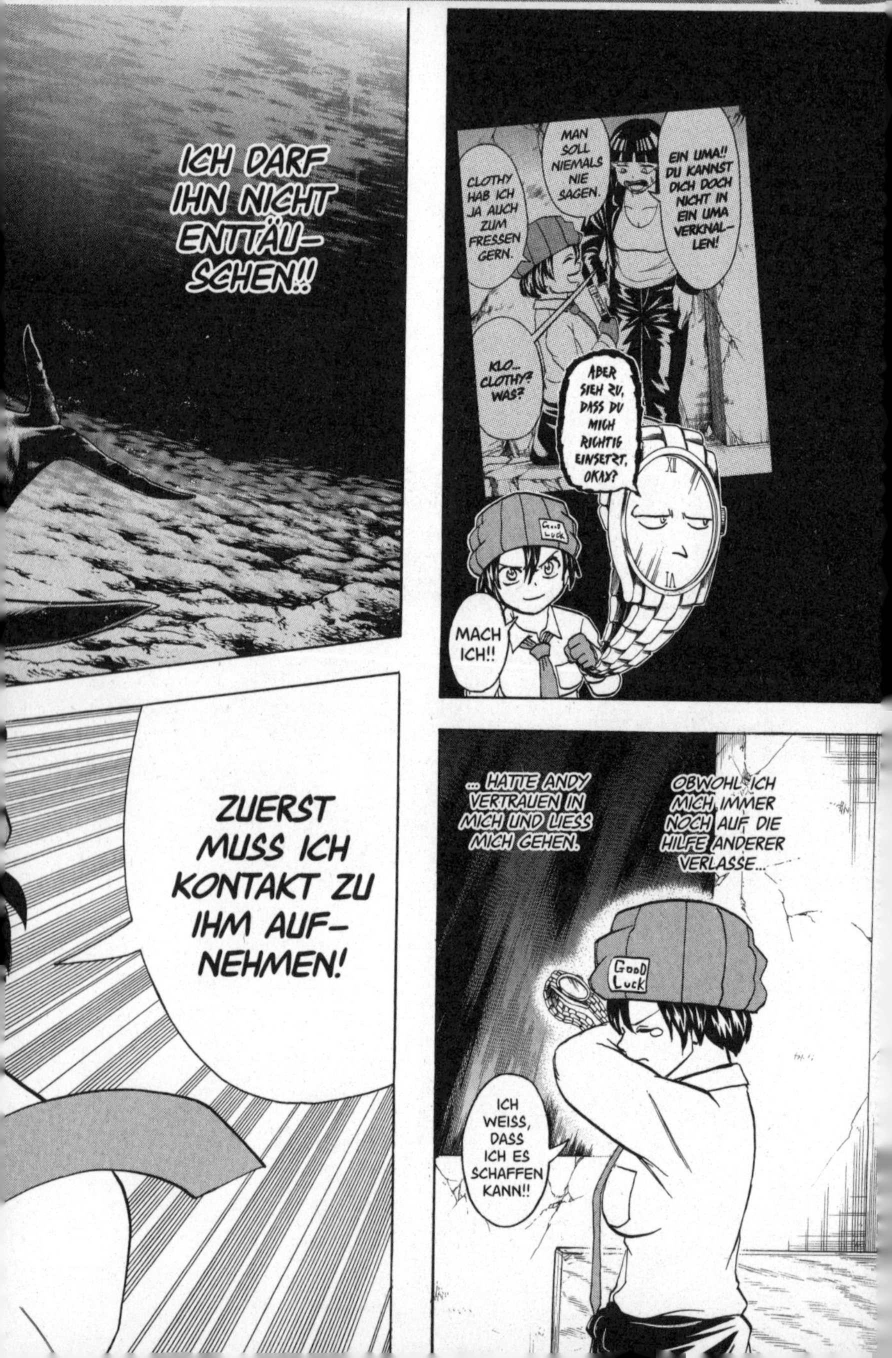
EIN UMA!! DU KANNST DICH DOCH NICHT IN EIN UMA VERKNALLEN!
MAN SOLL NIEMALS NIE SAGEN.
CLOTHY HAB ICH JA AUCH ZUM FRESSEN GERN.
KLO... CLOTHY? WAS?
ABER SIEH ZU, DASS DU MICH RICHTIG EINSETZT, OKAY?
MACH ICH!!
ICH DARF IHN NICHT ENTTÄUSCHEN!!
OBWOHL ICH MICH IMMER NOCH AUF DIE HILFE ANDERER VERLASSE...
... HATTE ANDY VERTRAUEN IN MICH UND LIESS MICH GEHEN.
ICH WEISS, DASS ICH ES SCHAFFEN KANN!!
ZUERST MUSS ICH KONTAKT ZU IHM AUFNEHMEN!

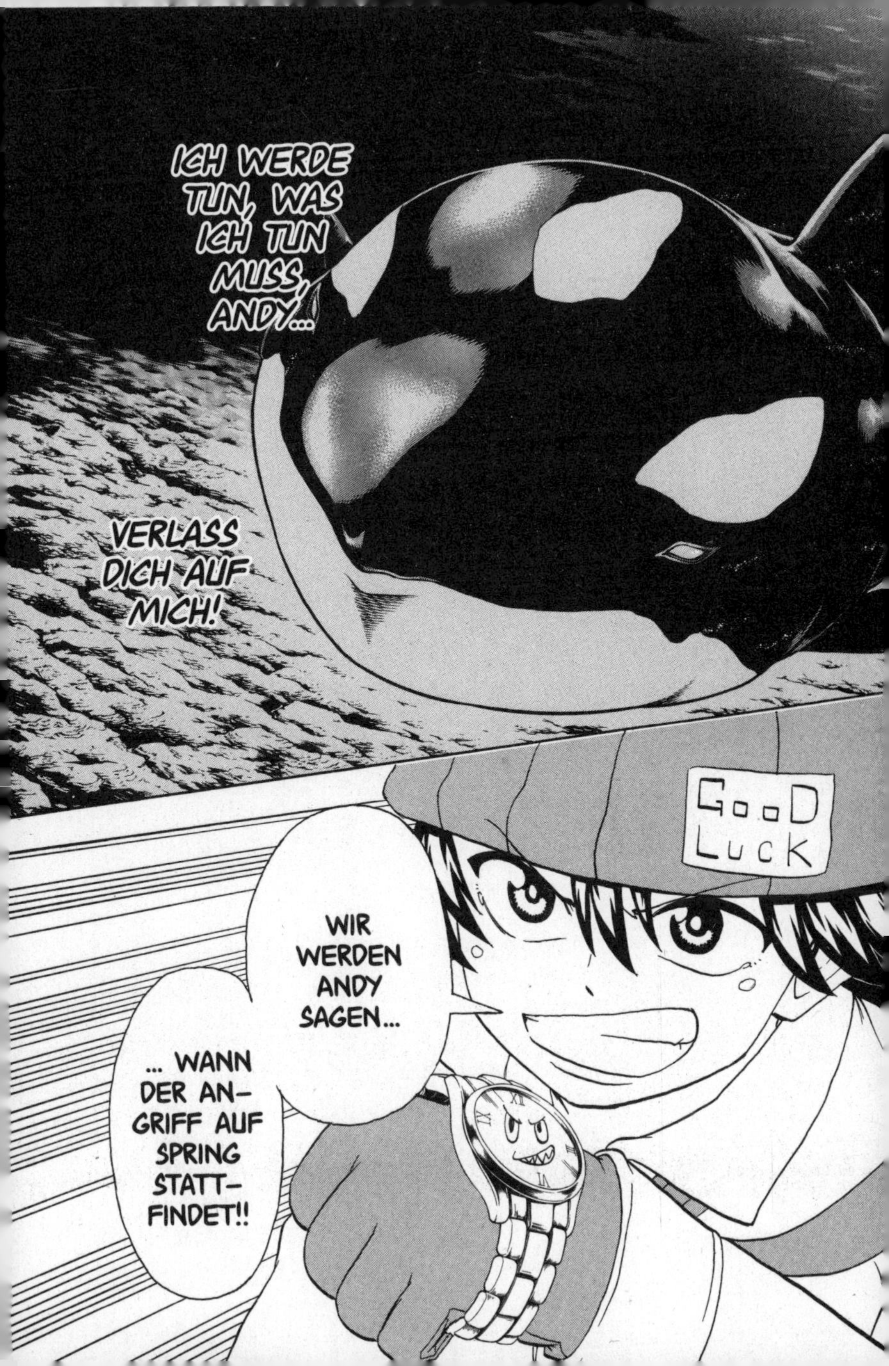
ICH WERDE TUN, WAS ICH TUN MUSS, ANDY...
VERLASS DICH AUF MICH!
GOOD LUCK
WIR WERDEN ANDY SAGEN...
... WANN DER AN-GRIFF AUF SPRING STATT-FINDET!!

PARTNERLOOK

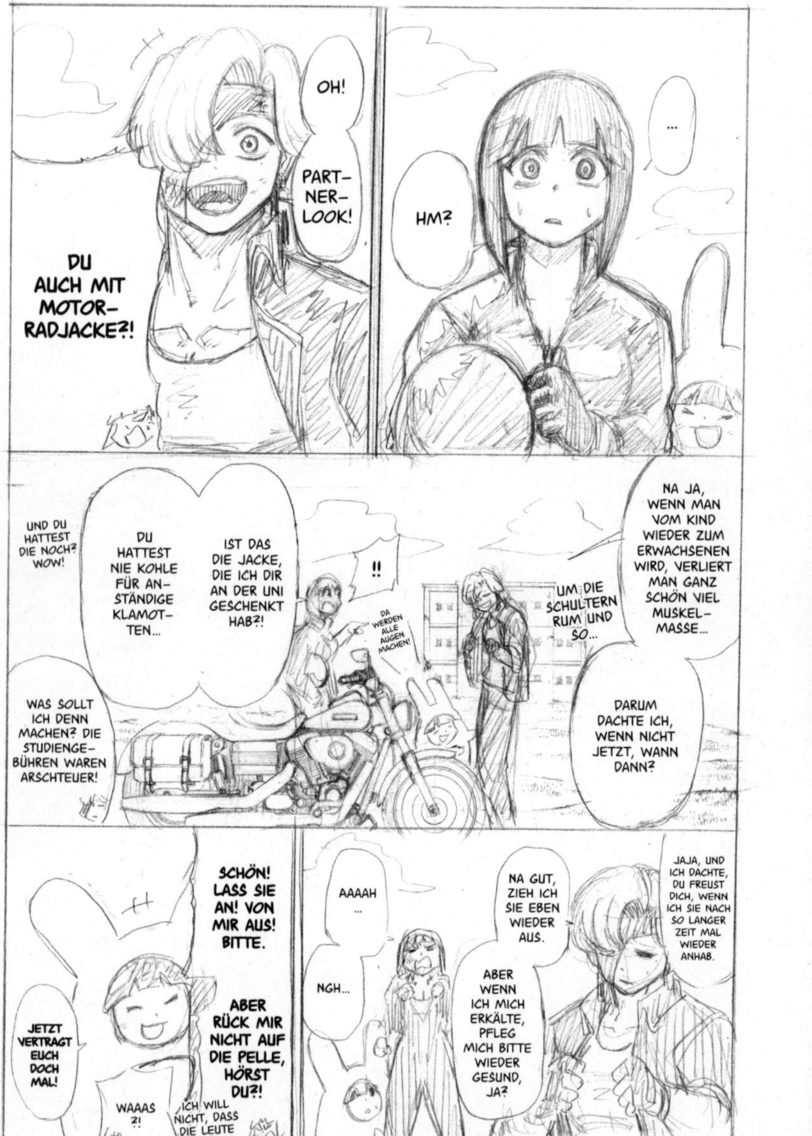

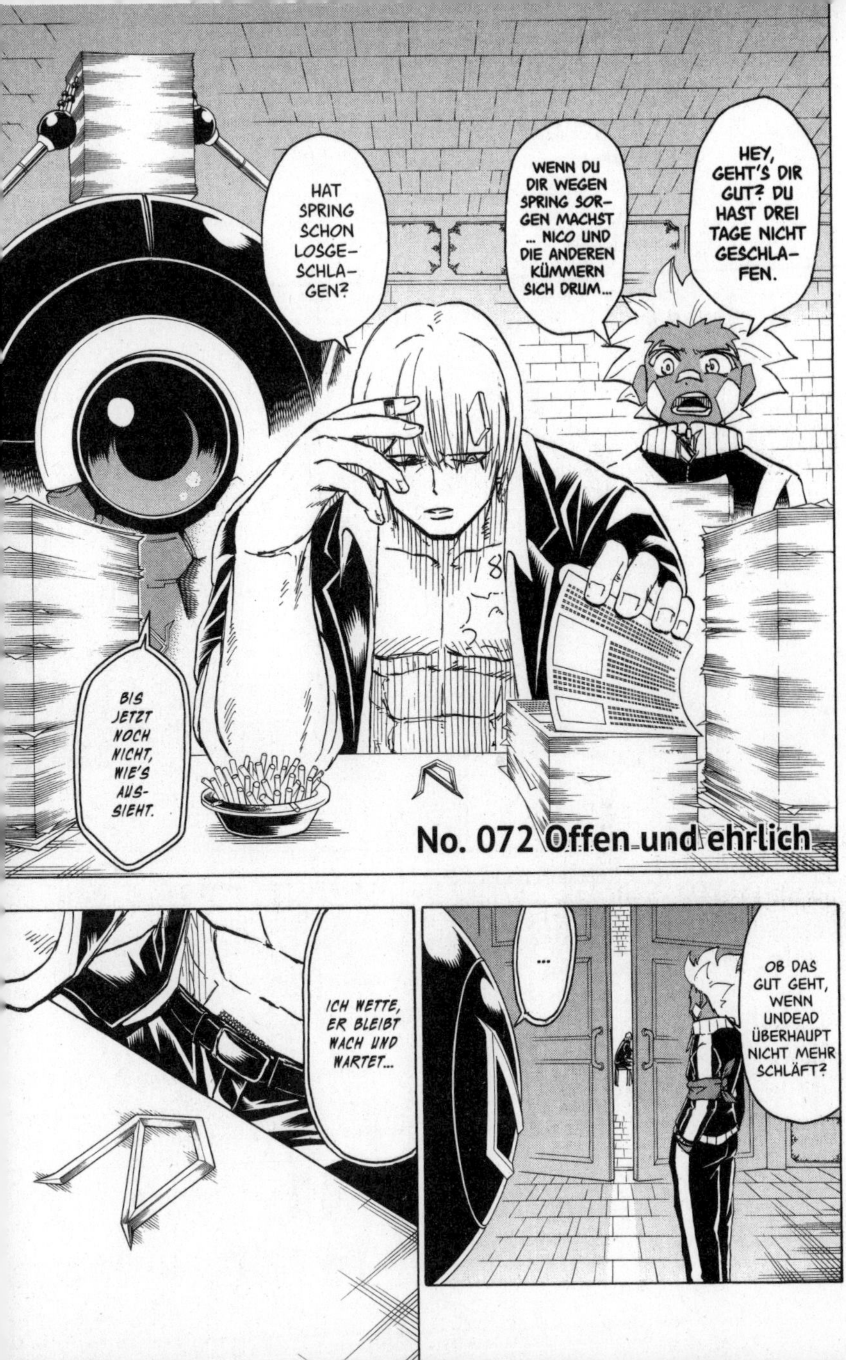
HEY, GEHT'S DIR GUT? DU HAST DREI TAGE NICHT GESCHLAFEN.
WENN DU DIR WEGEN SPRING SORGEN MACHST ... NICO UND DIE ANDEREN KÜMMERN SICH DRUM...
HAT SPRING SCHON LOSGESCHLAGEN?
BIS JETZT NOCH NICHT, WIE'S AUSSIEHT.
No. 072 Offen und ehrlich
OB DAS GUT GEHT, WENN UNDEAD ÜBERHAUPT NICHT MEHR SCHLÄFT?
...
ICH WETTE, ER BLEIBT WACH UND WARTET...

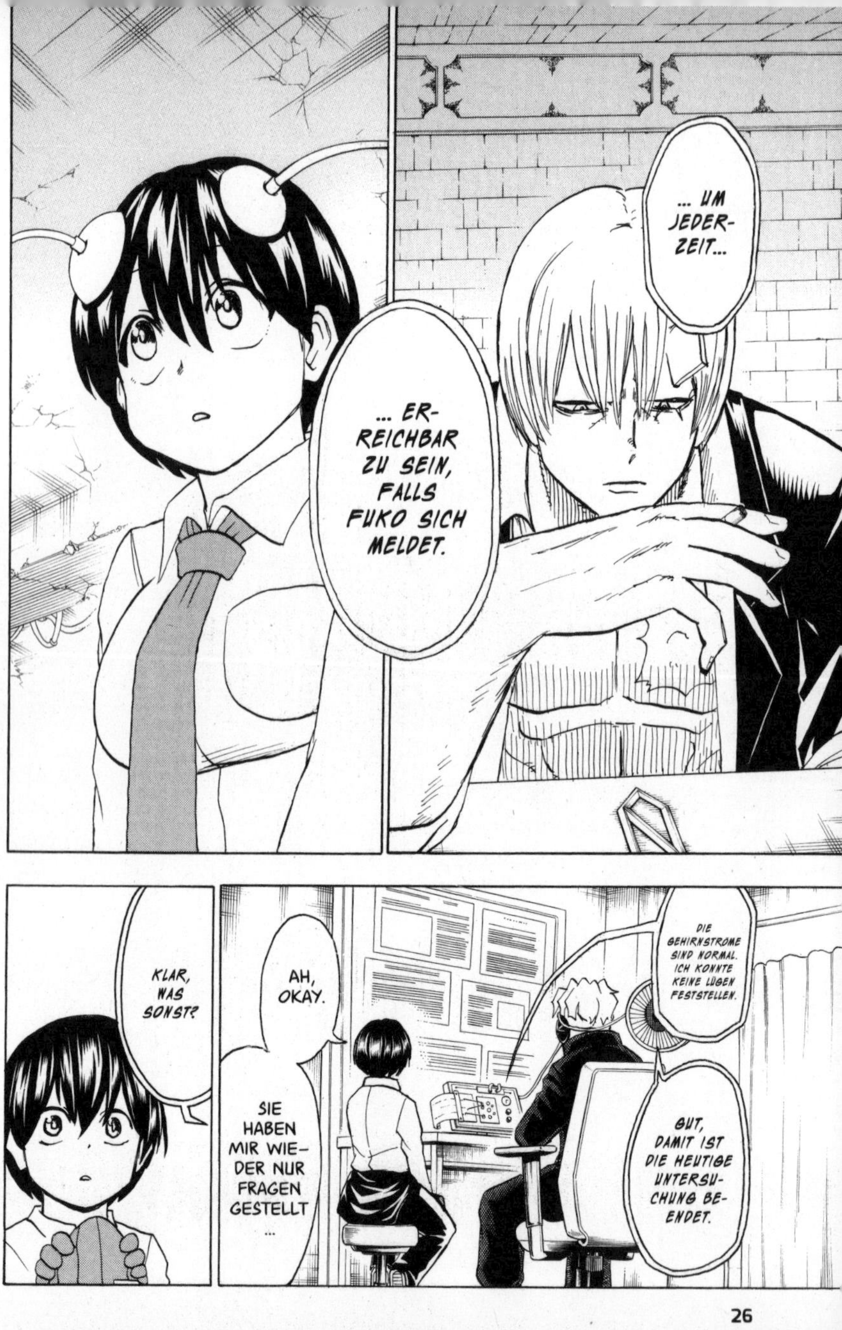
... UM JEDERZEIT...
... ERREICHBAR ZU SEIN, FALLS FUKO SICH MELDET.
DIE GEHIRNSTRÖME SIND NORMAL. ICH KONNTE KEINE LÜGEN FESTSTELLEN.
GUT, DAMIT IST DIE HEUTIGE UNTERSUCHUNG BEENDET.
AH, OKAY.
SIE HABEN MIR WIEDER NUR FRAGEN GESTELLT ...
KLAR, WAS SONST?

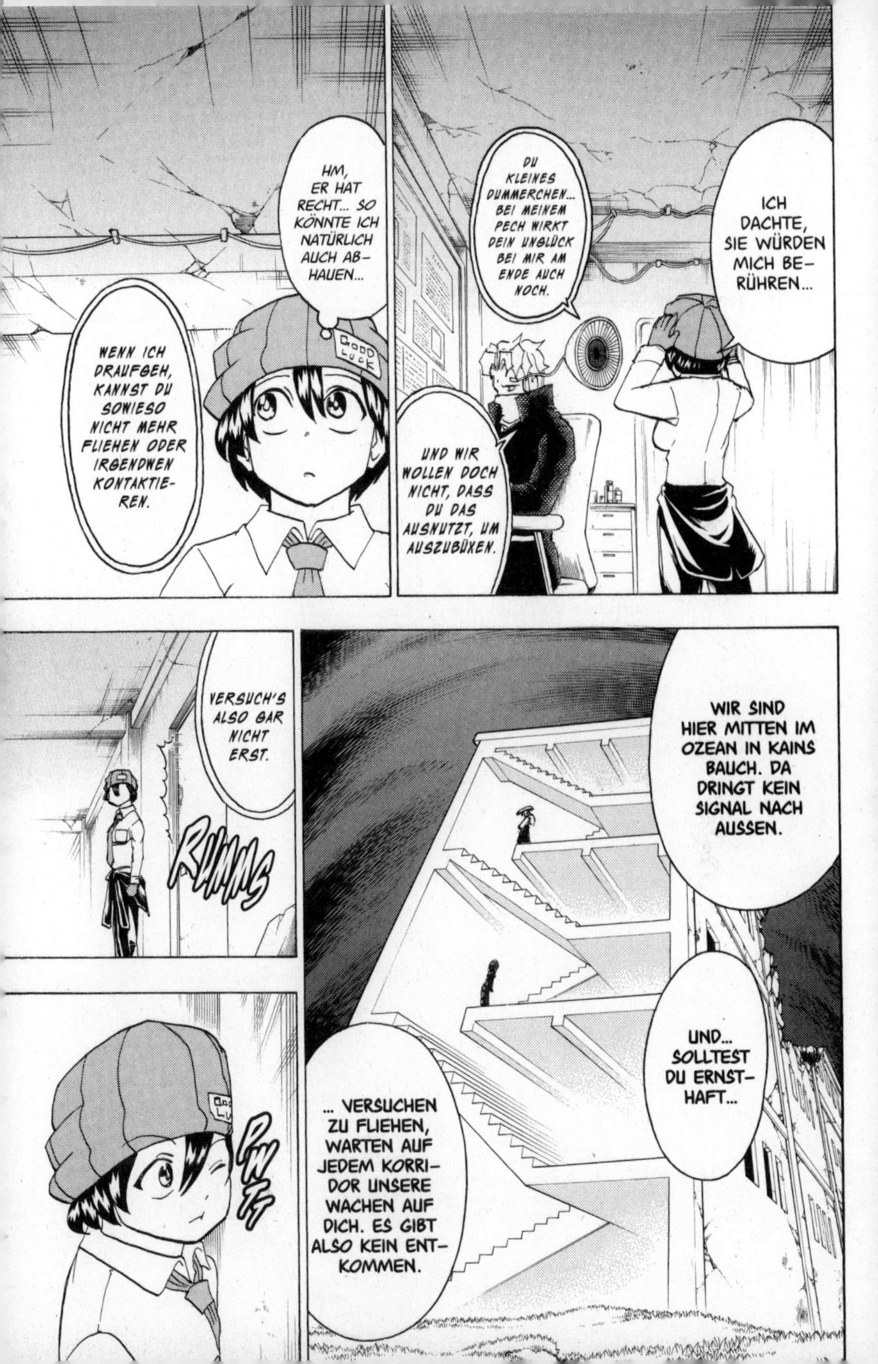
ICH DACHTE, SIE WÜRDEN MICH BE-RÜHREN...
DU KLEINES DUMMERCHEN... BEI MEINEM PECH WIRKT DEIN UNGLÜCK BEI MIR AM ENDE AUCH NOCH.
UND WIR WOLLEN DOCH NICHT, DASS DU DAS AUSNUTZT, UM AUSZUBÜXEN.
HM, ER HAT RECHT... SO KÖNNTE ICH NATÜRLICH AUCH AB-HAUEN...
WENN ICH DRAUFGEH, KANNST DU SOWIESO NICHT MEHR FLIEHEN ODER IRGENDWEN KONTAKTIE-REN.
VERSUCH'S ALSO GAR NICHT ERST.
RUMMS
WIR SIND HIER MITTEN IM OZEAN IN KAINS BAUCH. DA DRINGT KEIN SIGNAL NACH AUSSEN.
UND... SOLLTEST DU ERNST-HAFT...
... VERSUCHEN ZU FLIEHEN, WARTEN AUF JEDEM KORRI-DOR UNSERE WACHEN AUF DICH. ES GIBT ALSO KEIN ENT-KOMMEN.

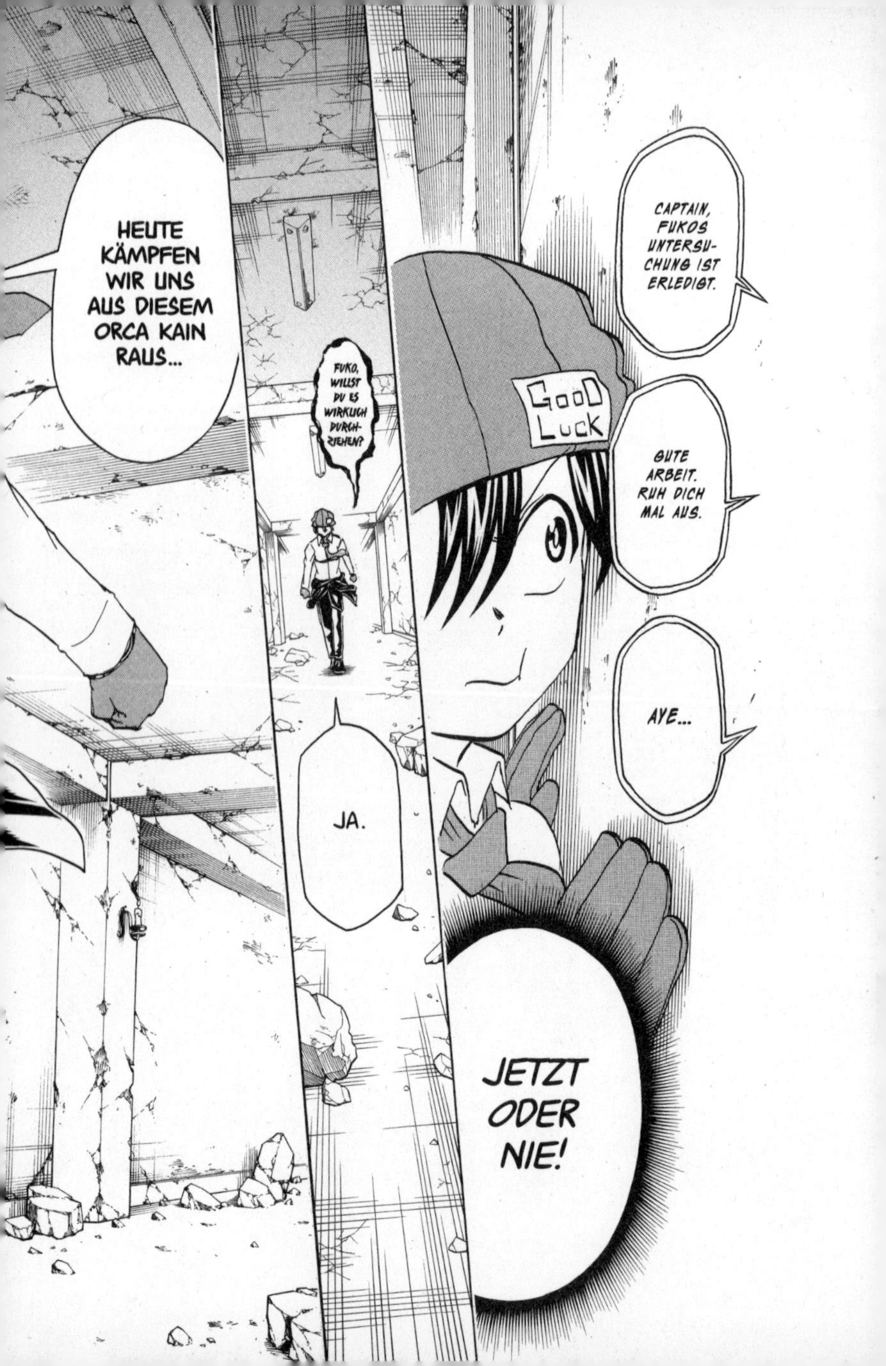
CAPTAIN, FUKOS UNTERSU-CHUNG IST ERLEDIGT.
GUTE ARBEIT. RUH DICH MAL AUS.
AYE...
JETZT ODER NIE!
FUKO, WILLST DU ES WIRKLICH DURCH-ZIEHEN?
JA.
HEUTE KÄMPFEN WIR UNS AUS DIESEM ORCA KAIN RAUS...
GOOD LUCK

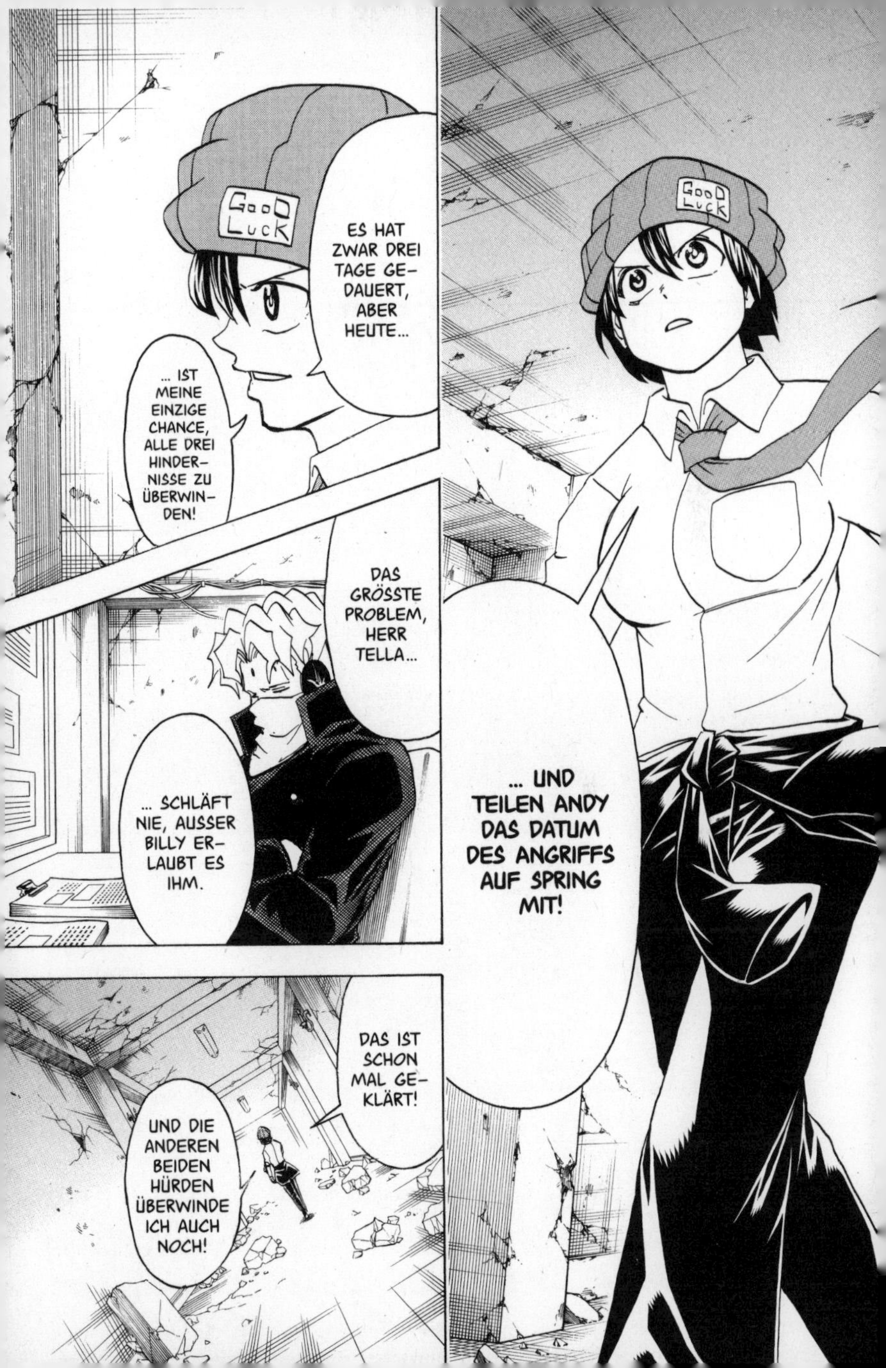
GOOD LUCK
ES HAT ZWAR DREI TAGE GE-DAUERT, ABER HEUTE...
... IST MEINE EINZIGE CHANCE, ALLE DREI HINDER-NISSE ZU ÜBERWIN-DEN!
DAS GRÖSSTE PROBLEM, HERR TELLA...
... SCHLÄFT NIE, AUSSER BILLY ER-LAUBT ES IHM.
DAS IST SCHON MAL GE-KLÄRT!
UND DIE ANDEREN BEIDEN HÜRDEN ÜBERWINDE ICH AUCH NOCH!
... UND TEILEN ANDY DAS DATUM DES ANGRIFFS AUF SPRING MIT!

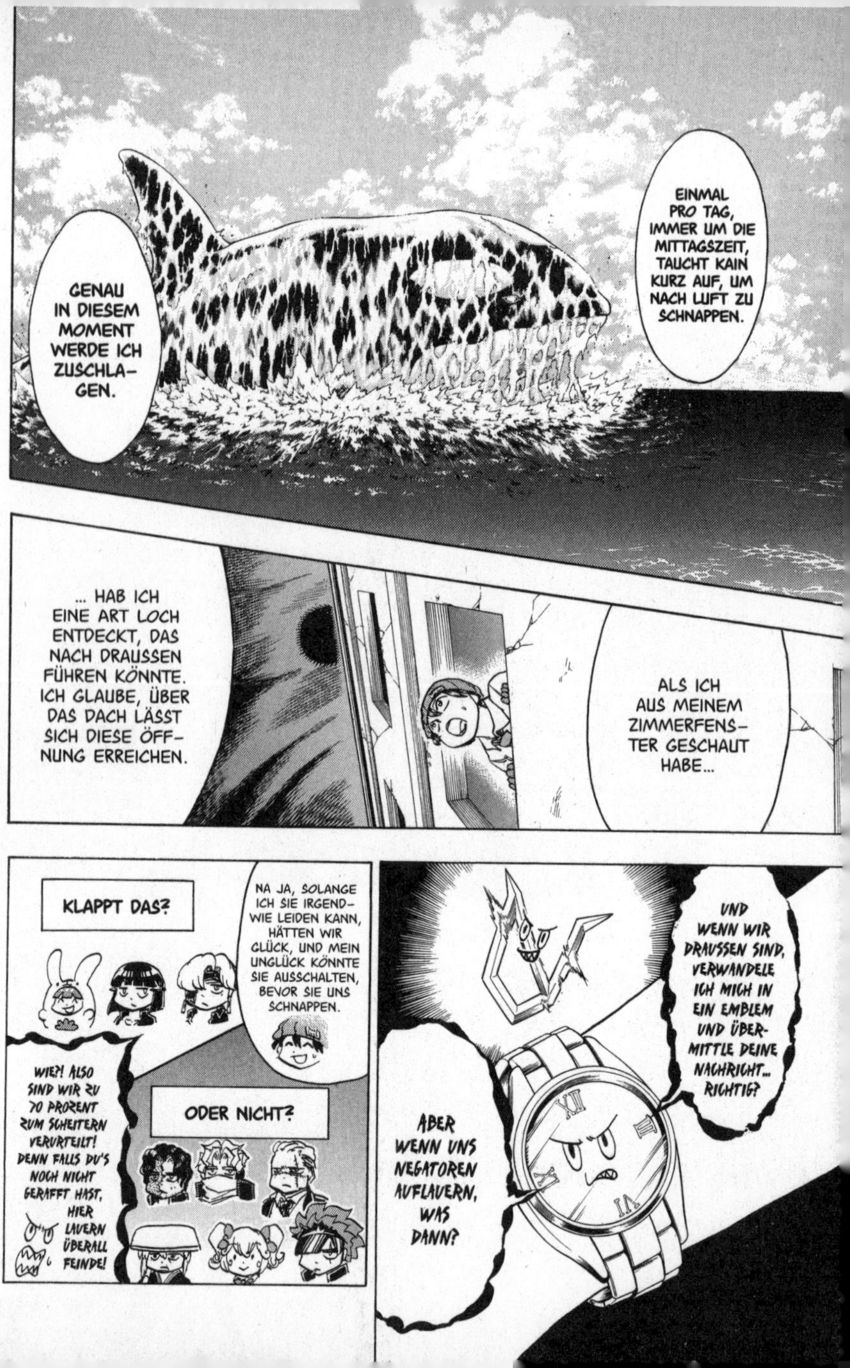
EINMAL PRO TAG, IMMER UM DIE MITTAGSZEIT, TAUCHT KAIN KURZ AUF, UM NACH LUFT ZU SCHNAPPEN.
GENAU IN DIESEM MOMENT WERDE ICH ZUSCHLA-GEN.
ALS ICH AUS MEINEM ZIMMERFENS-TER GESCHAUT HABE...
... HAB ICH EINE ART LOCH ENTDECKT, DAS NACH DRAUSSEN FÜHREN KÖNNTE. ICH GLAUBE, ÜBER DAS DACH LÄSST SICH DIESE ÖFF-NUNG ERREICHEN.
UND WENN WIR DRAUSSEN SIND, VERWANDELE ICH MICH IN EIN EMBLEM UND ÜBER-MITTLE DEINE NACHRICHT... RICHTIG?
ABER WENN UNS NEGATOREN AUFLAUERN, WAS DANN?
NA JA, SOLANGE ICH SIE IRGEND-WIE LEIDEN KANN, HÄTTEN WIR GLÜCK, UND MEIN UNGLÜCK KÖNNTE SIE AUSSCHALTEN, BEVOR SIE UNS SCHNAPPEN.
KLAPPT DAS?
ODER NICHT?
WIE?! ALSO SIND WIR ZU 70 PROZENT ZUM SCHEITERN VERURTEILT! DENN FALLS DU'S NOCH NICHT GERAFFT HAST, HIER LAUERN ÜBERALL FEINDE!

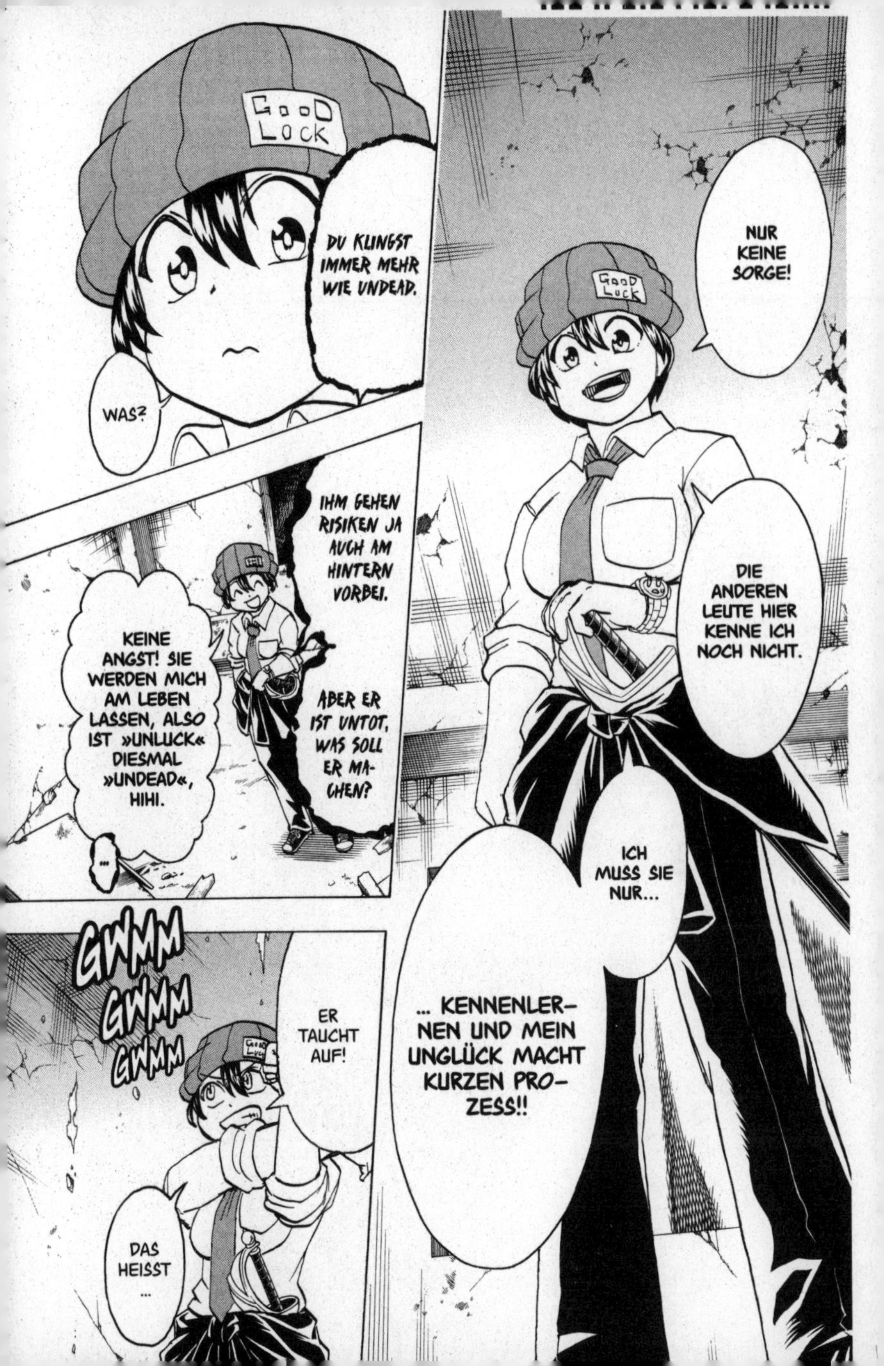
DU KLINGST IMMER MEHR WIE UNDEAD.
WAS?
IHM GEHEN RISIKEN JA AUCH AM HINTERN VORBEI.
ABER ER IST UNTOT, WAS SOLL ER MA-CHEN?
KEINE ANGST! SIE WERDEN MICH AM LEBEN LASSEN, ALSO IST »UNLUCK« DIESMAL »UNDEAD«, HIHI.
...
GWMM GWMM GWMM
ER TAUCHT AUF!
DAS HEISST ...
NUR KEINE SORGE!
DIE ANDEREN LEUTE HIER KENNE ICH NOCH NICHT.
ICH MUSS SIE NUR...
... KENNENLER-NEN UND MEIN UNGLÜCK MACHT KURZEN PRO-ZESS!!

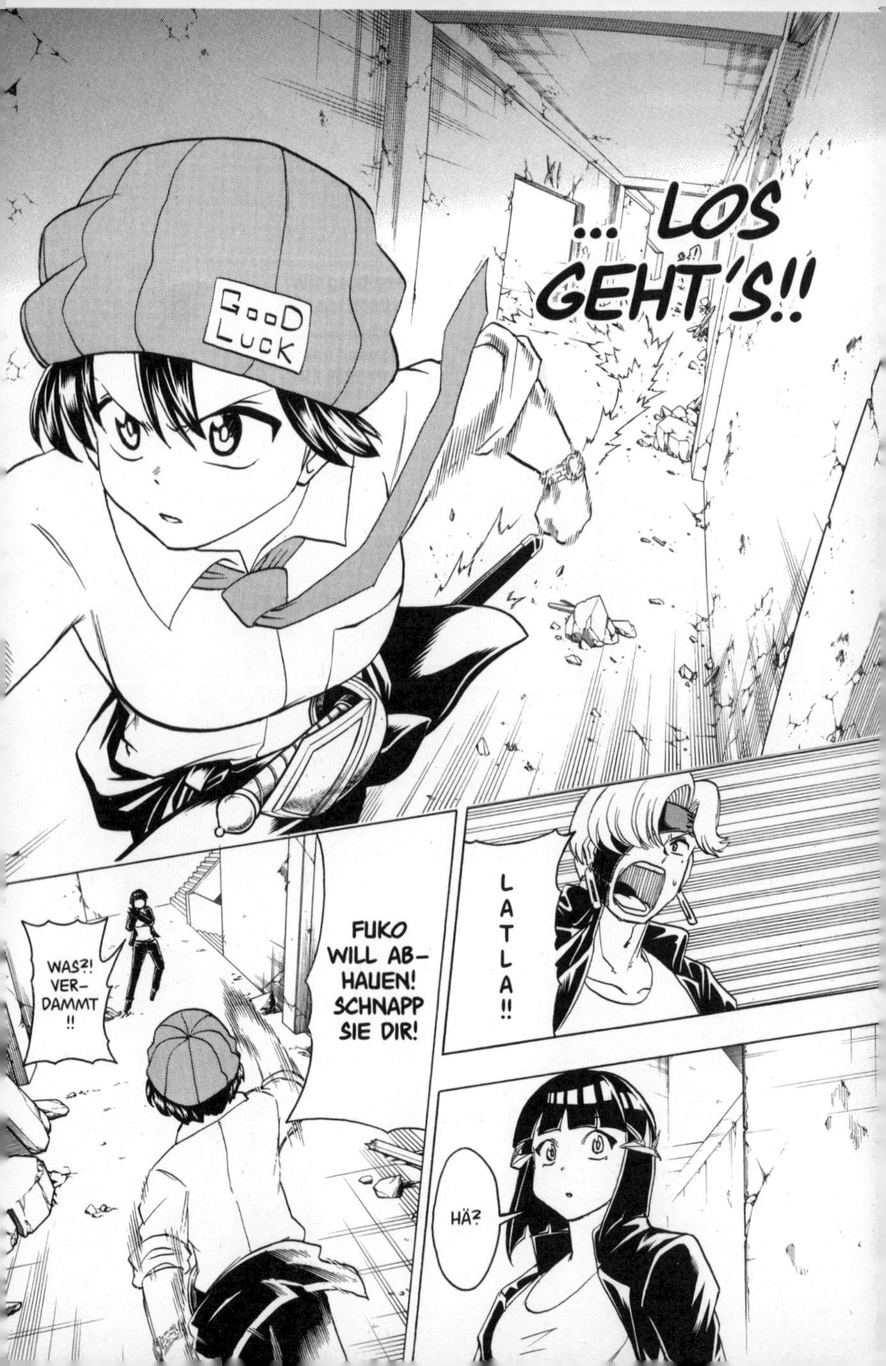

GOOD LUCK
... LOS GEHT'S!!
LATLA!!
FUKO WILL AB-HAUEN! SCHNAPP SIE DIR!
WAS?! VERDAMMT!!
HÄ?

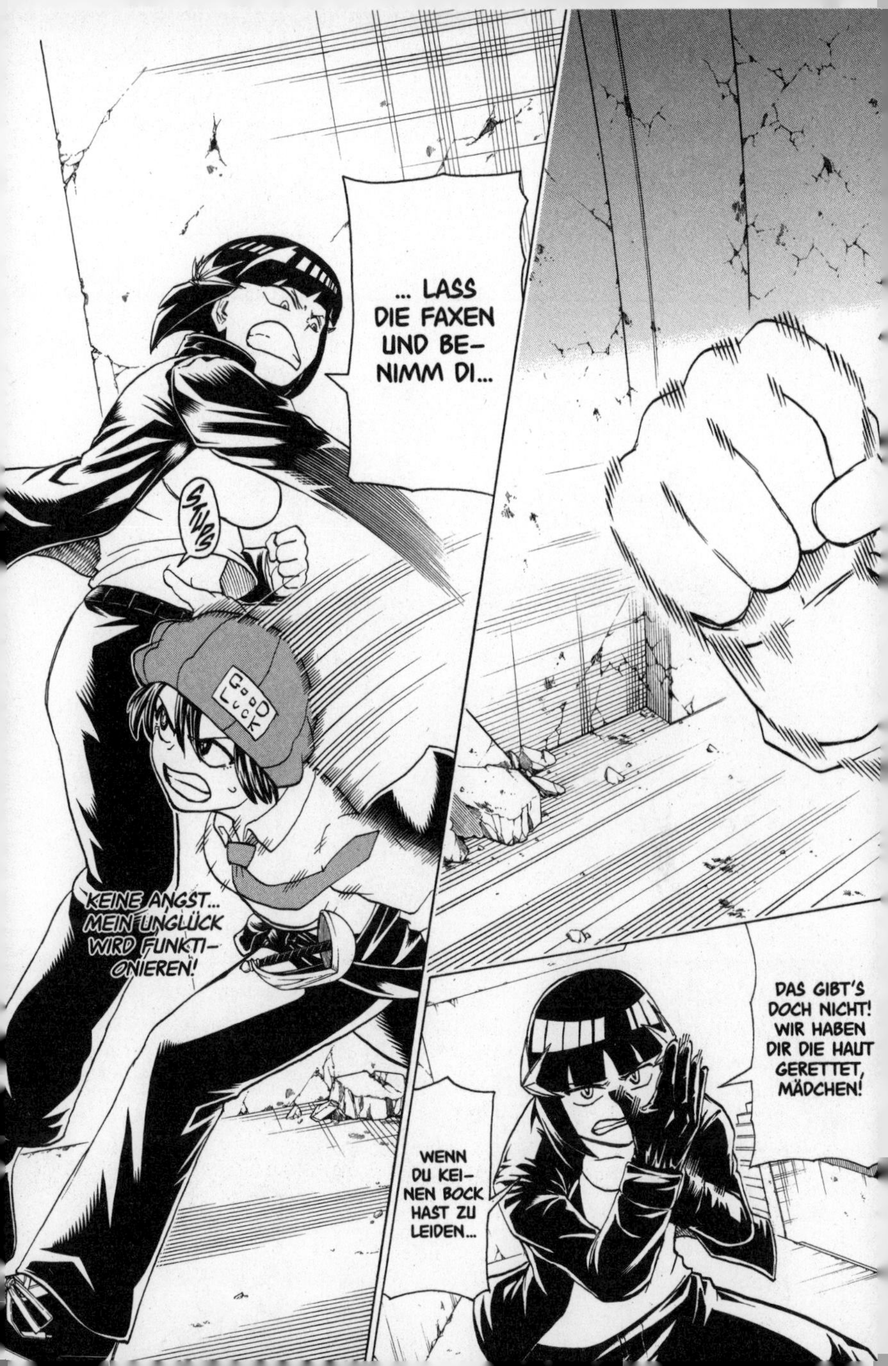

... LASS DIE FAXEN UND BE- NIMM DI...
KEINE ANGST... MEIN UNGLÜCK WIRD FUNKTI- ONIEREN!
DAS GIBT'S DOCH NICHT! WIR HABEN DIR DIE HAUT GERETTET, MÄDCHEN!
WENN DU KEI- NEN BOCK HAST ZU LEIDEN...

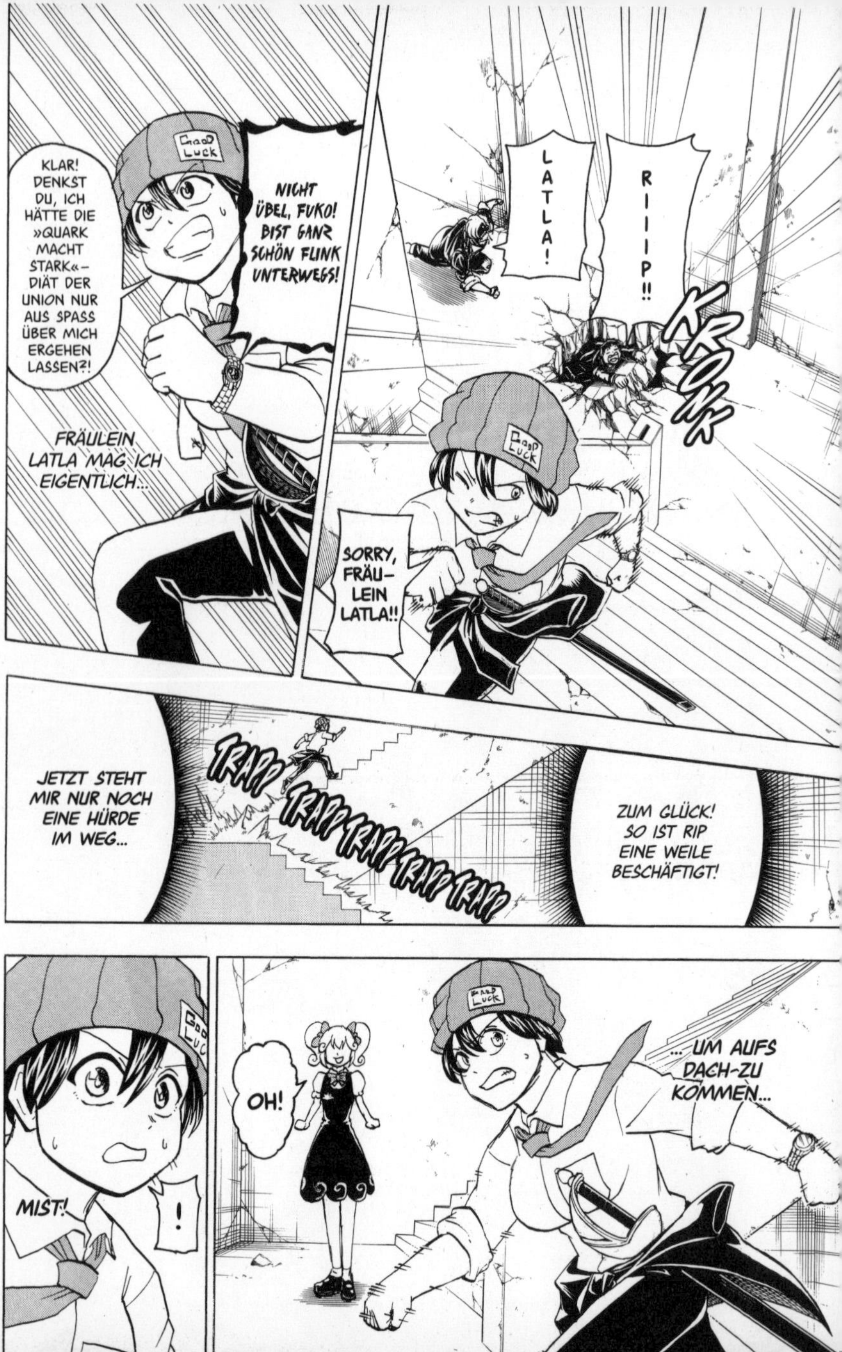
RIIIP!!
LATLA!
KRONK
SORRY, FRÄU-LEIN LATLA!!
NICHT ÜBEL, FUKO! BIST GANZ SCHÖN FLINK UNTERWEGS!
KLAR! DENKST DU, ICH HÄTTE DIE »QUARK MACHT STARK«-DIÄT DER UNION NUR AUS SPASS ÜBER MICH ERGEHEN LASSEN?!
FRÄULEIN LATLA MAG ICH EIGENTLICH...
ZUM GLÜCK! SO IST RIP EINE WEILE BESCHÄFTIGT!
TRAPP TRAPP TRAPP TRAPP TRAPP
JETZT STEHT MIR NUR NOCH EINE HÜRDE IM WEG...
... UM AUFS DACH ZU KOMMEN...
OH!
!
MIST!

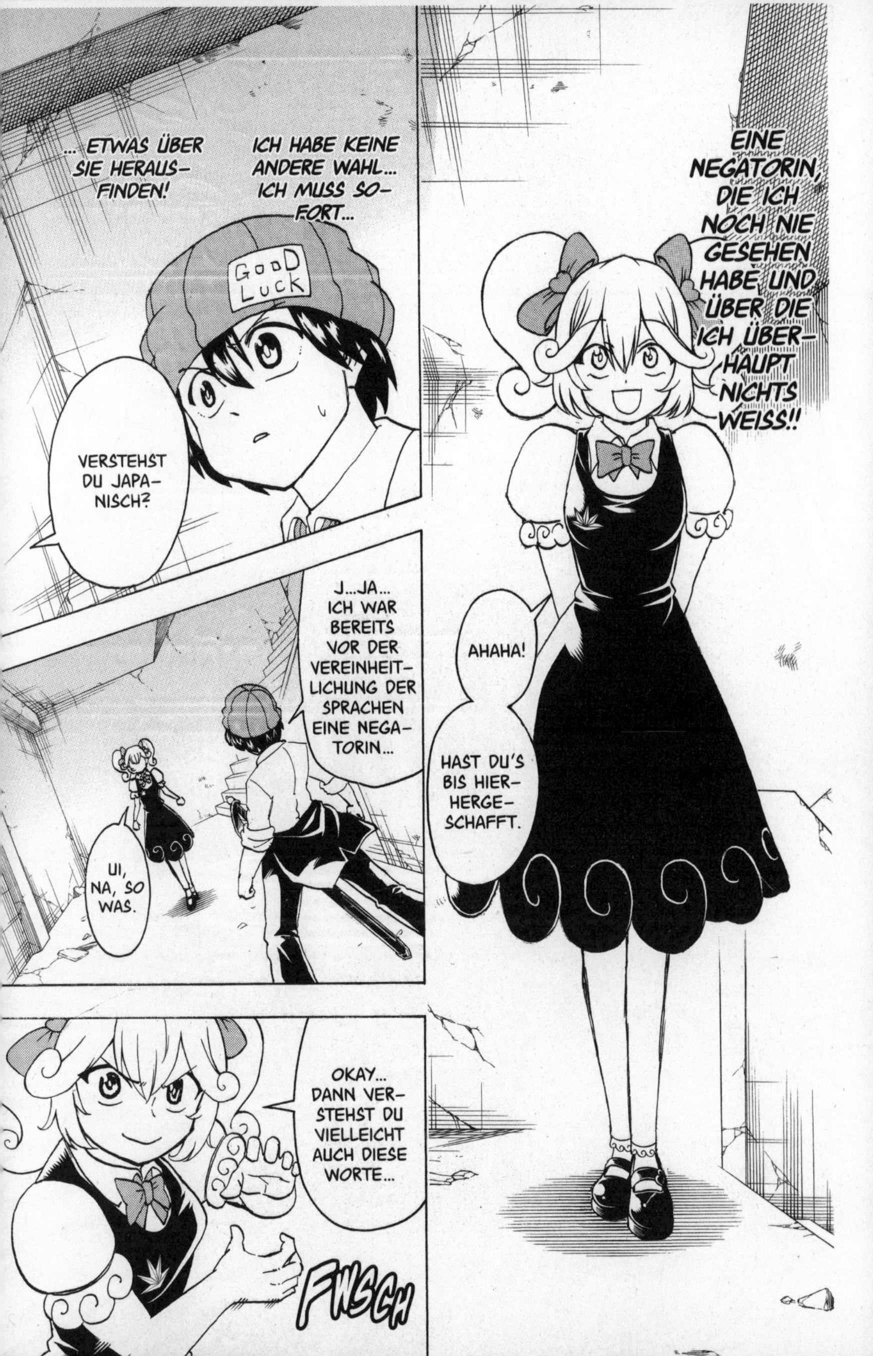
EINE NEGATORIN, DIE ICH NOCH NIE GESEHEN HABE UND ÜBER DIE ICH ÜBERHAUPT NICHTS WEISS!!
ICH HABE KEINE ANDERE WAHL... ICH MUSS SOFORT...
... ETWAS ÜBER SIE HERAUSFINDEN!
VERSTEHST DU JAPANISCH?
AHAHA!
HAST DU'S BIS HIERHERGESCHAFFT.
J...JA... ICH WAR BEREITS VOR DER VEREINHEITLICHUNG DER SPRACHEN EINE NEGATORIN...
UI, NA, SO WAS.
OKAY... DANN VERSTEHST DU VIELLEICHT AUCH DIESE WORTE...
FWSCH

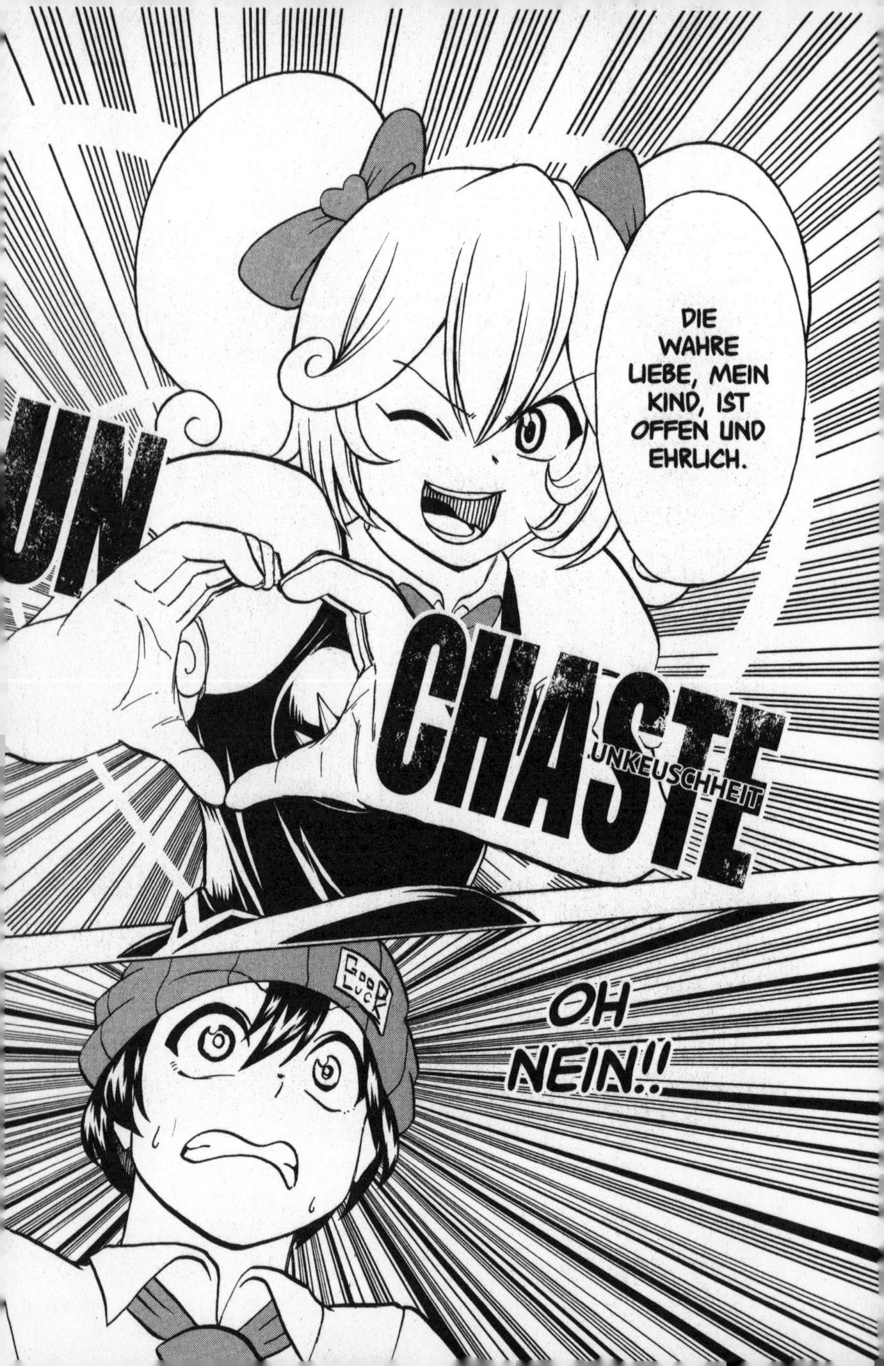
DIE WAHRE LIEBE, MEIN KIND, IST OFFEN UND EHRLICH.
UN
CHASTE
UNKEUSCHHEIT
OH NEIN!!

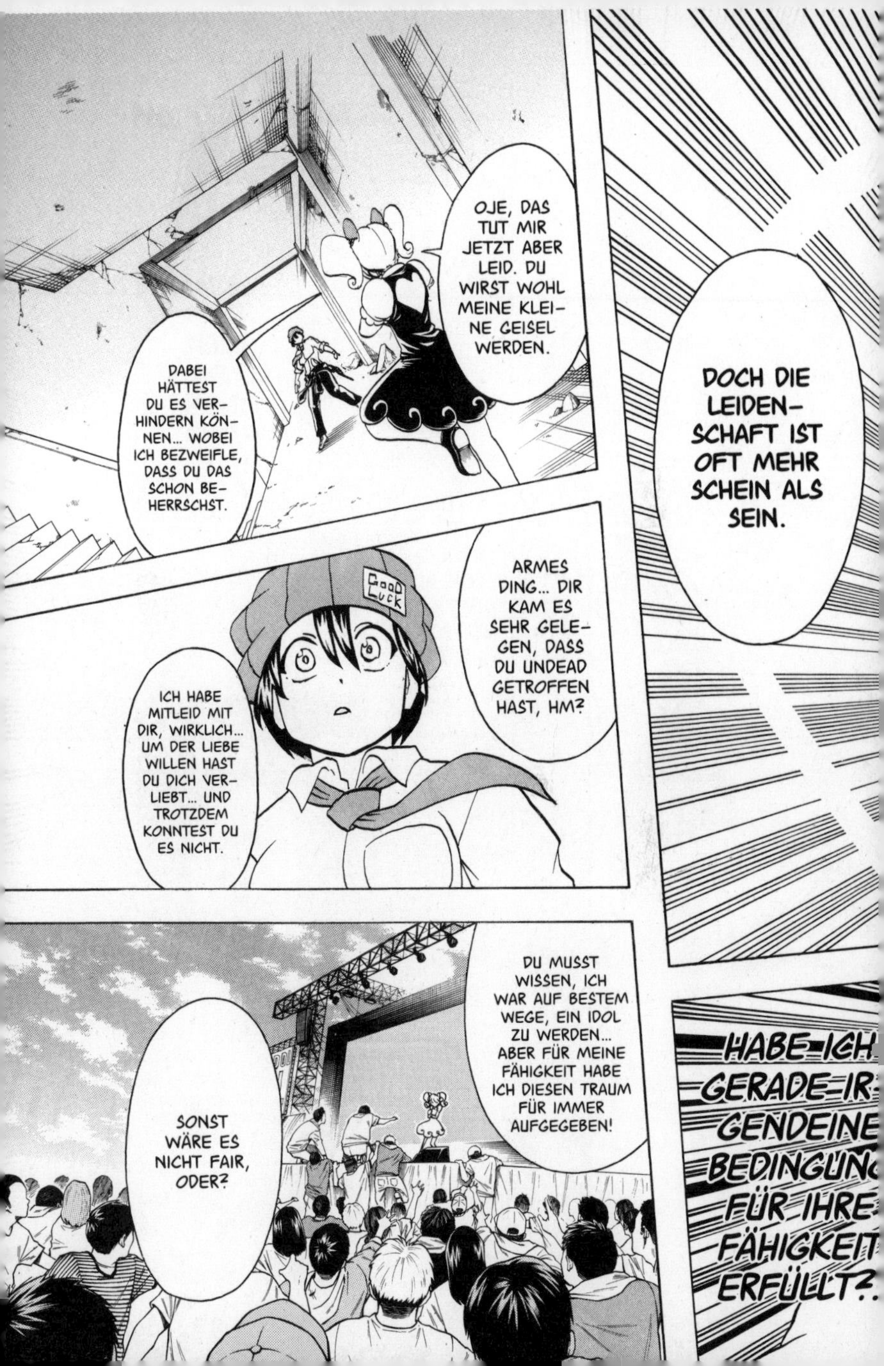

DOCH DIE LEIDENSCHAFT IST OFT MEHR SCHEIN ALS SEIN.
OJE, DAS TUT MIR JETZT ABER LEID. DU WIRST WOHL MEINE KLEINE GEISEL WERDEN.
DABEI HÄTTEST DU ES VERHINDERN KÖNNEN... WOBEI ICH BEZWEIFLE, DASS DU DAS SCHON BEHERRSCHST.
GOOD LUCK
ARMES DING... DIR KAM ES SEHR GELEGEN, DASS DU UNDEAD GETROFFEN HAST, HM?
ICH HABE MITLEID MIT DIR, WIRKLICH... UM DER LIEBE WILLEN HAST DU DICH VERLIEBT... UND TROTZDEM KONNTEST DU ES NICHT.
HABE ICH GERADE IRGENDEINE BEDINGUNG FÜR IHRE FÄHIGKEIT ERFÜLLT?..
DU MUSST WISSEN, ICH WAR AUF BESTEM WEGE, EIN IDOL ZU WERDEN... ABER FÜR MEINE FÄHIGKEIT HABE ICH DIESEN TRAUM FÜR IMMER AUFGEGEBEN!
SONST WÄRE ES NICHT FAIR, ODER?

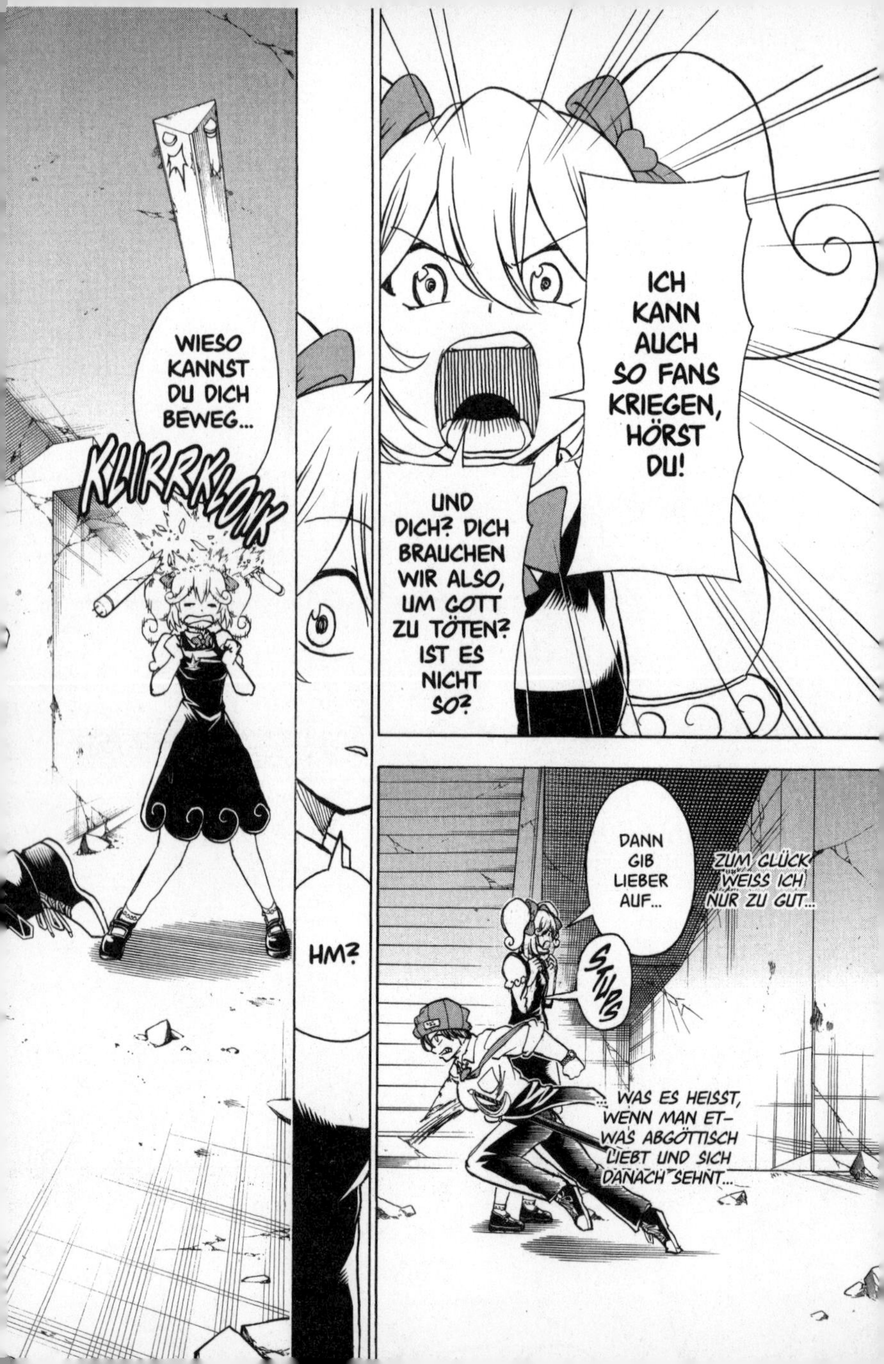
ICH KANN AUCH SO FANS KRIEGEN, HÖRST DU!
UND DICH? DICH BRAUCHEN WIR ALSO, UM GOTT ZU TÖTEN? IST ES NICHT SO?
DANN GIB LIEBER AUF...
ZUM GLÜCK WEISS ICH NUR ZU GUT...
STUPS
... WAS ES HEISST, WENN MAN ETWAS ABGÖTTISCH LIEBT UND SICH DANACH SEHNT...
HM?
WIESO KANNST DU DICH BEWEG...
KLIRRKLONK

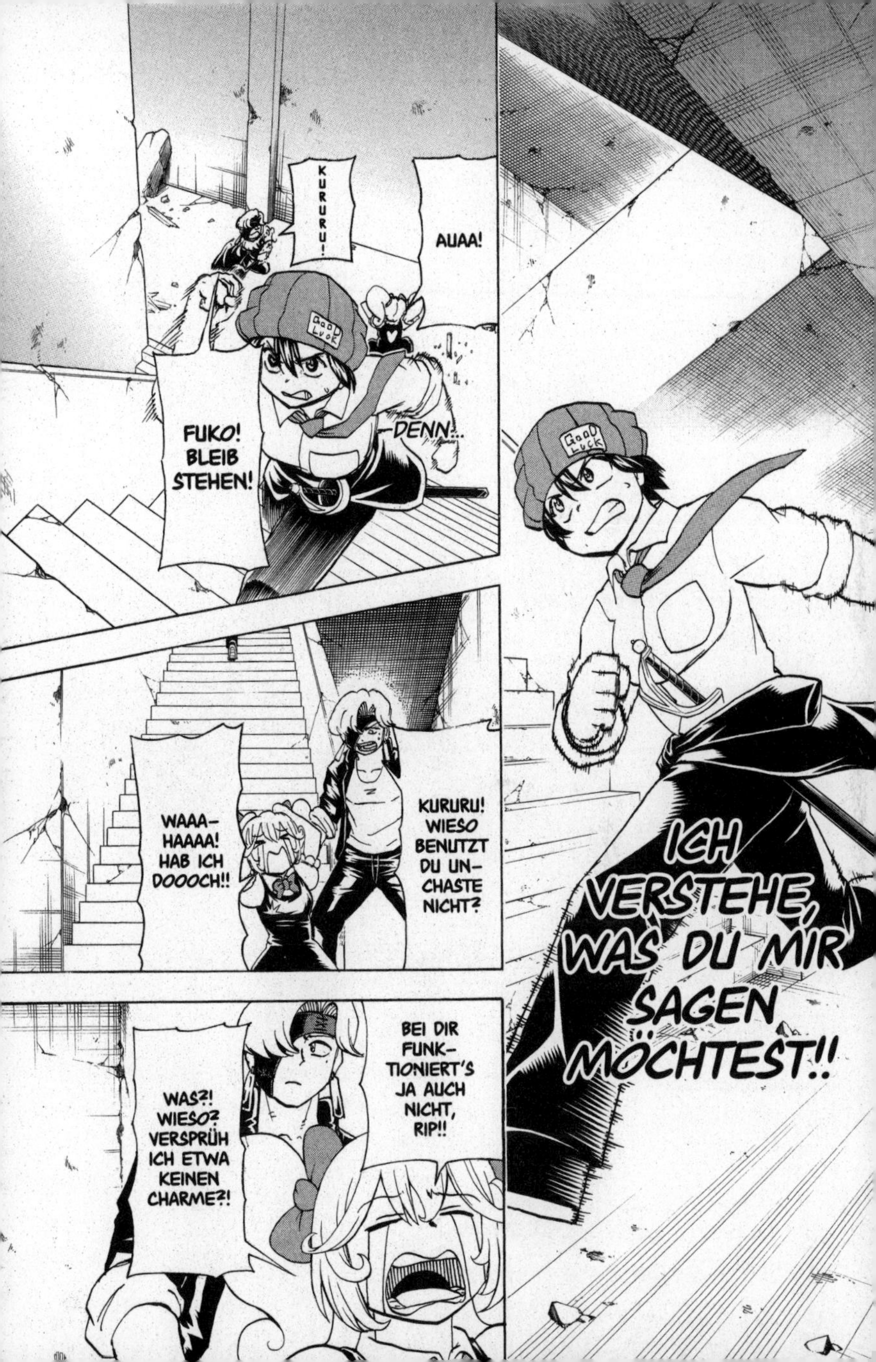
AUAA!
KURURU!
FUKO! BLEIB STEHEN!
DENN...
KURURU! WIESO BENUTZT DU UNCHASTE NICHT?
WAAA-HAAAA! HAB ICH DOOOCH!!
BEI DIR FUNKTIONIERT'S JA AUCH NICHT, RIP!!
WAS?! WIESO? VERSPRÜH ICH ETWA KEINEN CHARME?!
ICH VERSTEHE, WAS DU MIR SAGEN MÖCHTEST!!

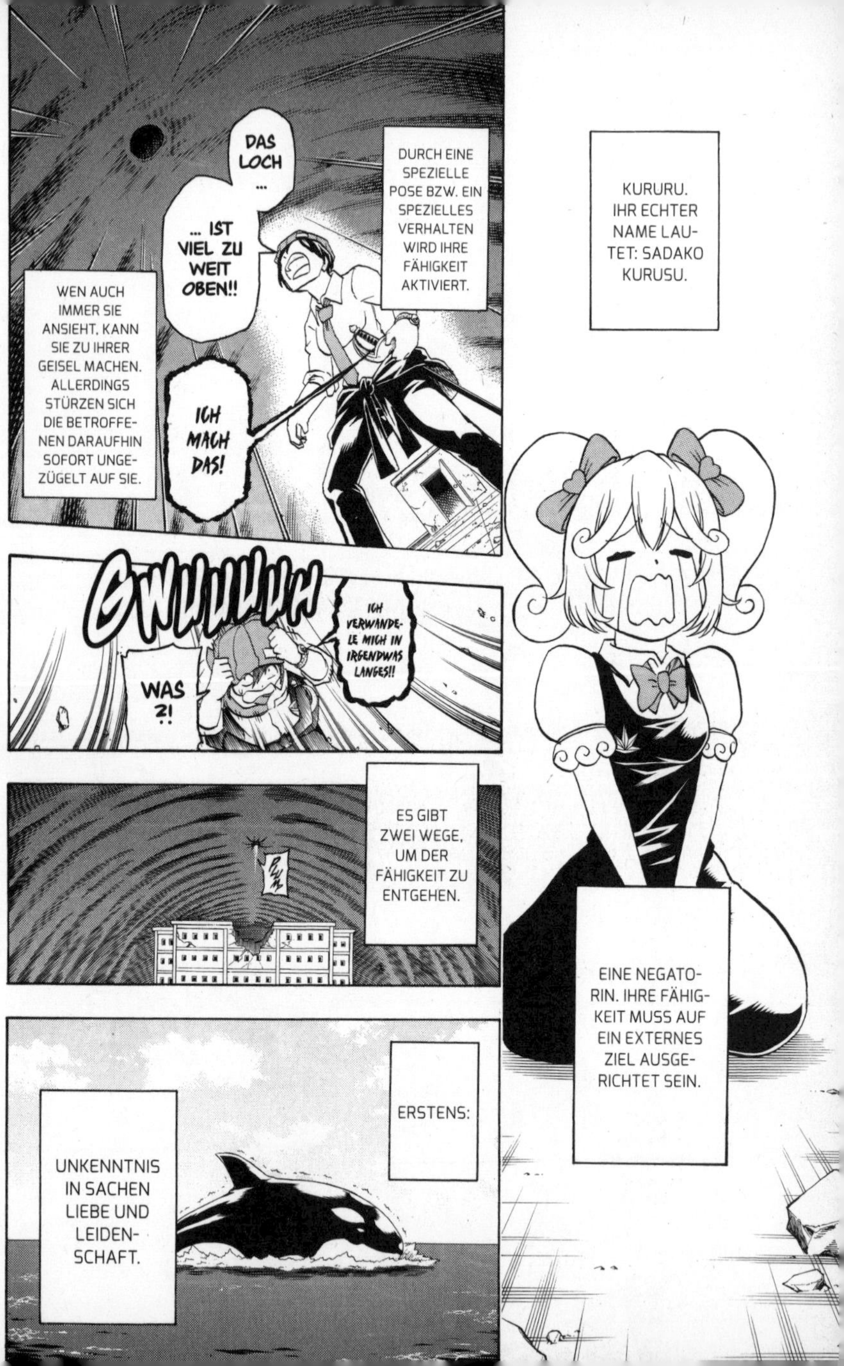
KURURU. IHR ECHTER NAME LAUTET: SADAKO KURUSU.
EINE NEGATORIN. IHRE FÄHIGKEIT MUSS AUF EIN EXTERNES ZIEL AUSGERICHTET SEIN.
DURCH EINE SPEZIELLE POSE BZW. EIN SPEZIELLES VERHALTEN WIRD IHRE FÄHIGKEIT AKTIVIERT.
DAS LOCH ...
... IST VIEL ZU WEIT OBEN!!
WEN AUCH IMMER SIE ANSIEHT, KANN SIE ZU IHRER GEISEL MACHEN. ALLERDINGS STÜRZEN SICH DIE BETROFFENEN DARAUFHIN SOFORT UNGEZÜGELT AUF SIE.
ICH MACH DAS!
ICH VERWANDELE MICH IN IRGENDWAS LANGES!!
GWUUUUH
WAS?!
ES GIBT ZWEI WEGE, UM DER FÄHIGKEIT ZU ENTGEHEN.
PLUM
ERSTENS:
UNKENNTNIS IN SACHEN LIEBE UND LEIDENSCHAFT.

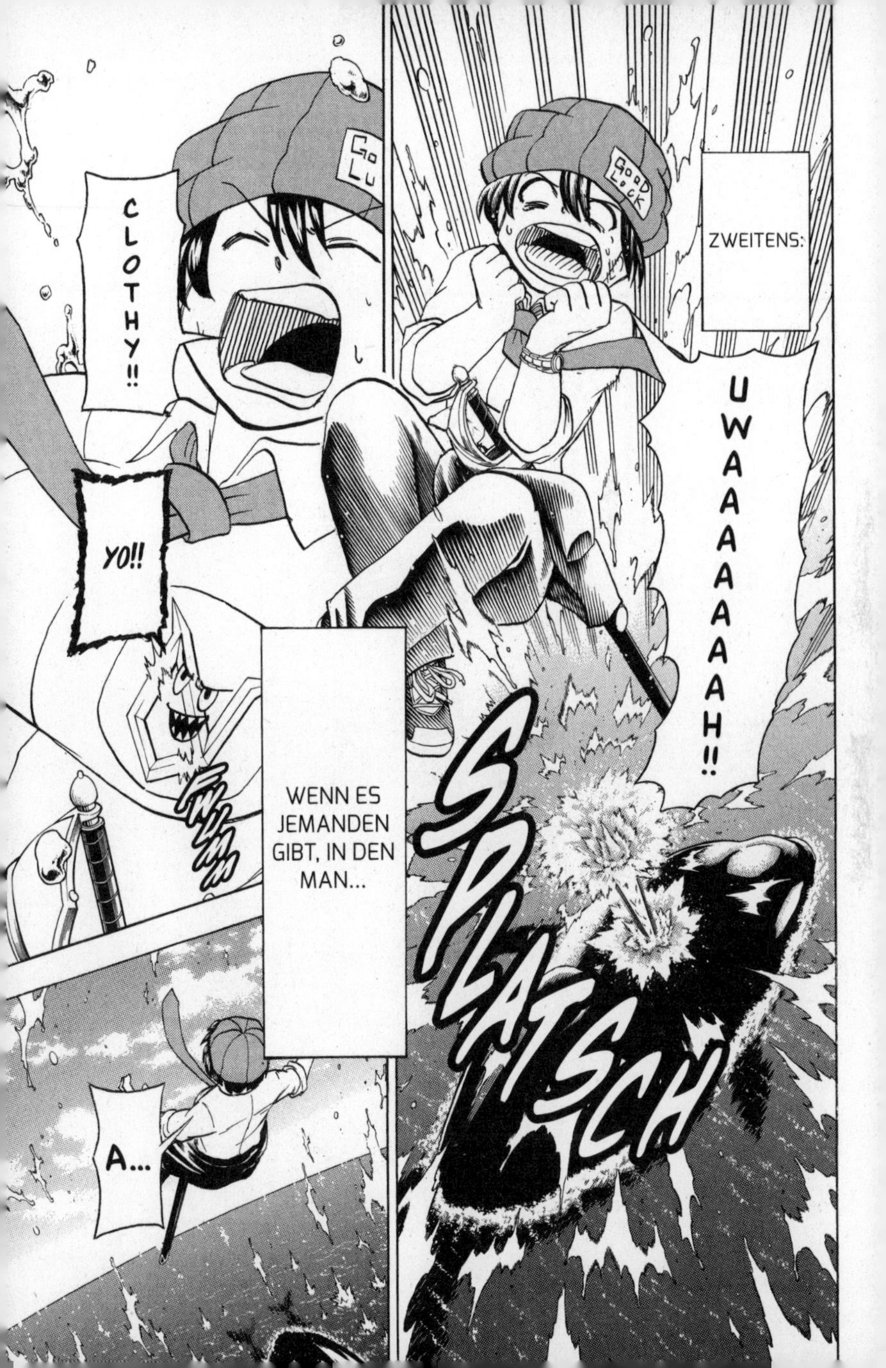
ZWEITENS:
UWAAAAAAAH!!
WENN ES JEMANDEN GIBT, IN DEN MAN...
SPLATSCH
CLOTHY!!
YO!!
A...

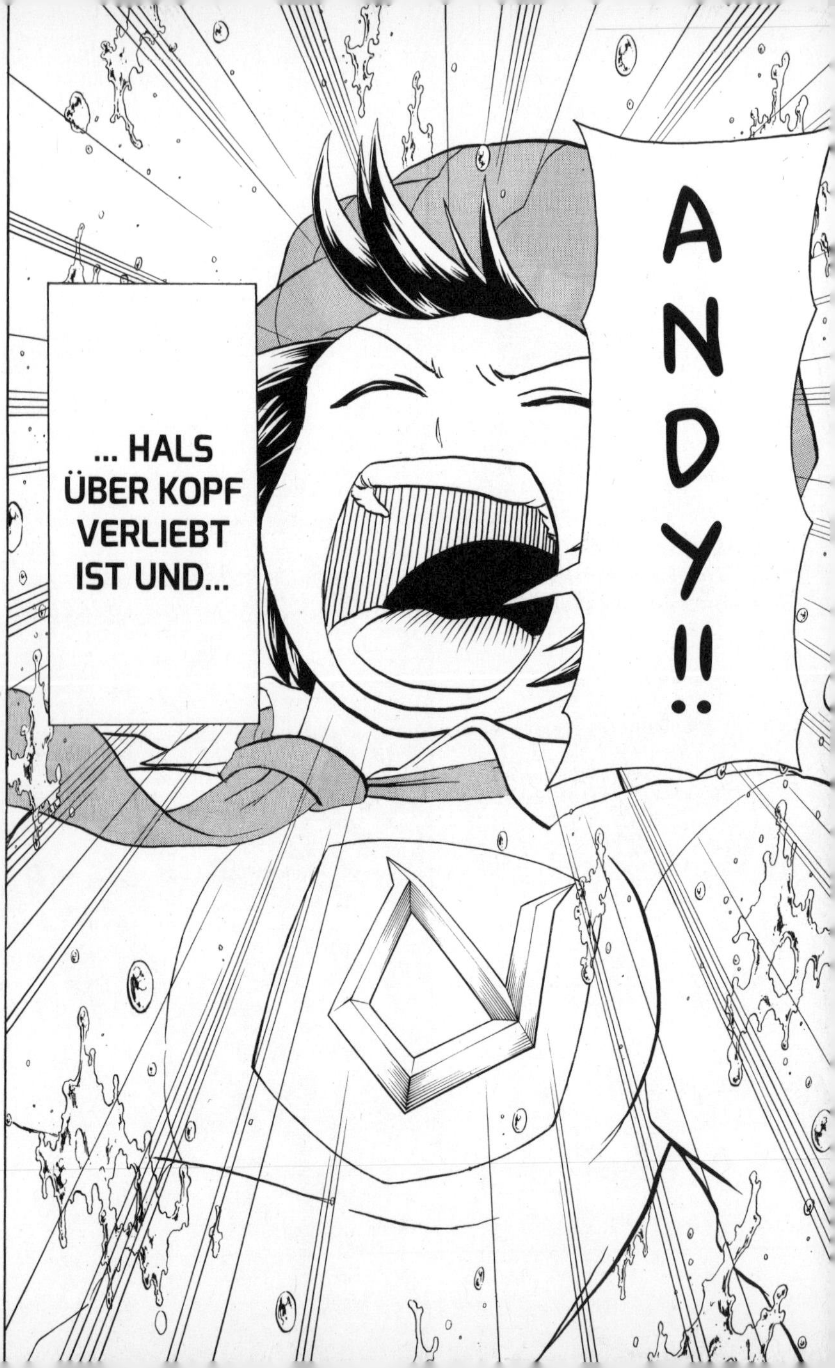
ANDY!!
... HALS ÜBER KOPF VERLIEBT IST UND...

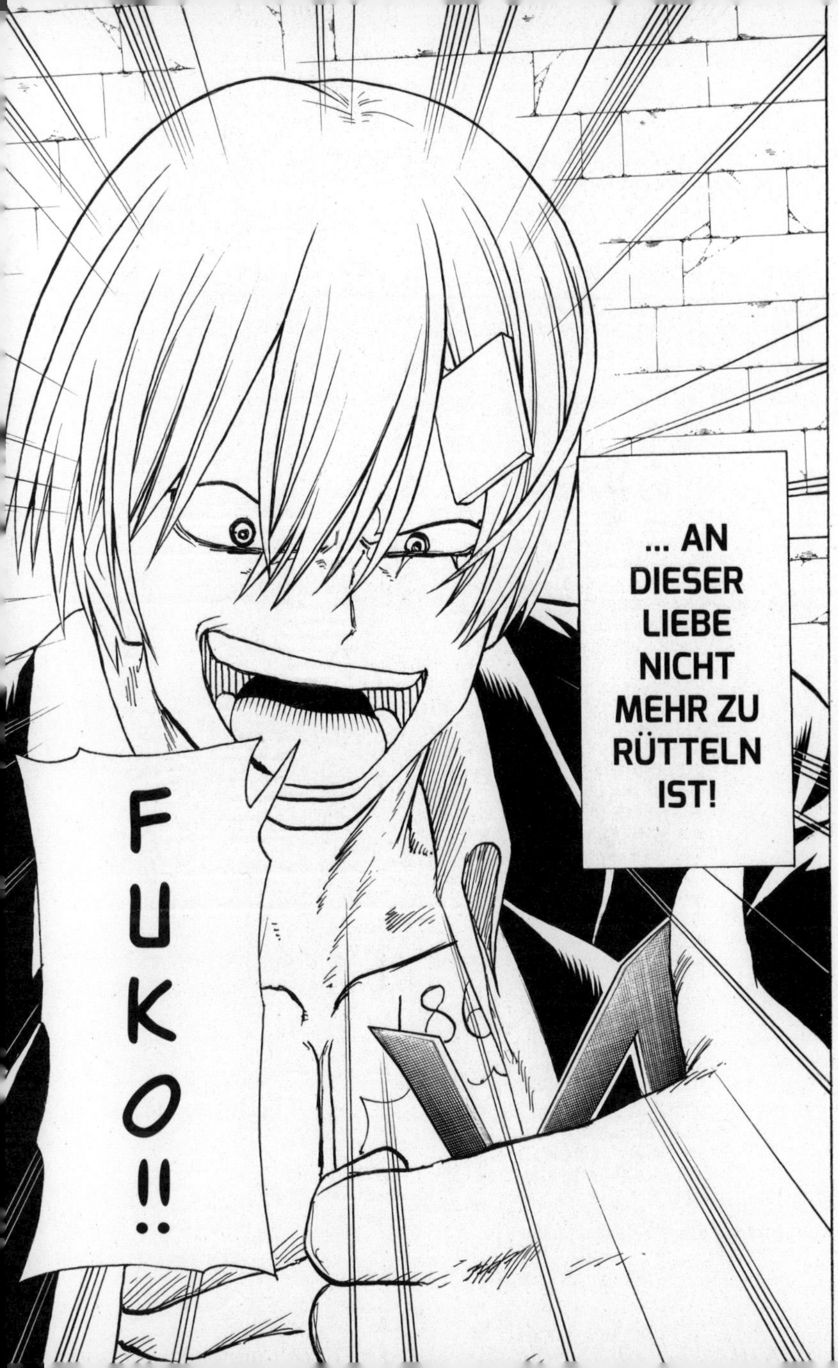
... AN DIESER LIEBE NICHT MEHR ZU RÜTTELN IST!
FUKO!!

KURURU (EIGENTLICH: SADAKO KURUSU)

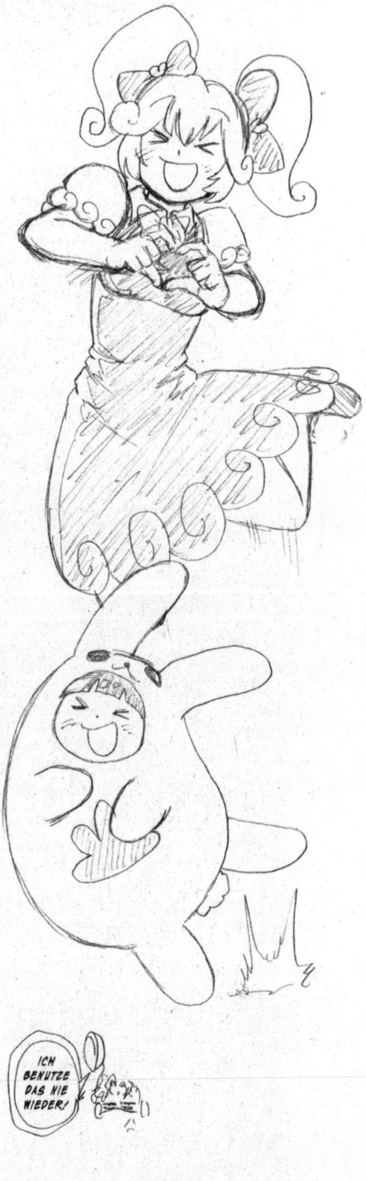

ALTER: IST EIN GEHEIMNIS

GRÖSSE: GENAU DIE GRÖSSE, DIE SICH ALLE BEI KURURU IDEALERWEISE VORSTELLEN

GEWICHT: GENAUSO

HOBBYS: HÜBSCHE, NIEDLICHE DINGE SAMMELN (IN WAHRHEIT: LIVE-KONZERTE BERÜHMTER IDOLE GUCKEN, DABEI LAUTHALS MITSINGEN UND TANZEINLAGEN ÜBEN!)

BESONDERE FÄHIGKEIT: KURURU-POSE (NACHAHMUNG LEGENDÄRER IDOLE)

WAS SIE MAG: LOLLIS (EIGENTLICH: TEMPURA AUS EINGEROLLTEN JUNGTRIEBEN VON WILDGEMÜSE)

FÄHIGKEIT: UNCHASTE – UNKEUSCHHEIT GEHÖRT ZUM TYP DER WILLKÜRLICHEN AKTIVIERUNG, IST AUF ANDERE ZIELE AUSGERICHTET. DIE EINZELNEN BESTANDTEILE IHRER GABE WURDEN BEREITS IN KAPITEL 072 VORGESTELLT.
WIR SCHILDERN NOCH KURZ, BEI WELCHEN UNDER-MITGLIEDERN KURURUS FÄHIGKEIT FUNKTIONIERT.
WIRKT BEI: TELLA
WIRKT NICHT BEI:
ALLEN ANDEREN AUSSER TELLA
BEVOR SIE ZU UNDER KAM, HAT IHRE FÄHIGKEIT BEI DEN MEISTEN MENSCHEN FUNKTIONIERT. DOCH IHR STOLZ ALS IDOL WURDE SEHR IN MITLEIDENSCHAFT GEZOGEN. AM ALLERBESTEN HAT IHRE GABE FUNKTIONIERT, ALS KURURU UNGLAUBLICH WÜTEND AUF TELLA WAR – DANACH HATTE SIE ABER SOLCHE ANGST, DASS SIE SIE ERST MAL NICHT WEITER BENUTZEN WOLLTE.

ZU LEBZEITEN VON SEAN HAT ES AUCH FUNKTIONIERT.

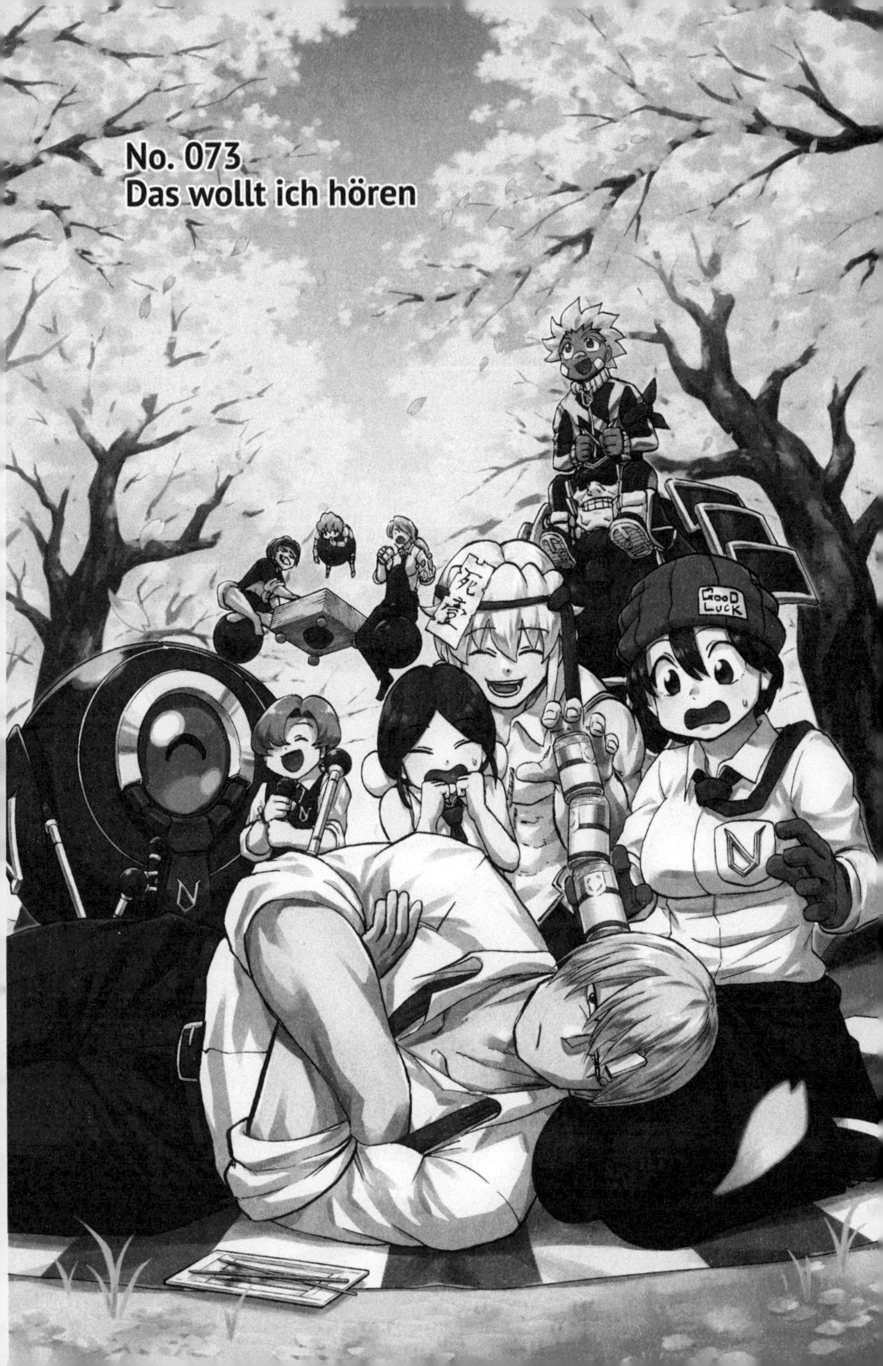
No. 073
Das wollt ich hören
GOOD LUCK

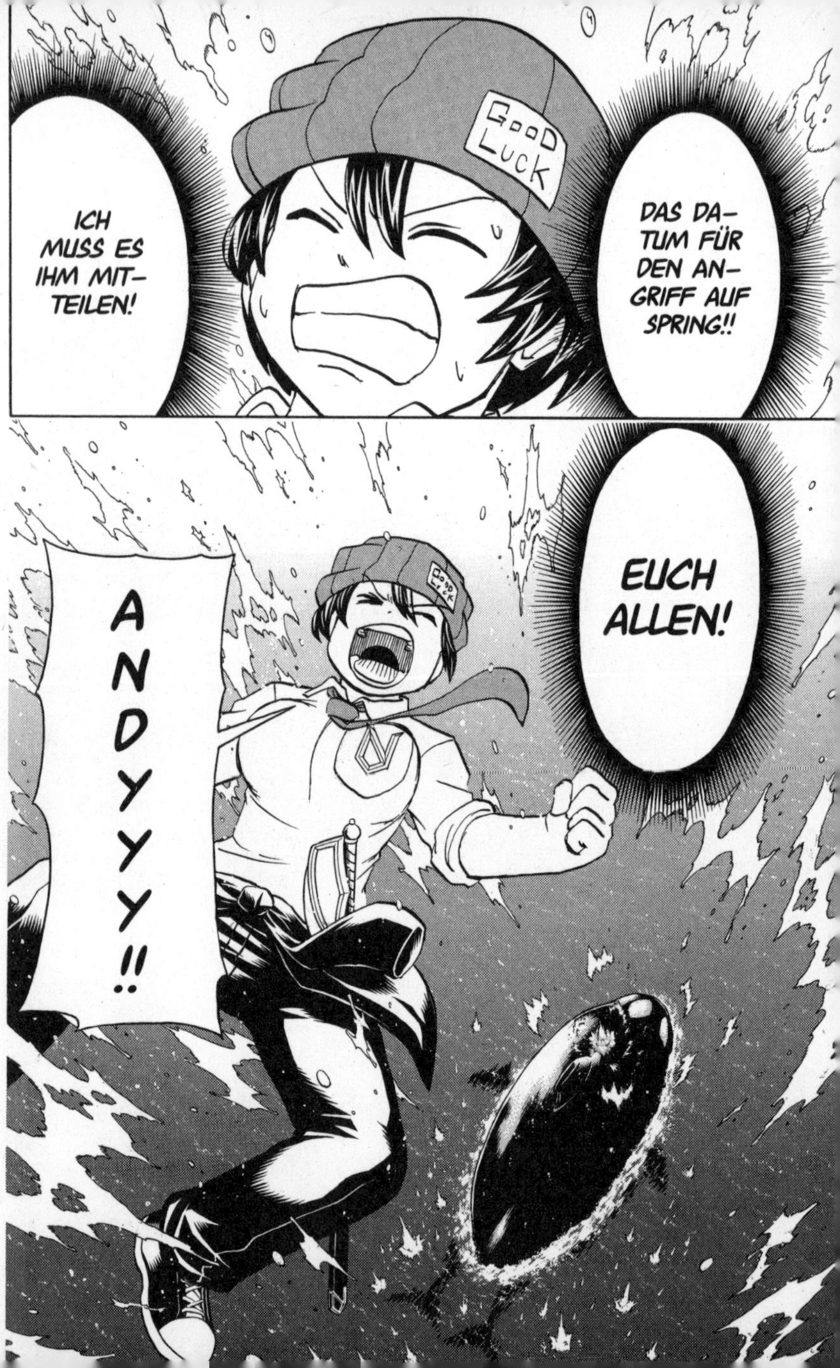
GOOD LUCK
DAS DATUM FÜR DEN ANGRIFF AUF SPRING!!
ICH MUSS ES IHM MITTEILEN!
EUCH ALLEN!
ANDYYY!!

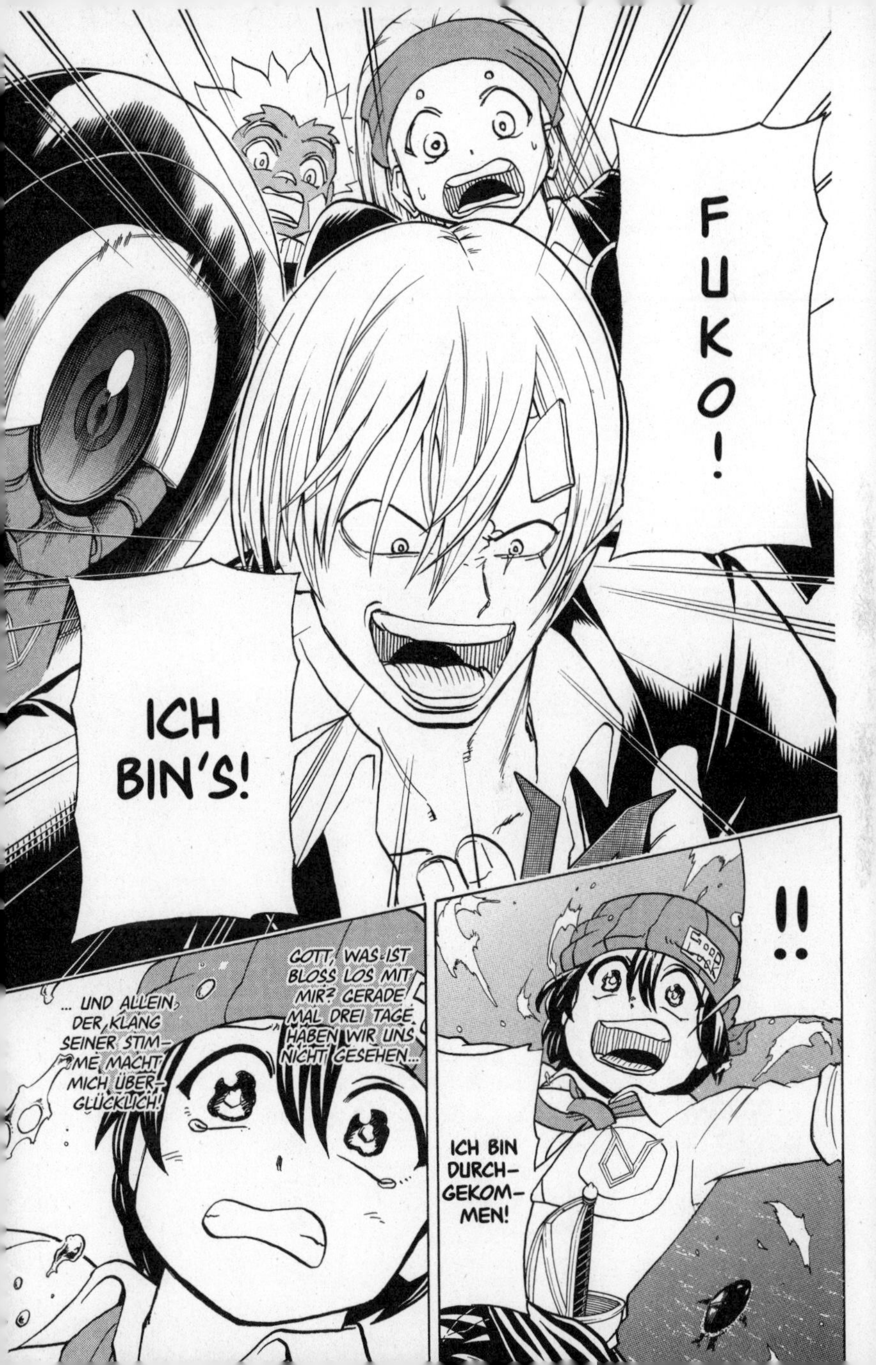
FUKO!
ICH BIN'S!
!!
ICH BIN DURCHGEKOMMEN!
GOTT, WAS IST BLOSS LOS MIT MIR? GERADE MAL DREI TAGE HABEN WIR UNS NICHT GESEHEN...
... UND ALLEIN DER KLANG SEINER STIMME MACHT MICH ÜBERGLÜCKLICH!

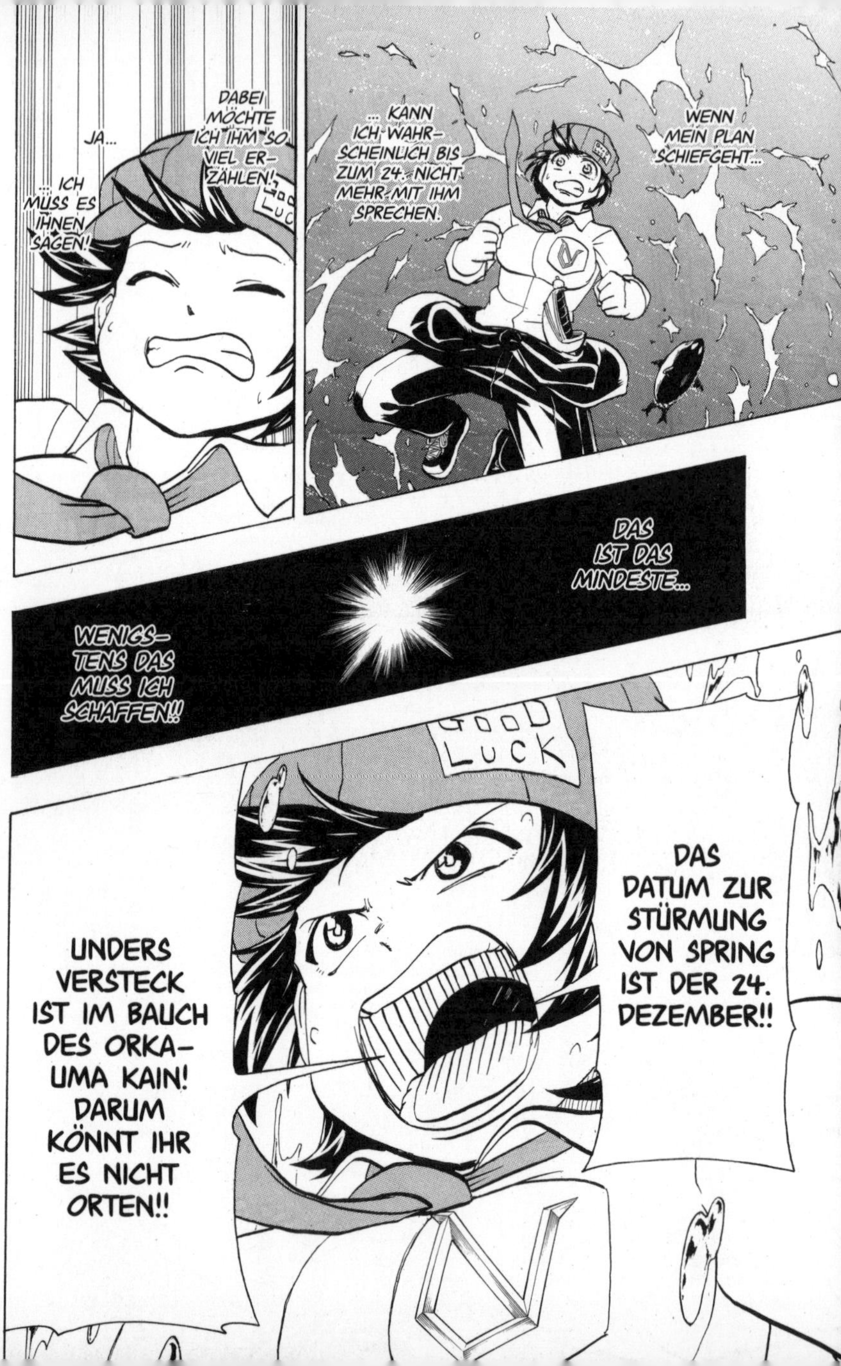
WENN MEIN PLAN SCHIEFGEHT...
... KANN ICH WAHRSCHEINLICH BIS ZUM 24. NICHT MEHR MIT IHM SPRECHEN.
DABEI MÖCHTE ICH IHM SO VIEL ERZÄHLEN!
JA...
... ICH MUSS ES IHNEN SAGEN!
GOOD LUCK
DAS IST DAS MINDESTE...
WENIGSTENS DAS MUSS ICH SCHAFFEN!!
GOOD LUCK
DAS DATUM ZUR STÜRMUNG VON SPRING IST DER 24. DEZEMBER!!
UNDERS VERSTECK IST IM BAUCH DES ORKA-UMA KAIN! DARUM KÖNNT IHR ES NICHT ORTEN!!

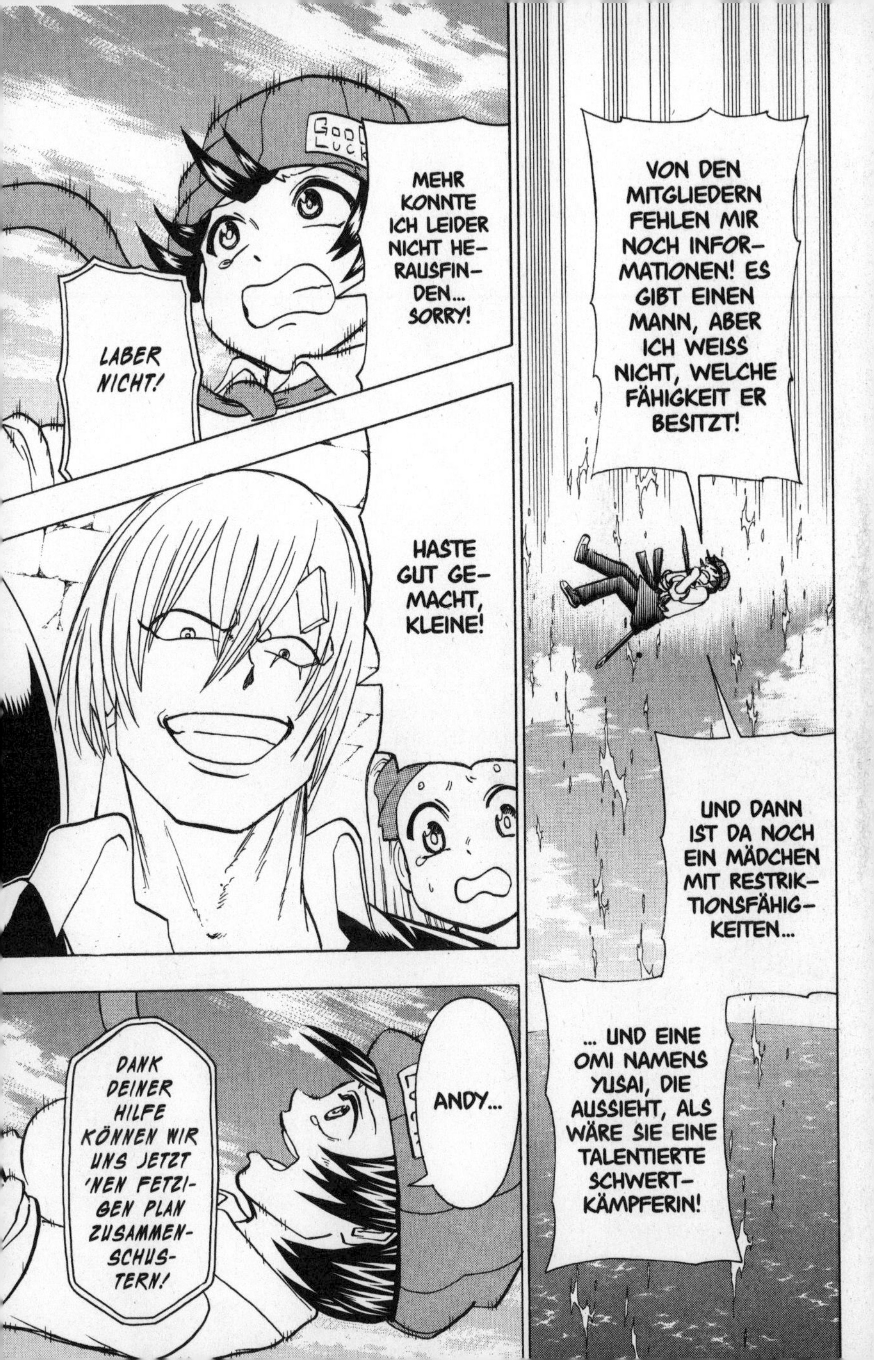

VON DEN MITGLIEDERN FEHLEN MIR NOCH INFOR-MATIONEN! ES GIBT EINEN MANN, ABER ICH WEISS NICHT, WELCHE FÄHIGKEIT ER BESITZT!
UND DANN IST DA NOCH EIN MÄDCHEN MIT RESTRIK-TIONSFÄHIG-KEITEN...
... UND EINE OMI NAMENS YUSAI, DIE AUSSIEHT, ALS WÄRE SIE EINE TALENTIERTE SCHWERT-KÄMPFERIN!
MEHR KONNTE ICH LEIDER NICHT HE-RAUSFIN-DEN... SORRY!
LABER NICHT!
HASTE GUT GE-MACHT, KLEINE!
ANDY...
DANK DEINER HILFE KÖNNEN WIR UNS JETZT 'NEN FETZI-GEN PLAN ZUSAMMEN-SCHUS-TERN!

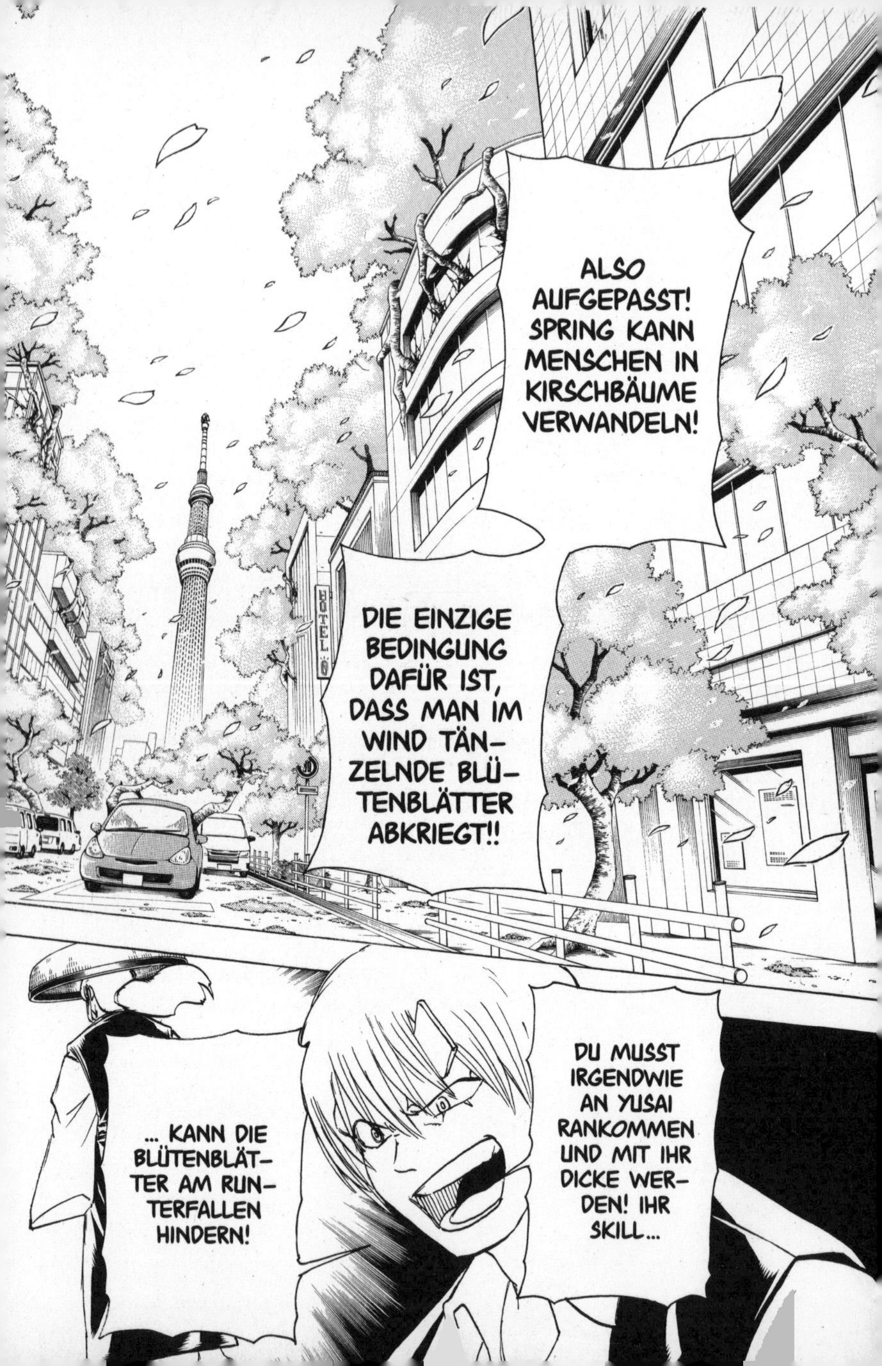
ALSO AUFGEPASST! SPRING KANN MENSCHEN IN KIRSCHBÄUME VERWANDELN!
DIE EINZIGE BEDINGUNG DAFÜR IST, DASS MAN IM WIND TÄN-ZELNDE BLÜ-TENBLÄTTER ABKRIEGT!!
HOTEL
DU MUSST IRGENDWIE AN YUSAI RANKOMMEN UND MIT IHR DICKE WER-DEN! IHR SKILL...
... KANN DIE BLÜTENBLÄT-TER AM RUN-TERFALLEN HINDERN!

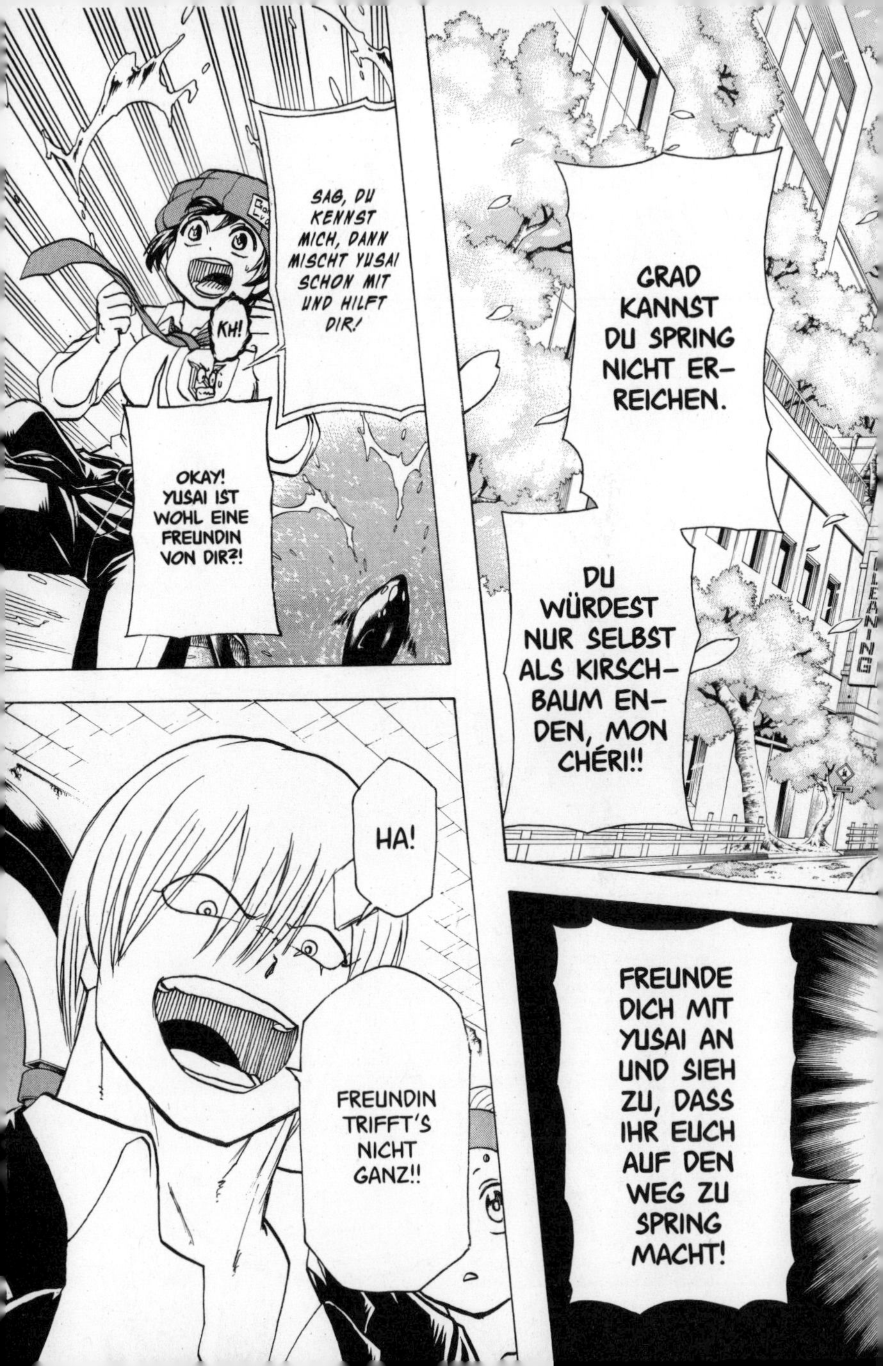

GRAD KANNST DU SPRING NICHT ER-REICHEN.
DU WÜRDEST NUR SELBST ALS KIRSCH-BAUM EN-DEN, MON CHÉRI!!
SAG, DU KENNST MICH, DANN MISCHT YUSAI SCHON MIT UND HILFT DIR!
KH!
OKAY! YUSAI IST WOHL EINE FREUNDIN VON DIR?!
FREUNDE DICH MIT YUSAI AN UND SIEH ZU, DASS IHR EUCH AUF DEN WEG ZU SPRING MACHT!
HA!
FREUNDIN TRIFFT'S NICHT GANZ!!

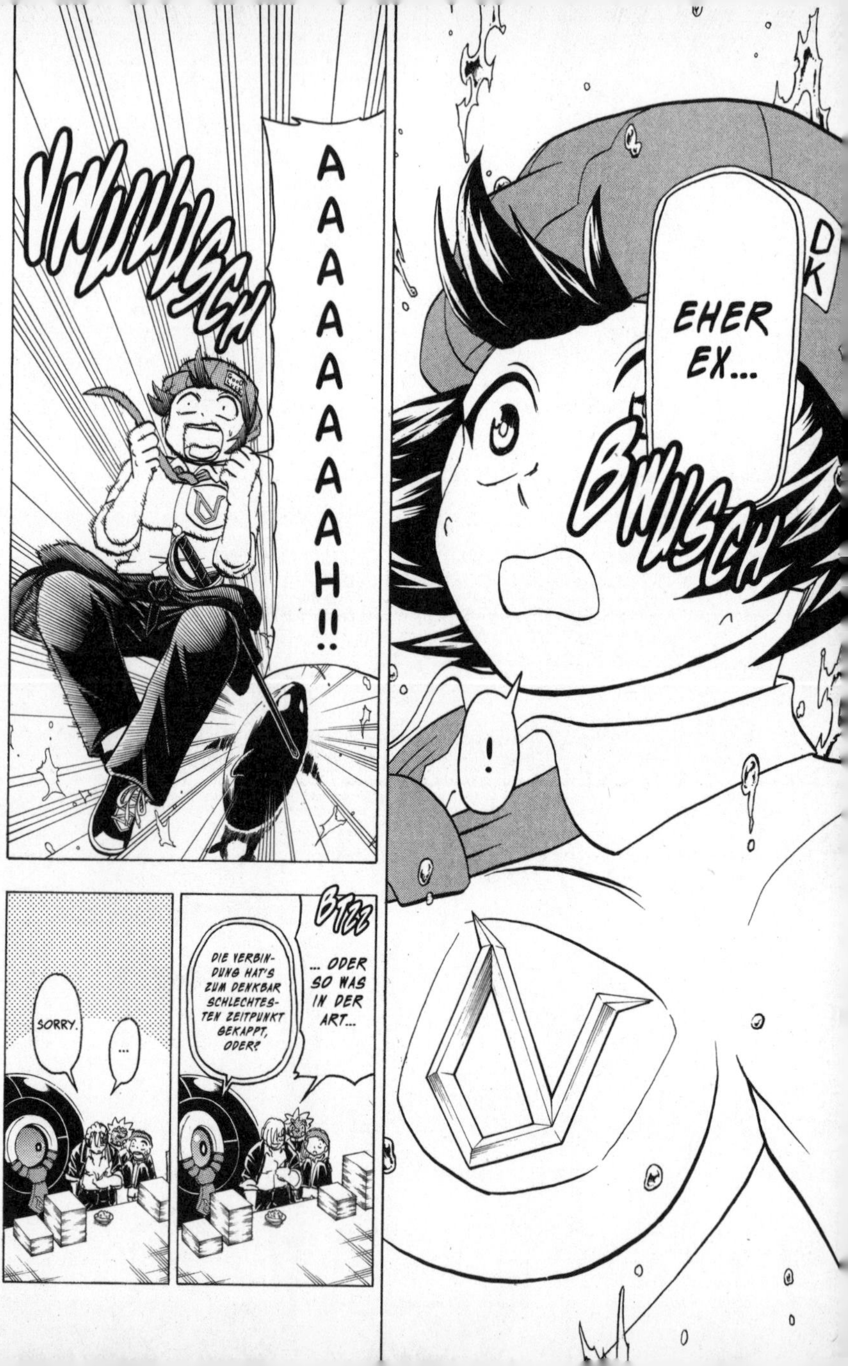
DK
EHER EX...
BWUSCH
!
AAAAAAAAAH!!
... ODER SO WAS IN DER ART...
DIE VERBIN-DUNG HAT'S ZUM DENKBAR SCHLECHTES-TEN ZEITPUNKT GEKAPPT, ODER?
...
SORRY.

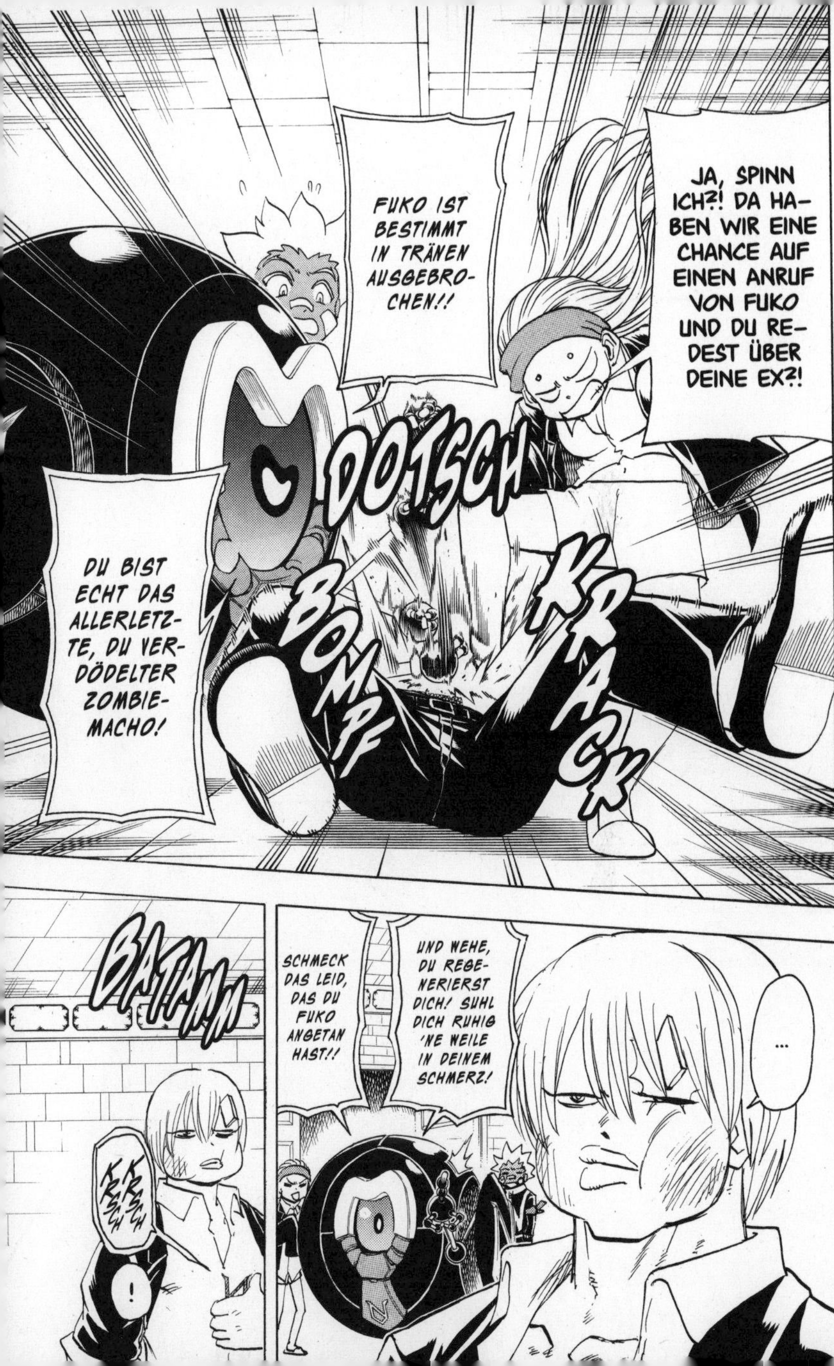
JA, SPINN ICH?! DA HABEN WIR EINE CHANCE AUF EINEN ANRUF VON FUKO UND DU REDEST ÜBER DEINE EX?!
FUKO IST BESTIMMT IN TRÄNEN AUSGEBROCHEN!!
DOTSCH
KRACK
BOMPF
DU BIST ECHT DAS ALLERLETZTE, DU VERDÖDELTER ZOMBIE-MACHO!
...
UND WEHE, DU REGENERIERST DICH! SUHL DICH RUHIG 'NE WEILE IN DEINEM SCHMERZ!
SCHMECK DAS LEID, DAS DU FUKO ANGETAN HAST!!
BATAMM
KRKRSCH
!

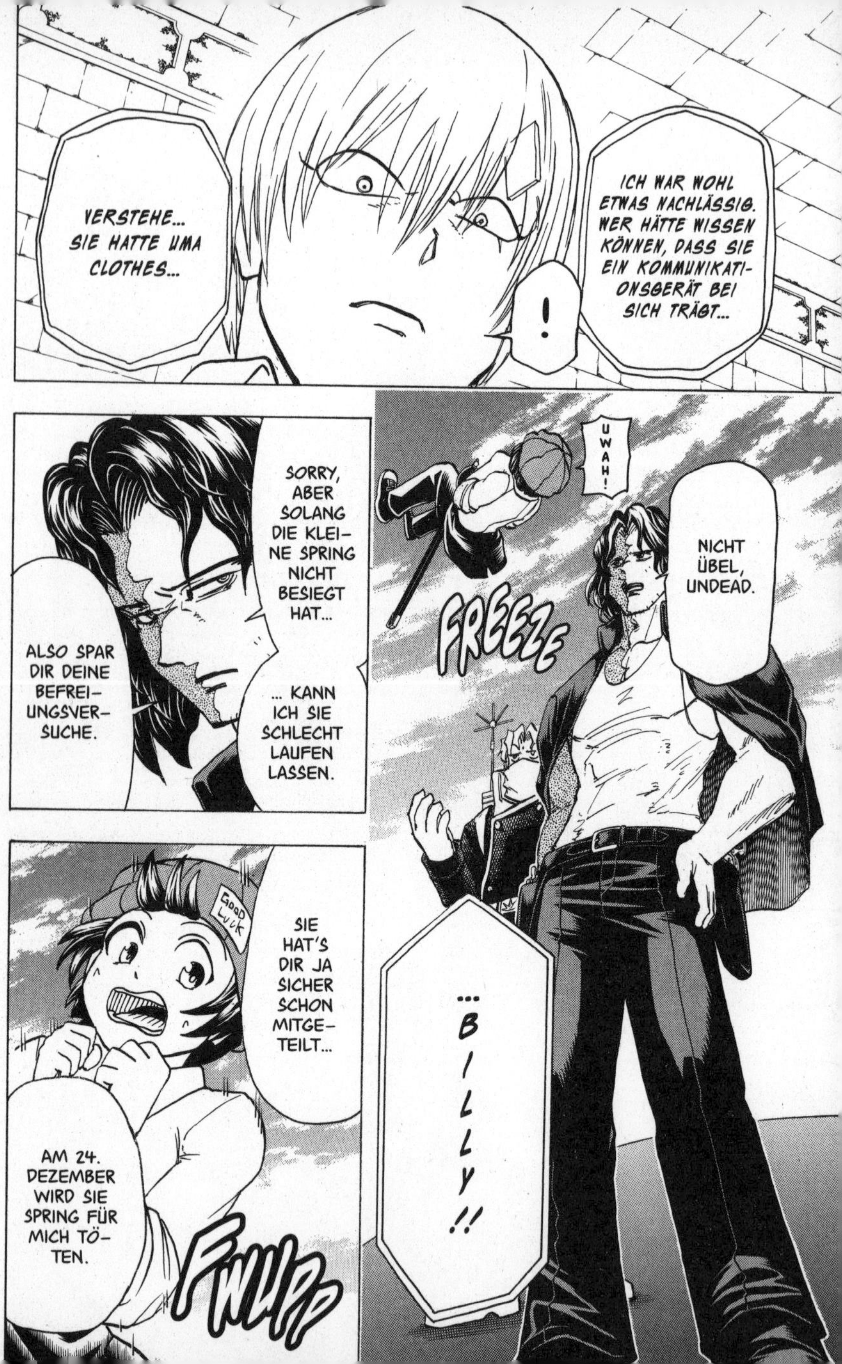
!
VERSTEHE... SIE HATTE UMA CLOTHES...
ICH WAR WOHL ETWAS NACHLÄSSIG. WER HÄTTE WISSEN KÖNNEN, DASS SIE EIN KOMMUNIKATIONSGERÄT BEI SICH TRÄGT...
UWAH!
FREEZE
NICHT ÜBEL, UNDEAD.
...BILLY!!
SORRY, ABER SOLANG DIE KLEINE SPRING NICHT BESIEGT HAT...
... KANN ICH SIE SCHLECHT LAUFEN LASSEN.
ALSO SPAR DIR DEINE BEFREIUNGSVERSUCHE.
GOOD LUCK
SIE HAT'S DIR JA SICHER SCHON MITGETEILT...
AM 24. DEZEMBER WIRD SIE SPRING FÜR MICH TÖTEN.
FWUPP

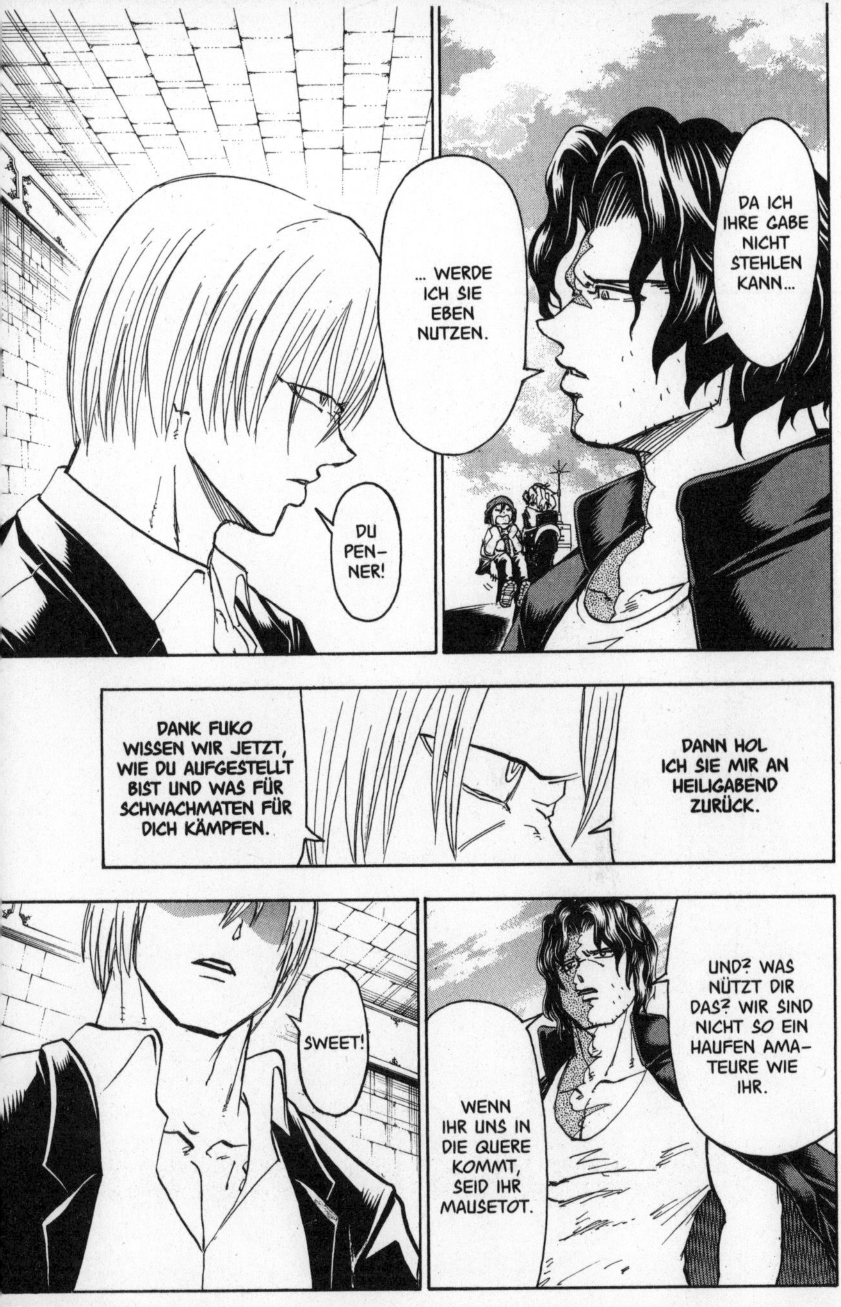
DA ICH IHRE GABE NICHT STEHLEN KANN...
... WERDE ICH SIE EBEN NUTZEN.
DU PENNER!
DANN HOL ICH SIE MIR AN HEILIGABEND ZURÜCK.
DANK FUKO WISSEN WIR JETZT, WIE DU AUFGESTELLT BIST UND WAS FÜR SCHWACHMATEN FÜR DICH KÄMPFEN.
UND? WAS NÜTZT DIR DAS? WIR SIND NICHT SO EIN HAUFEN AMATEURE WIE IHR.
WENN IHR UNS IN DIE QUERE KOMMT, SEID IHR MAUSETOT.
SWEET!

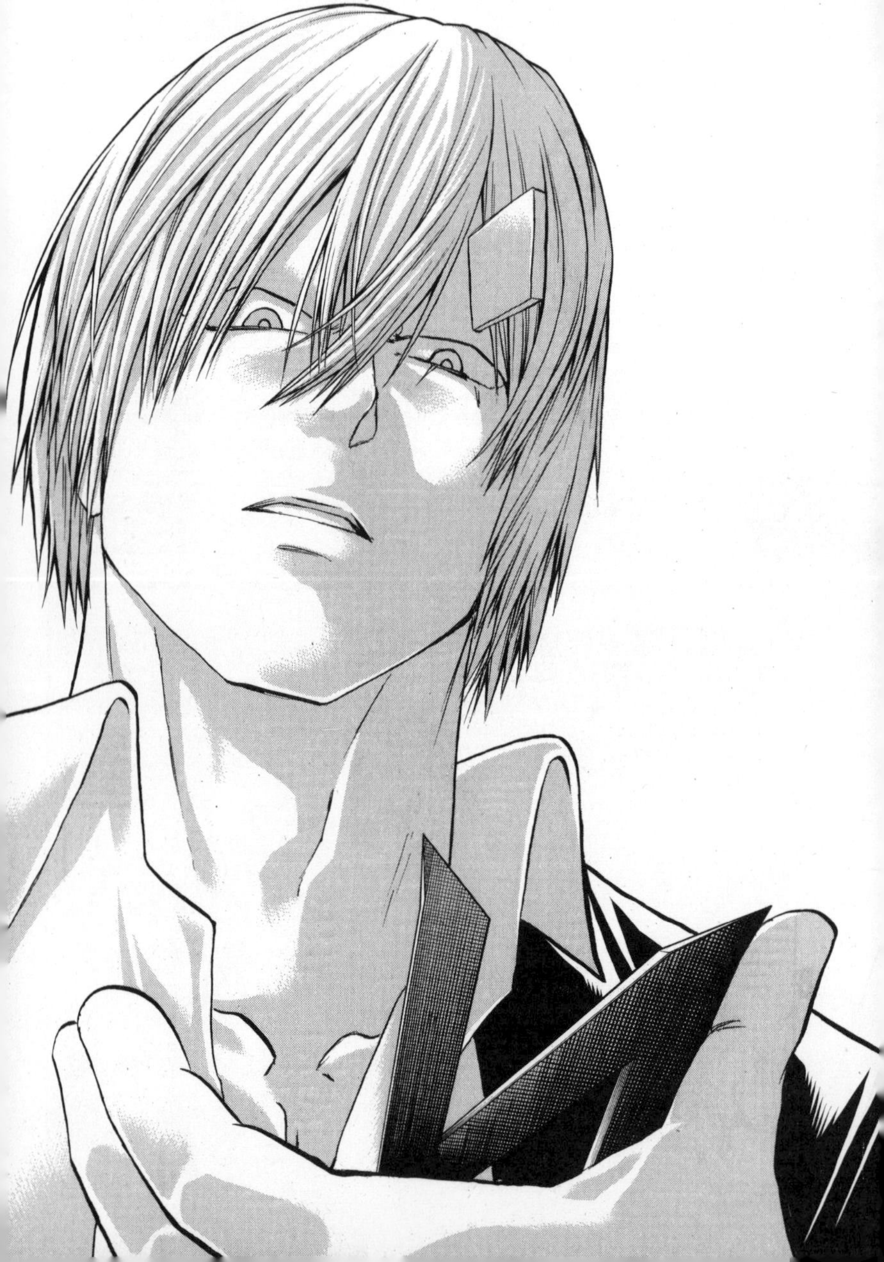

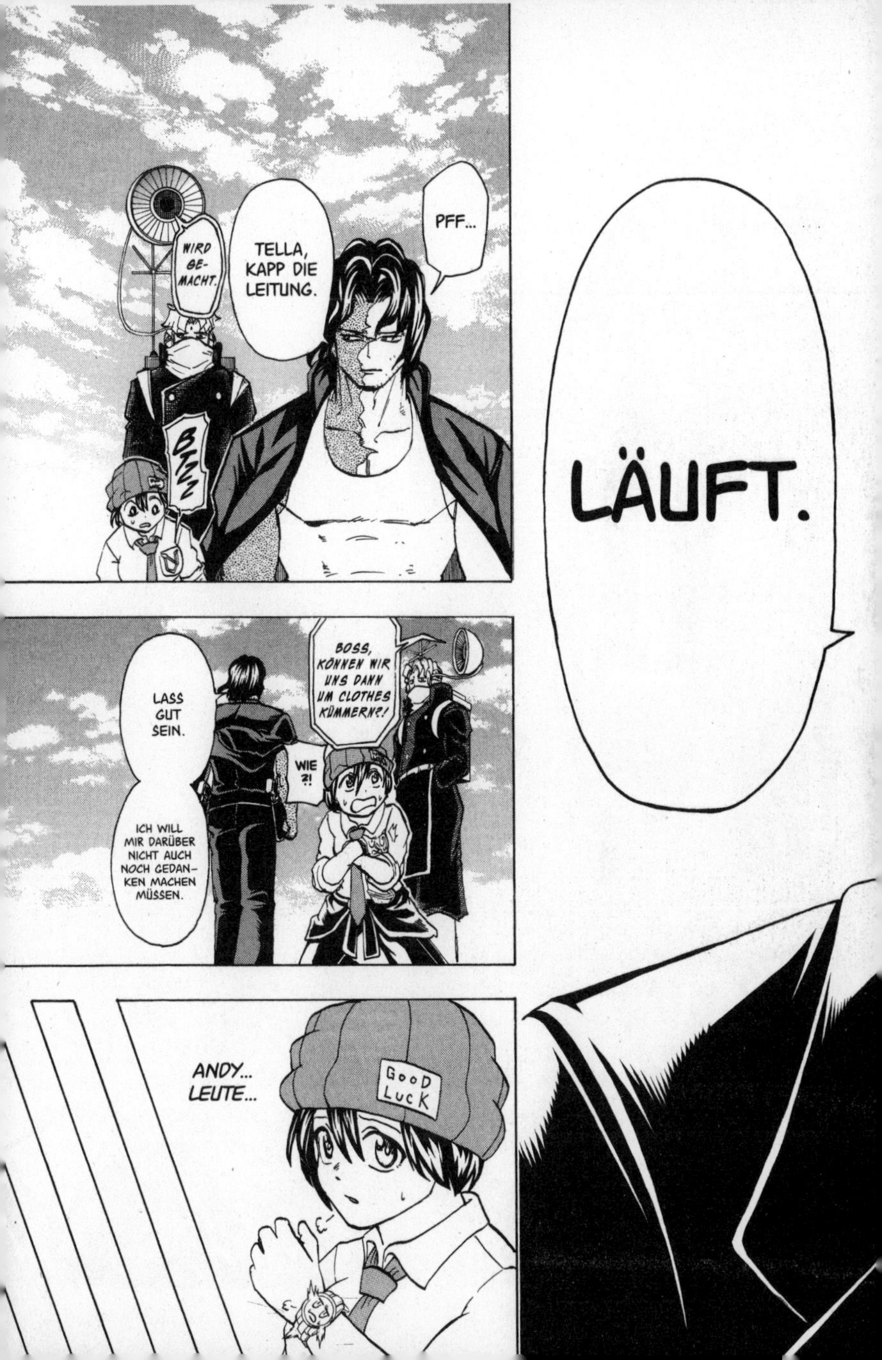
LÄUFT.
PFF...
TELLA, KAPP DIE LEITUNG.
WIRD GE-MACHT.
BZZZ
BOSS, KÖNNEN WIR UNS DANN UM CLOTHES KÜMMERN?!
WIE?!
LASS GUT SEIN.
ICH WILL MIR DARÜBER NICHT AUCH NOCH GEDAN-KEN MACHEN MÜSSEN.
GOOD LUCK
ANDY... LEUTE...

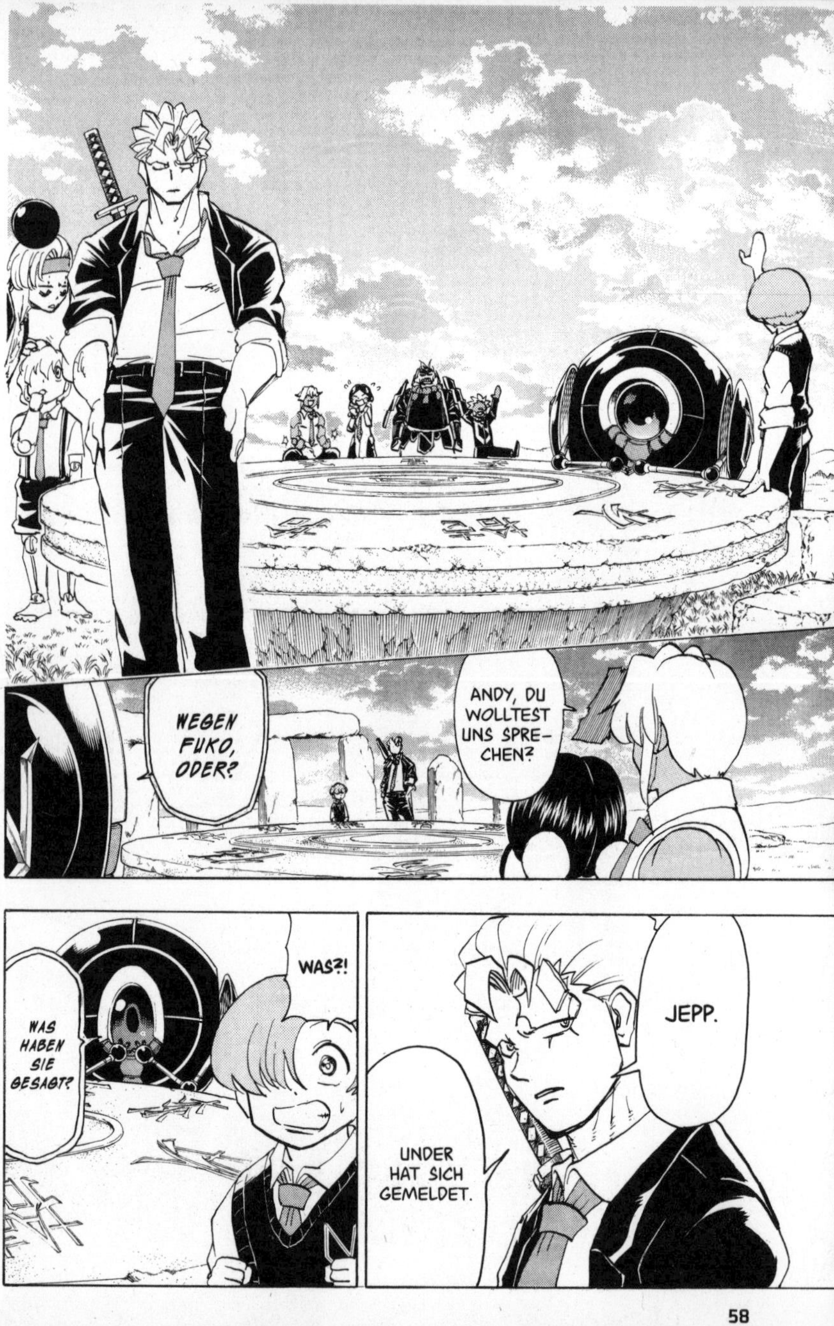
ANDY, DU WOLLTEST UNS SPRECHEN?
WEGEN FUKO, ODER?
JEPP.
UNDER HAT SICH GEMELDET.
WAS?!
WAS HABEN SIE GESAGT?

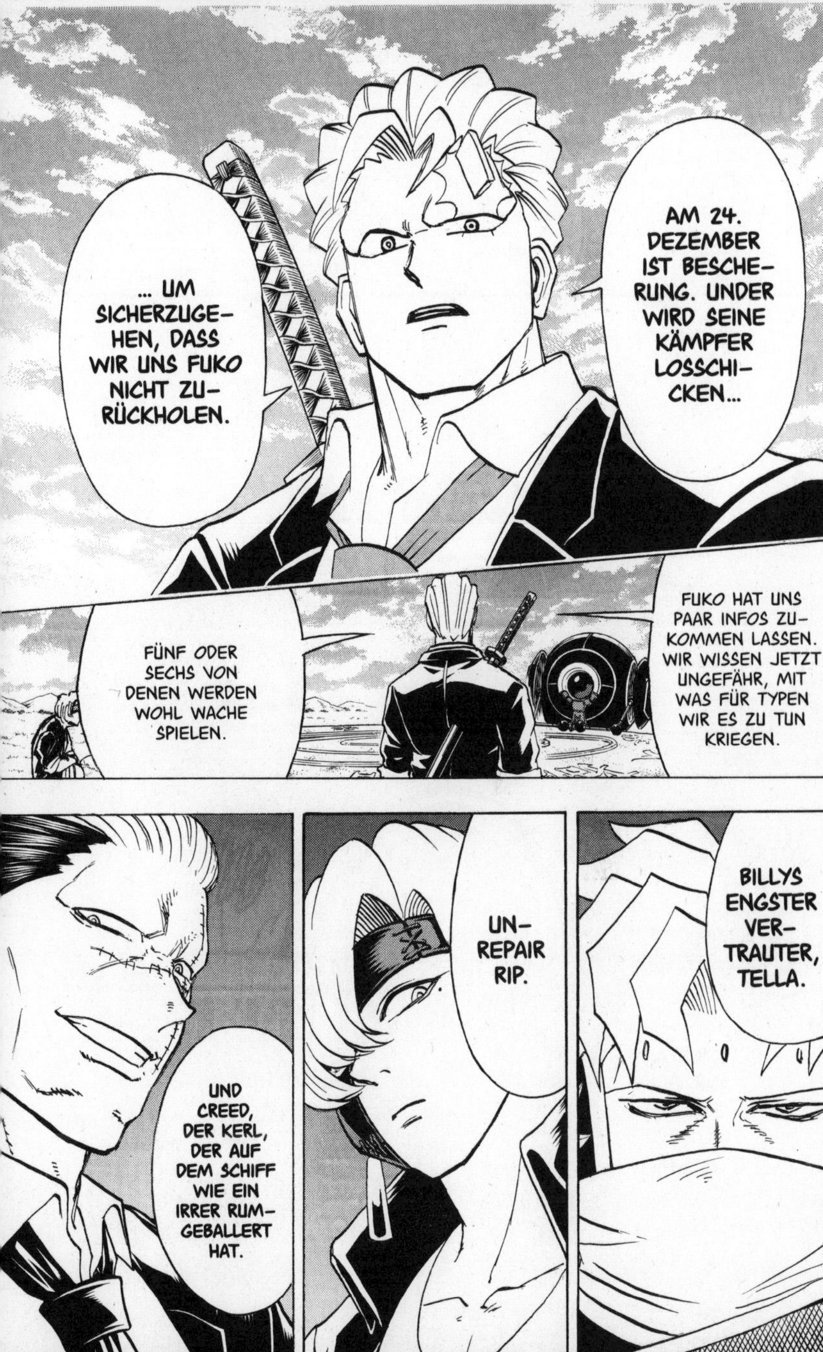
AM 24. DEZEMBER IST BESCHERUNG. UNDER WIRD SEINE KÄMPFER LOSSCHICKEN…
… UM SICHERZUGEHEN, DASS WIR UNS FUKO NICHT ZURÜCKHOLEN.
FUKO HAT UNS PAAR INFOS ZUKOMMEN LASSEN. WIR WISSEN JETZT UNGEFÄHR, MIT WAS FÜR TYPEN WIR ES ZU TUN KRIEGEN.
FÜNF ODER SECHS VON DENEN WERDEN WOHL WACHE SPIELEN.
BILLYS ENGSTER VERTRAUTER, TELLA.
UN-REPAIR RIP.
UND CREED, DER KERL, DER AUF DEM SCHIFF WIE EIN IRRER RUMGEBALLERT HAT.

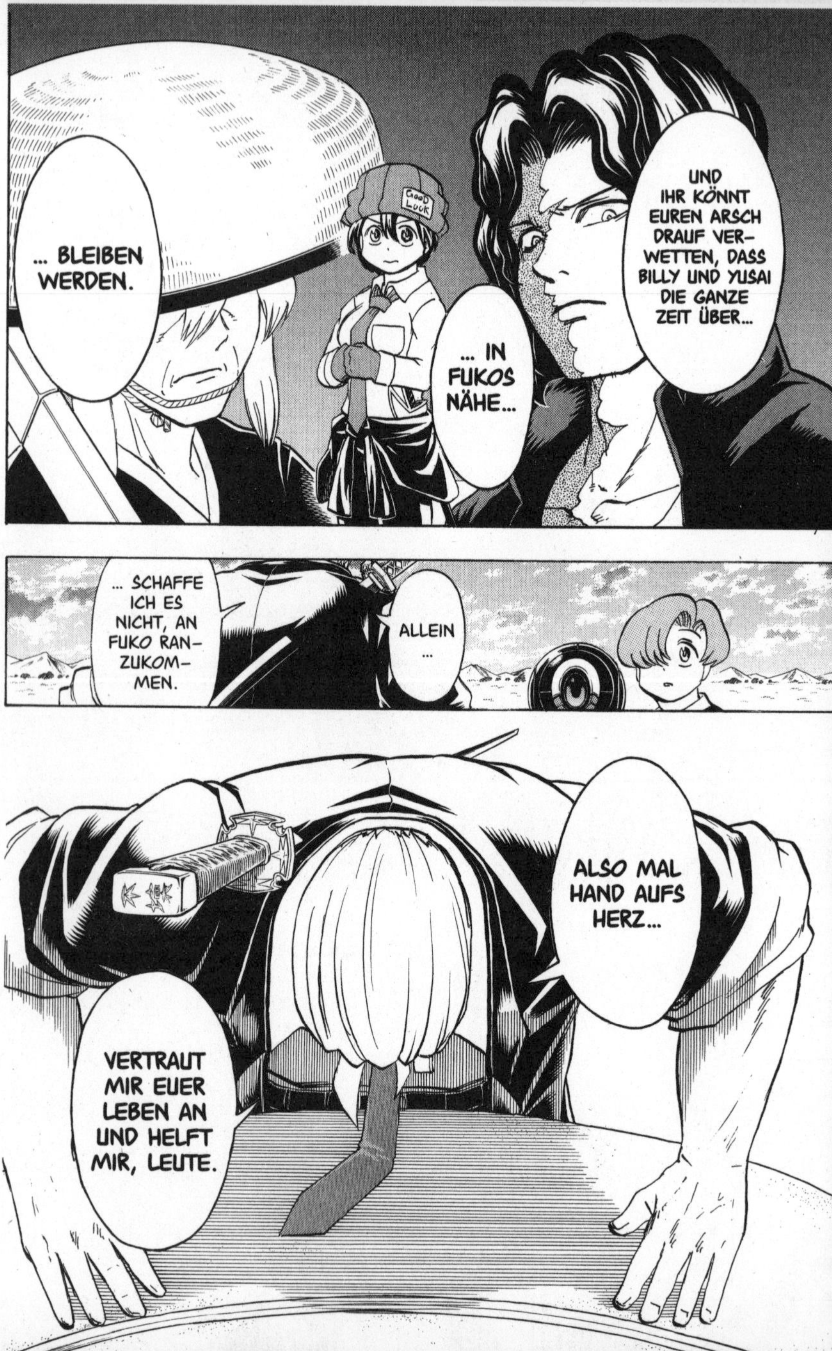
GOOD LUCK
UND IHR KÖNNT EUREN ARSCH DRAUF VER-WETTEN, DASS BILLY UND YUSAI DIE GANZE ZEIT ÜBER...
... IN FUKOS NÄHE...
... BLEIBEN WERDEN.
ALLEIN ...
... SCHAFFE ICH ES NICHT, AN FUKO RAN-ZUKOM-MEN.
ALSO MAL HAND AUFS HERZ...
VERTRAUT MIR EUER LEBEN AN UND HELFT MIR, LEUTE.

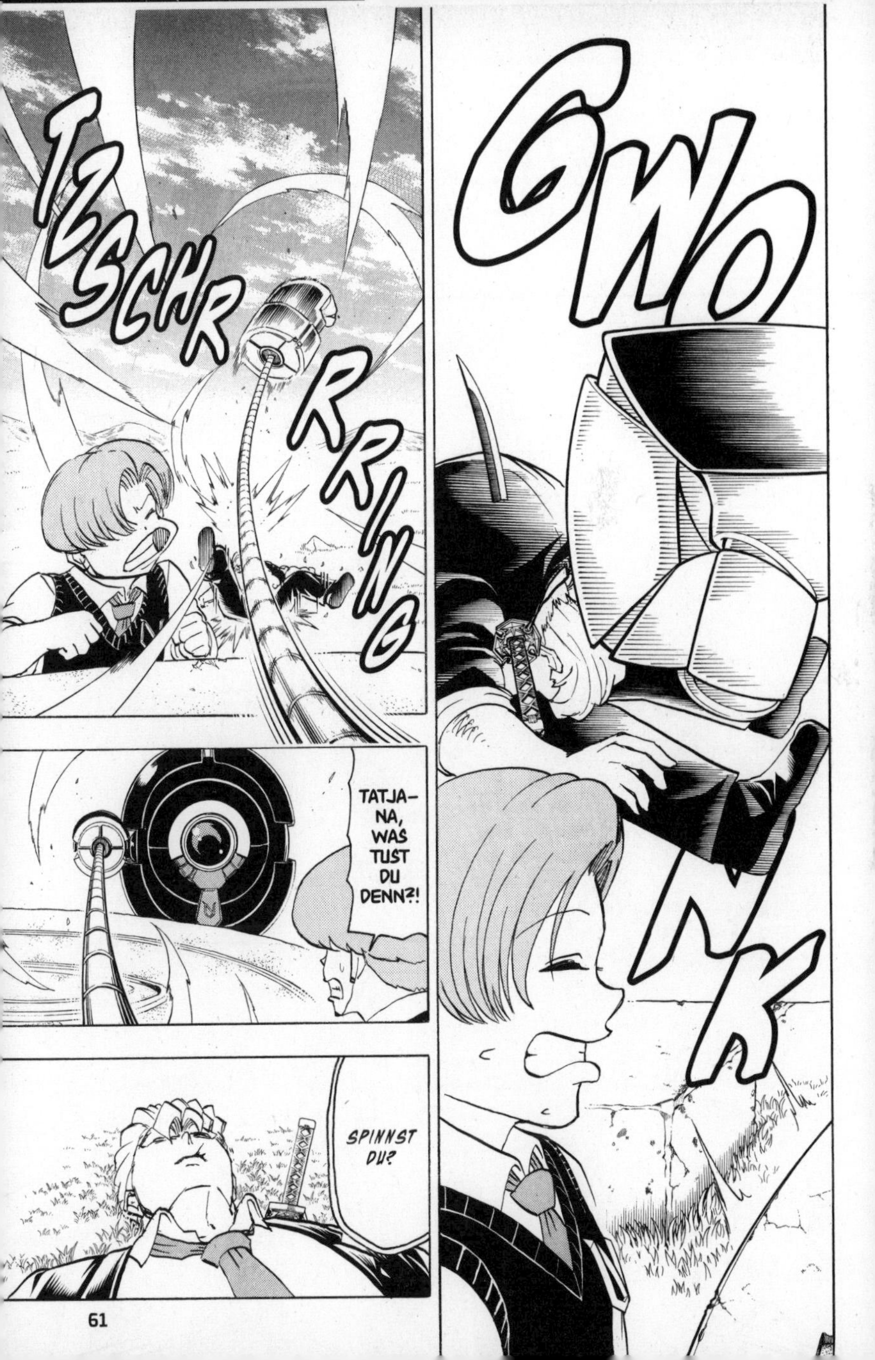
GWONK
TZSCHR
RRING
TATJANA, WAS TUST DU DENN?!
SPINNST DU?

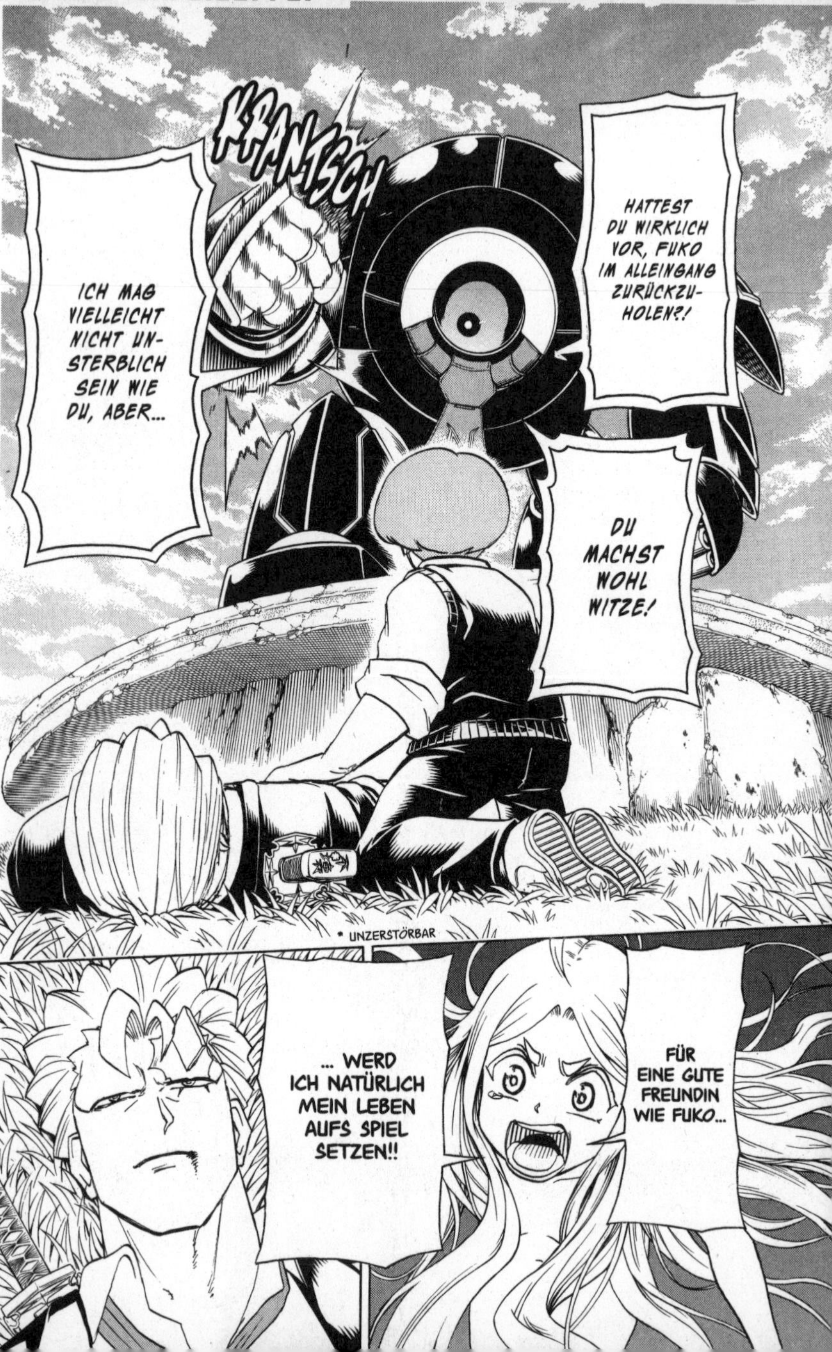

HATTEST DU WIRKLICH VOR, FUKO IM ALLEINGANG ZURÜCKZUHOLEN?!
DU MACHST WOHL WITZE!
KRANTSCH
ICH MAG VIELLEICHT NICHT UN-STERBLICH SEIN WIE DU, ABER...
* UNZERSTÖRBAR
FÜR EINE GUTE FREUNDIN WIE FUKO...
... WERD ICH NATÜRLICH MEIN LEBEN AUFS SPIEL SETZEN!!

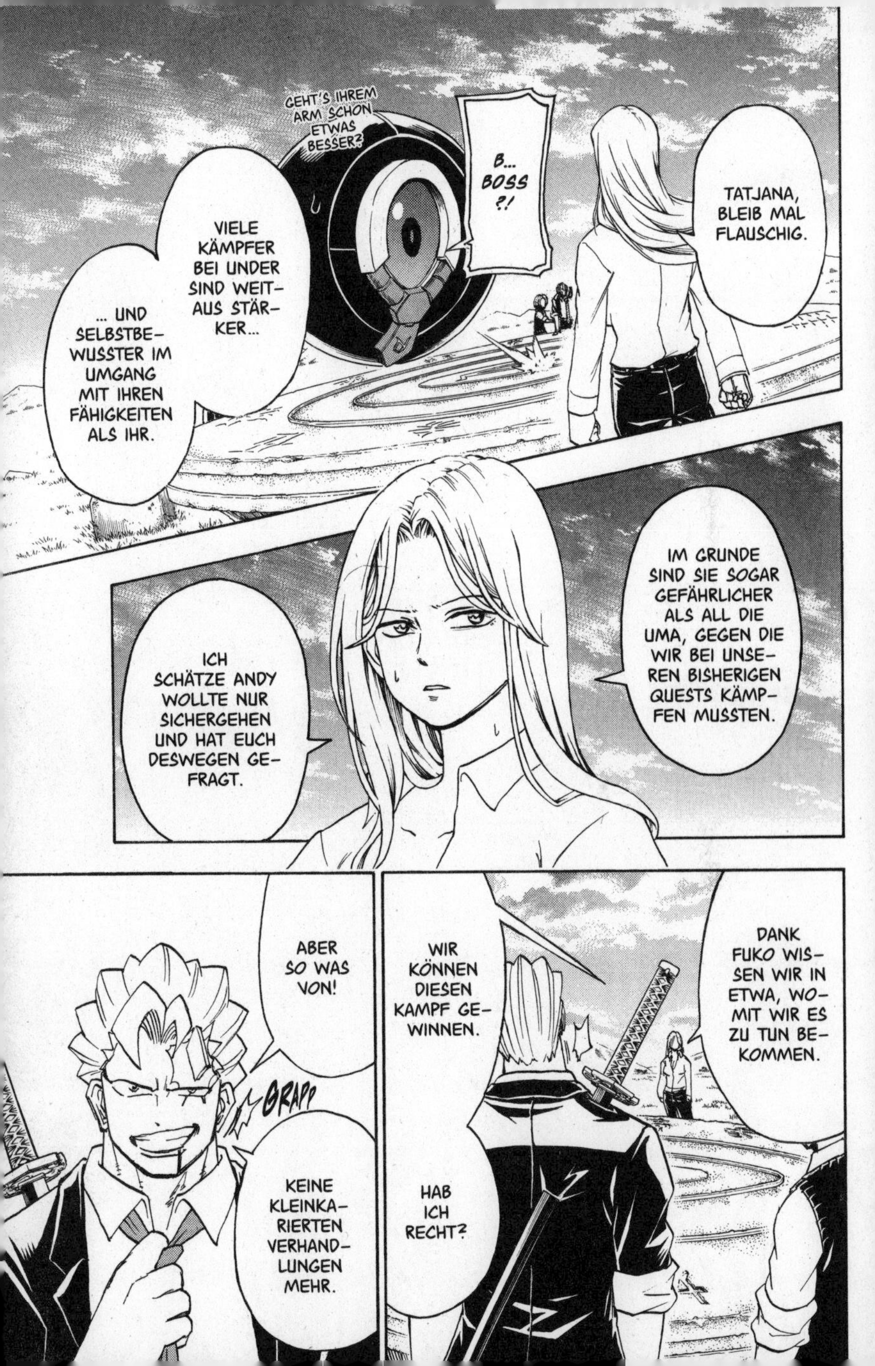
TATJANA, BLEIB MAL FLAUSCHIG.
B... BOSS ?!
GEHT'S IHREM ARM SCHON ETWAS BESSER?
VIELE KÄMPFER BEI UNDER SIND WEIT-AUS STÄR-KER...
... UND SELBSTBE-WUSSTER IM UMGANG MIT IHREN FÄHIGKEITEN ALS IHR.
IM GRUNDE SIND SIE SOGAR GEFÄHRLICHER ALS ALL DIE UMA, GEGEN DIE WIR BEI UNSE-REN BISHERIGEN QUESTS KÄMP-FEN MUSSTEN.
ICH SCHÄTZE ANDY WOLLTE NUR SICHERGEHEN UND HAT EUCH DESWEGEN GE-FRAGT.
DANK FUKO WIS-SEN WIR IN ETWA, WO-MIT WIR ES ZU TUN BE-KOMMEN.
WIR KÖNNEN DIESEN KAMPF GE-WINNEN.
HAB ICH RECHT?
ABER SO WAS VON!
GRAPP
KEINE KLEINKA-RIERTEN VERHAND-LUNGEN MEHR.

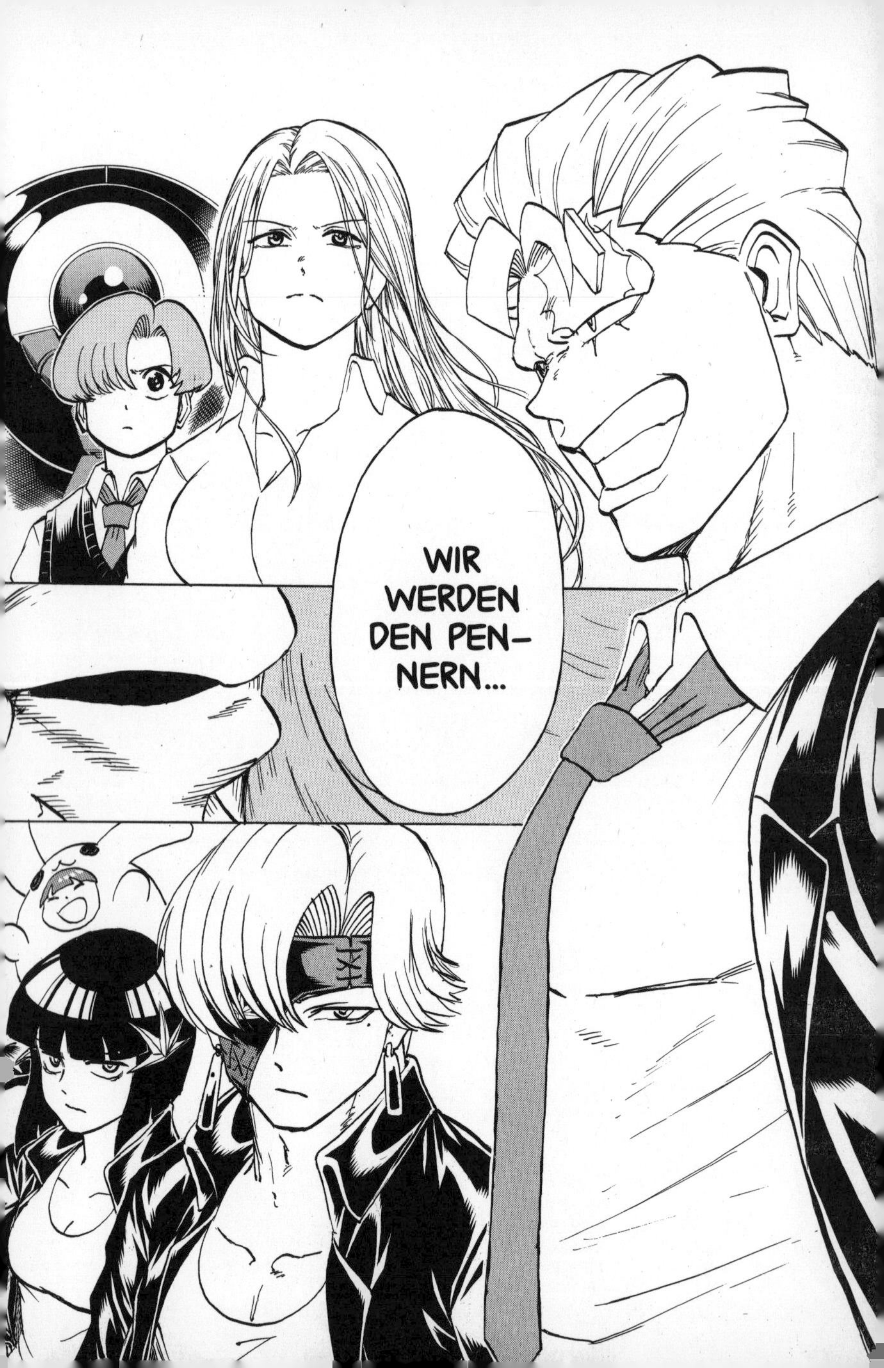
WIR WERDEN DEN PEN-NERN...

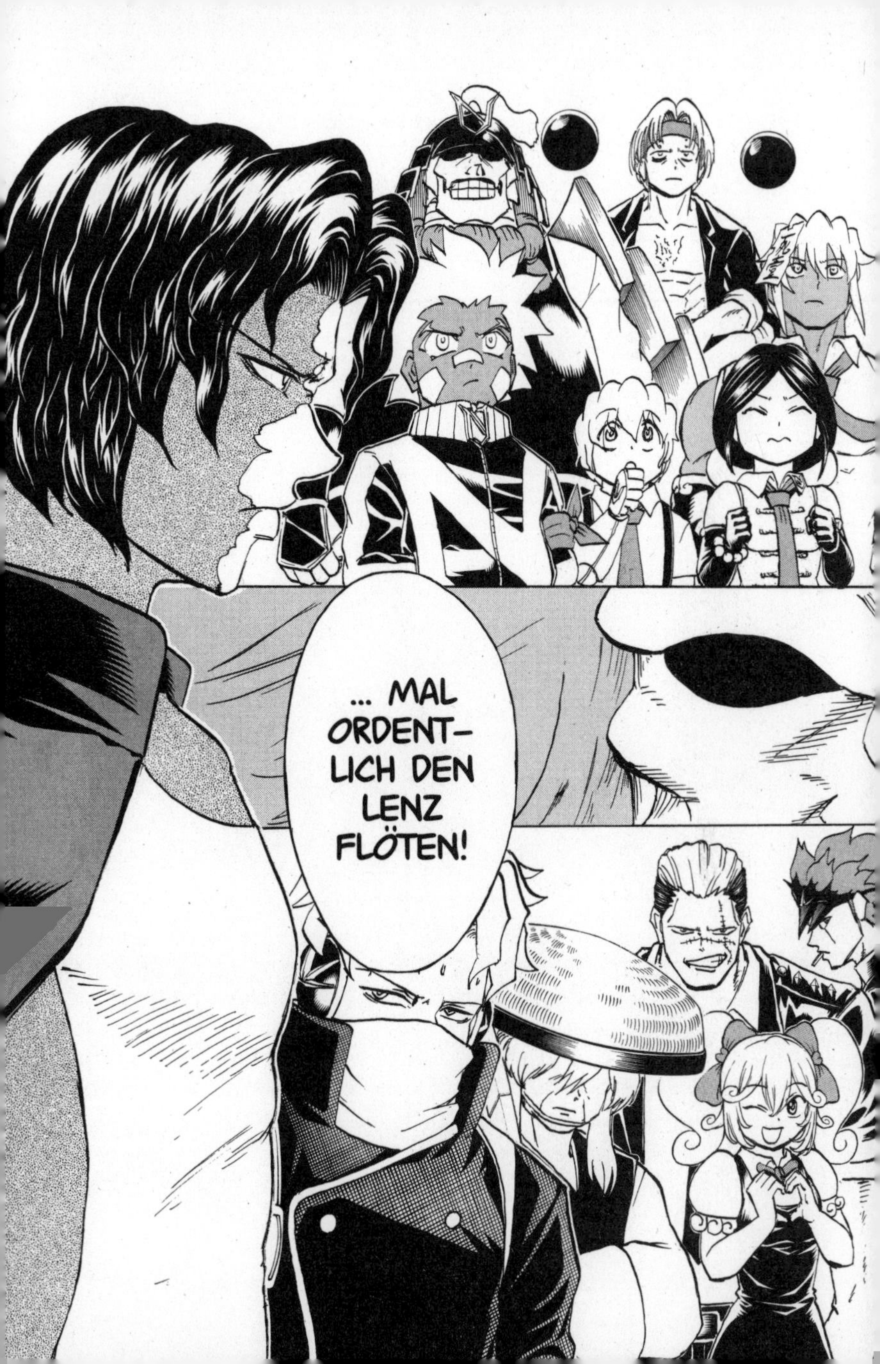
... MAL ORDENT-LICH DEN LENZ FLÖTEN!

MASSNAHMENPAKET GEGEN DIE KIRSCHBLÜTE

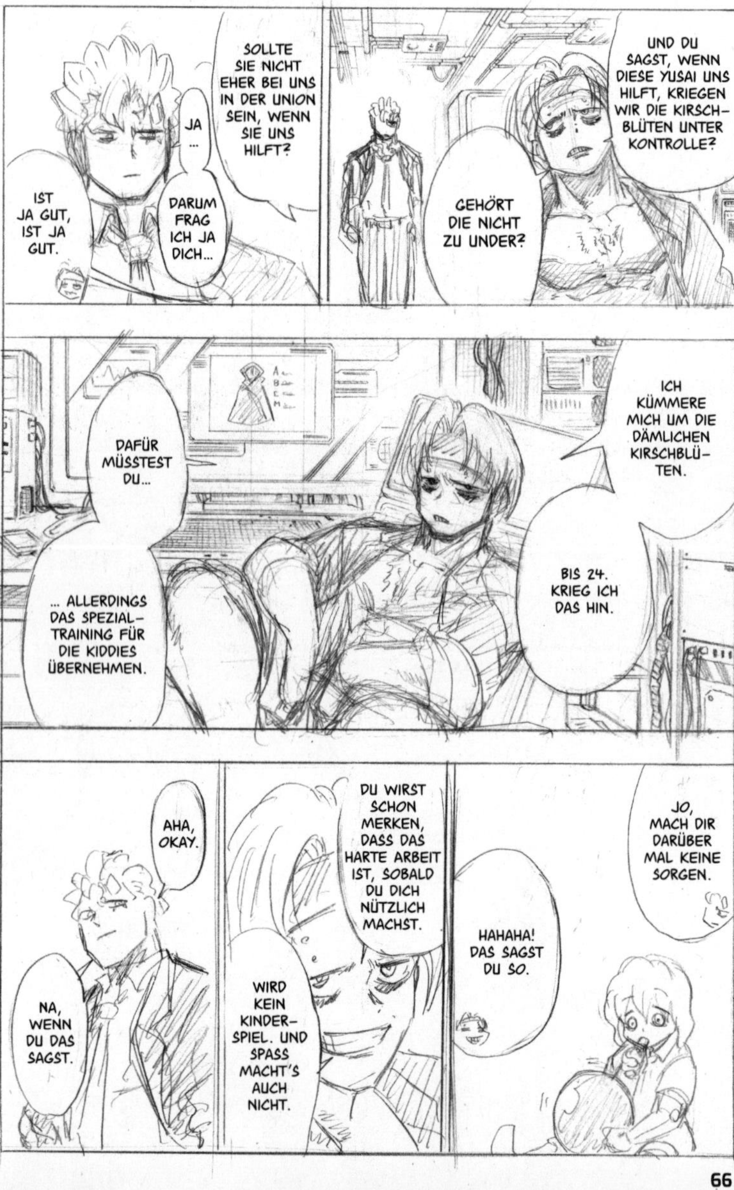

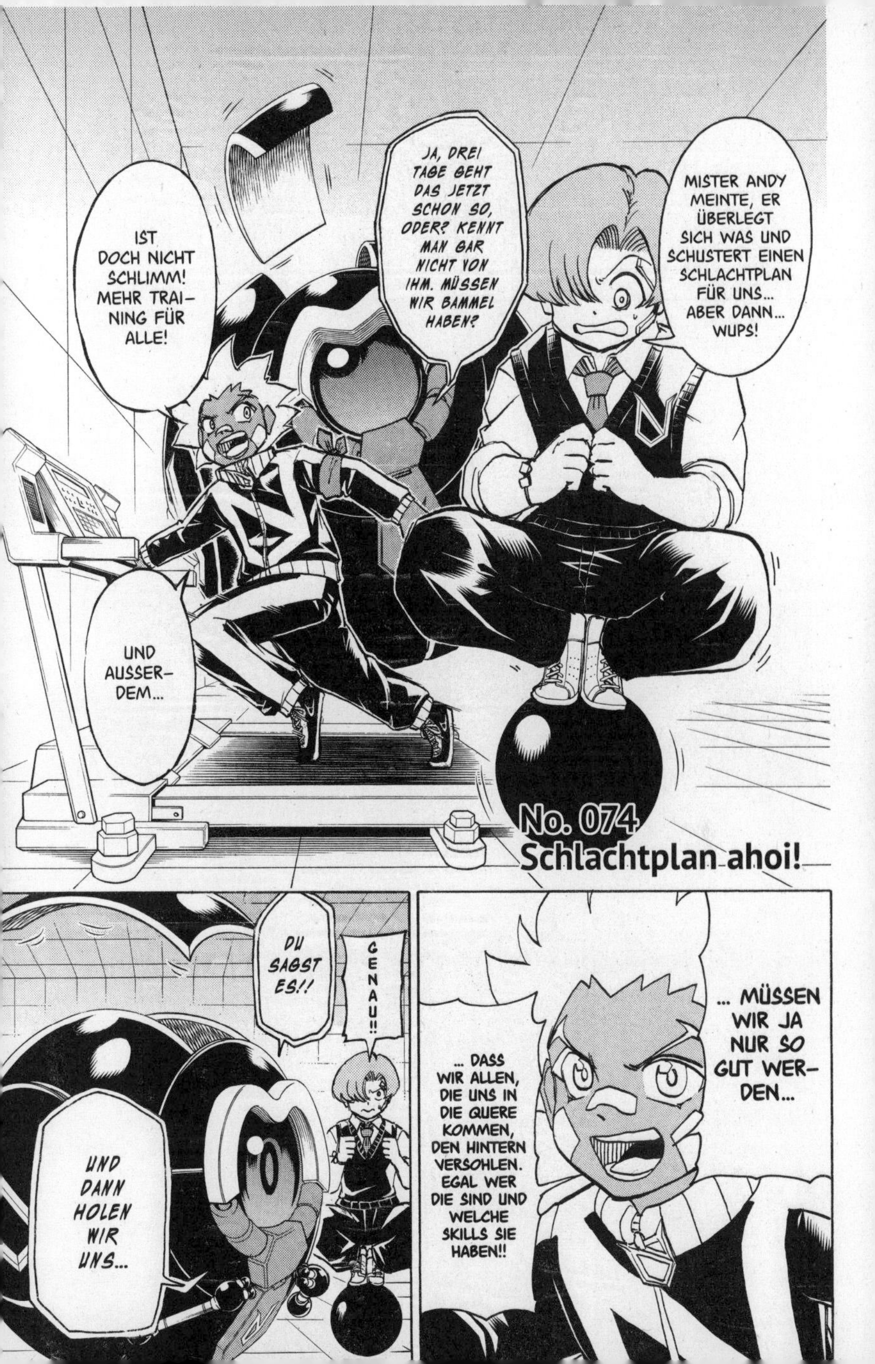
MISTER ANDY MEINTE, ER ÜBERLEGT SICH WAS UND SCHUSTERT EINEN SCHLACHTPLAN FÜR UNS... ABER DANN... WUPS!
JA, DREI TAGE GEHT DAS JETZT SCHON SO, ODER? KENNT MAN GAR NICHT VON IHM. MÜSSEN WIR BAMMEL HABEN?
IST DOCH NICHT SCHLIMM! MEHR TRAINING FÜR ALLE!
UND AUSSERDEM...
No. 074
Schlachtplan ahoi!
... MÜSSEN WIR JA NUR SO GUT WERDEN...
... DASS WIR ALLEN, DIE UNS IN DIE QUERE KOMMEN, DEN HINTERN VERSOHLEN. EGAL WER DIE SIND UND WELCHE SKILLS SIE HABEN!!
GENAU!!
DU SAGST ES!!
UND DANN HOLEN WIR UNS...

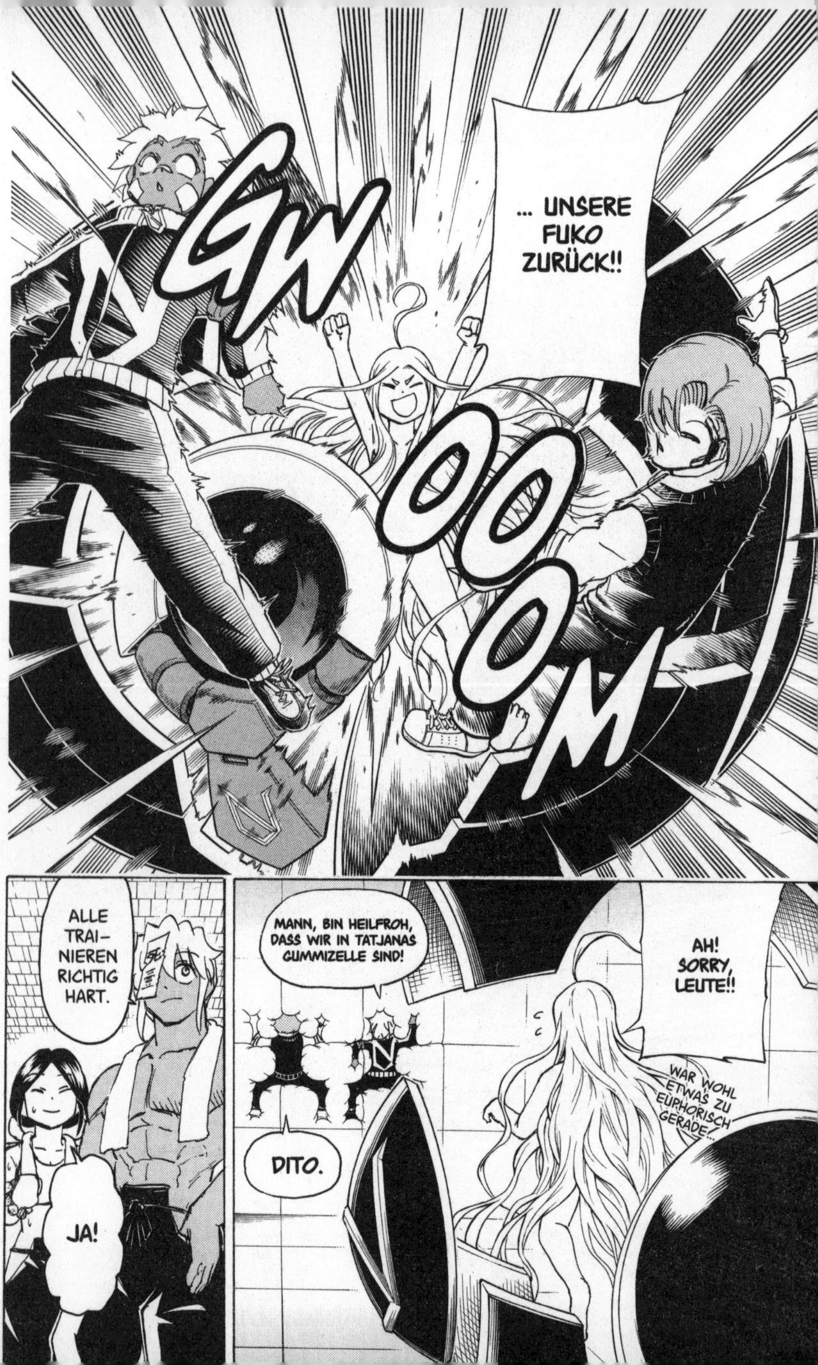
... UNSERE FUKO ZURÜCK!!
GWOOOOM
AH! SORRY, LEUTE!!
WAR WOHL ETWAS ZU EUPHORISCH GERADE...
MANN, BIN HEILFROH, DASS WIR IN TATJANAS GUMMIZELLE SIND!
DITO.
ALLE TRAI-NIEREN RICHTIG HART.
JA!

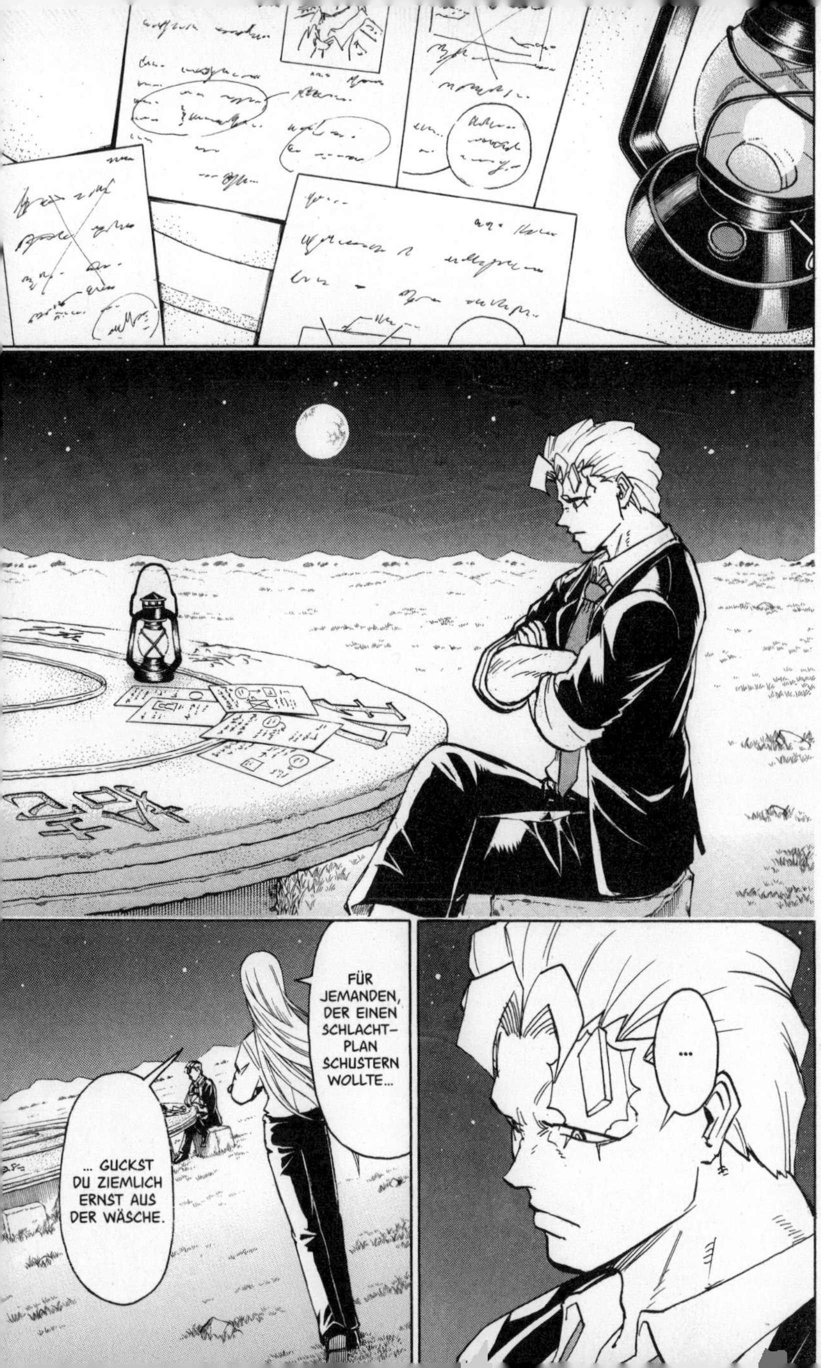
FÜR JEMANDEN, DER EINEN SCHLACHT-PLAN SCHUSTERN WOLLTE...
... GUCKST DU ZIEMLICH ERNST AUS DER WÄSCHE.
...

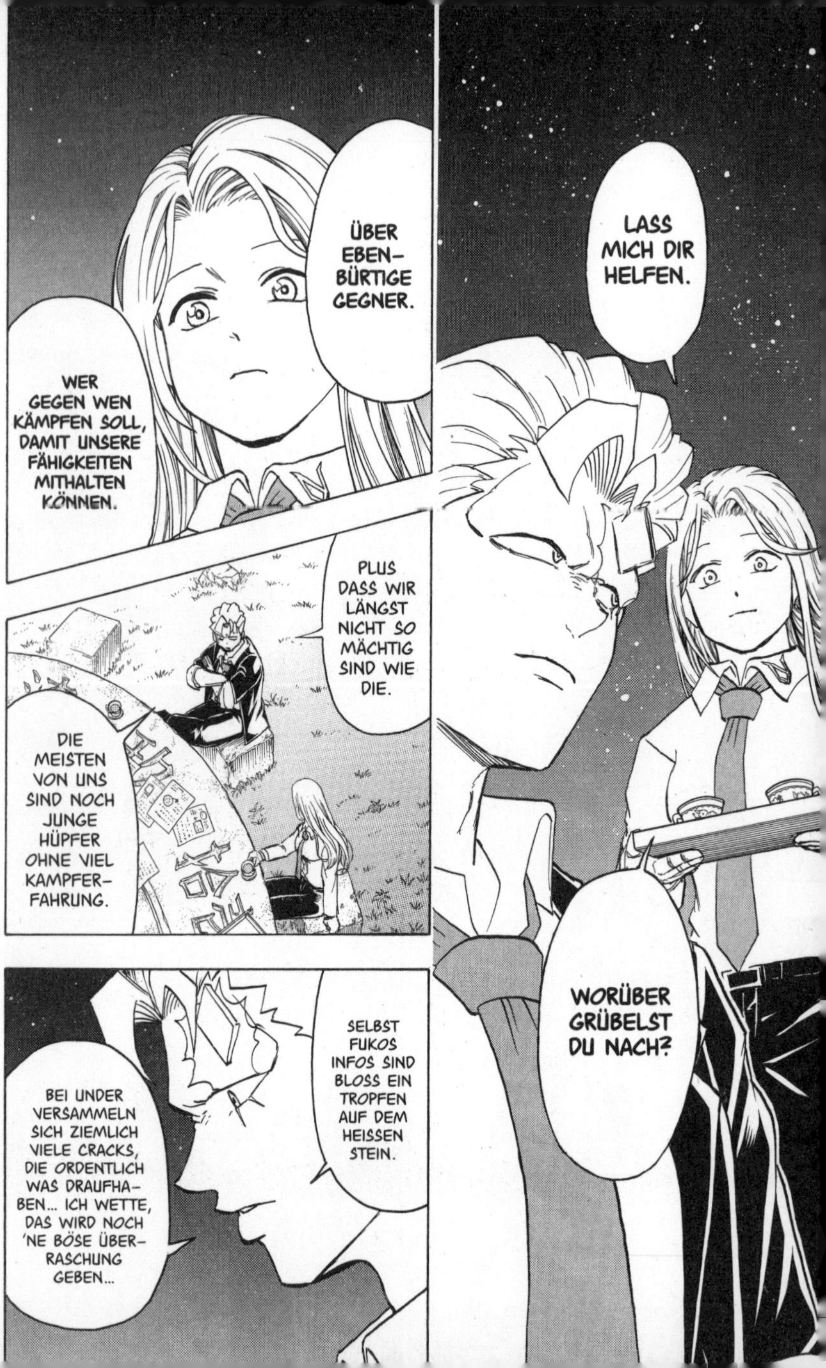
LASS MICH DIR HELFEN.
WORÜBER GRÜBELST DU NACH?
ÜBER EBENBÜRTIGE GEGNER.
WER GEGEN WEN KÄMPFEN SOLL, DAMIT UNSERE FÄHIGKEITEN MITHALTEN KÖNNEN.
PLUS DASS WIR LÄNGST NICHT SO MÄCHTIG SIND WIE DIE.
DIE MEISTEN VON UNS SIND NOCH JUNGE HÜPFER OHNE VIEL KAMPFERFAHRUNG.
SELBST FUKOS INFOS SIND BLOSS EIN TROPFEN AUF DEM HEISSEN STEIN.
BEI UNDER VERSAMMELN SICH ZIEMLICH VIELE CRACKS, DIE ORDENTLICH WAS DRAUFHABEN... ICH WETTE, DAS WIRD NOCH 'NE BÖSE ÜBERRASCHUNG GEBEN...

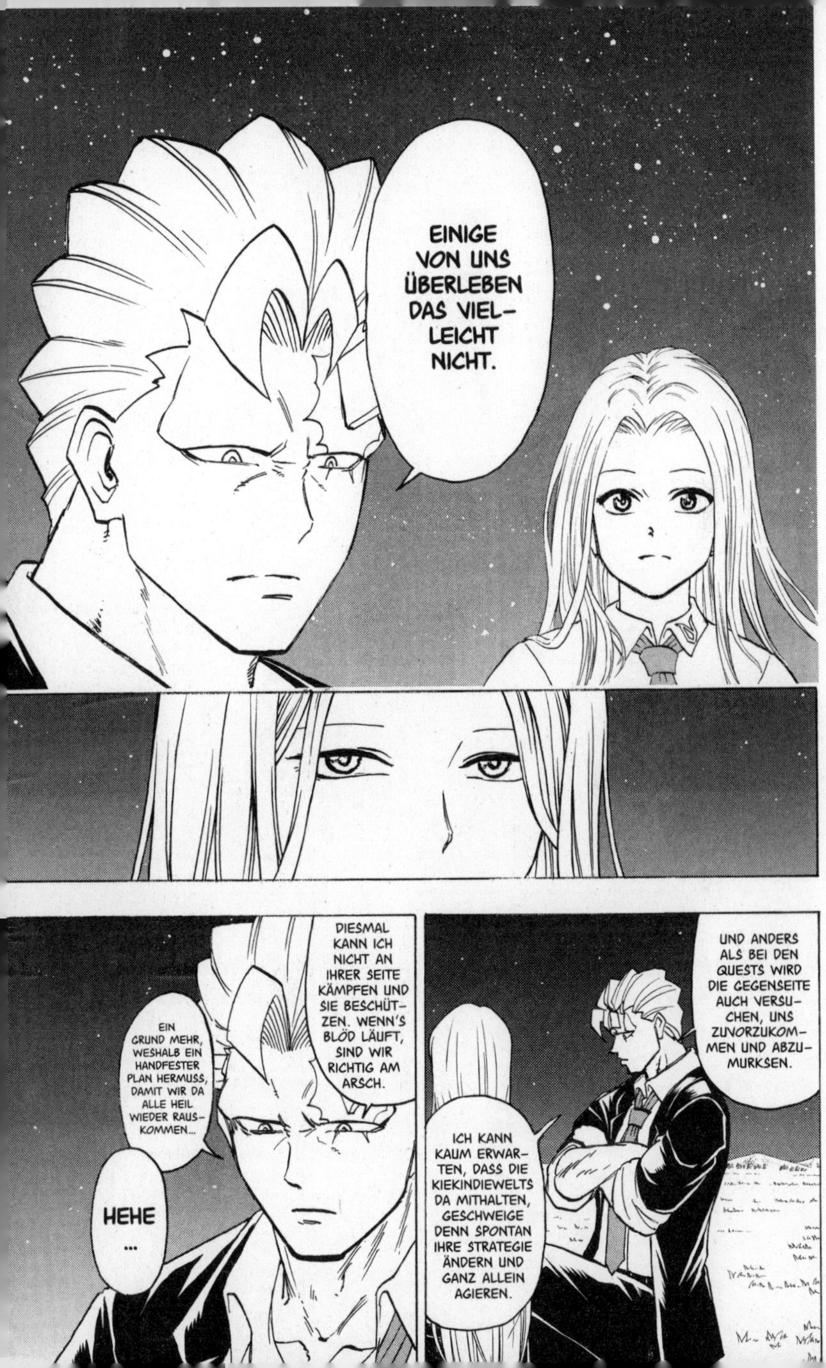
EINIGE VON UNS ÜBERLEBEN DAS VIEL-LEICHT NICHT.
UND ANDERS ALS BEI DEN QUESTS WIRD DIE GEGENSEITE AUCH VERSU-CHEN, UNS ZUVORZUKOM-MEN UND ABZU-MURKSEN.
ICH KANN KAUM ERWAR-TEN, DASS DIE KIEKINDIEWELTS DA MITHALTEN, GESCHWEIGE DENN SPONTAN IHRE STRATEGIE ÄNDERN UND GANZ ALLEIN AGIEREN.
DIESMAL KANN ICH NICHT AN IHRER SEITE KÄMPFEN UND SIE BESCHÜT-ZEN. WENN'S BLÖD LÄUFT, SIND WIR RICHTIG AM ARSCH.
EIN GRUND MEHR, WESHALB EIN HANDFESTER PLAN HERMUSS, DAMIT WIR DA ALLE HEIL WIEDER RAUS-KOMMEN...
HEHE ...

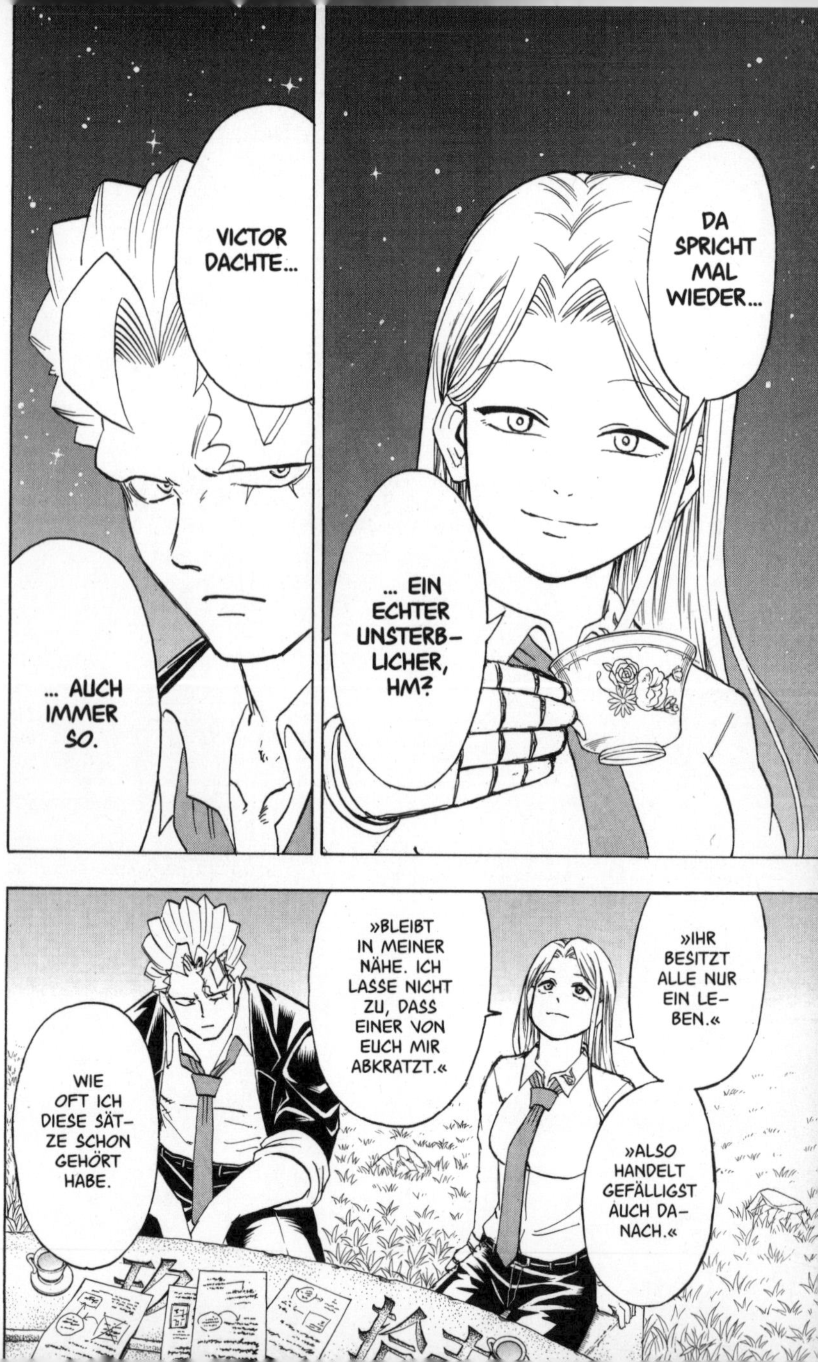
DA SPRICHT MAL WIEDER...
... EIN ECHTER UNSTERBLICHER, HM?
VICTOR DACHTE...
... AUCH IMMER SO.
»IHR BESITZT ALLE NUR EIN LEBEN.«
»BLEIBT IN MEINER NÄHE. ICH LASSE NICHT ZU, DASS EINER VON EUCH MIR ABKRATZT.«
»ALSO HANDELT GEFÄLLIGST AUCH DANACH.«
WIE OFT ICH DIESE SÄTZE SCHON GEHÖRT HABE.

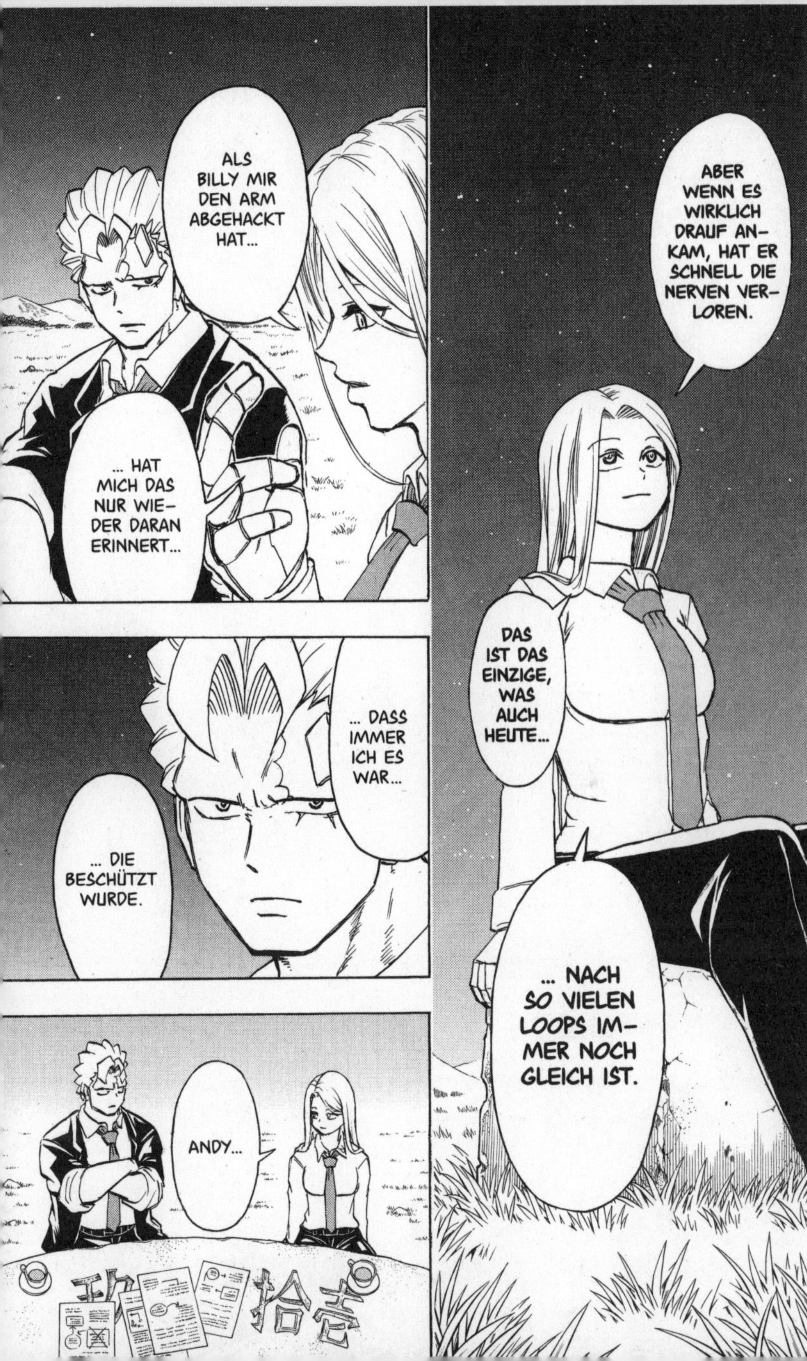
ALS BILLY MIR DEN ARM ABGEHACKT HAT...
... HAT MICH DAS NUR WIE-DER DARAN ERINNERT...
... DASS IMMER ICH ES WAR...
... DIE BESCHÜTZT WURDE.
ANDY...
ABER WENN ES WIRKLICH DRAUF AN-KAM, HAT ER SCHNELL DIE NERVEN VER-LOREN.
DAS IST DAS EINZIGE, WAS AUCH HEUTE...
... NACH SO VIELEN LOOPS IM-MER NOCH GLEICH IST.
拾壱

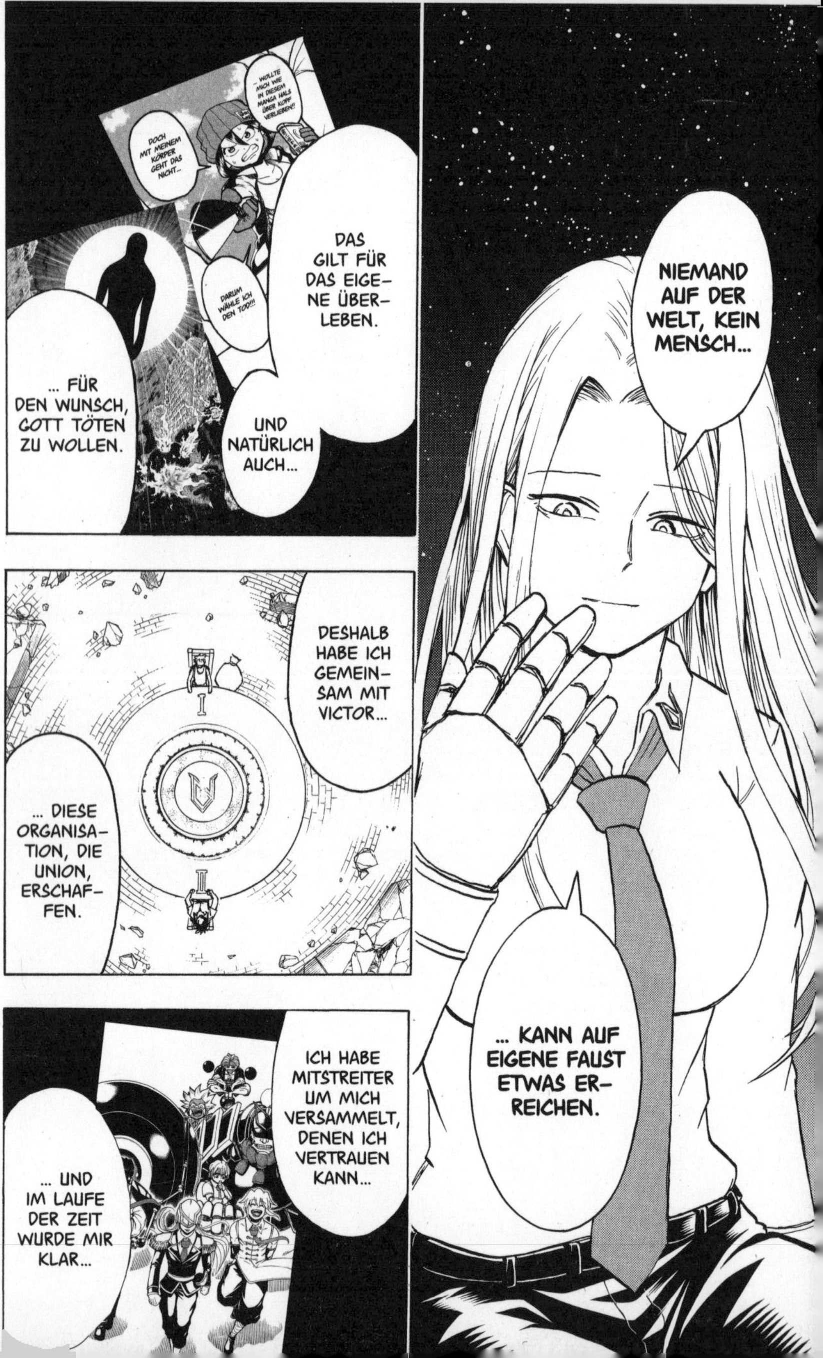
NIEMAND AUF DER WELT, KEIN MENSCH...
... KANN AUF EIGENE FAUST ETWAS ERREICHEN.
WOLLTE MICH WIE IN DIESEM MANGA HALS ÜBER KOPF VERLIEBEN!!
DOCH MIT MEINEM KÖRPER GEHT DAS NICHT...
DARUM WÄHLE ICH DEN TOD!!!
DAS GILT FÜR DAS EIGENE ÜBERLEBEN.
UND NATÜRLICH AUCH...
... FÜR DEN WUNSCH, GOTT TÖTEN ZU WOLLEN.
DESHALB HABE ICH GEMEINSAM MIT VICTOR...
... DIESE ORGANISATION, DIE UNION, ERSCHAFFEN.
ICH HABE MITSTREITER UM MICH VERSAMMELT, DENEN ICH VERTRAUEN KANN...
... UND IM LAUFE DER ZEIT WURDE MIR KLAR...

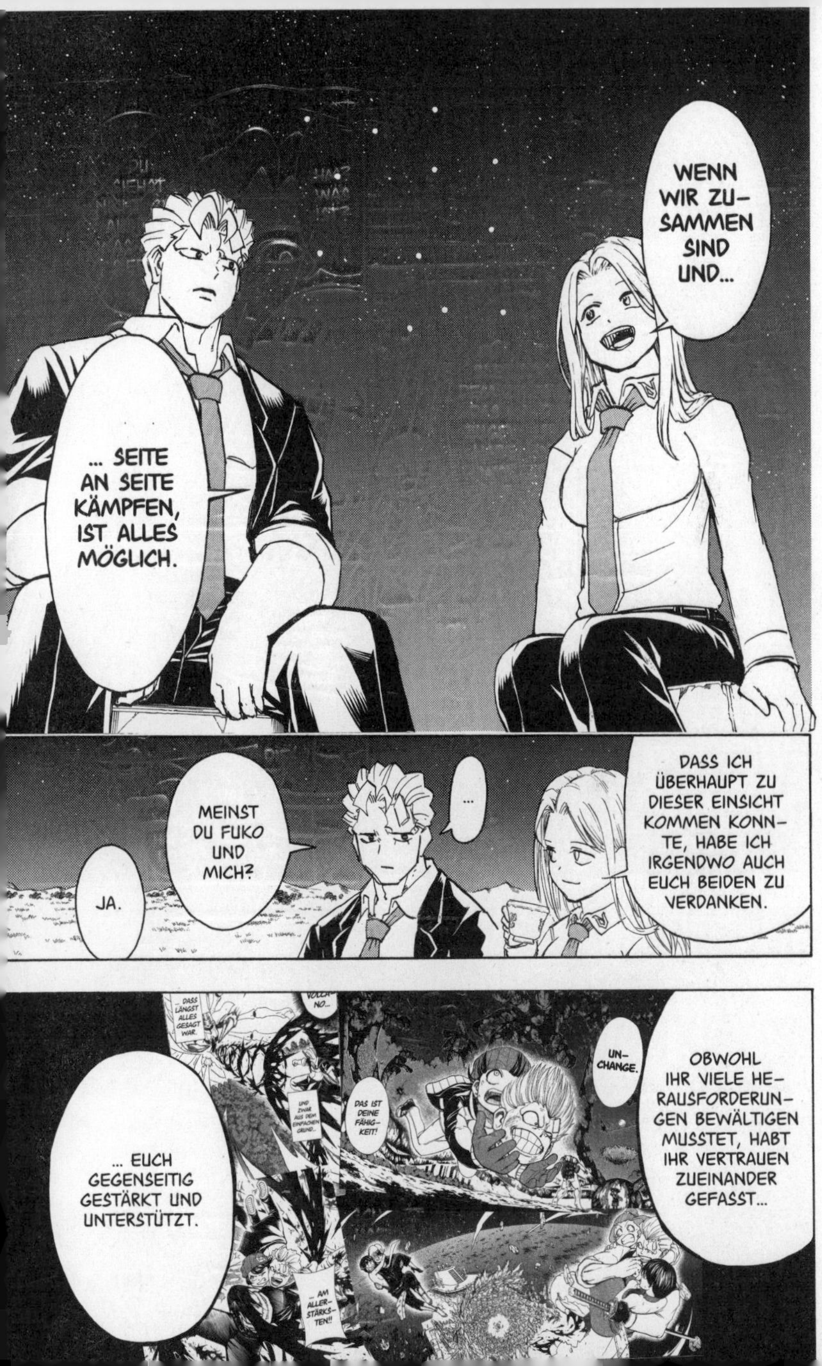
WENN WIR ZUSAMMEN SIND UND...
... SEITE AN SEITE KÄMPFEN, IST ALLES MÖGLICH.
DASS ICH ÜBERHAUPT ZU DIESER EINSICHT KOMMEN KONNTE, HABE ICH IRGENDWO AUCH EUCH BEIDEN ZU VERDANKEN.
...
MEINST DU FUKO UND MICH?
JA.
OBWOHL IHR VIELE HERAUSFORDERUNGEN BEWÄLTIGEN MUSSTET, HABT IHR VERTRAUEN ZUEINANDER GEFASST...
UN-CHANGE.
DAS IST DEINE FÄHIGKEIT!
UND ZWAR AUS DEM EINFACHEN GRUND...
... DASS LÄNGST ALLES GESAGT WAR.
... AM ALLERSTÄRKSTEN!!
... EUCH GEGENSEITIG GESTÄRKT UND UNTERSTÜTZT.

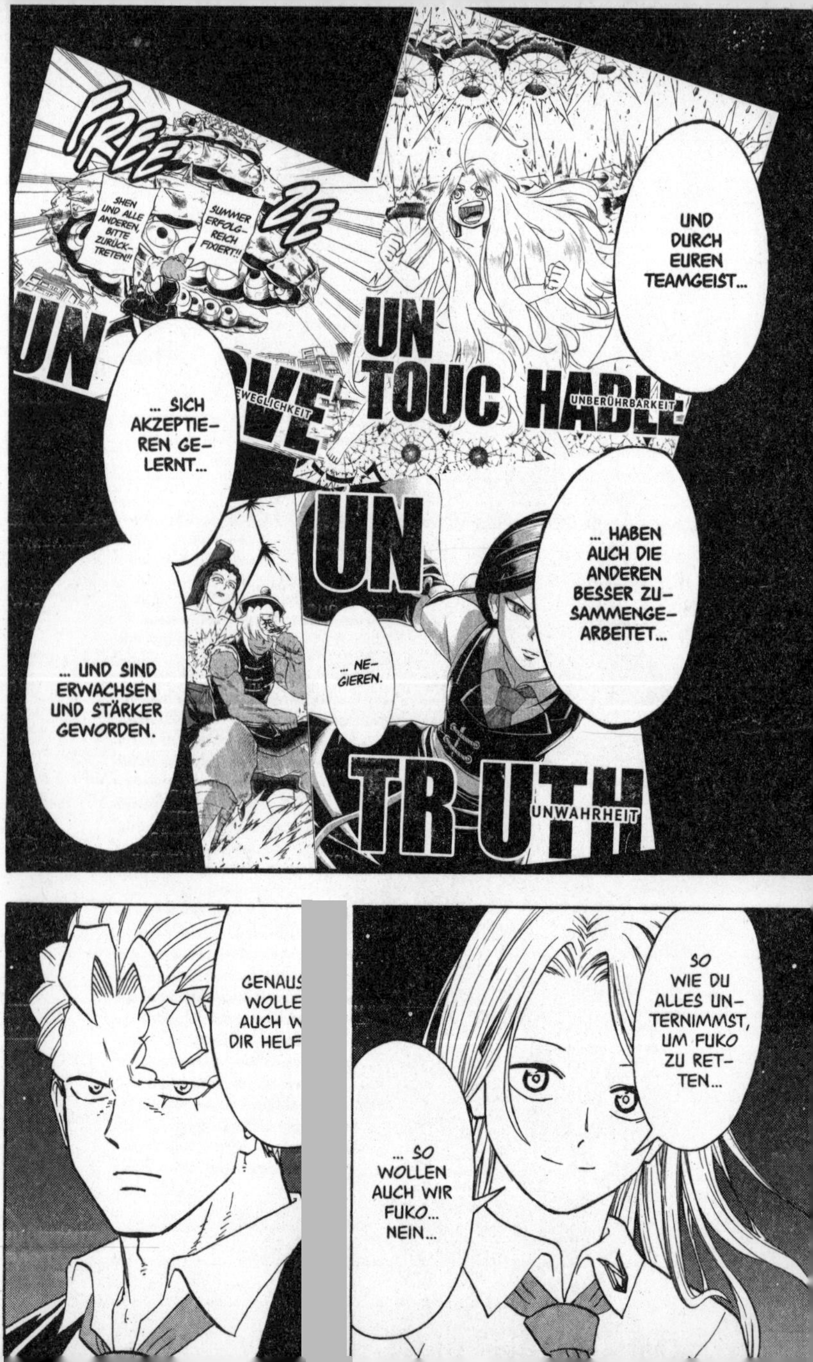
UND DURCH EUREN TEAMGEIST...
SUMMER ERFOLG-REICH FIXIERT!!
SHEN UND ALLE ANDEREN, BITTE ZURÜCK-TRETEN!!
FREE ZE
UN TOUC HABLE
UNBERÜHRBARKEIT
UN
BEWEGLICHKEIT
... SICH AKZEPTIE-REN GE-LERNT...
... HABEN AUCH DIE ANDEREN BESSER ZU-SAMMENGE-ARBEITET...
UN
... NE-GIEREN.
... UND SIND ERWACHSEN UND STÄRKER GEWORDEN.
TRUTH
UNWAHRHEIT
SO WIE DU ALLES UN-TERNIMMST, UM FUKO ZU RET-TEN...
... SO WOLLEN AUCH WIR FUKO... NEIN...
GENAUS WOLLE AUCH W DIR HELF

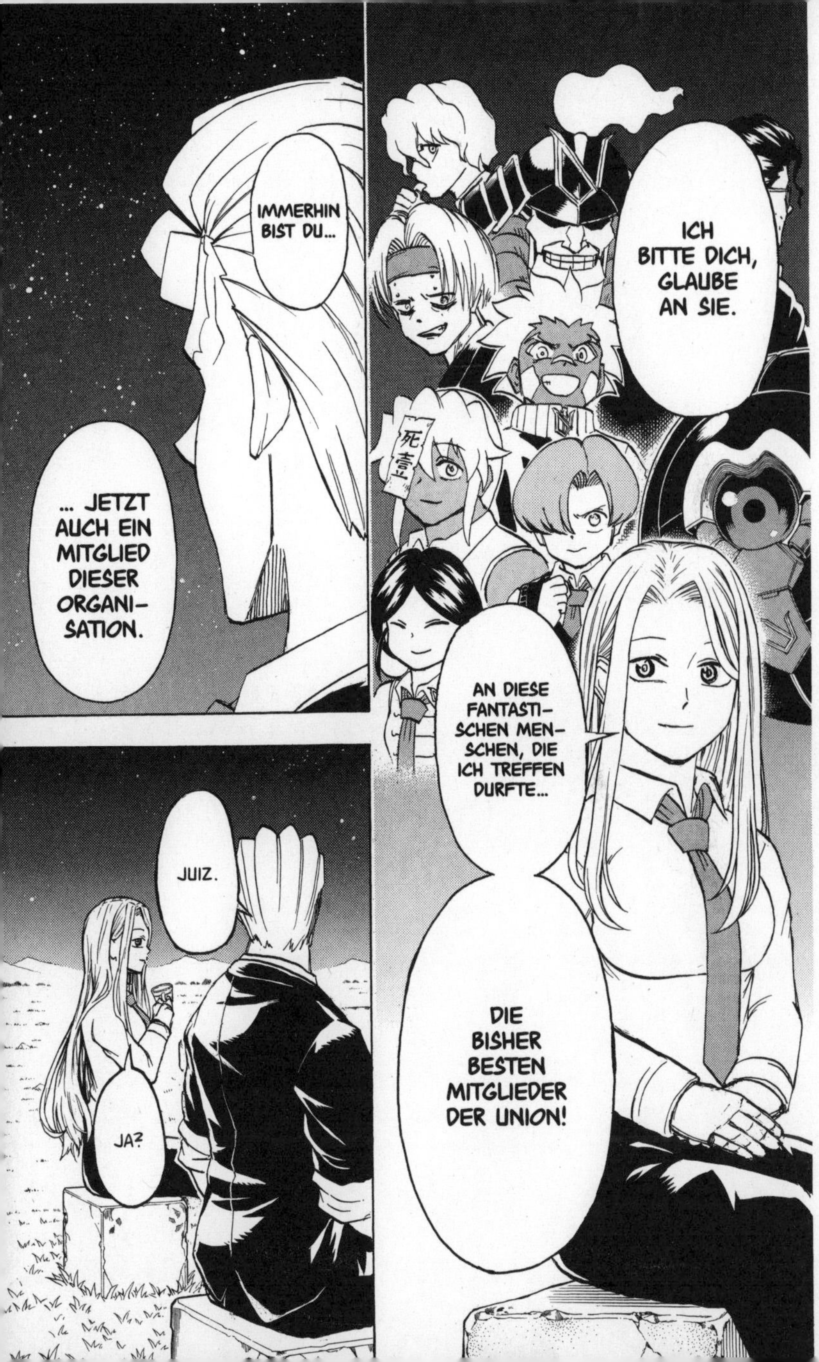
ICH BITTE DICH, GLAUBE AN SIE.
IMMERHIN BIST DU…
… JETZT AUCH EIN MITGLIED DIESER ORGANISATION.
AN DIESE FANTASTISCHEN MENSCHEN, DIE ICH TREFFEN DURFTE…
DIE BISHER BESTEN MITGLIEDER DER UNION!
JUIZ.
JA?

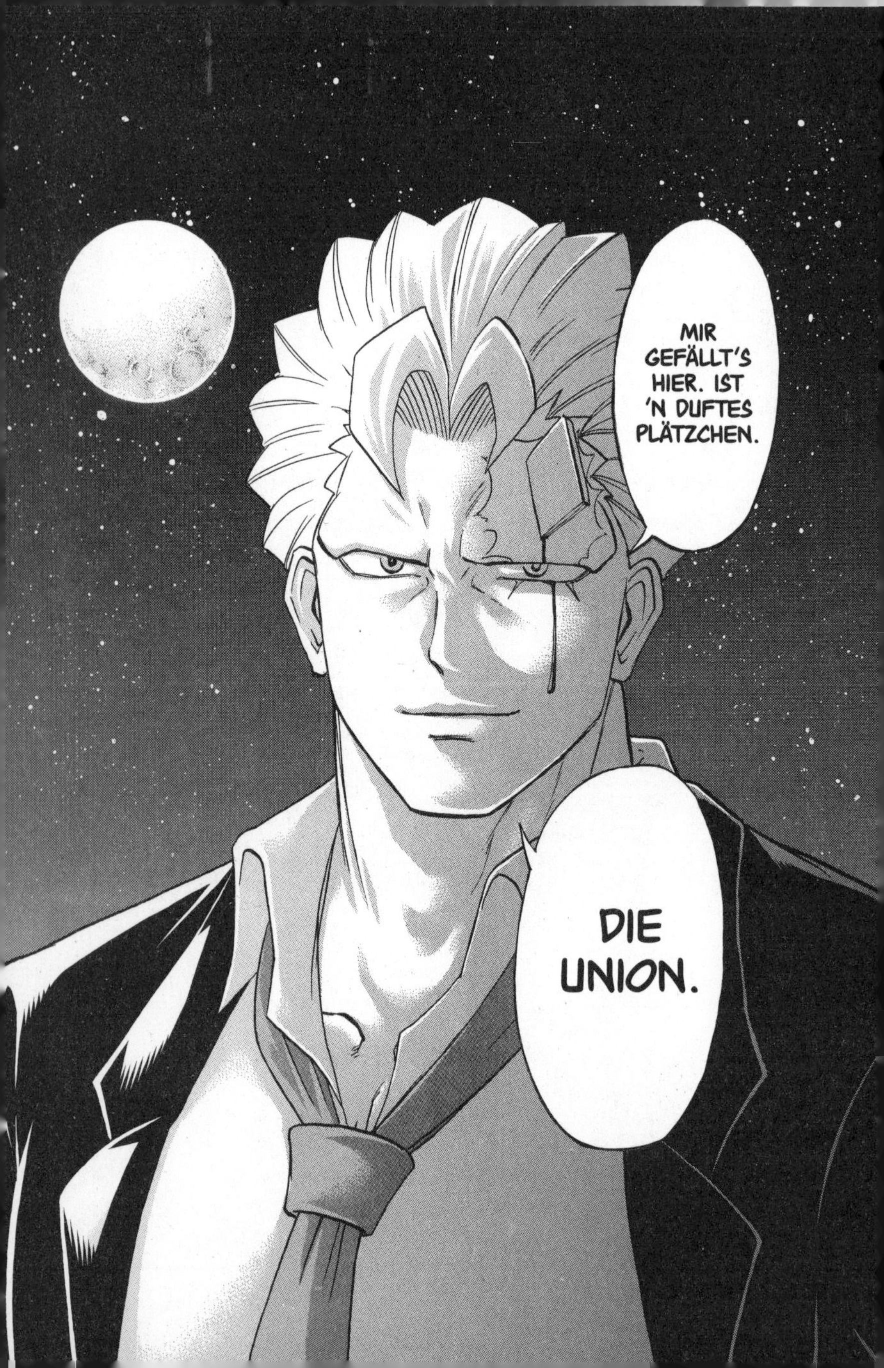
MIR GEFÄLLT'S HIER. IST 'N DUFTES PLÄTZCHEN.
DIE UNION.

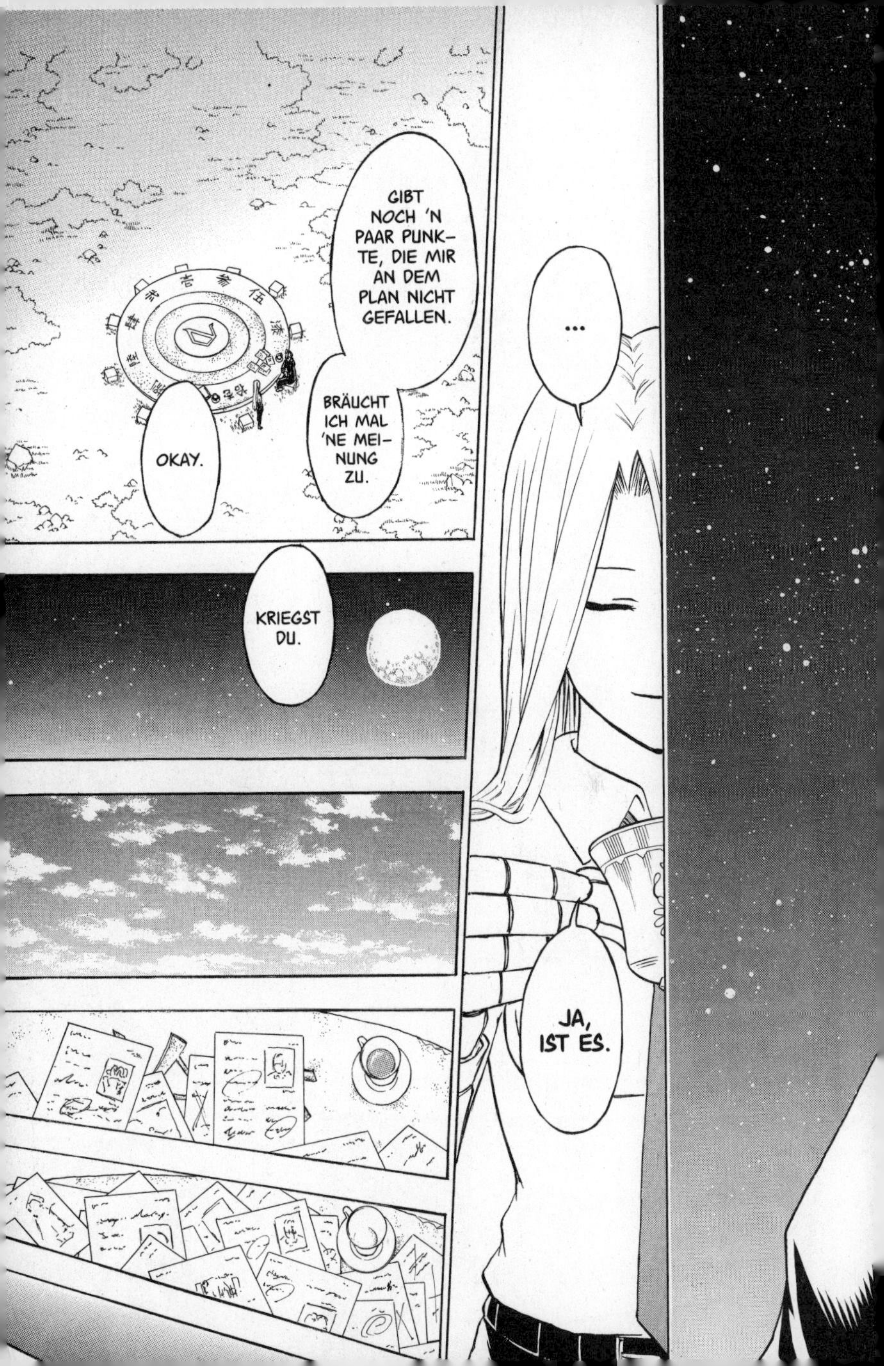
GIBT NOCH 'N PAAR PUNKTE, DIE MIR AN DEM PLAN NICHT GEFALLEN.
BRÄUCHT ICH MAL 'NE MEINUNG ZU.
OKAY.
...
KRIEGST DU.
JA, IST ES.

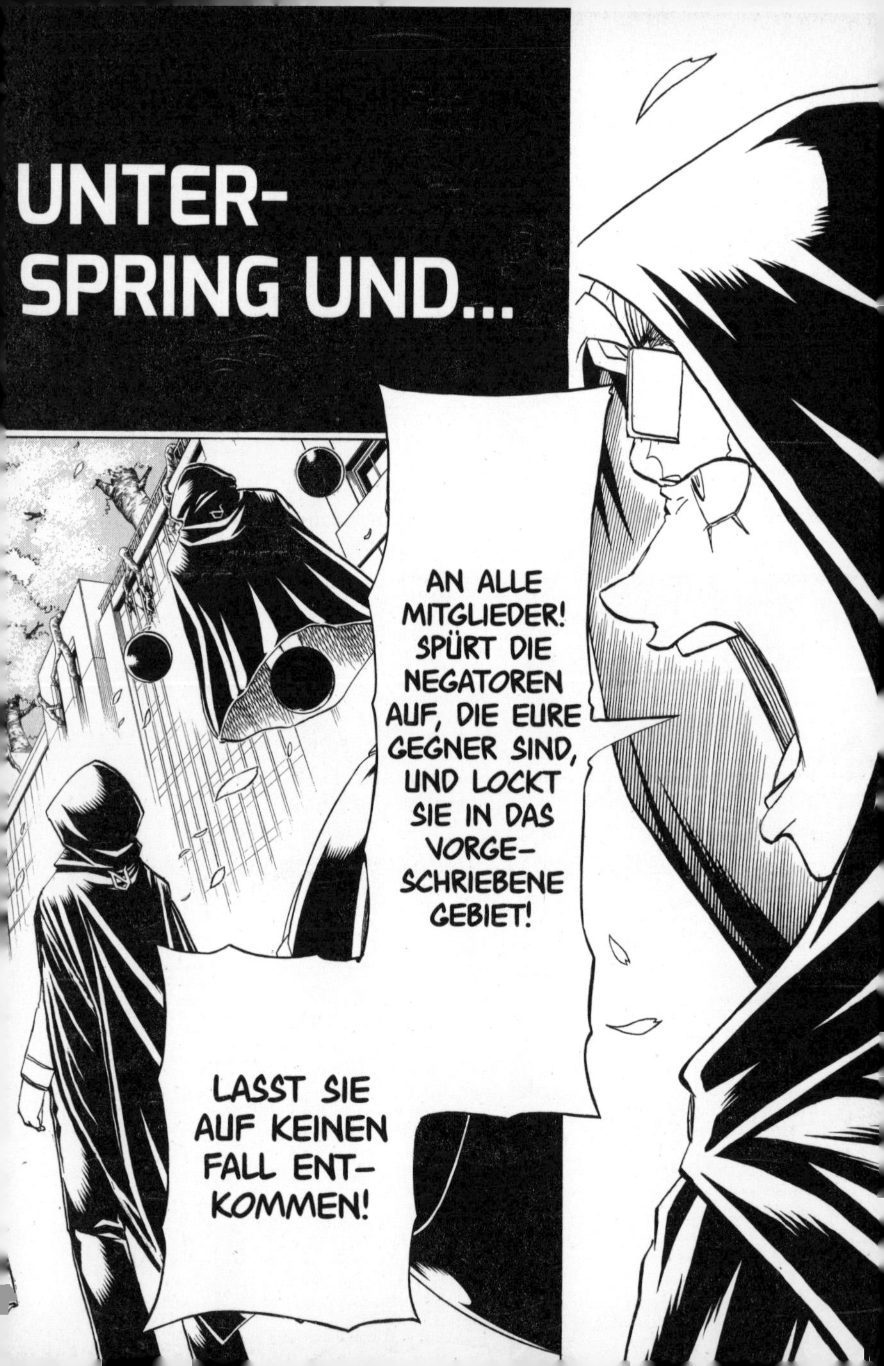
UNTER-
SPRING UND...
AN ALLE MITGLIEDER! SPÜRT DIE NEGATOREN AUF, DIE EURE GEGNER SIND, UND LOCKT SIE IN DAS VORGE-SCHRIEBENE GEBIET!
LASST SIE AUF KEINEN FALL ENT-KOMMEN!

SCHLACHTPLAN ZUR WERFUNG VON UMA

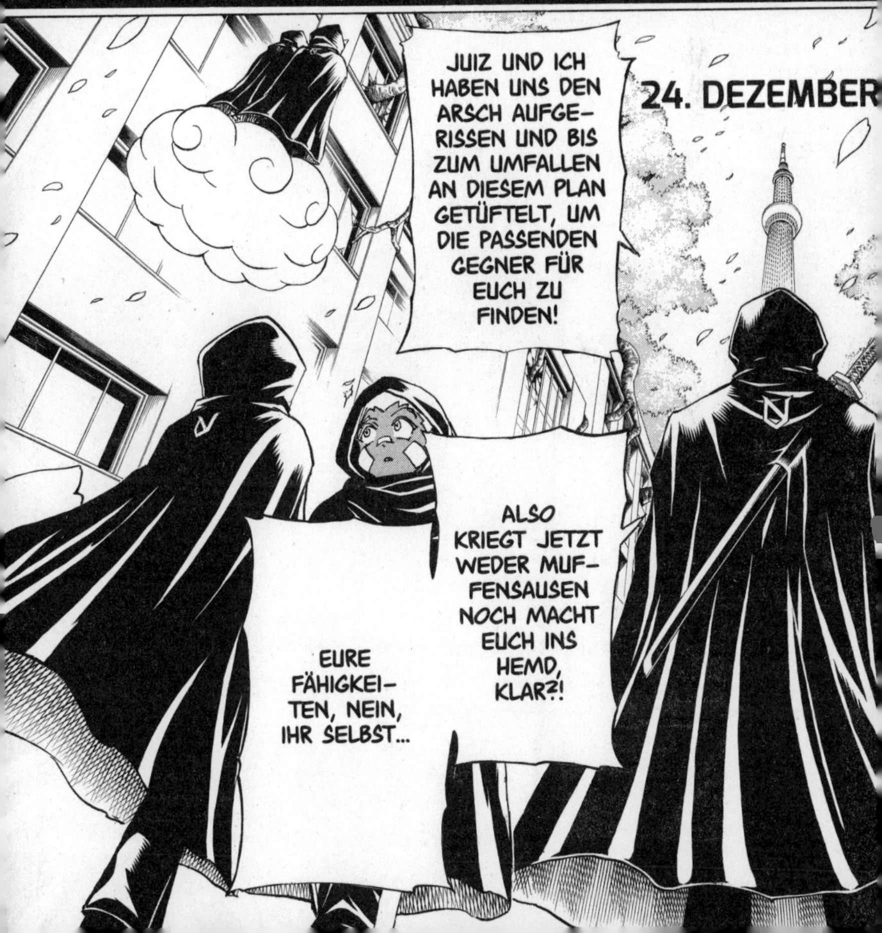

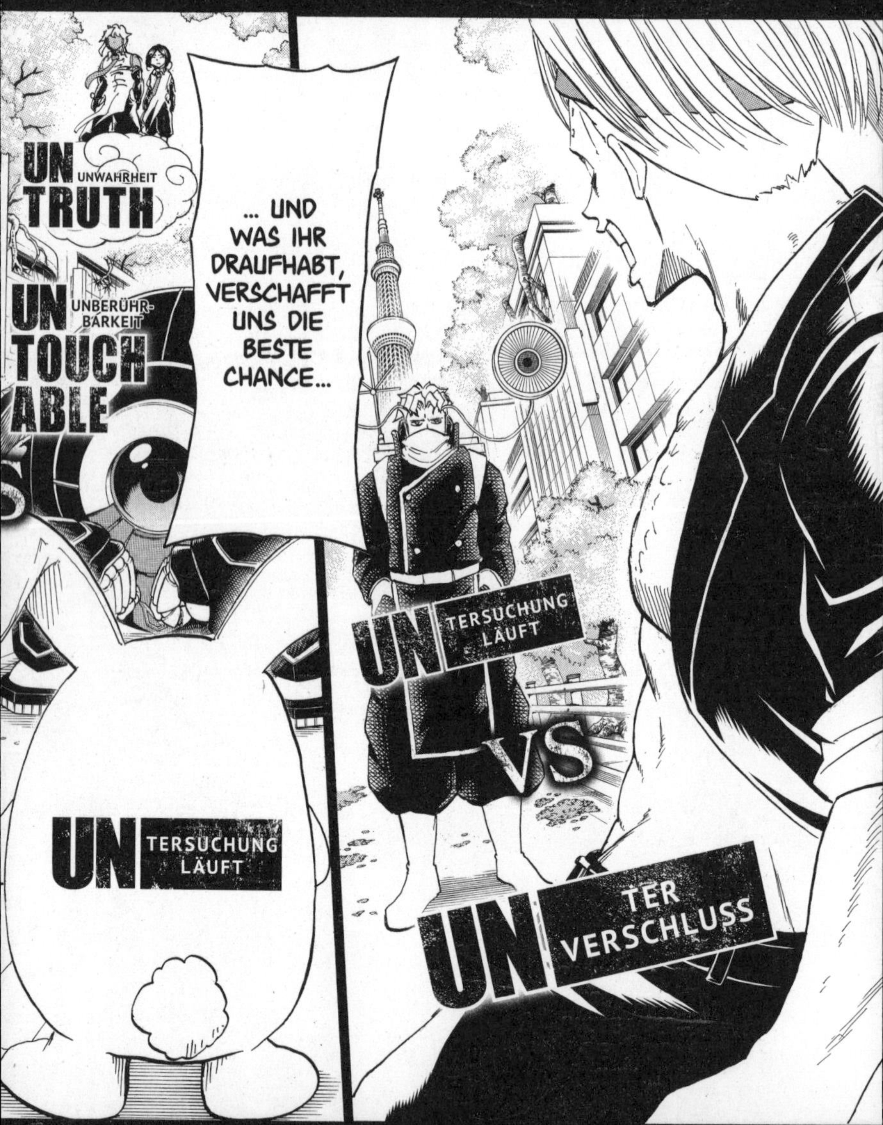
... UND WAS IHR DRAUFHABT, VERSCHAFFT UNS DIE BESTE CHANCE...
UN TERSUCHUNG LÄUFT
VS
UN TER VERSCHLUSS
UN UNWAHRHEIT TRUTH
UN UNBERÜHR-BARKEIT TOUCH ABLE
UN TERSUCHUNG LÄUFT

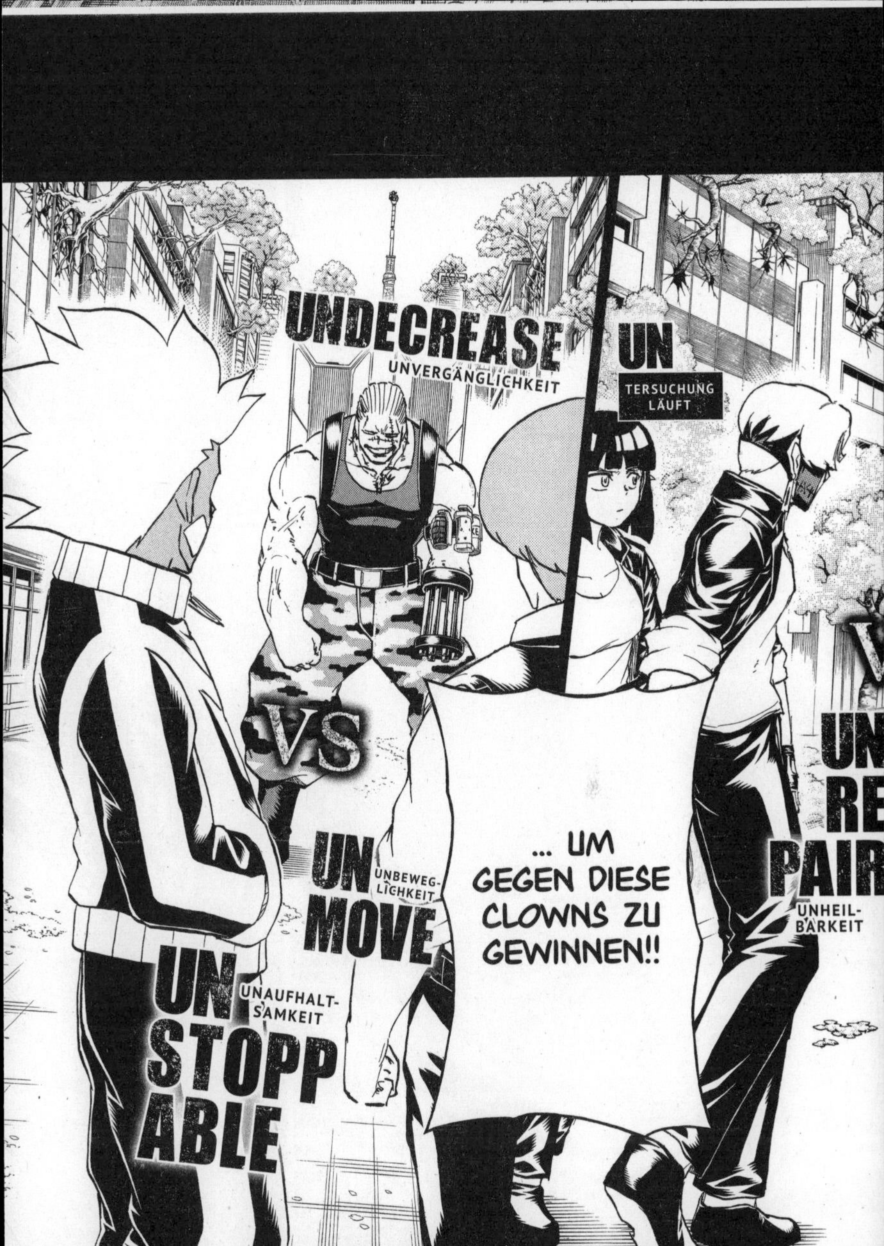
UN RE PAIR
UNHEIL-BARKEIT
UN
TERSUCHUNG LÄUFT
UNDECREASE
UNVERGÄNGLICHKEIT
... UM GEGEN DIESE CLOWNS ZU GEWINNEN!!
VS
UN MOVE
UNBEWEG-LICHKEIT
UN STOPP ABLE
UNAUFHALT-SAMKEIT

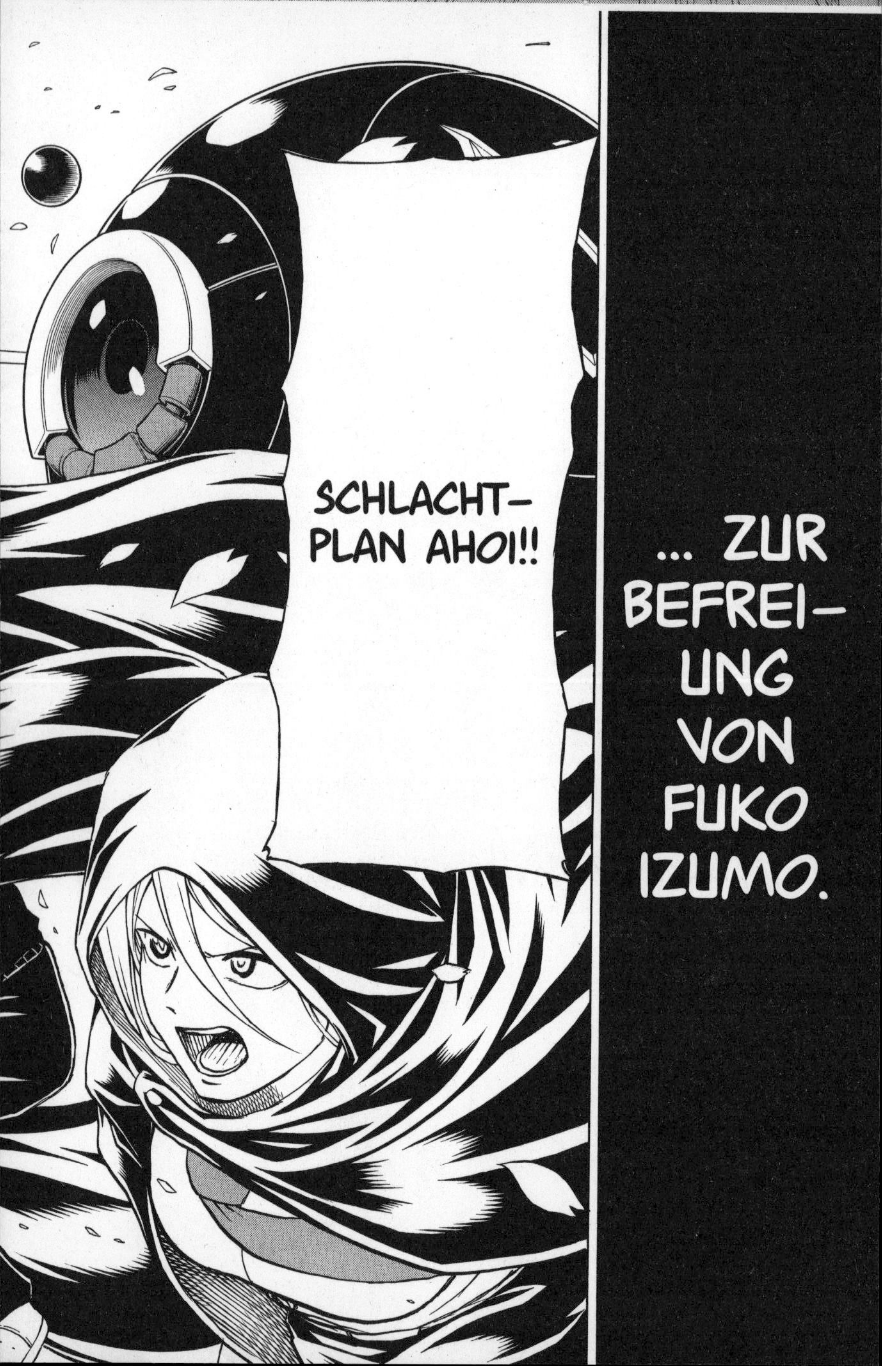
... ZUR BEFREI-UNG VON FUKO IZUMO.
SCHLACHT-PLAN AHOI!!

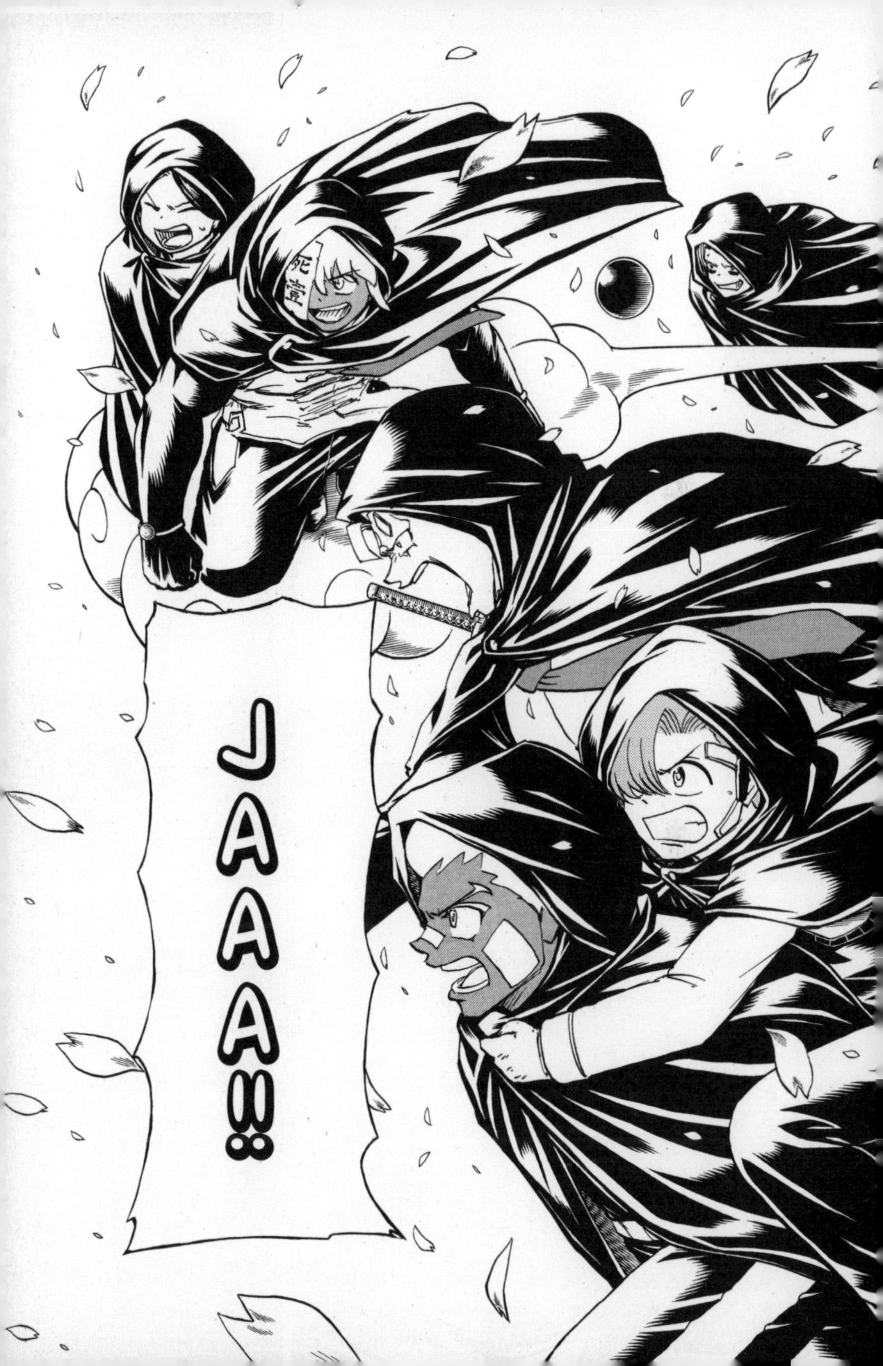
JAAA!!

ICH BRAUCH SO WAS EH NICHT.

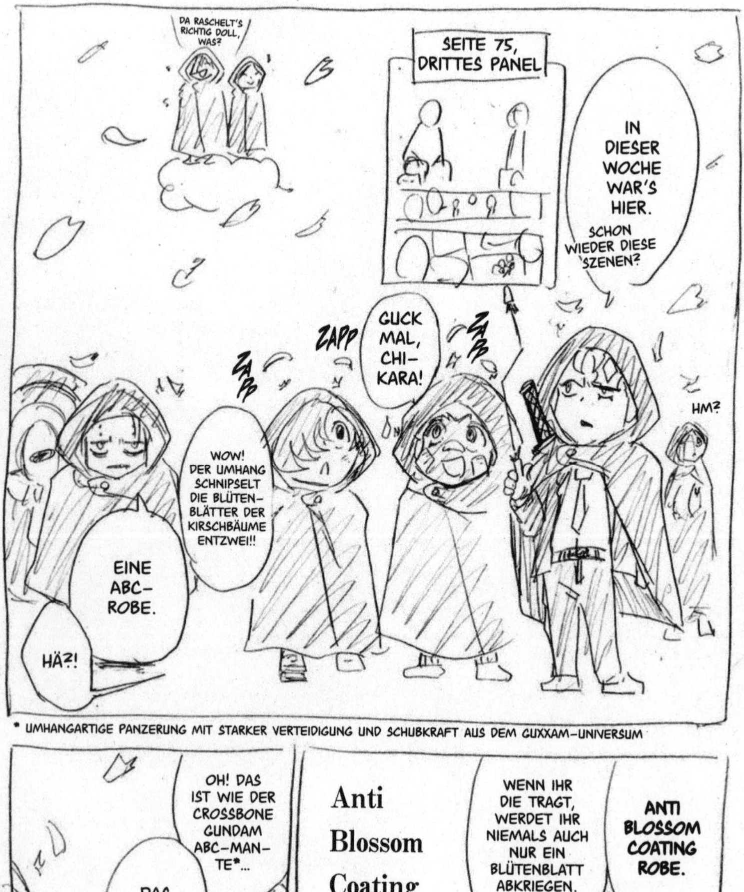

* UMHANGARTIGE PANZERUNG MIT STARKER VERTEIDIGUNG UND SCHUBKRAFT AUS DEM GUXXAM-UNIVERSUM

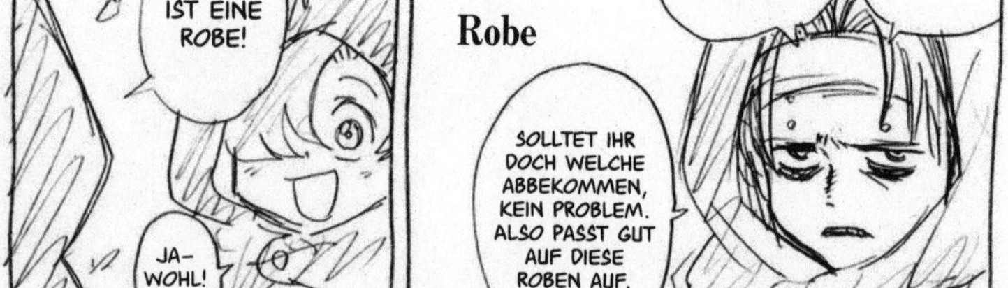

SIE LIEBT GUXXAM.

ICH ZEICHNE ÖFTER SOLCHE KLEINEN GESCHICHTEN AUF MEINEM OFFIZIELLEN TWITTER-ACCOUNT. GUCKT RUHIG MAL REIN, WENN IHR WOLLT! ABER ACHTUNG! WER DEN MANGA IN BUCHFORM LIEST, SOLLTE DEN ACCOUNT BESSER MIT VORSICHT GENIESSEN, DENN HIER WIRD ORDENTLICH GESPOILERT!

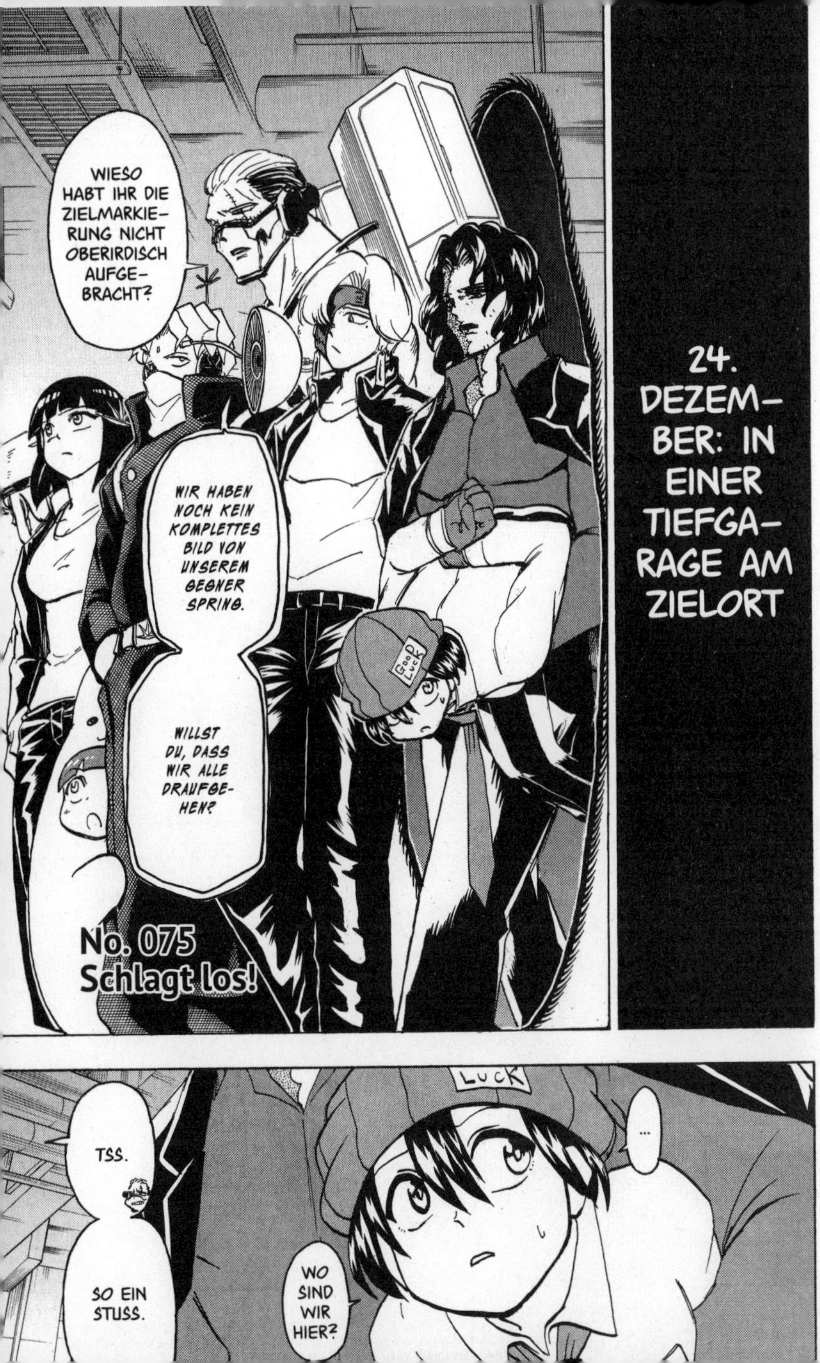
24. DEZEMBER: IN EINER TIEFGARAGE AM ZIELORT
WIESO HABT IHR DIE ZIELMARKIERUNG NICHT OBERIRDISCH AUFGEBRACHT?
WIR HABEN NOCH KEIN KOMPLETTES BILD VON UNSEREM GEGNER SPRING.
WILLST DU, DASS WIR ALLE DRAUFGEHEN?
No. 075
Schlagt los!
GOOD LUCK
LUCK
...
WO SIND WIR HIER?
TSS.
SO EIN STUSS.

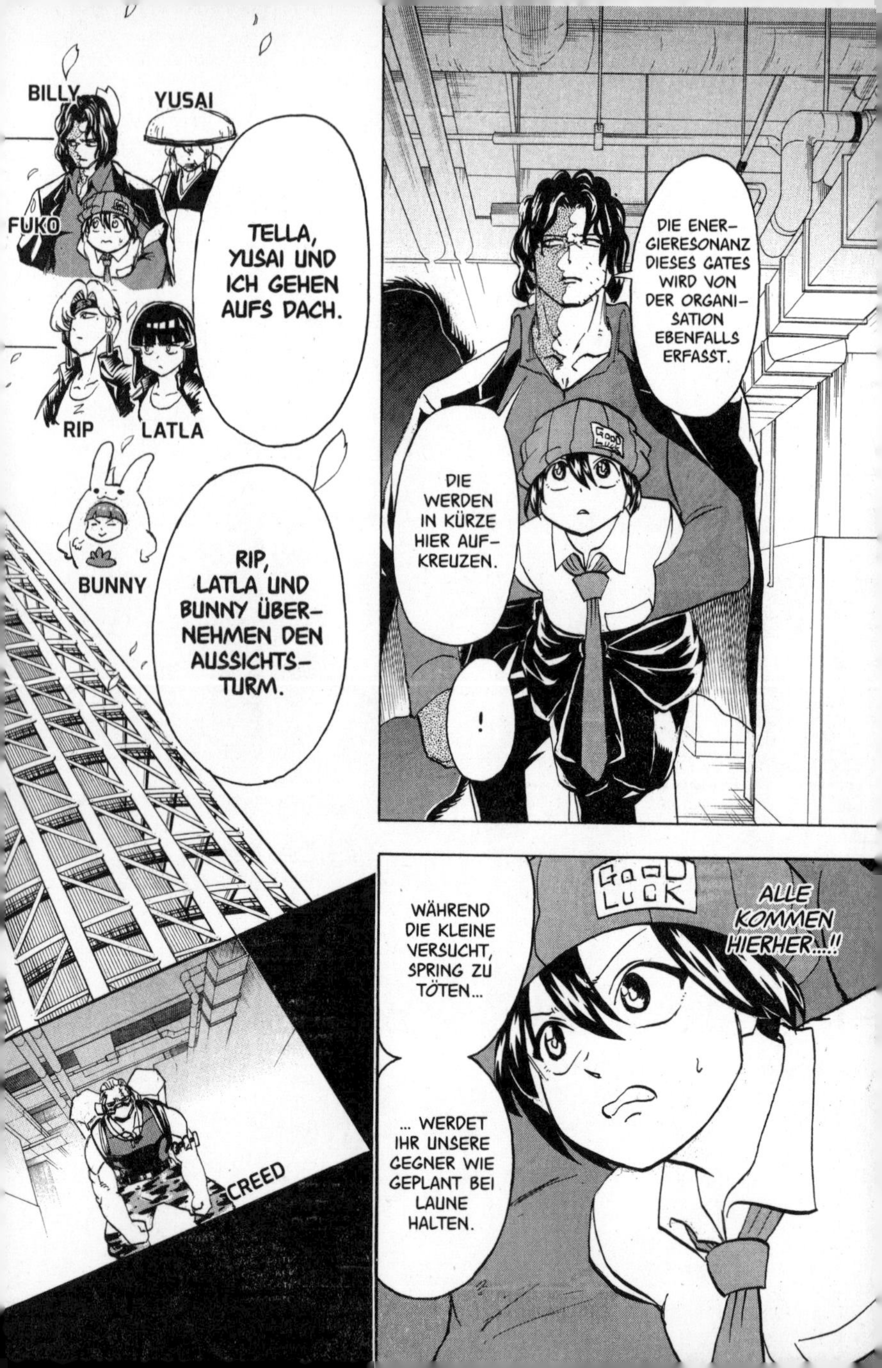
DIE ENERGIERESONANZ DIESES GATES WIRD VON DER ORGANISATION EBENFALLS ERFASST.
DIE WERDEN IN KÜRZE HIER AUFKREUZEN.
!
GOOD LUCK
ALLE KOMMEN HIERHER...!!
WÄHREND DIE KLEINE VERSUCHT, SPRING ZU TÖTEN...
... WERDET IHR UNSERE GEGNER WIE GEPLANT BEI LAUNE HALTEN.
BILLY
YUSAI
FUKO
TELLA, YUSAI UND ICH GEHEN AUFS DACH.
RIP
LATLA
BUNNY
RIP, LATLA UND BUNNY ÜBERNEHMEN DEN AUSSICHTSTURM.
CREED

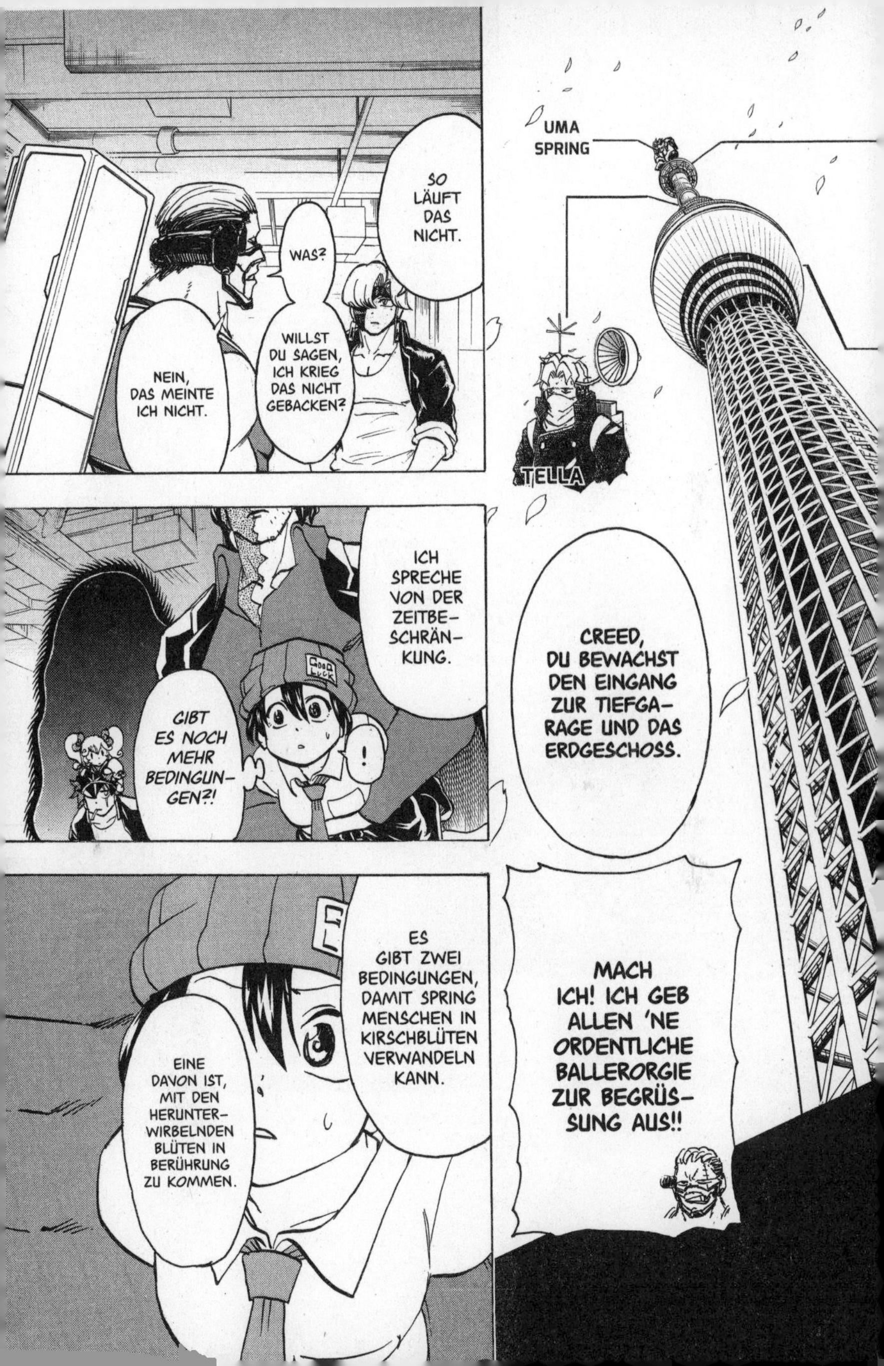
UMA SPRING
TELLA
CREED, DU BEWACHST DEN EINGANG ZUR TIEFGARAGE UND DAS ERDGESCHOSS.
MACH ICH! ICH GEB ALLEN 'NE ORDENTLICHE BALLERORGIE ZUR BEGRÜSSUNG AUS!!
SO LÄUFT DAS NICHT.
WAS?
WILLST DU SAGEN, ICH KRIEG DAS NICHT GEBACKEN?
NEIN, DAS MEINTE ICH NICHT.
ICH SPRECHE VON DER ZEITBESCHRÄNKUNG.
!
GIBT ES NOCH MEHR BEDINGUNGEN?!
ES GIBT ZWEI BEDINGUNGEN, DAMIT SPRING MENSCHEN IN KIRSCHBLÜTEN VERWANDELN KANN.
EINE DAVON IST, MIT DEN HERUNTERWIRBELNDEN BLÜTEN IN BERÜHRUNG ZU KOMMEN.

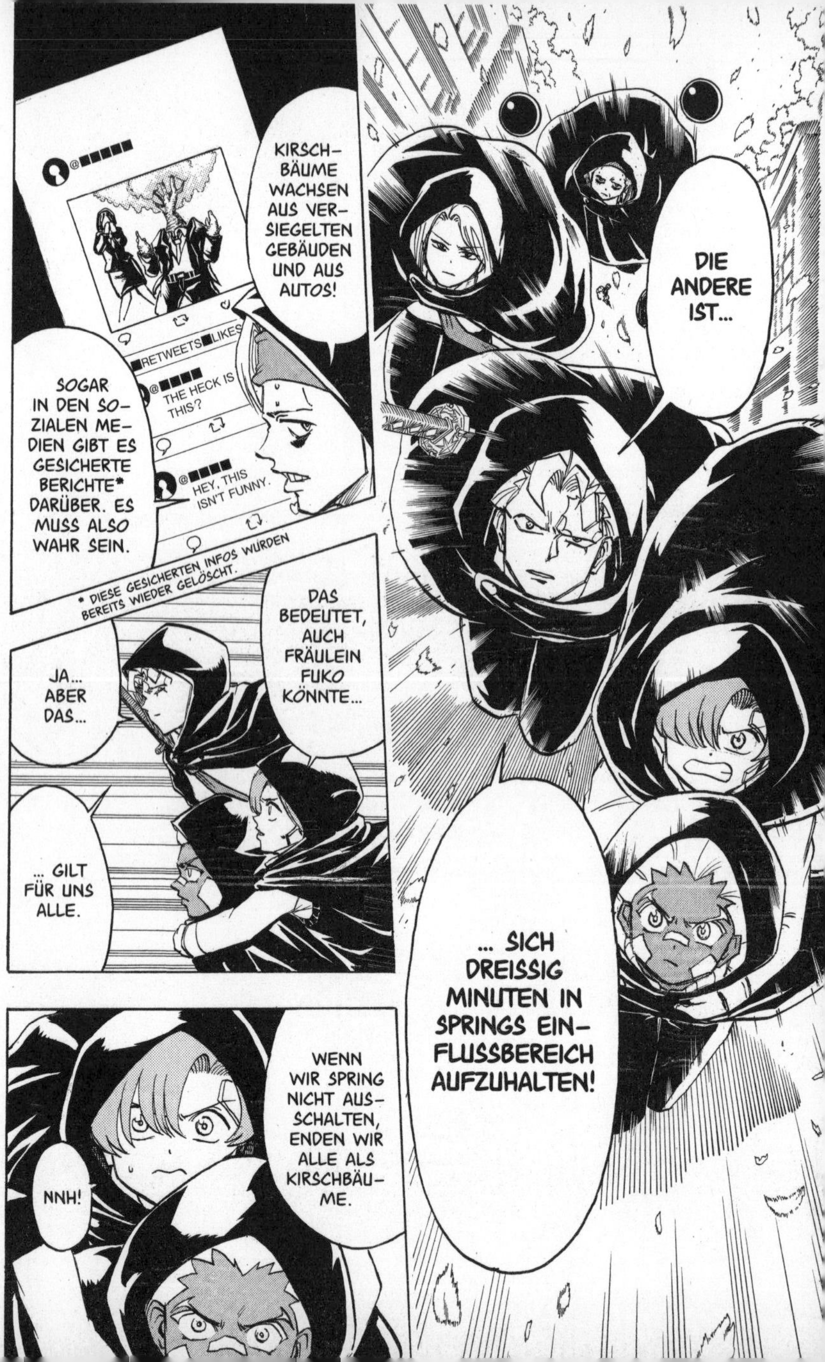
KIRSCH-BÄUME WACHSEN AUS VER-SIEGELTEN GEBÄUDEN UND AUS AUTOS!
THE HECK IS THIS?
HEY, THIS ISN'T FUNNY.
SOGAR IN DEN SO-ZIALEN ME-DIEN GIBT ES GESICHERTE BERICHTE* DARÜBER. ES MUSS ALSO WAHR SEIN.
* DIESE GESICHERTEN INFOS WURDEN BEREITS WIEDER GELÖSCHT.
DAS BEDEUTET, AUCH FRÄULEIN FUKO KÖNNTE…
JA… ABER DAS…
… GILT FÜR UNS ALLE.
WENN WIR SPRING NICHT AUS-SCHALTEN, ENDEN WIR ALLE ALS KIRSCHBÄU-ME.
NNH!
DIE ANDERE IST…
… SICH DREISSIG MINUTEN IN SPRINGS EIN-FLUSSBEREICH AUFZUHALTEN!

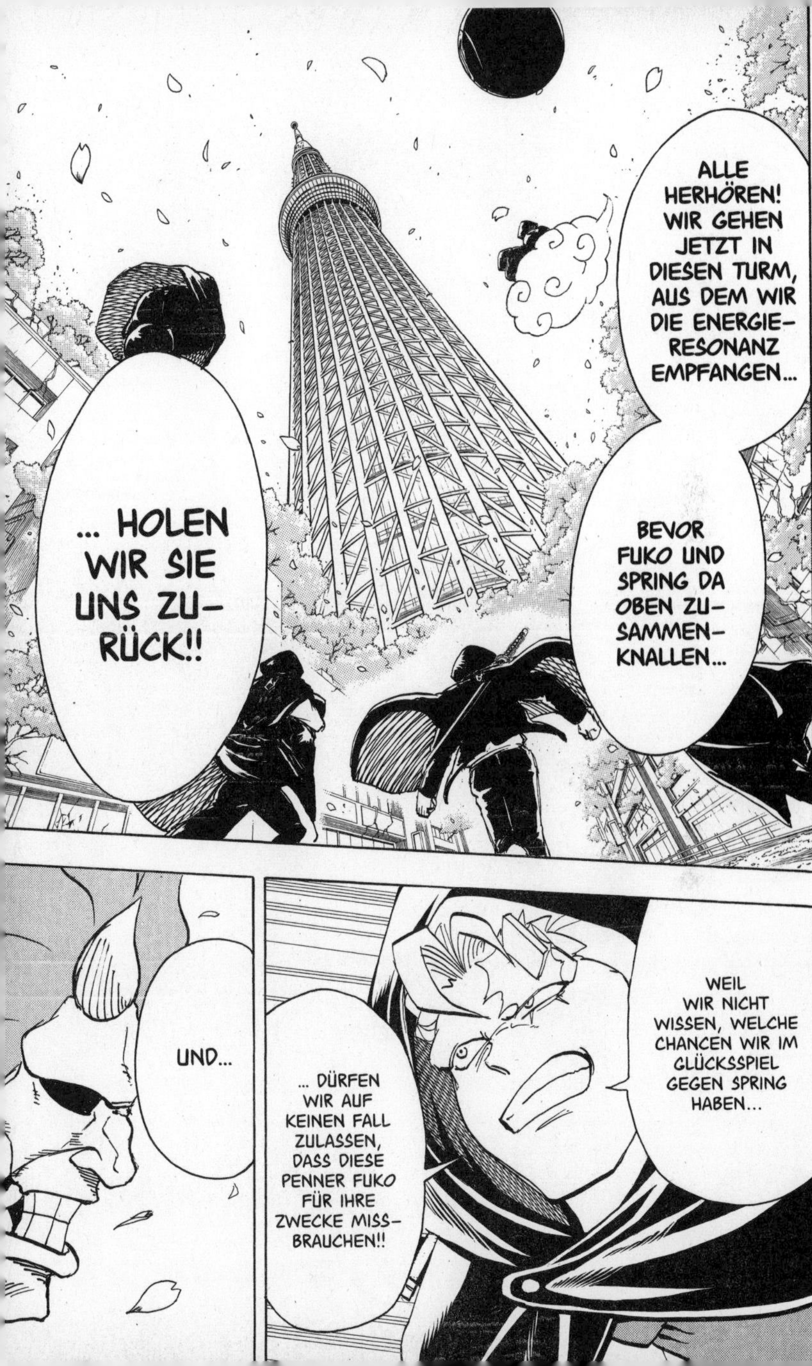

ALLE HERHÖREN! WIR GEHEN JETZT IN DIESEN TURM, AUS DEM WIR DIE ENERGIE-RESONANZ EMPFANGEN...
BEVOR FUKO UND SPRING DA OBEN ZUSAMMENKNALLEN...
... HOLEN WIR SIE UNS ZURÜCK!!
WEIL WIR NICHT WISSEN, WELCHE CHANCEN WIR IM GLÜCKSSPIEL GEGEN SPRING HABEN...
... DÜRFEN WIR AUF KEINEN FALL ZULASSEN, DASS DIESE PENNER FUKO FÜR IHRE ZWECKE MISSBRAUCHEN!!
UND...

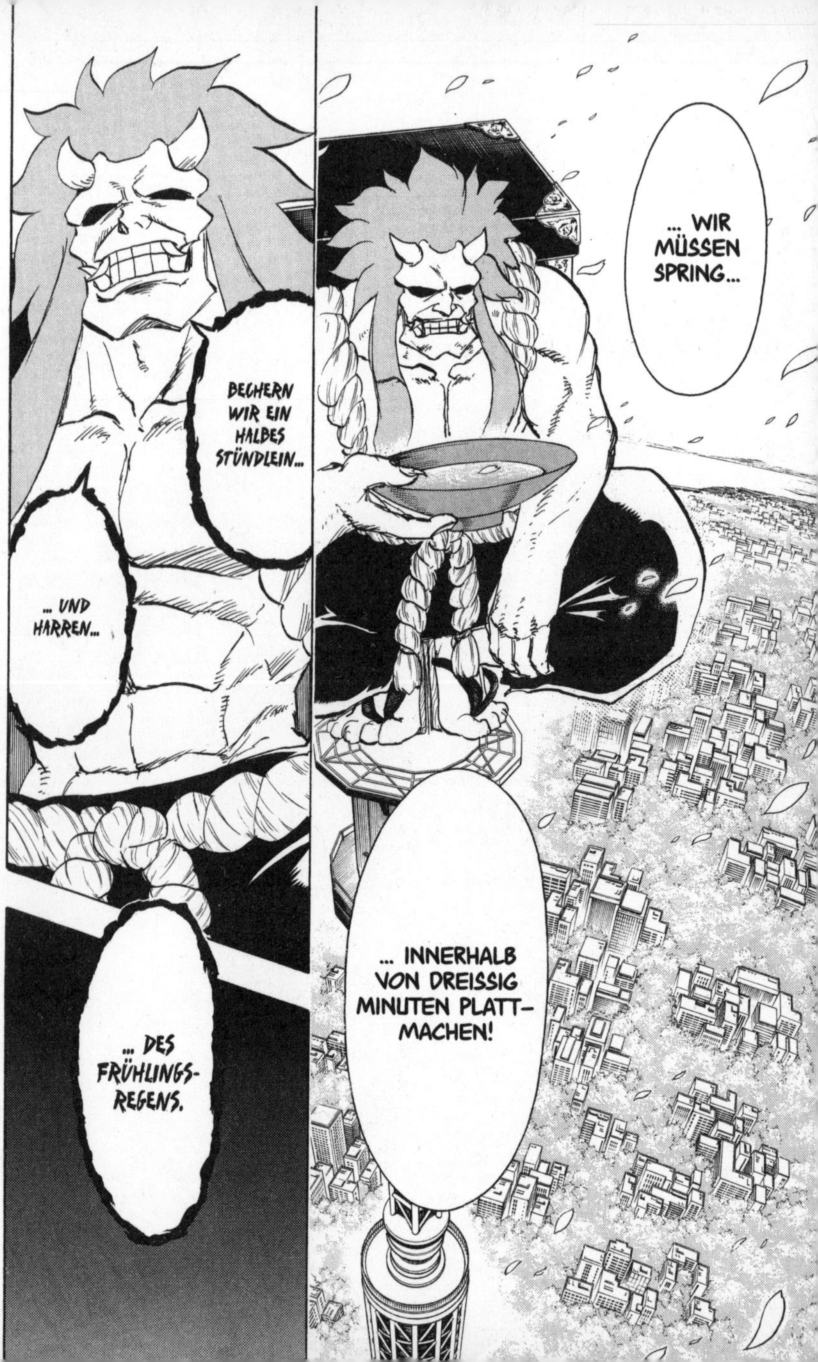

... WIR MÜSSEN SPRING...
... INNERHALB VON DREISSIG MINUTEN PLATT-MACHEN!
BECHERN WIR EIN HALBES STÜNDLEIN...
... UND HARREN...
... DES FRÜHLINGS-REGENS.

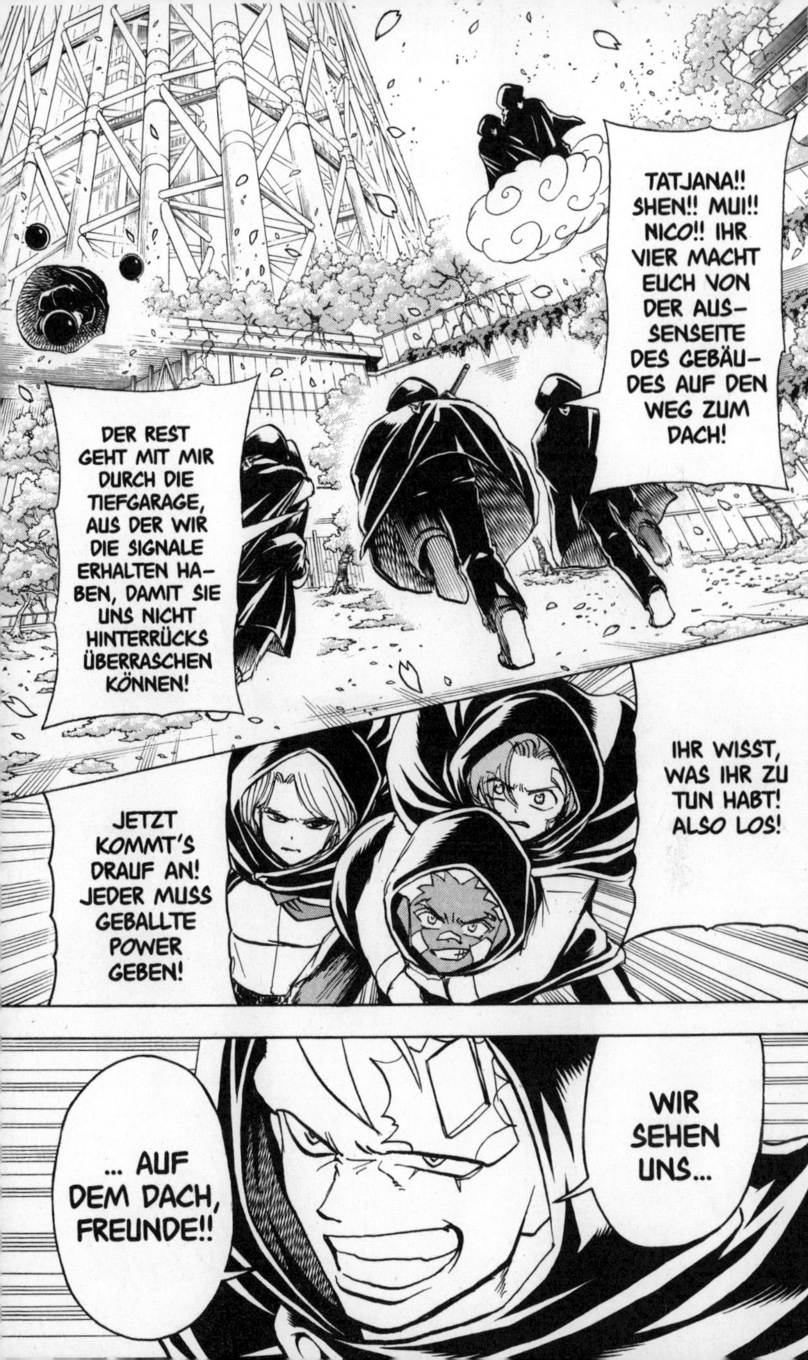
TATJANA!! SHEN!! MUI!! NICO!! IHR VIER MACHT EUCH VON DER AUS-SENSEITE DES GEBÄU-DES AUF DEN WEG ZUM DACH!
DER REST GEHT MIT MIR DURCH DIE TIEFGARAGE, AUS DER WIR DIE SIGNALE ERHALTEN HA-BEN, DAMIT SIE UNS NICHT HINTERRÜCKS ÜBERRASCHEN KÖNNEN!
IHR WISST, WAS IHR ZU TUN HABT! ALSO LOS!
JETZT KOMMT'S DRAUF AN! JEDER MUSS GEBALLTE POWER GEBEN!
WIR SEHEN UNS...
... AUF DEM DACH, FREUNDE!!

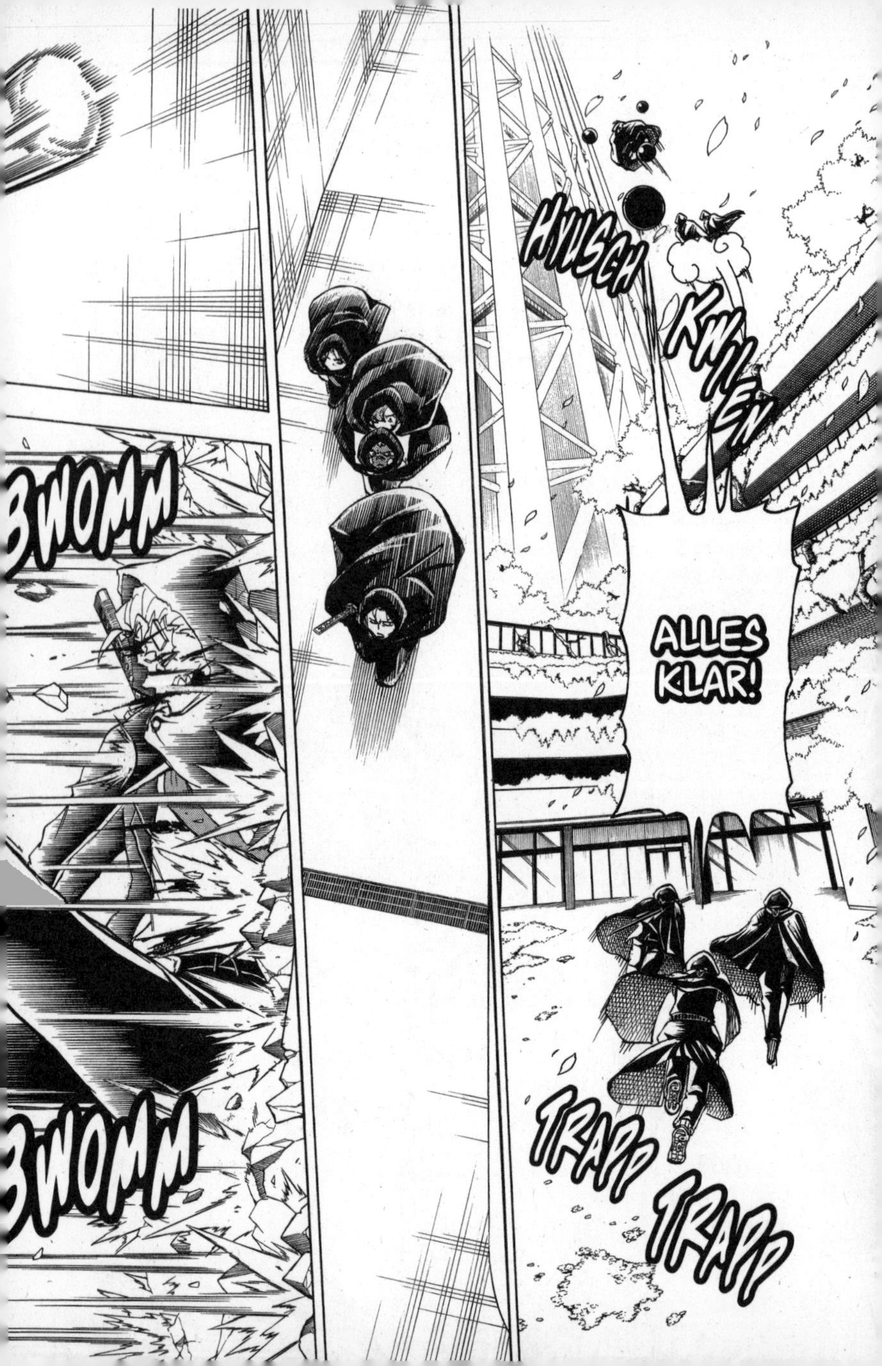

KWUSCH
KWIEN
ALLES KLAR!
TRAPP TRAPP
BWOMM
BWOMM

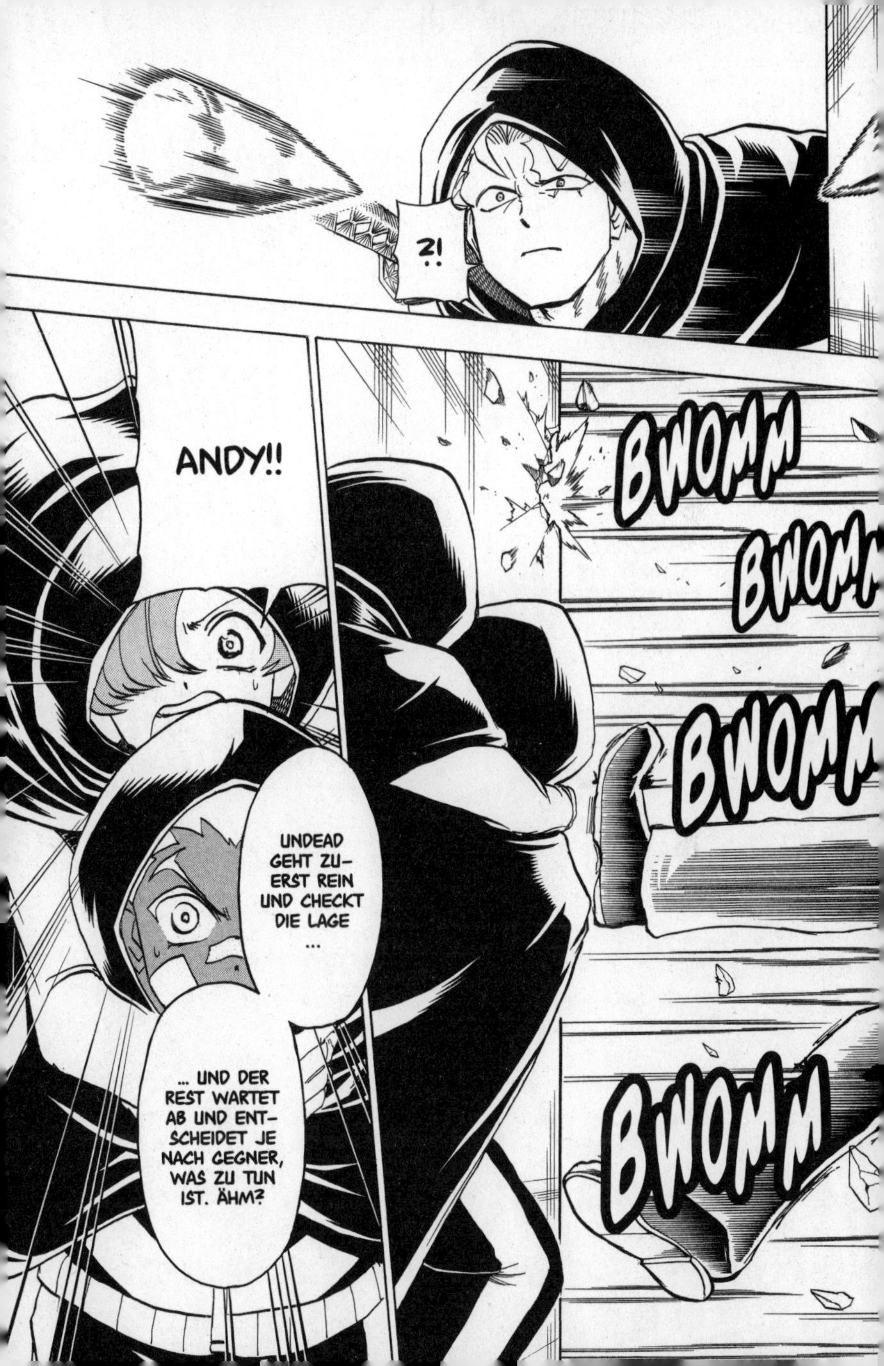

Z!
BWOMM
BWOMM
BWOMM
BWOMM
ANDY!!
UNDEAD GEHT ZU-ERST REIN UND CHECKT DIE LAGE ...
... UND DER REST WARTET AB UND ENT-SCHEIDET JE NACH GEGNER, WAS ZU TUN IST. ÄHM?

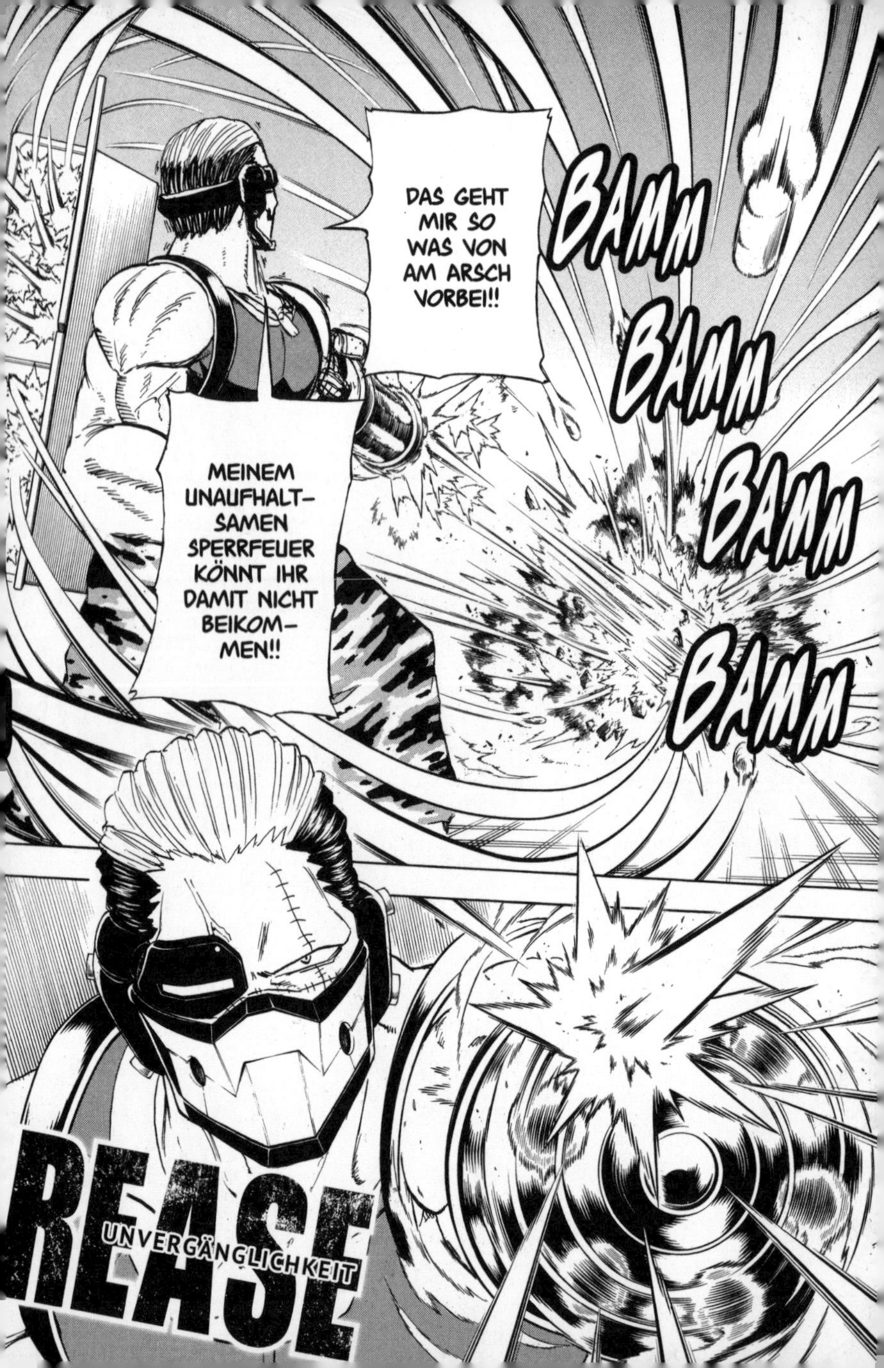
DAS GEHT MIR SO WAS VON AM ARSCH VORBEI!!
MEINEM UNAUFHALT-SAMEN SPERRFEUER KÖNNT IHR DAMIT NICHT BEIKOM-MEN!!
BAMM
BAMM
BAMM
BAMM
REASE
UNVERGÄNGLICHKEIT

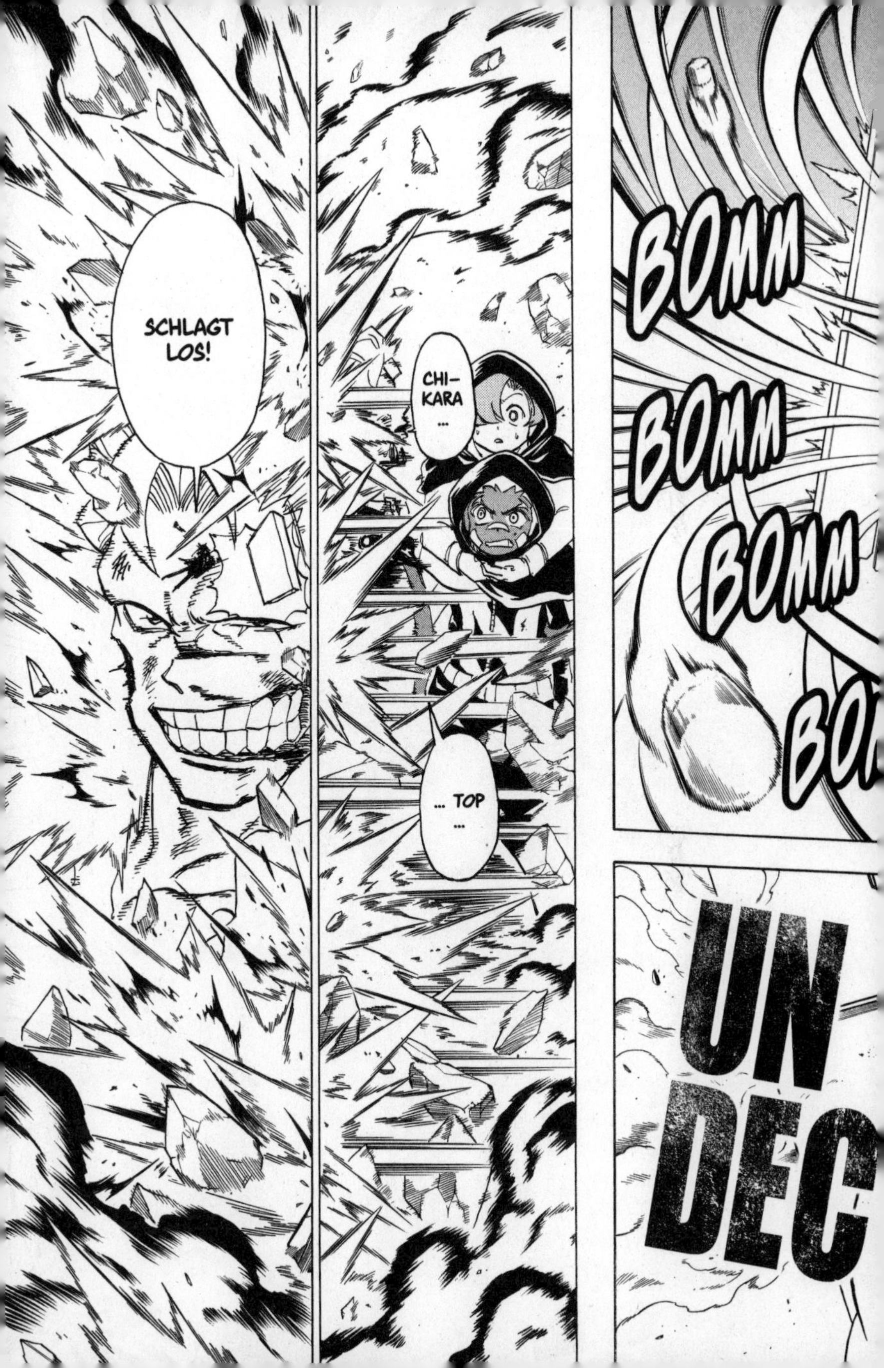
BOMM
BOMM
BOMM
BO
UN
DEC
CHI-
KARA
...
... TOP
...
SCHLAGT
LOS!

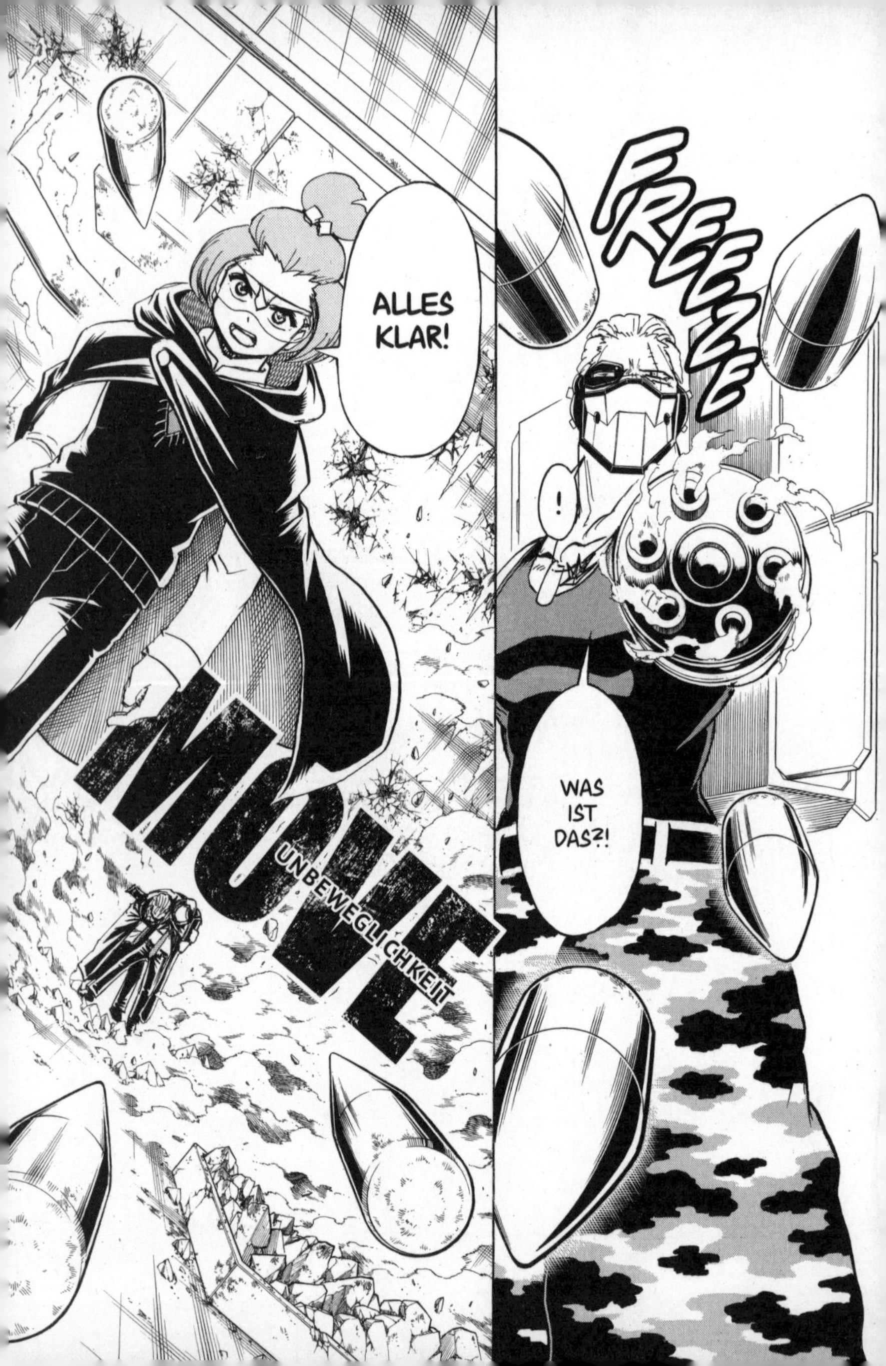
FREEZE
!
WAS IST DAS?!
ALLES KLAR!
MOVE
UNBEWEGLICHKEIT

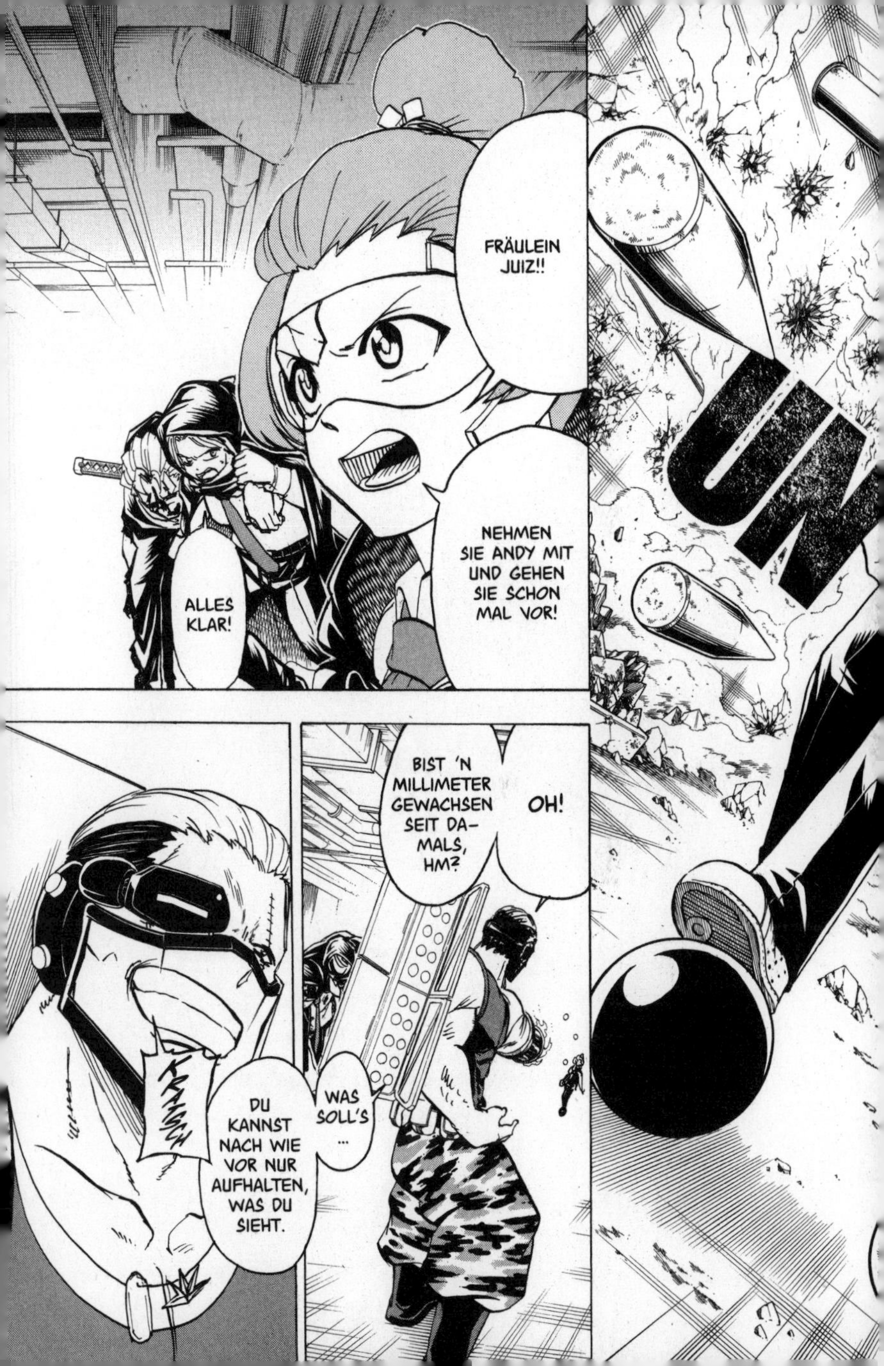
FRÄULEIN JUIZ!!
NEHMEN SIE ANDY MIT UND GEHEN SIE SCHON MAL VOR!
ALLES KLAR!
OH!
BIST 'N MILLIMETER GEWACHSEN SEIT DA-MALS, HM?
WAS SOLL'S ...
DU KANNST NACH WIE VOR NUR AUFHALTEN, WAS DU SIEHT.

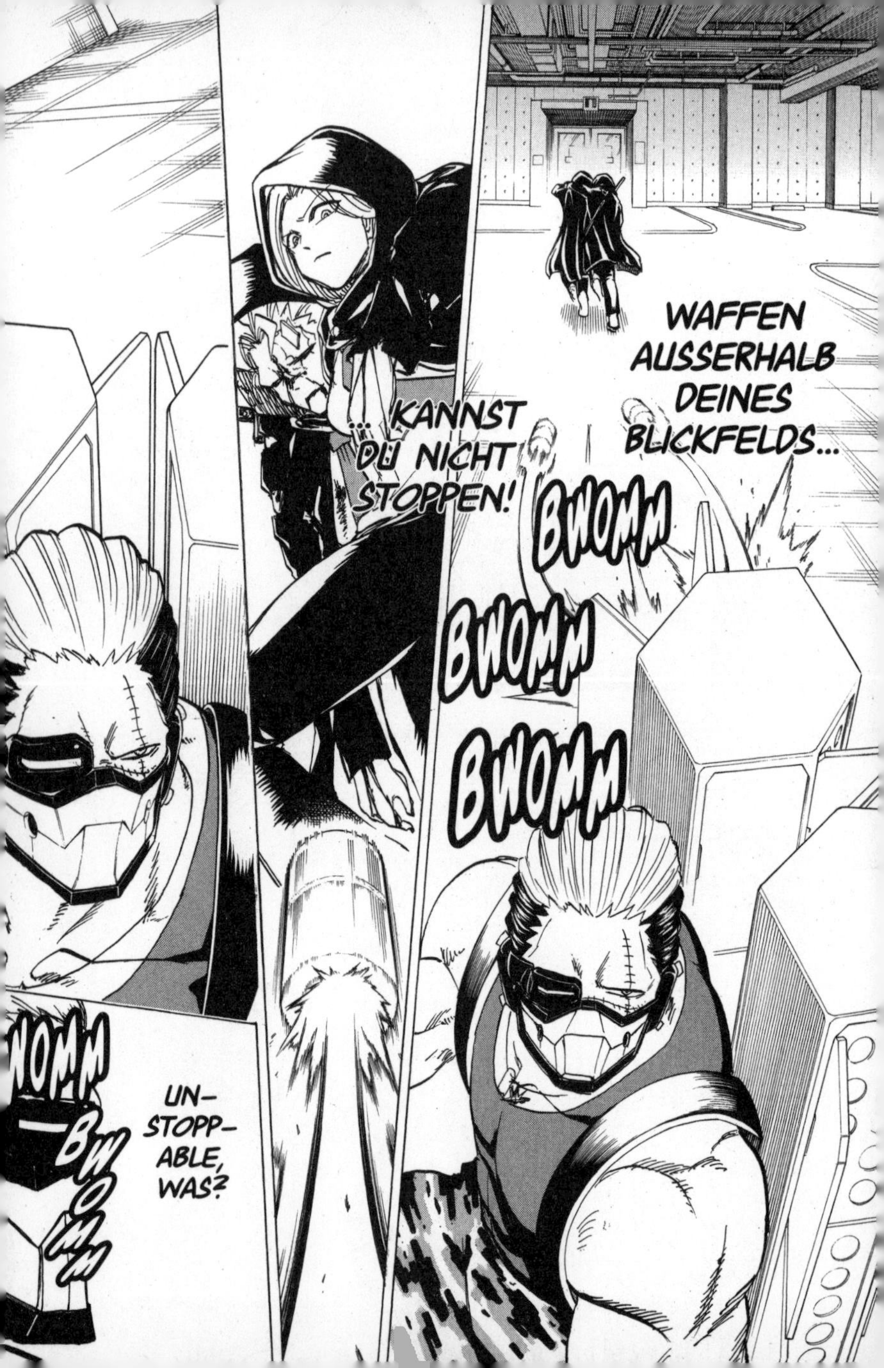
WAFFEN AUSSERHALB DEINES BLICKFELDS...
... KANNST DU NICHT STOPPEN!
BWOMM
BWOMM
BWOMM
UN-STOPP-ABLE, WAS?
BWOMM

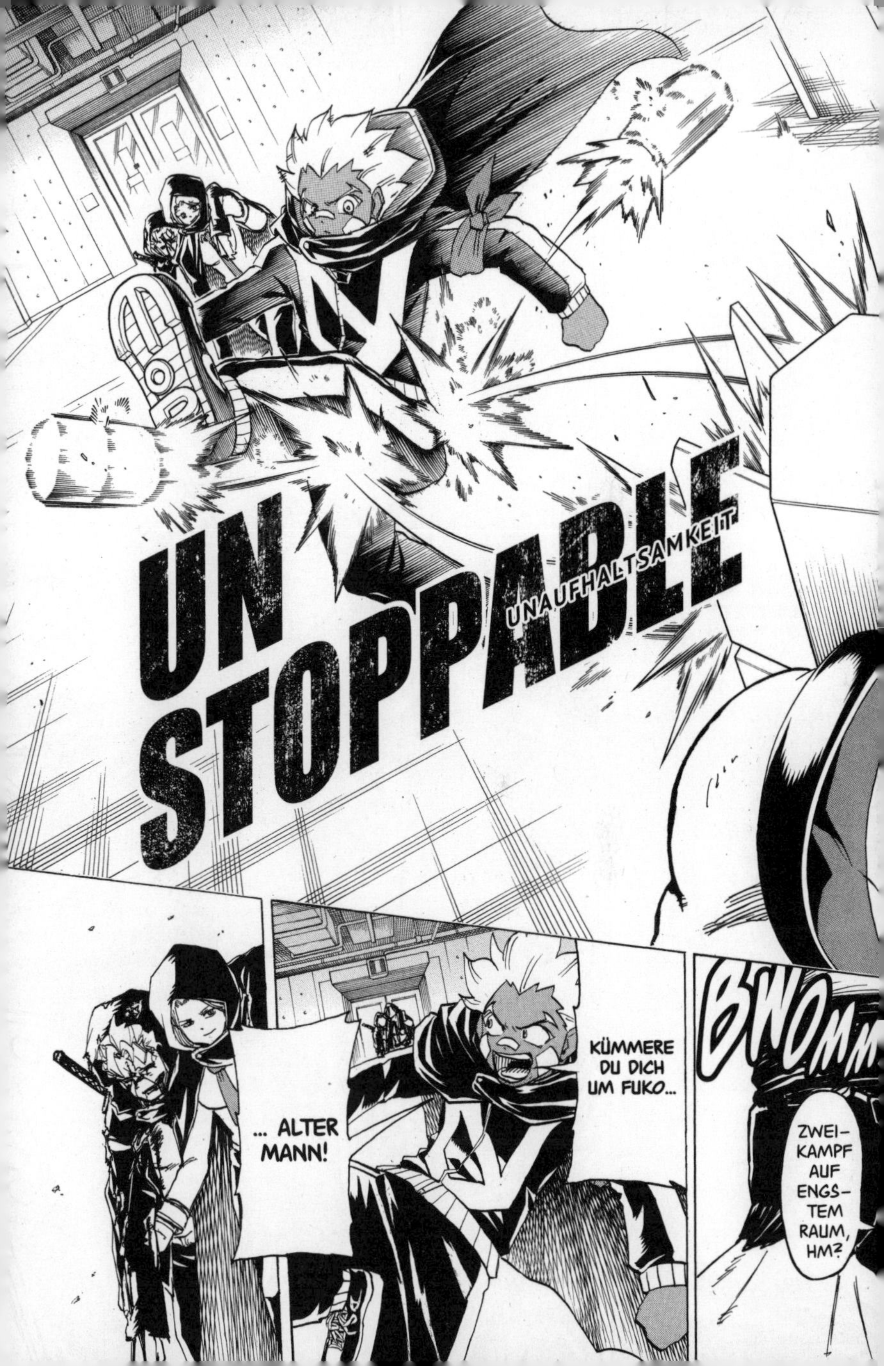
UNSTOPPABLE
UNAUFHALTSAMKEIT
BWOMM
ZWEIKAMPF AUF ENGSTEM RAUM, HM?
KÜMMERE DU DICH UM FUKO...
... ALTER MANN!

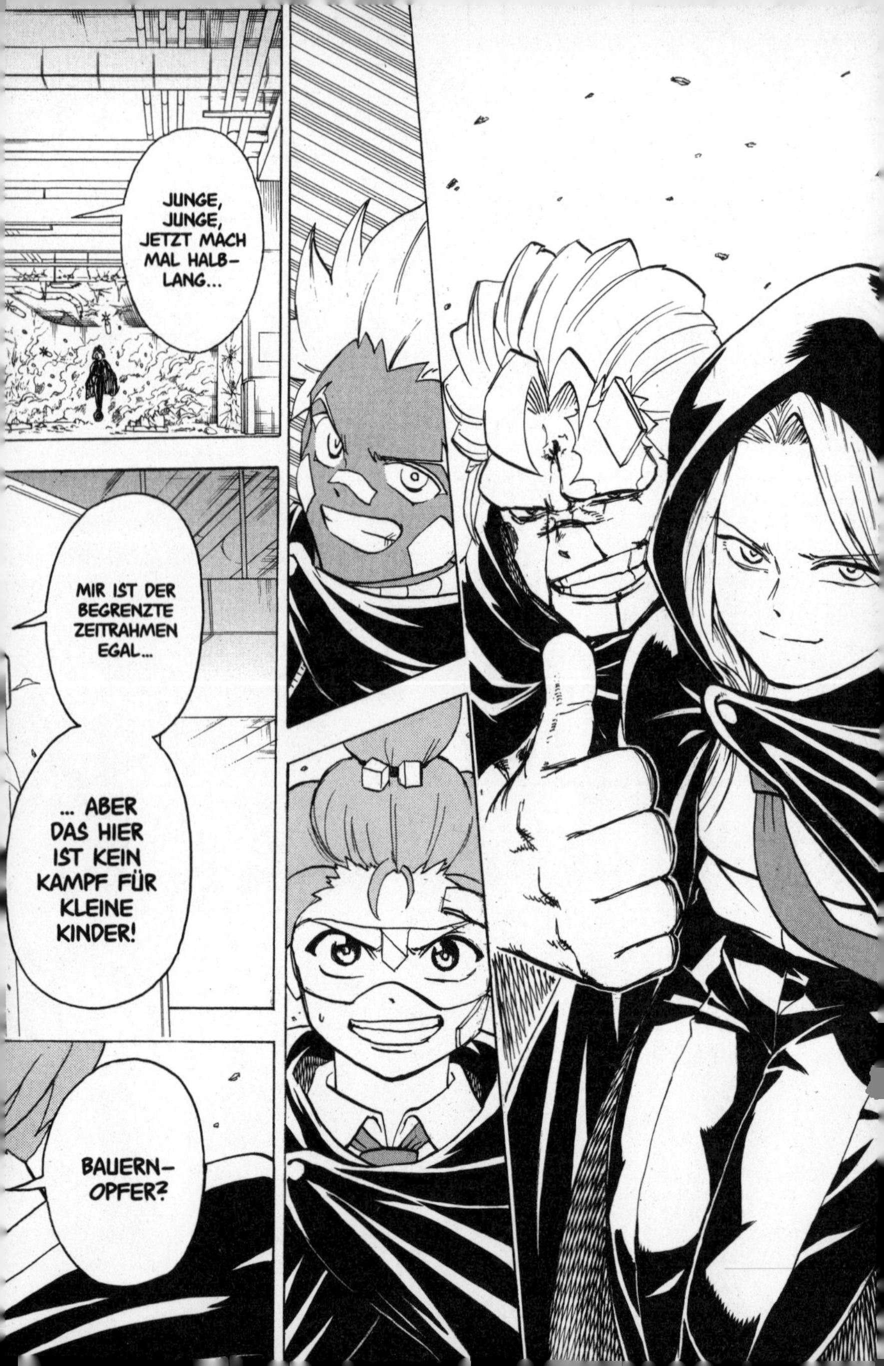
JUNGE, JUNGE, JETZT MACH MAL HALB-LANG...
MIR IST DER BEGRENZTE ZEITRAHMEN EGAL...
... ABER DAS HIER IST KEIN KAMPF FÜR KLEINE KINDER!
BAUERN-OPFER?

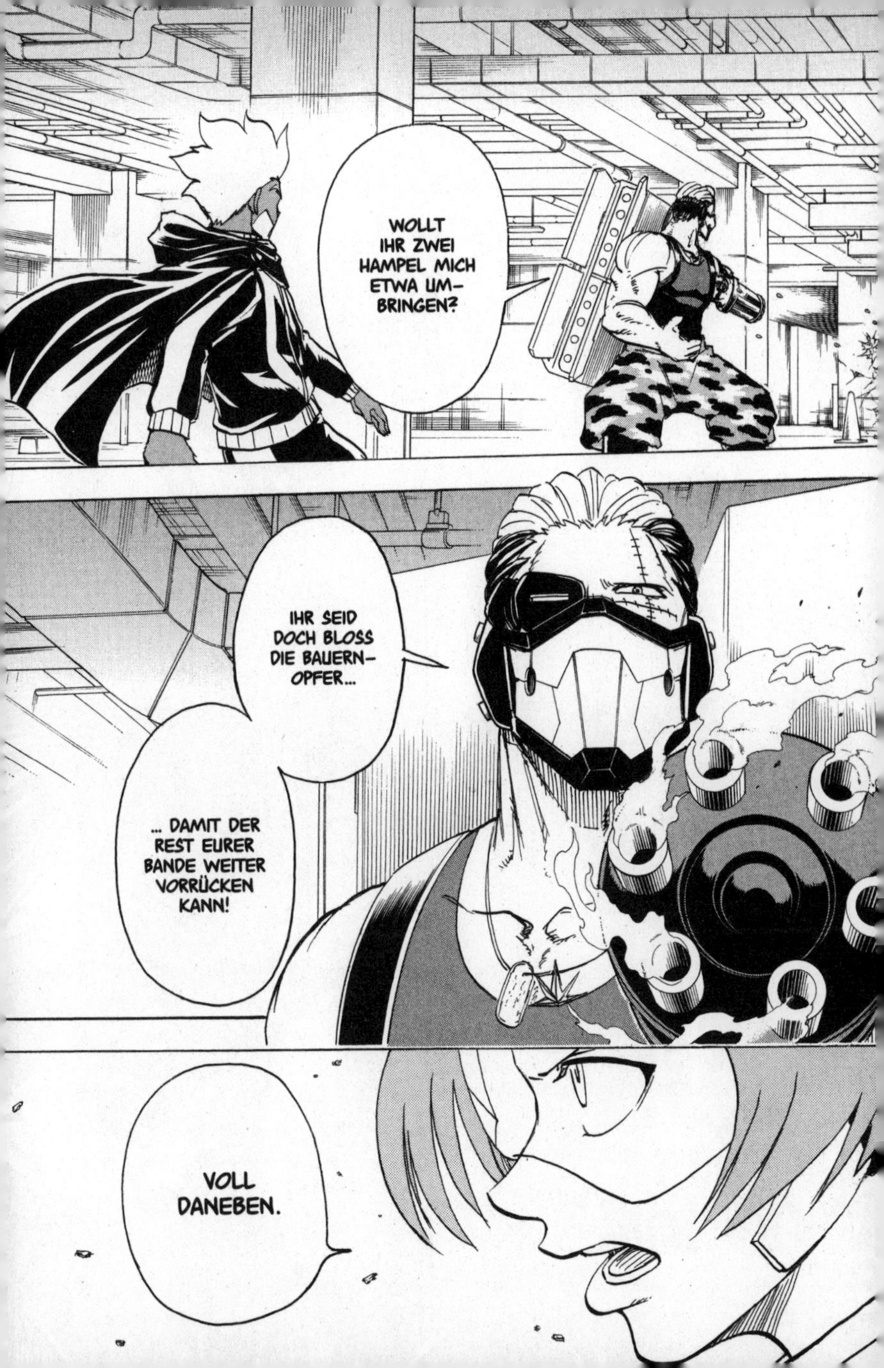
WOLLT IHR ZWEI HAMPEL MICH ETWA UMBRINGEN?
IHR SEID DOCH BLOSS DIE BAUERNOPFER...
... DAMIT DER REST EURER BANDE WEITER VORRÜCKEN KANN!
VOLL DANEBEN.

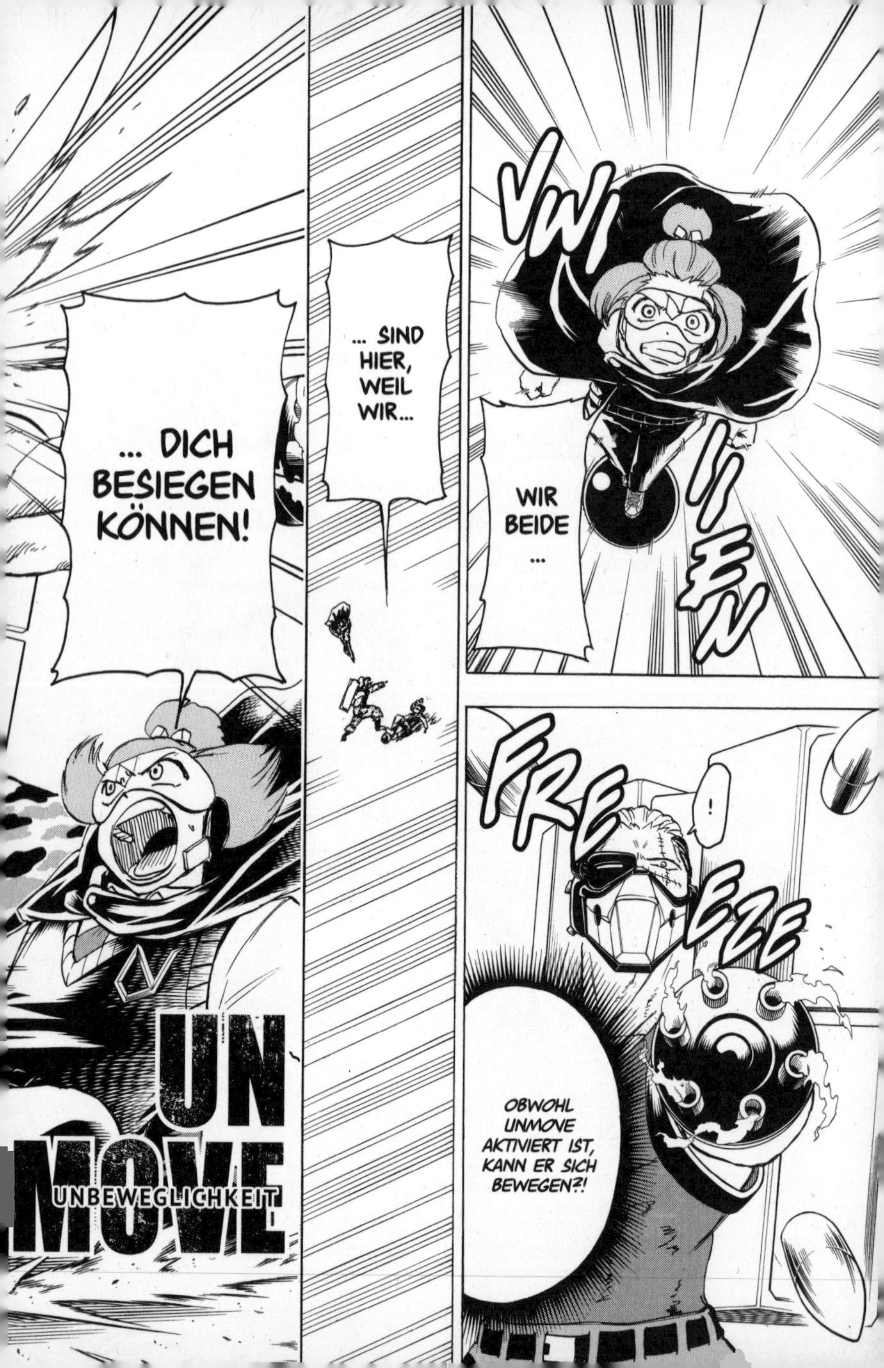

VWIIEEN
WIR BEIDE ...
... SIND HIER, WEIL WIR...
... DICH BESIEGEN KÖNNEN!
UN MOVE
UNBEWEGLICHKEIT
FREEZE
!
OBWOHL UNMOVE AKTIVIERT IST, KANN ER SICH BEWEGEN?!

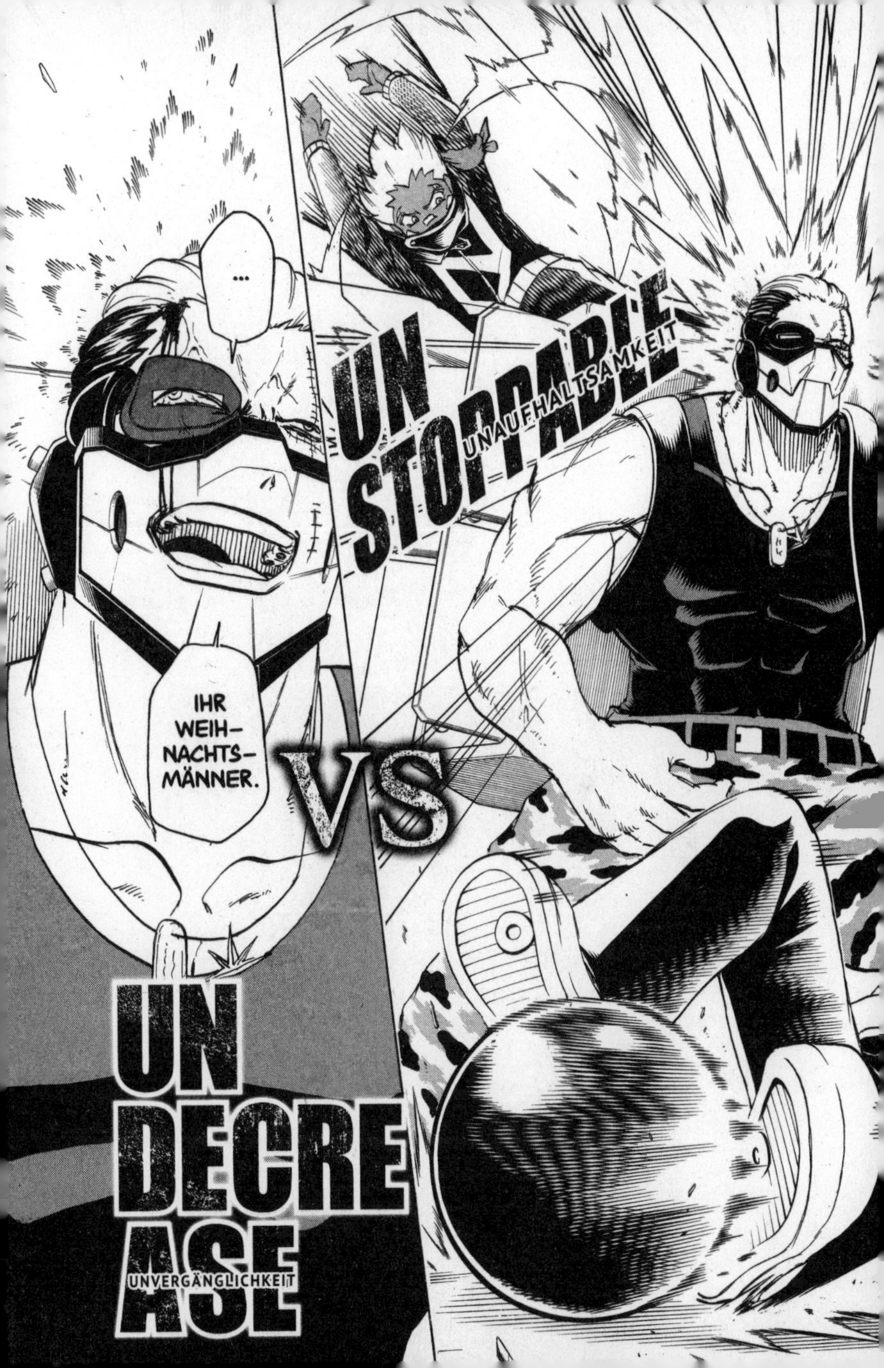

...
UN STOPPABLE
UNAUFHALTSAMKEIT
IHR WEIH- NACHTS- MÄNNER.
VS
UN DECRE ASE
UNVERGÄNGLICHKEIT

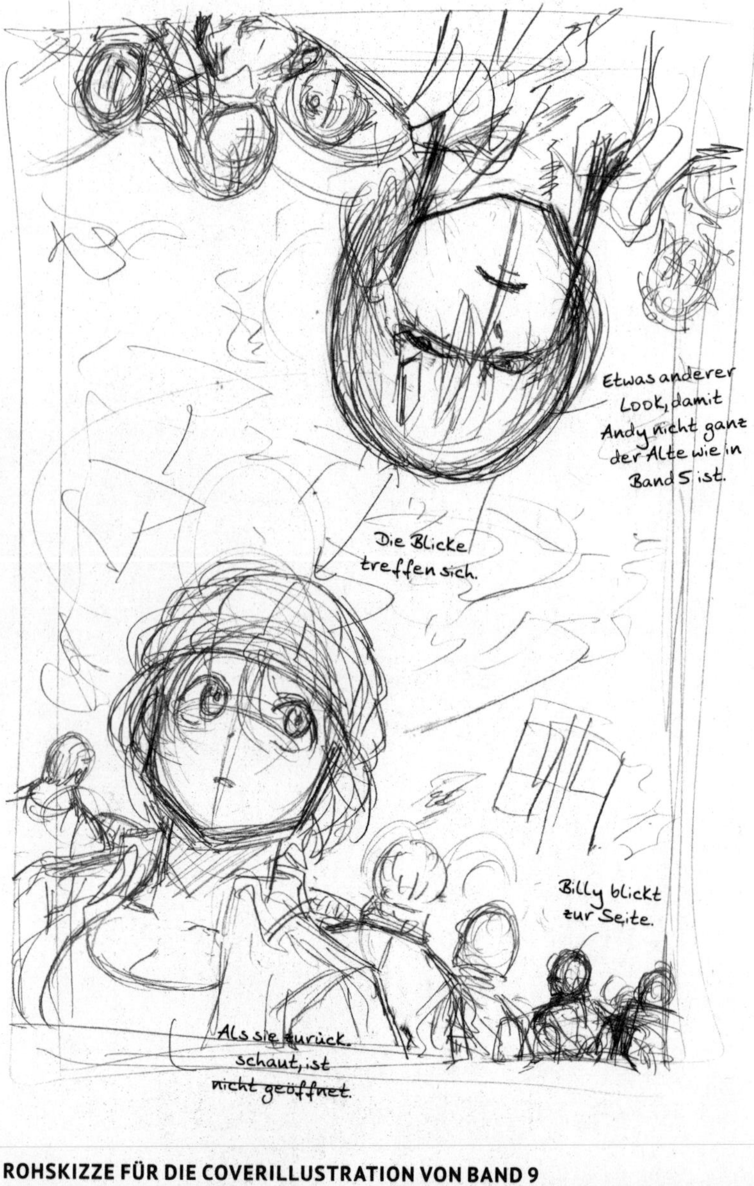

ROHSKIZZE FÜR DIE COVERILLUSTRATION VON BAND 9

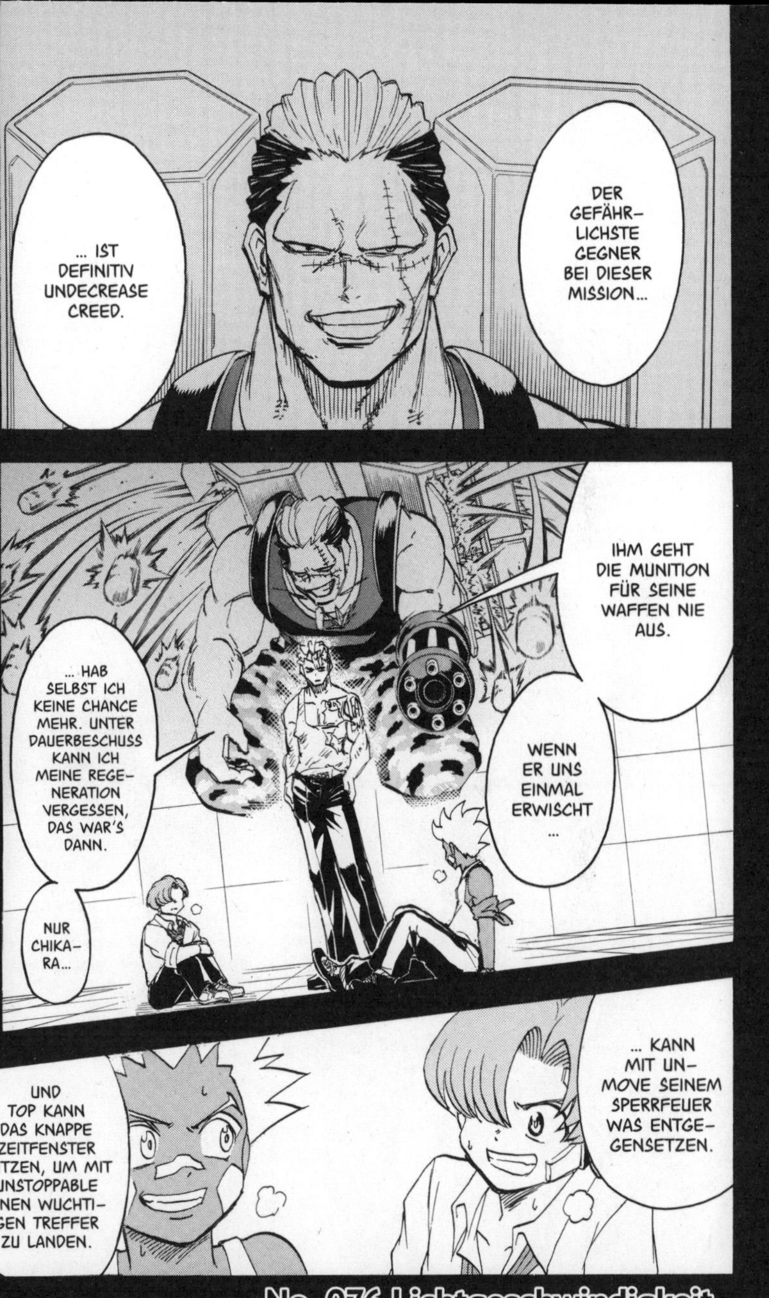

No. 076 Lichtgeschwindigkeit

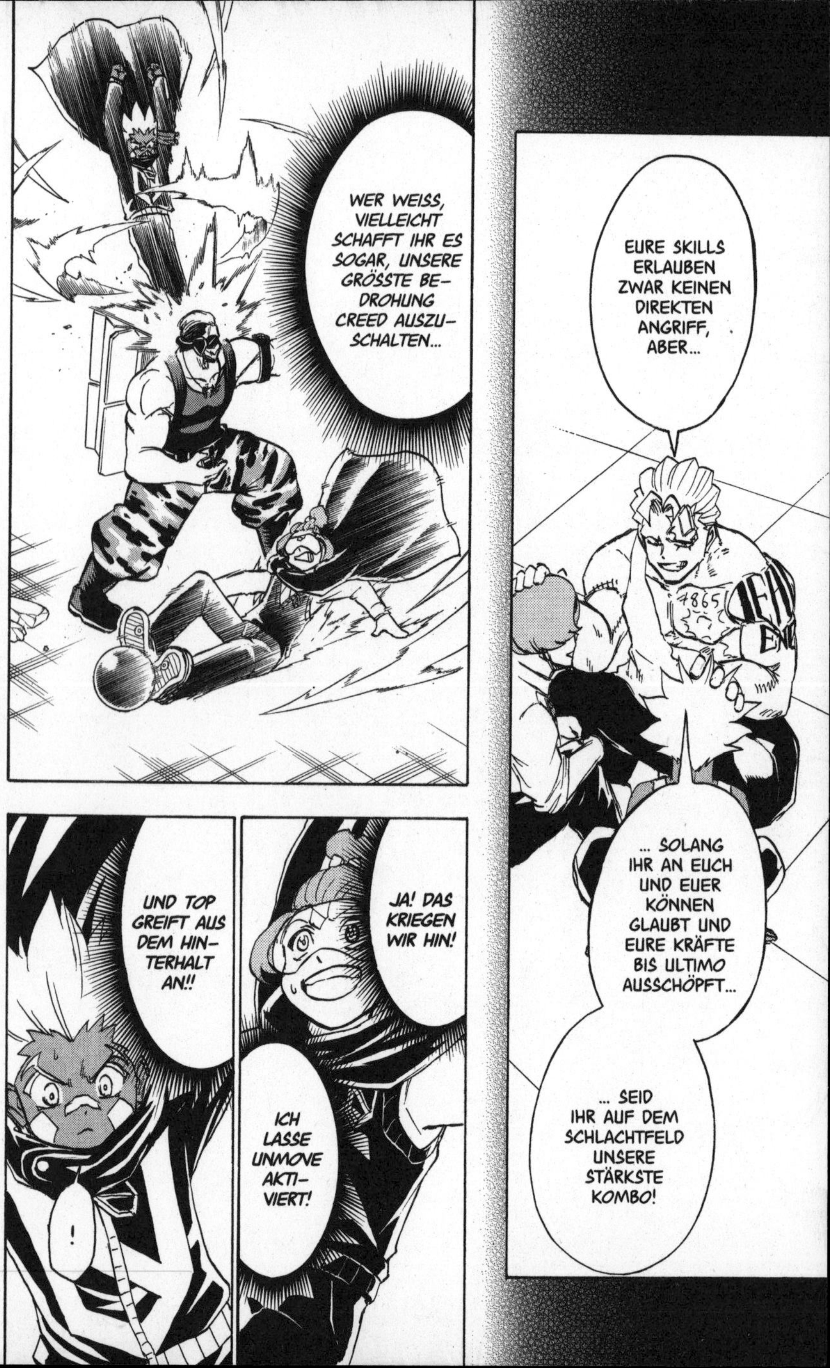
EURE SKILLS ERLAUBEN ZWAR KEINEN DIREKTEN ANGRIFF, ABER...
... SOLANG IHR AN EUCH UND EUER KÖNNEN GLAUBT UND EURE KRÄFTE BIS ULTIMO AUSSCHÖPFT...
... SEID IHR AUF DEM SCHLACHTFELD UNSERE STÄRKSTE KOMBO!
WER WEISS, VIELLEICHT SCHAFFT IHR ES SOGAR, UNSERE GRÖSSTE BE-DROHUNG CREED AUSZU-SCHALTEN...
JA! DAS KRIEGEN WIR HIN!
ICH LASSE UNMOVE AKTI-VIERT!
UND TOP GREIFT AUS DEM HIN-TERHALT AN!!
!

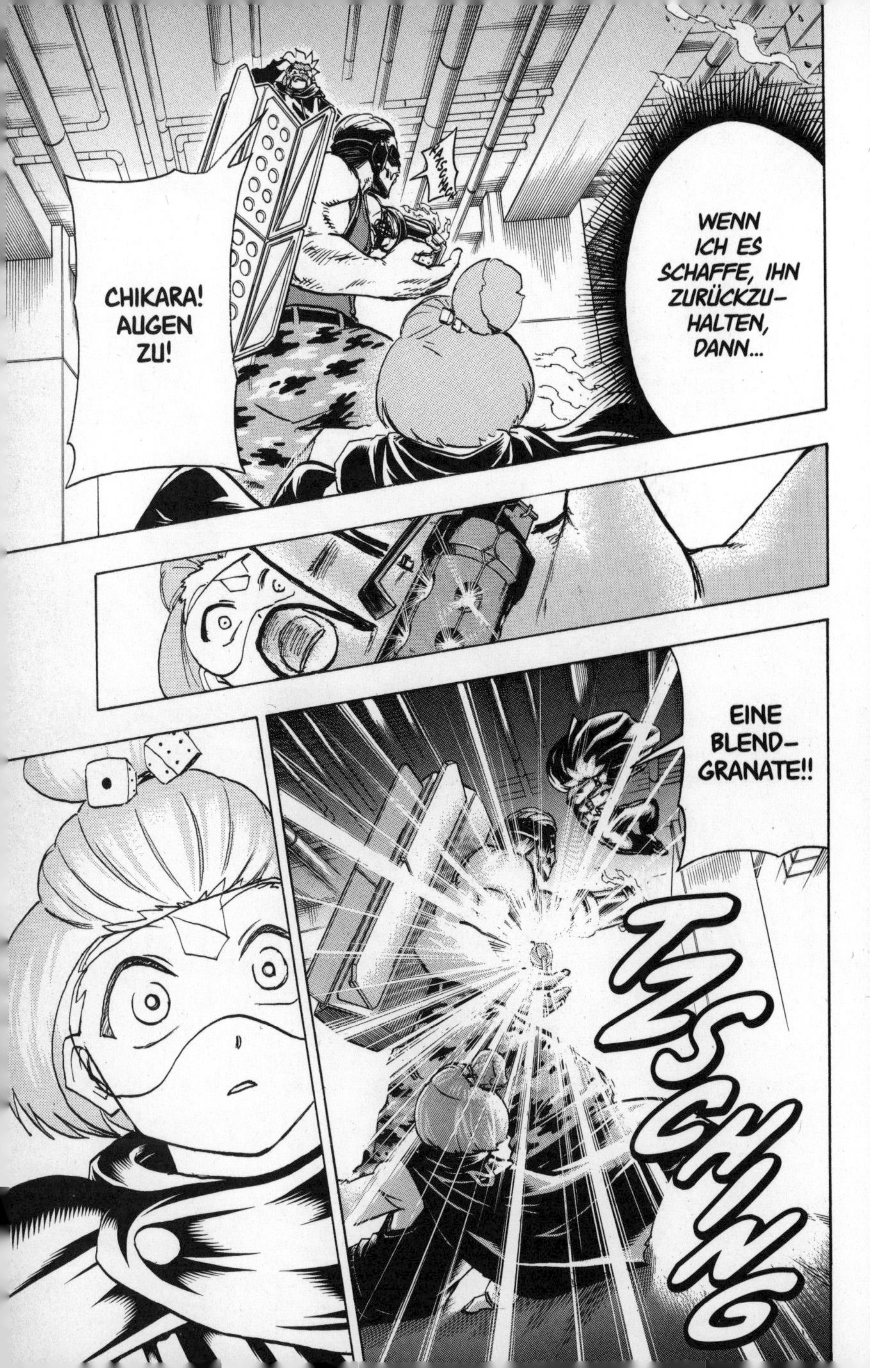
WENN ICH ES SCHAFFE, IHN ZURÜCKZU-HALTEN, DANN...
CHIKARA! AUGEN ZU!
EINE BLEND-GRANATE!!
TSCHING

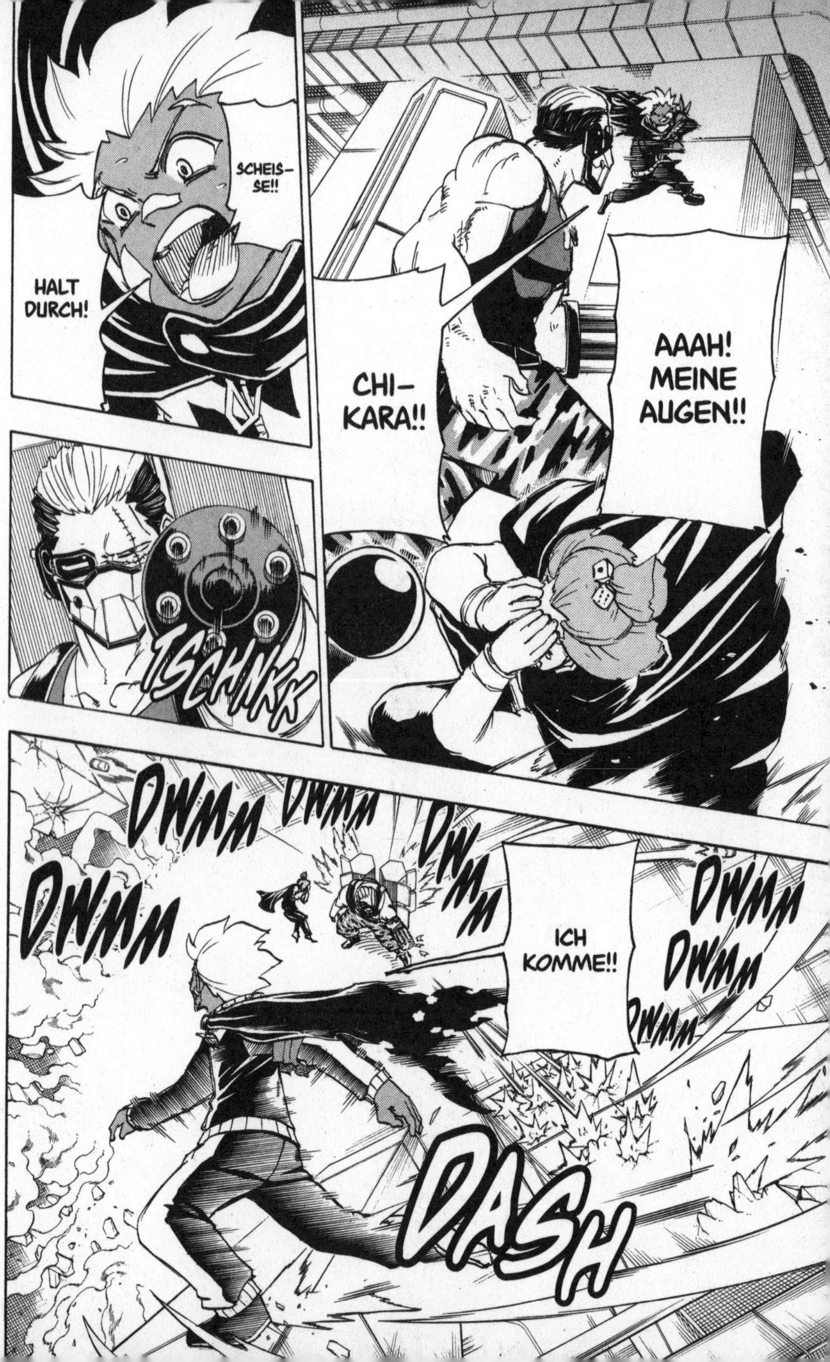
AAAH! MEINE AUGEN!!
CHI-KARA!!
SCHEIS-SE!!
HALT DURCH!
TSCHNKK
DWMM DWMM DWMM DWMM DWMM DWMM DWMM DWMM
ICH KOMME!!
DASH

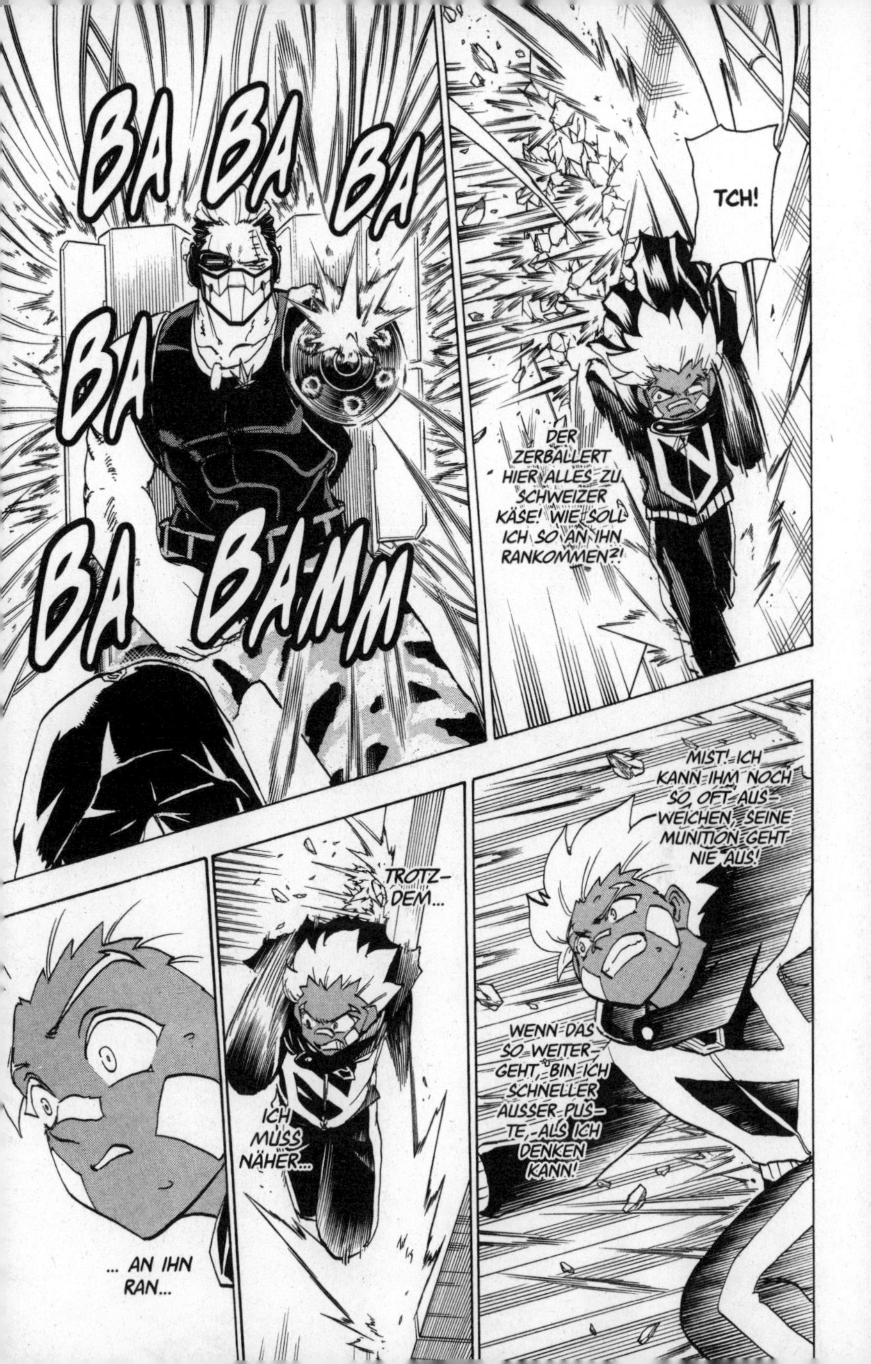

TCH!
DER ZERBALLERT HIER ALLES ZU SCHWEIZER KÄSE! WIE SOLL ICH SO AN IHN RANKOMMEN?!
BA BA BA
BA
BA BAMM
MIST! ICH KANN IHM NOCH SO OFT AUSWEICHEN, SEINE MUNITION GEHT NIE AUS!
WENN DAS SO WEITERGEHT, BIN ICH SCHNELLER AUSSER PUSTE, ALS ICH DENKEN KANN!
TROTZDEM...
ICH MUSS NÄHER...
... AN IHN RAN...

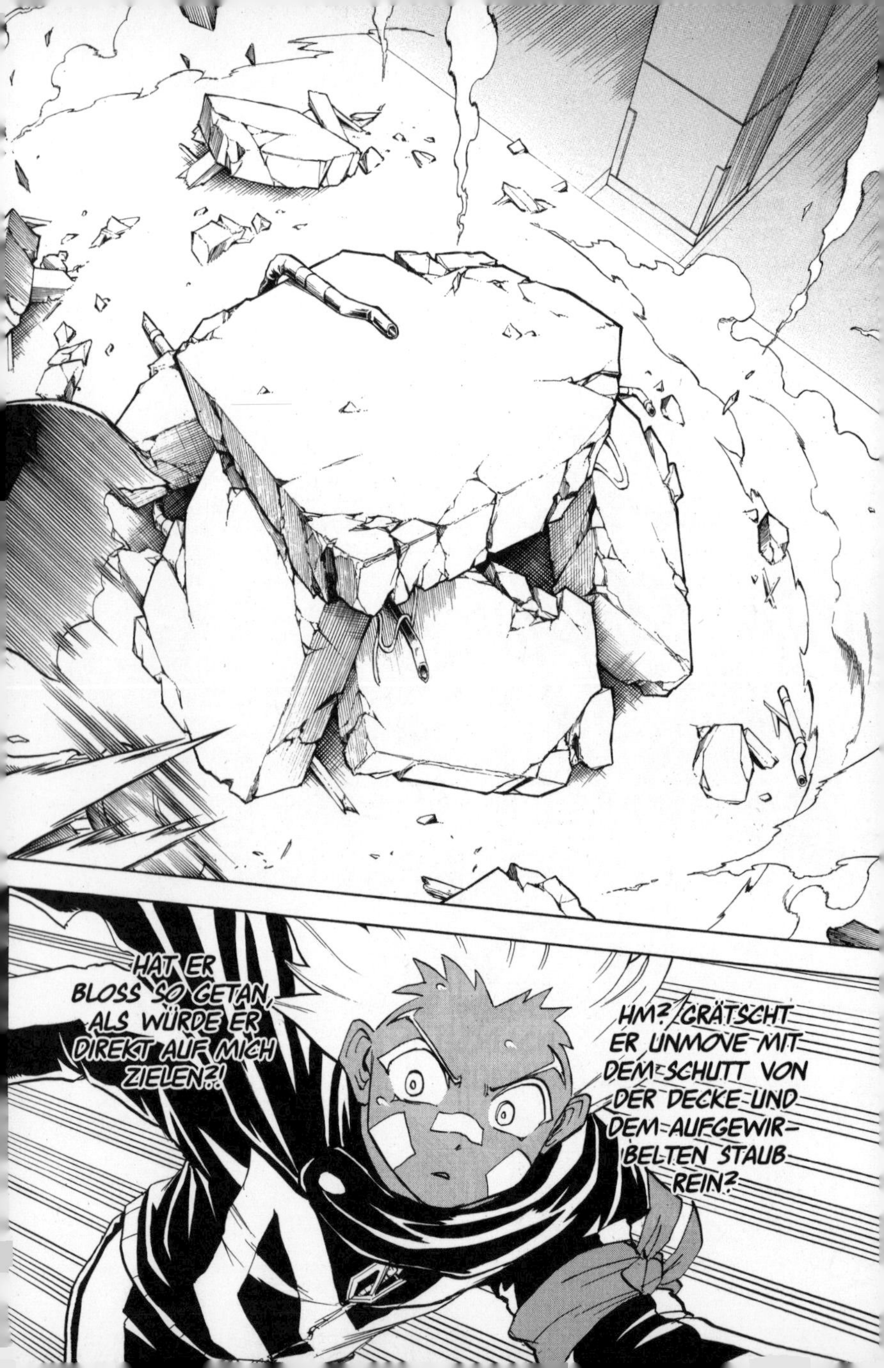
HM? GRÄTSCHT ER UNMOVE MIT DEM SCHUTT VON DER DECKE UND DEM AUFGEWIR-BELTEN STAUB REIN?
HAT ER BLOSS SO GETAN, ALS WÜRDE ER DIREKT AUF MICH ZIELEN?!

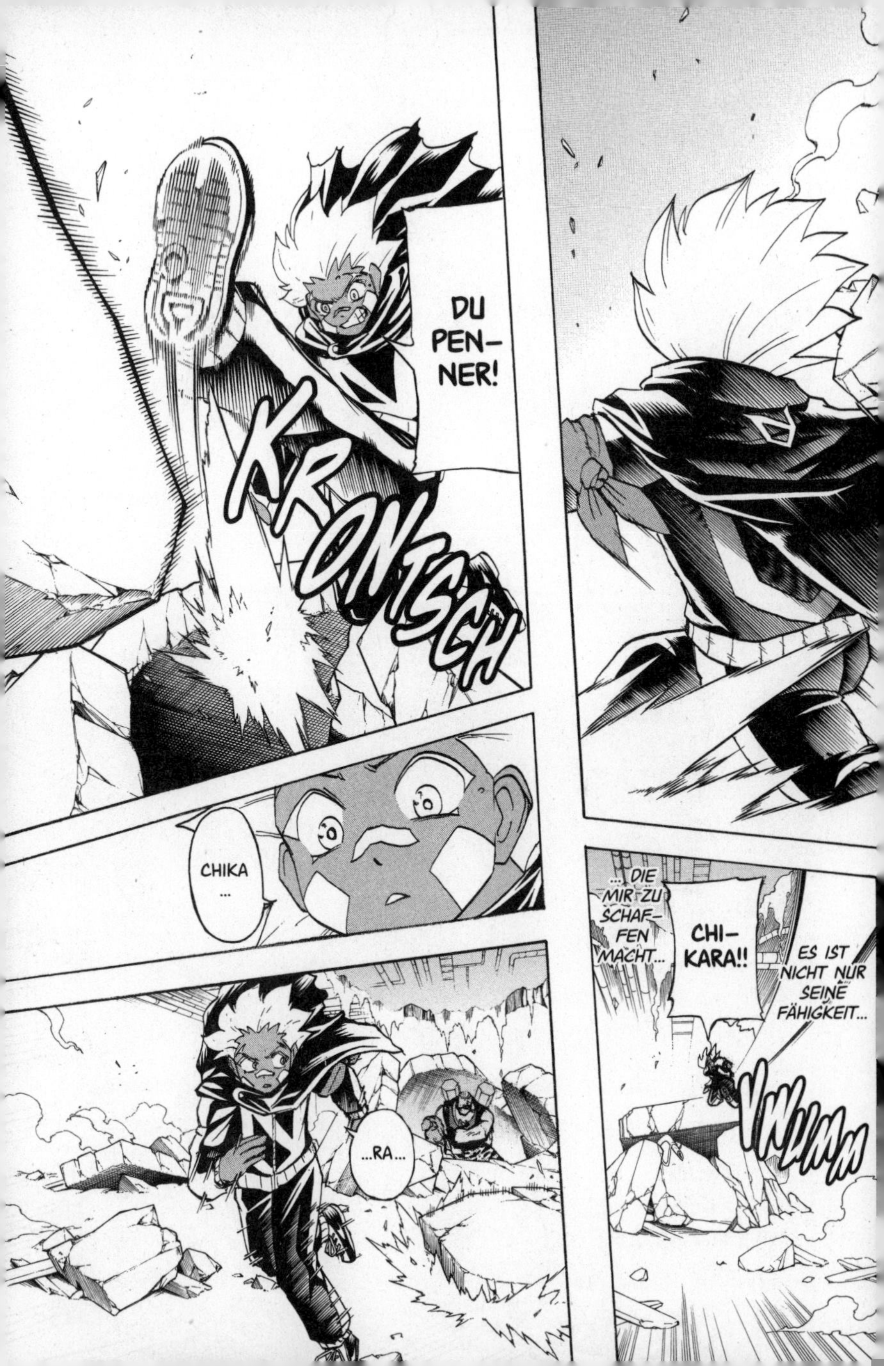
DU PEN-NER!
KRONTSCH
CHIKA …
CHI-KARA!!
ES IST NICHT NUR SEINE FÄHIGKEIT…
… DIE MIR ZU SCHAF-FEN MACHT…
WUMM
…RA…

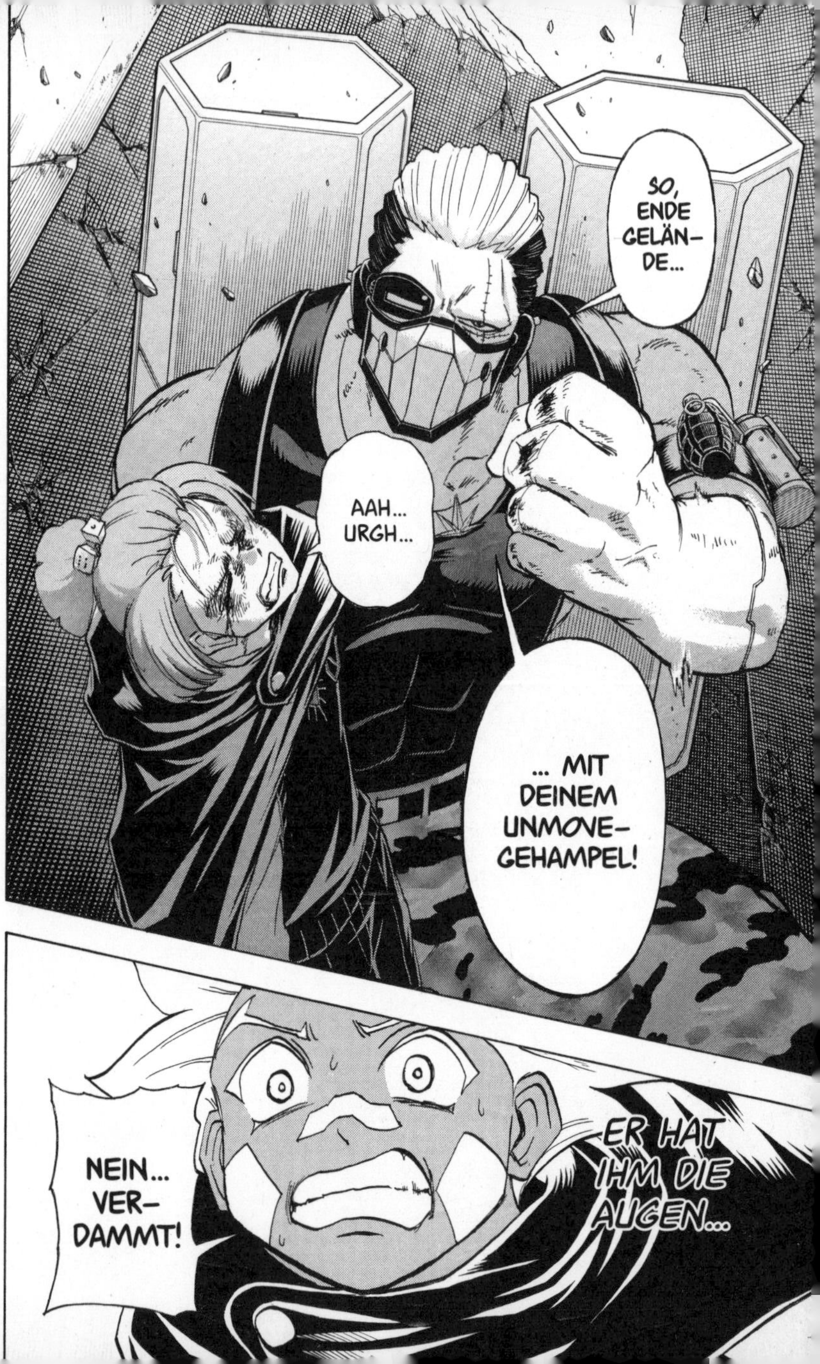
SO, ENDE GELÄN-DE...
AAH... URGH...
... MIT DEINEM UNMOVE-GEHAMPEL!
ER HAT IHM DIE AUGEN...
NEIN... VER-DAMMT!

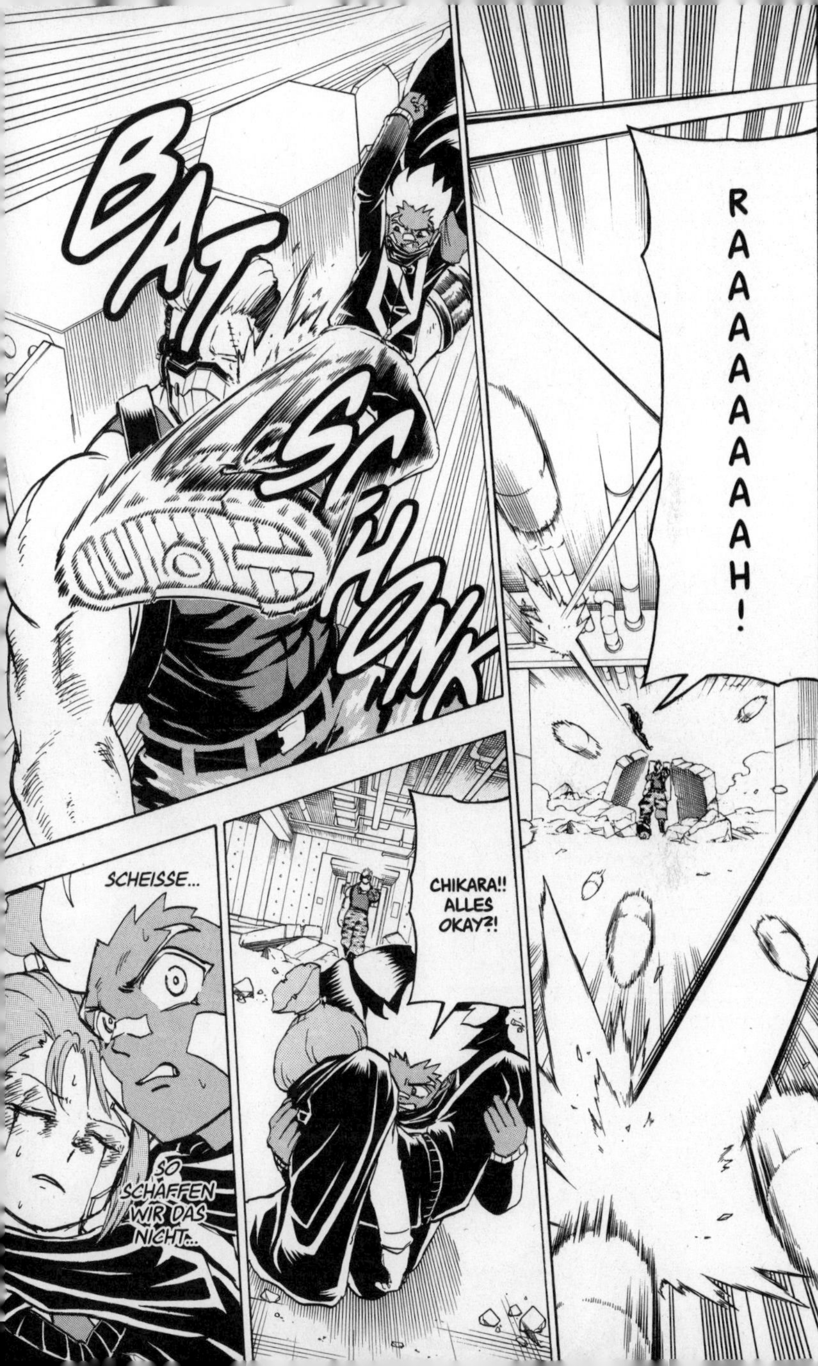
RAAAAAAAAAAAH!
BAT
SCHONK
CHIKARA!! ALLES OKAY?!
SCHEISSE...
SO SCHAFFEN WIR DAS NICHT...

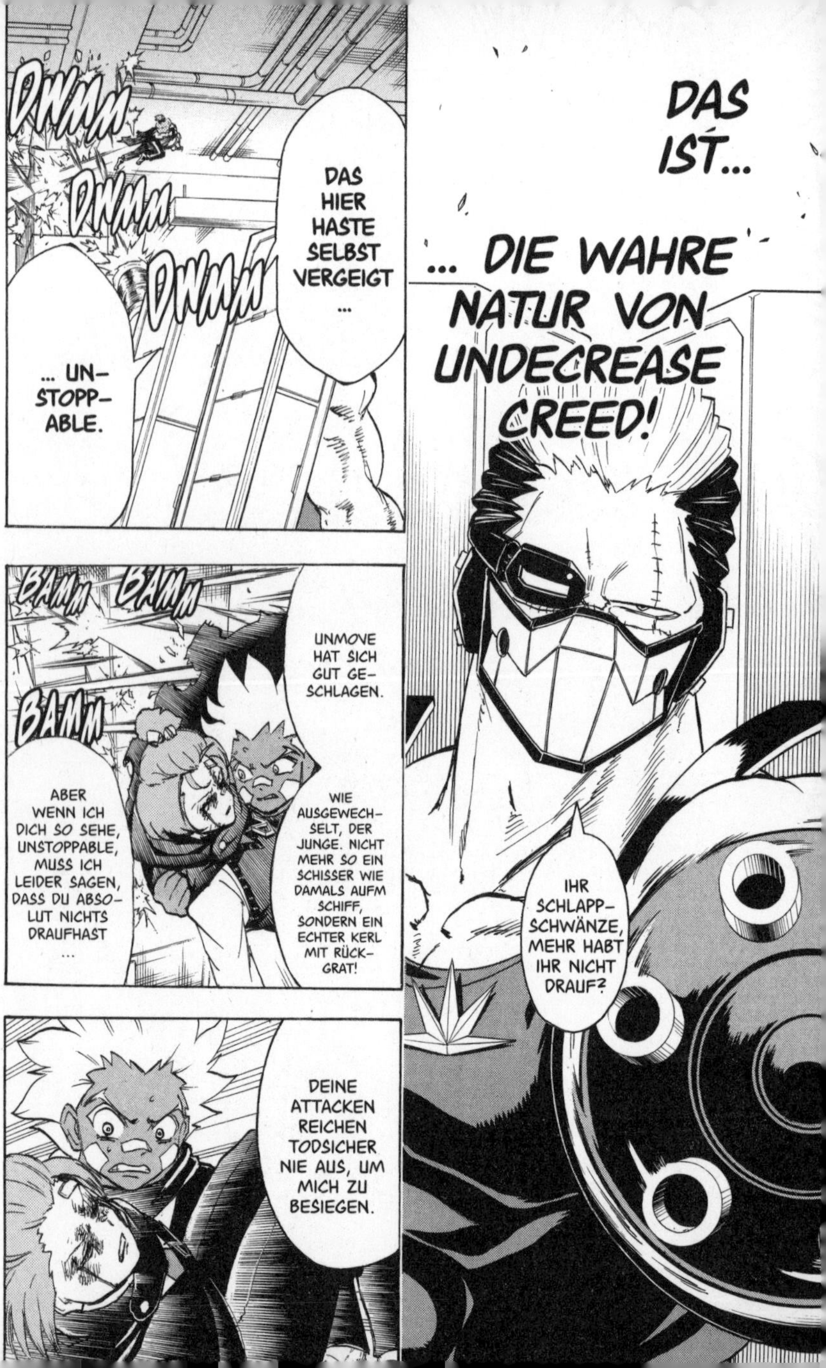
DAS IST...
... DIE WAHRE NATUR VON UNDECREASE CREED!
IHR SCHLAPPSCHWÄNZE, MEHR HABT IHR NICHT DRAUF?
DWMM
DWMM
DWMM
DAS HIER HASTE SELBST VERGEIGT ...
... UN-STOPP-ABLE.
BAMM
BAMM
BAMM
UNMOVE HAT SICH GUT GE-SCHLAGEN.
WIE AUSGEWECH-SELT, DER JUNGE. NICHT MEHR SO EIN SCHISSER WIE DAMALS AUFM SCHIFF, SONDERN EIN ECHTER KERL MIT RÜCK-GRAT!
ABER WENN ICH DICH SO SEHE, UNSTOPPABLE, MUSS ICH LEIDER SAGEN, DASS DU ABSO-LUT NICHTS DRAUFHAST ...
DEINE ATTACKEN REICHEN TODSICHER NIE AUS, UM MICH ZU BESIEGEN.

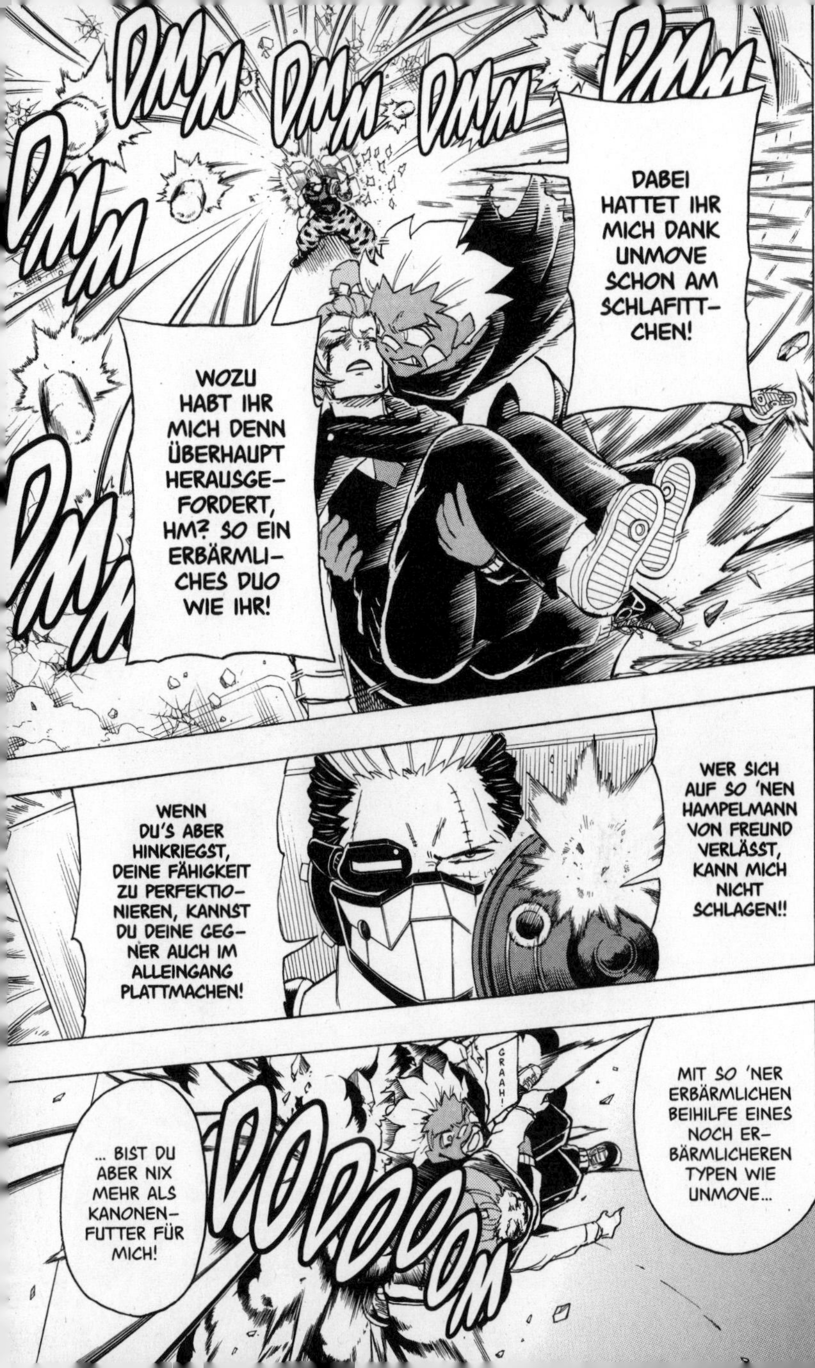
DMM DMM DMM DMM
DABEI HATTET IHR MICH DANK UNMOVE SCHON AM SCHLAFITT-CHEN!
WOZU HABT IHR MICH DENN ÜBERHAUPT HERAUSGE-FORDERT, HM? SO EIN ERBÄRMLI-CHES DUO WIE IHR!
WER SICH AUF SO 'NEN HAMPELMANN VON FREUND VERLÄSST, KANN MICH NICHT SCHLAGEN!!
WENN DU'S ABER HINKRIEGST, DEINE FÄHIGKEIT ZU PERFEKTIO-NIEREN, KANNST DU DEINE GEG-NER AUCH IM ALLEINGANG PLATTMACHEN!
MIT SO 'NER ERBÄRMLICHEN BEIHILFE EINES NOCH ER-BÄRMLICHEREN TYPEN WIE UNMOVE...
GRAAH!
... BIST DU ABER NIX MEHR ALS KANONEN-FUTTER FÜR MICH!

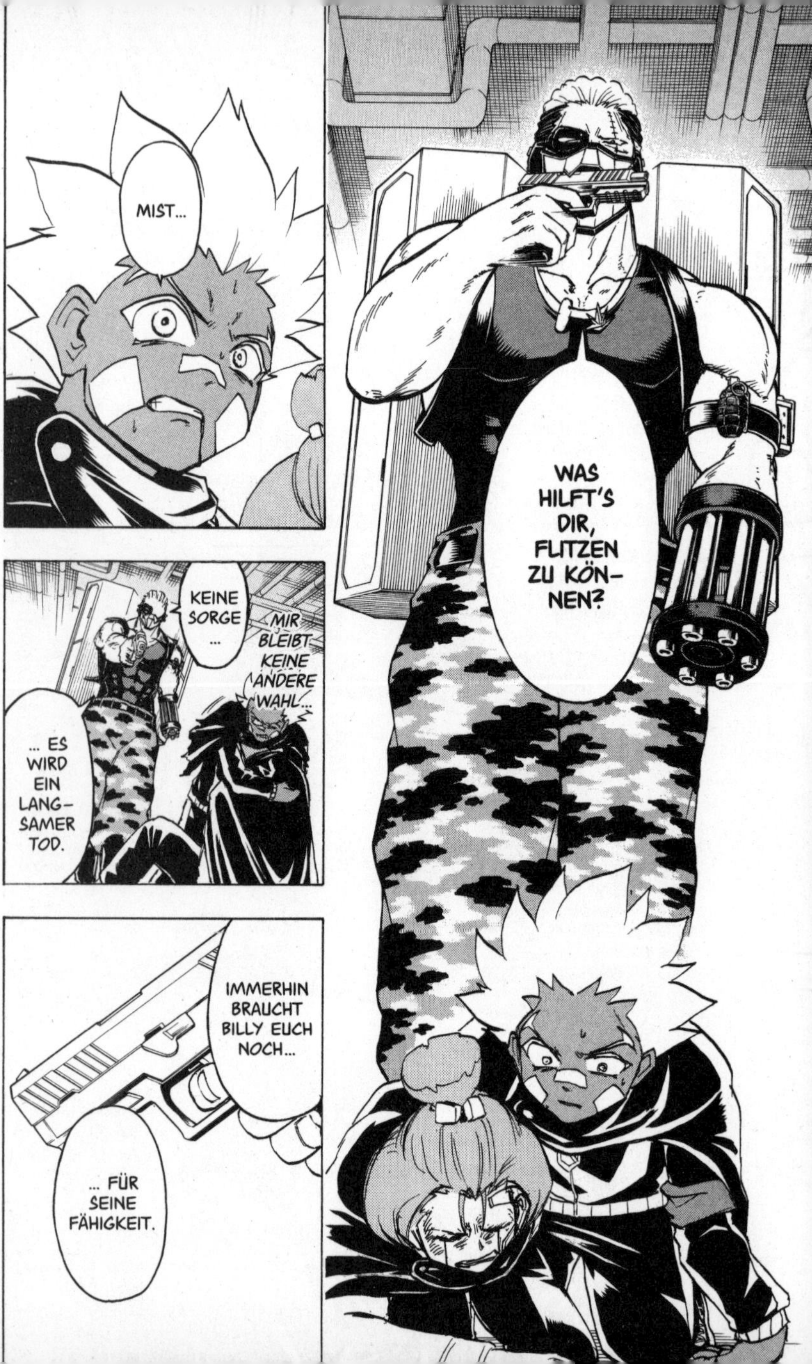

WAS HILFT'S DIR, FLITZEN ZU KÖNNEN?
MIST...
MIR BLEIBT KEINE ANDERE WAHL...
KEINE SORGE ...
... ES WIRD EIN LANGSAMER TOD.
IMMERHIN BRAUCHT BILLY EUCH NOCH...
... FÜR SEINE FÄHIGKEIT.

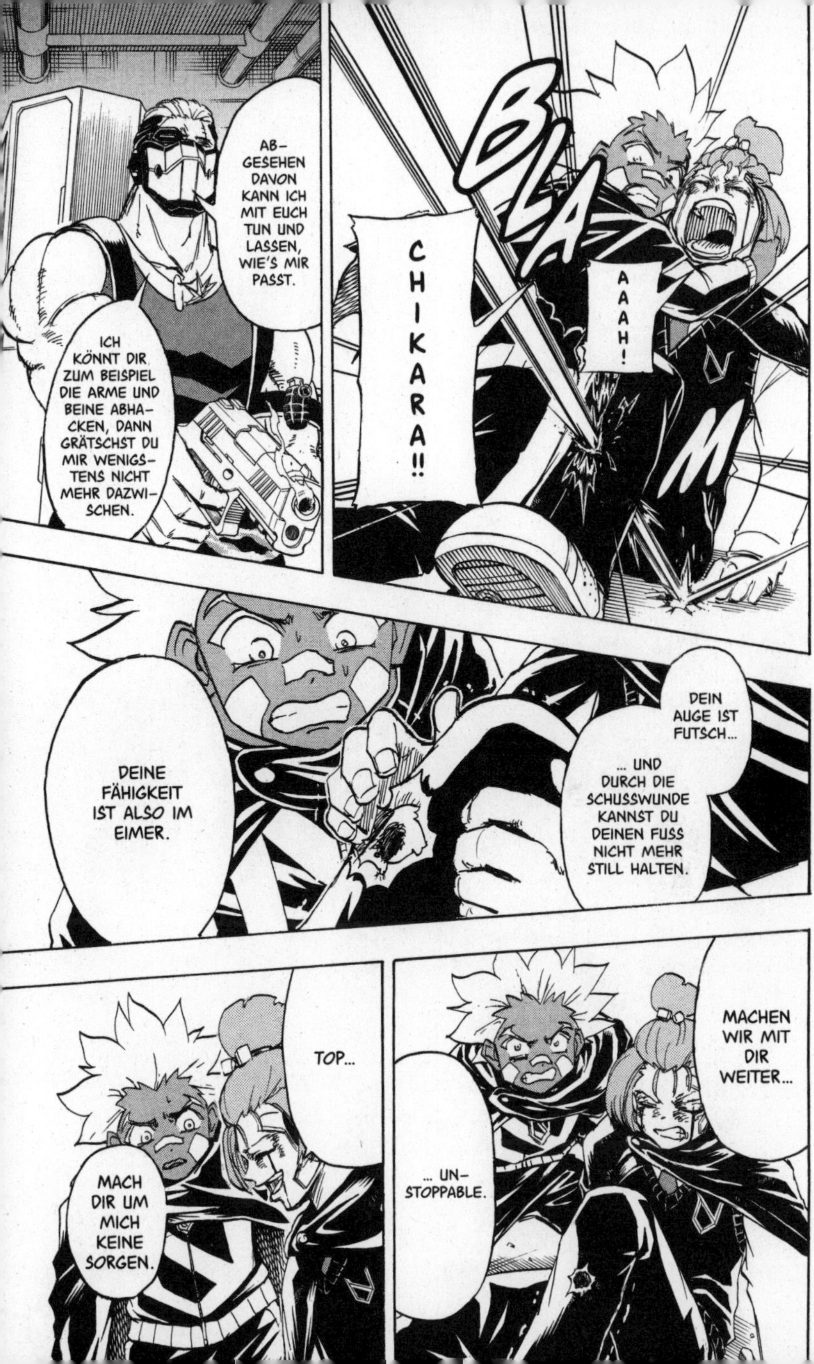
BLAM
CHIKARA!!
AAAAH!
AB-GESEHEN DAVON KANN ICH MIT EUCH TUN UND LASSEN, WIE'S MIR PASST.
ICH KÖNNT DIR ZUM BEISPIEL DIE ARME UND BEINE ABHACKEN, DANN GRÄTSCHST DU MIR WENIGSTENS NICHT MEHR DAZWISCHEN.
DEIN AUGE IST FUTSCH ...
... UND DURCH DIE SCHUSSWUNDE KANNST DU DEINEN FUSS NICHT MEHR STILL HALTEN.
DEINE FÄHIGKEIT IST ALSO IM EIMER.
MACHEN WIR MIT DIR WEITER ...
... UN-STOPPABLE.
TOP ...
MACH DIR UM MICH KEINE SORGEN.

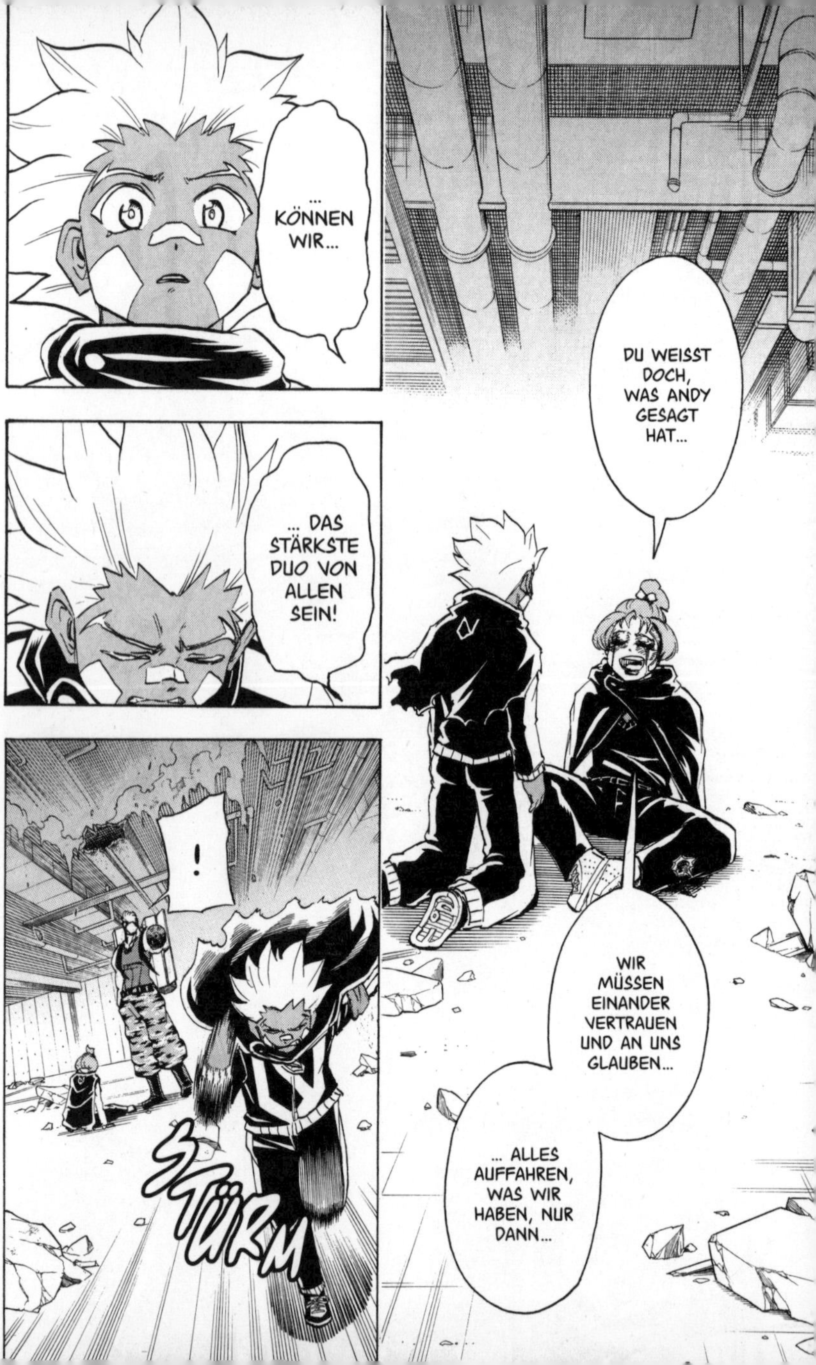
DU WEISST DOCH, WAS ANDY GESAGT HAT...
WIR MÜSSEN EINANDER VERTRAUEN UND AN UNS GLAUBEN...
... ALLES AUFFAHREN, WAS WIR HABEN, NUR DANN...
... KÖNNEN WIR...
... DAS STÄRKSTE DUO VON ALLEN SEIN!
!
STÜRM

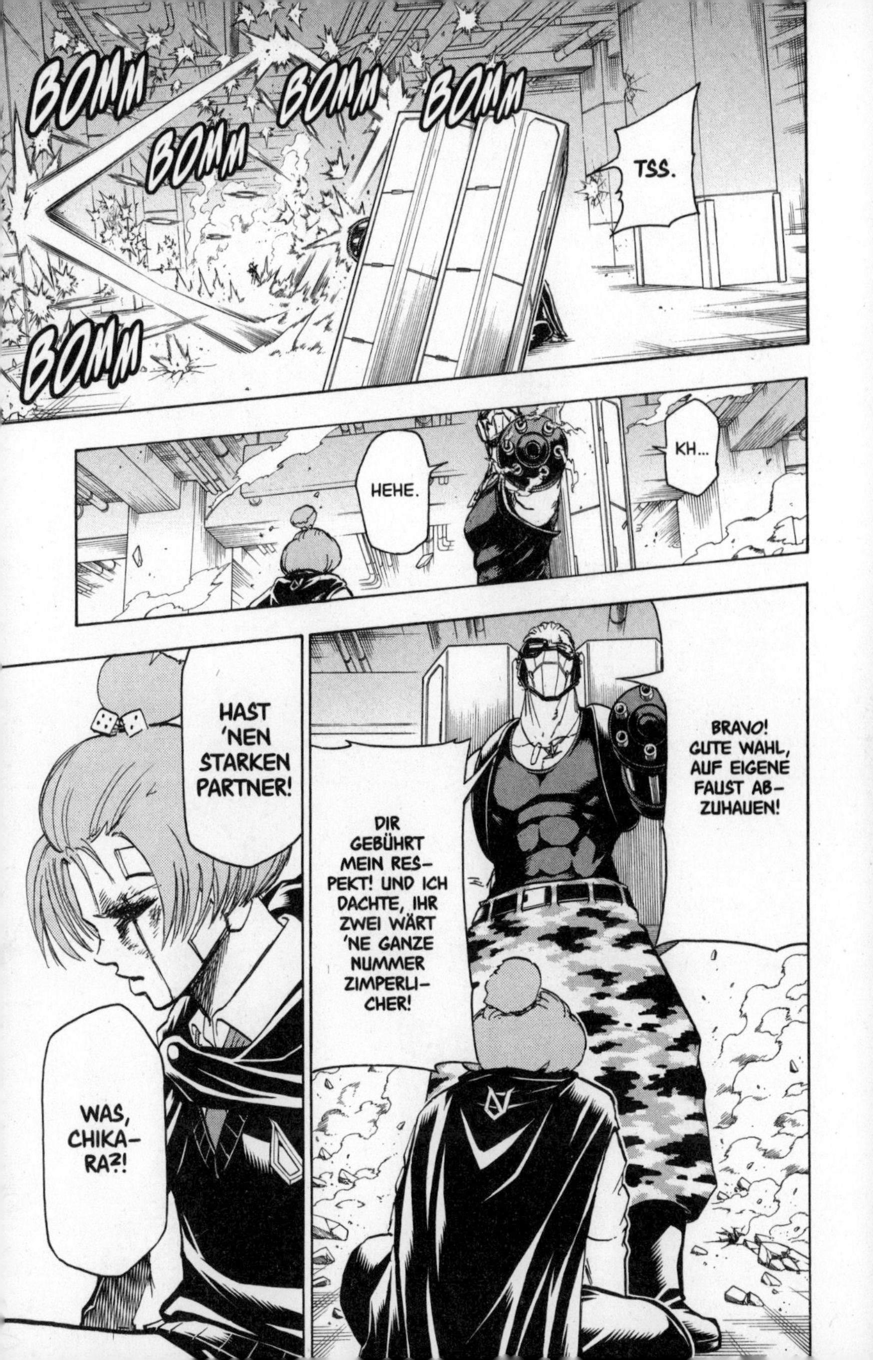
BOMM
BOMM
BOMM
BOMM
BOMM
TSS.
KH...
HEHE.
BRAVO! GUTE WAHL, AUF EIGENE FAUST AB-ZUHAUEN!
DIR GEBÜHRT MEIN RES-PEKT! UND ICH DACHTE, IHR ZWEI WÄRT 'NE GANZE NUMMER ZIMPERLI-CHER!
HAST 'NEN STARKEN PARTNER!
WAS, CHIKA-RA?!

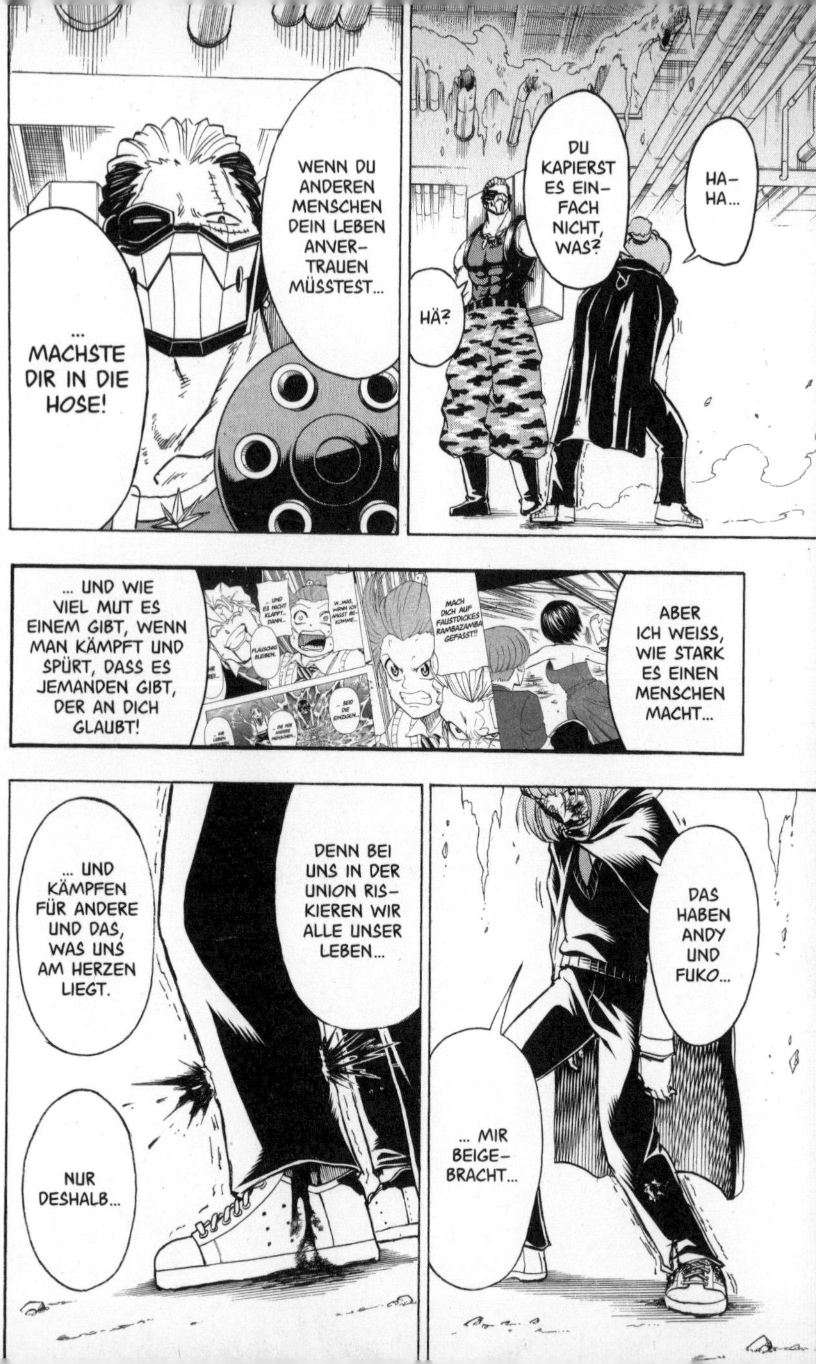
HA-HA...
DU KAPIERST ES EINFACH NICHT, WAS?
HÄ?
WENN DU ANDEREN MENSCHEN DEIN LEBEN ANVERTRAUEN MÜSSTEST...
... MACHSTE DIR IN DIE HOSE!
ABER ICH WEISS, WIE STARK ES EINEN MENSCHEN MACHT...
... UND WIE VIEL MUT ES EINEM GIBT, WENN MAN KÄMPFT UND SPÜRT, DASS ES JEMANDEN GIBT, DER AN DICH GLAUBT!
DAS HABEN ANDY UND FUKO...
... MIR BEIGEBRACHT...
DENN BEI UNS IN DER UNION RISKIEREN WIR ALLE UNSER LEBEN...
... UND KÄMPFEN FÜR ANDERE UND DAS, WAS UNS AM HERZEN LIEGT.
NUR DESHALB...

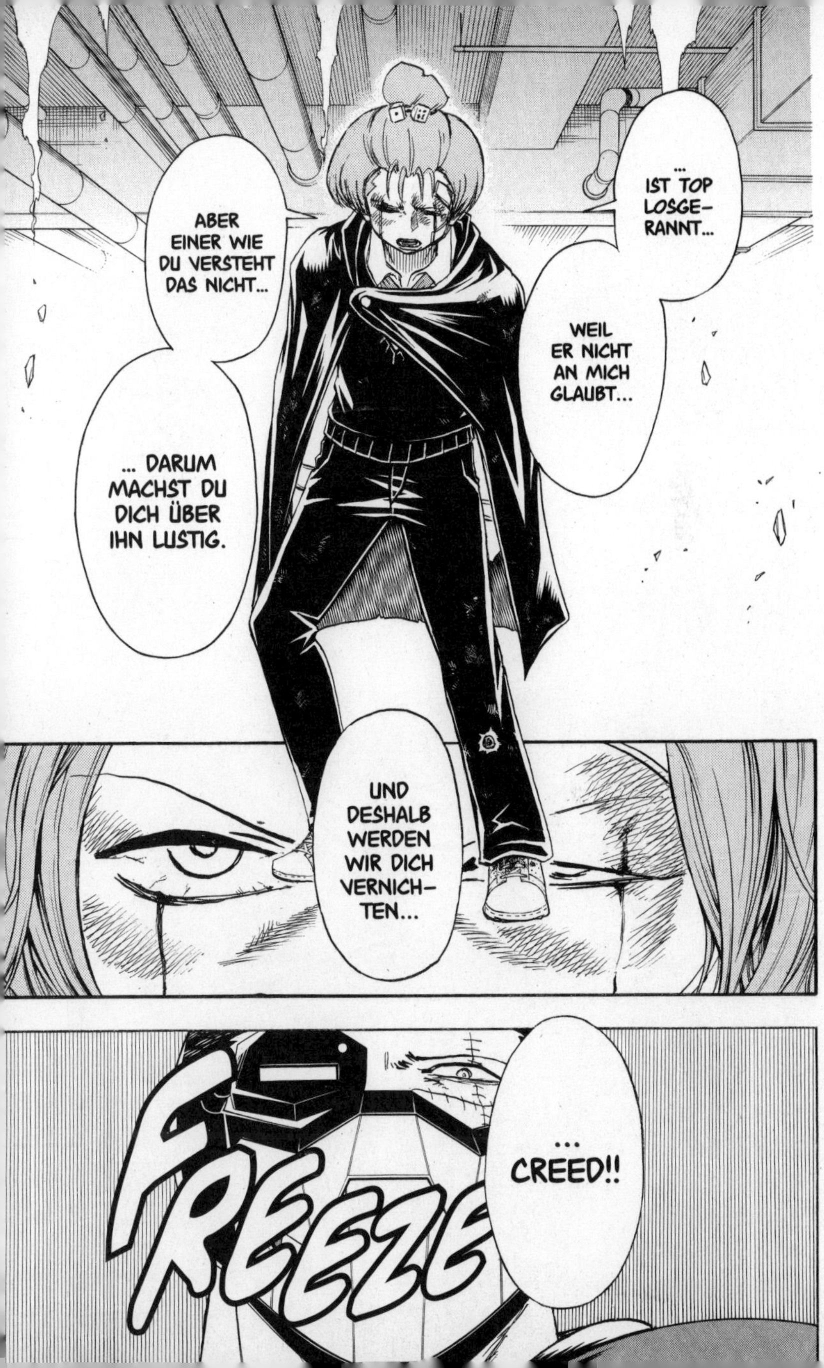
... IST TOP LOSGE-RANNT...
WEIL ER NICHT AN MICH GLAUBT...
ABER EINER WIE DU VERSTEHT DAS NICHT...
... DARUM MACHST DU DICH ÜBER IHN LUSTIG.
UND DESHALB WERDEN WIR DICH VERNICH-TEN...
... CREED!!
FREEZE

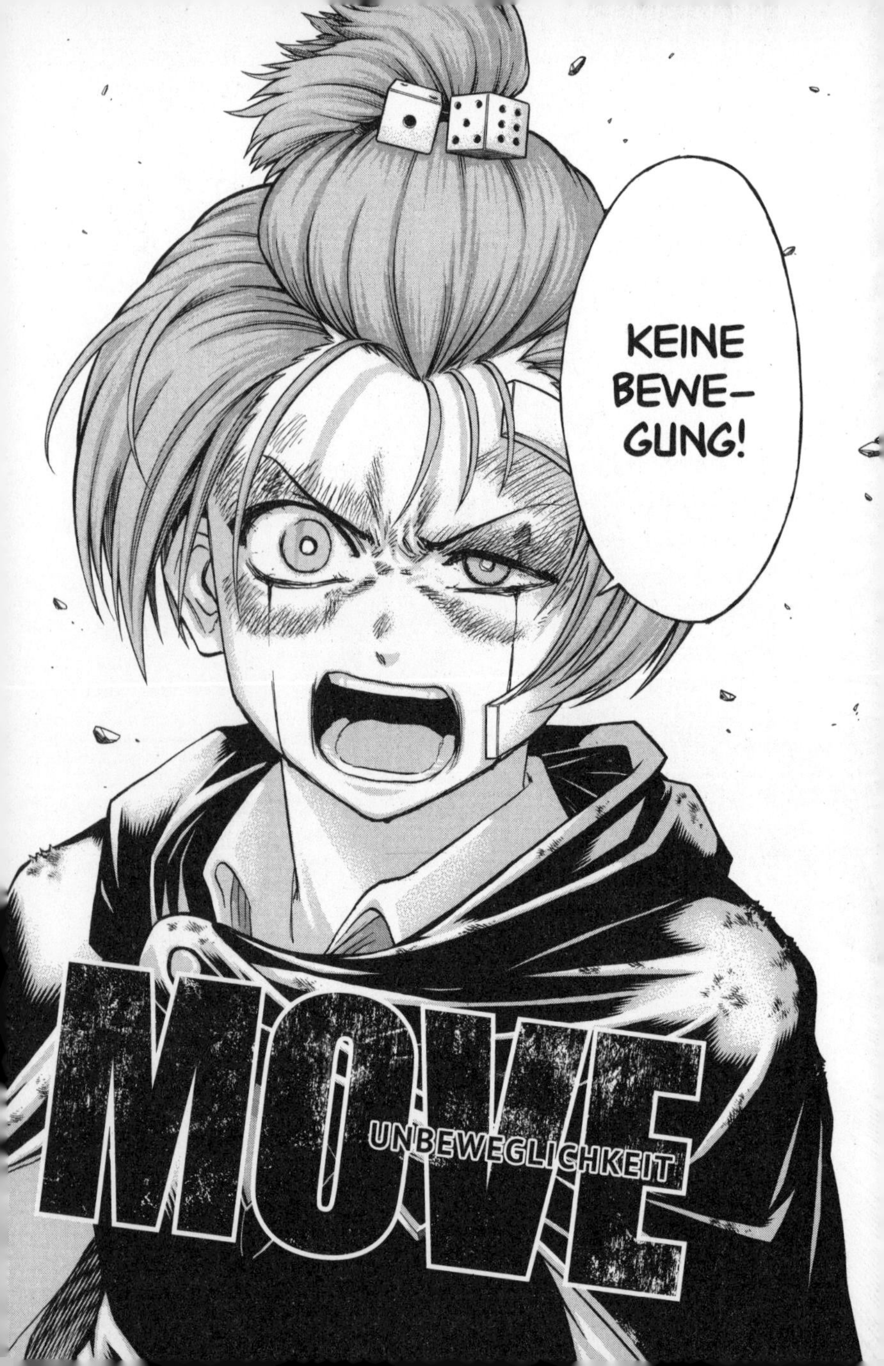
KEINE BEWE-GUNG!
MOVE
UNBEWEGLICHKEIT

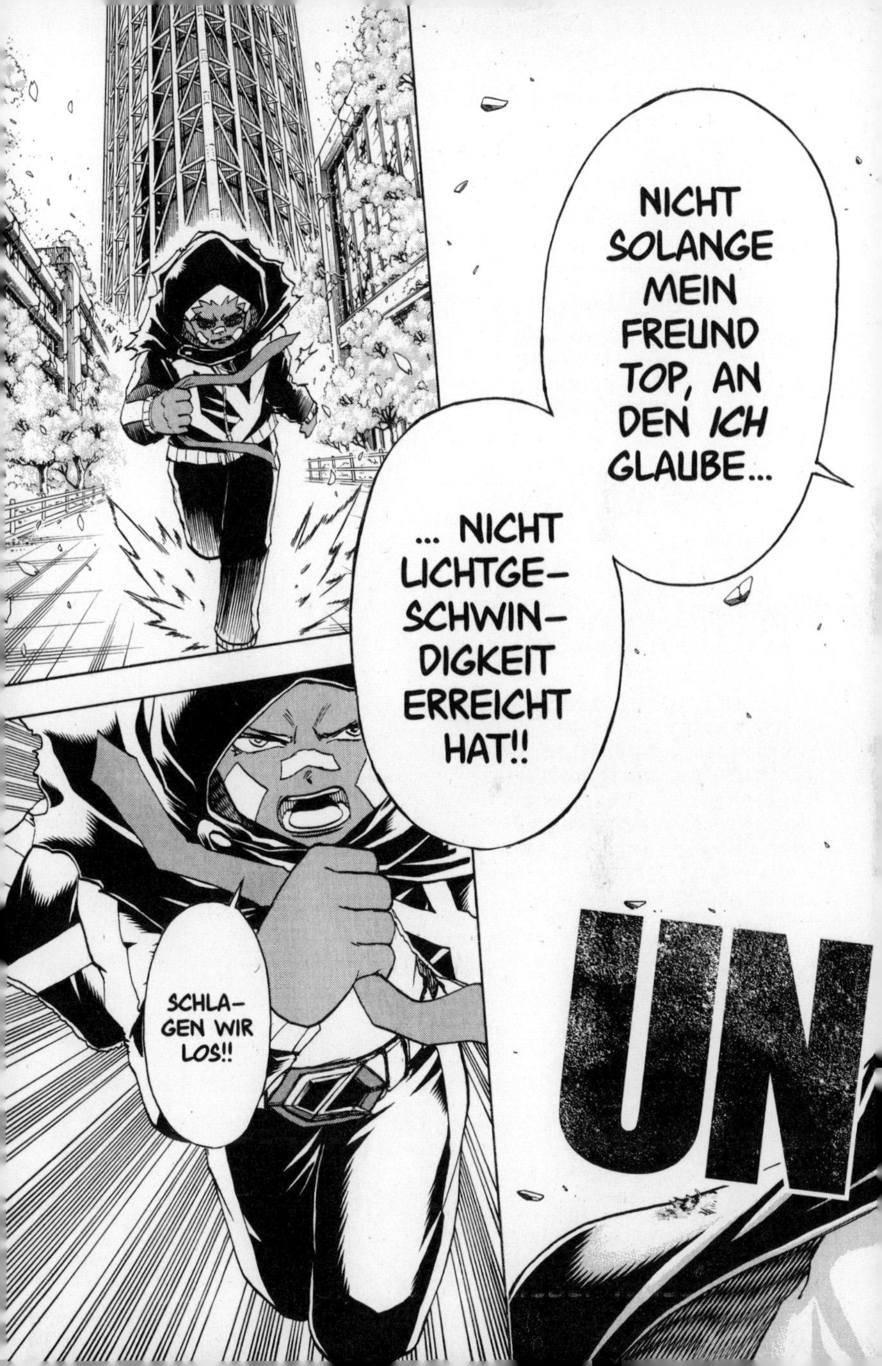
NICHT SOLANGE MEIN FREUND TOP, AN DEN *ICH* GLAUBE...
... NICHT LICHTGE-SCHWIN-DIGKEIT ERREICHT HAT!!
SCHLA-GEN WIR LOS!!
UN

CREED

ALTER: MITTE DREISSIG

GRÖSSE: BESTIMMT MEHR ALS ZWEI METER

GEWICHT: KEINE AHNUNG

HOBBYS: CHECKT REGELMÄSSIG DEN WAFFENMARKT, SAMMELT GERN HANDFEUERWAFFEN

BESONDERE FÄHIGKEIT: SPARTANISCHE ERTÜCHTIGUNG SEINER UNTERGEBENEN

WAS ER MAG: BEEF JERKY (TROCKENFLEISCH) UND BIER

GABE: UNDECREASE – UNVERGÄNGLICHE MUNITION

SELBSTGESTEUERTE ZWANGSAKTIVIERUNG. ER NEGIERT DIE ABNUTZUNG SEINER WAFFEN UND ERREICHT SO DEREN UNVERMINDERTE NUTZUNG. CREED KANN DIESE FUNKTION BEI GEWEHRKUGELN ODER GRANATEN USW. AUSLÖSEN. SOLLTE DIE LETZTE KUGEL ODER DIE LETZTE GRANATE AUFGEBRAUCHT SEIN, ERSCHEINEN DIESELBEN OBJEKTE AN EINEM BESTIMMTEN ORT ERNEUT.

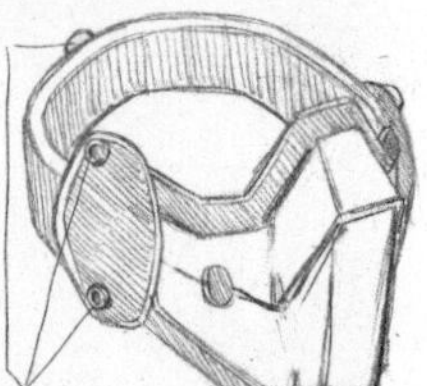

EINE KAMERA, MIT DER ER SEINE UMGEBUNG WEITERHIN WAHRNEHMEN KANN, SELBST WENN ER DURCH UNMOVE IN SEINER BEWEGLICHKEIT EINGESCHRÄNKT WURDE.

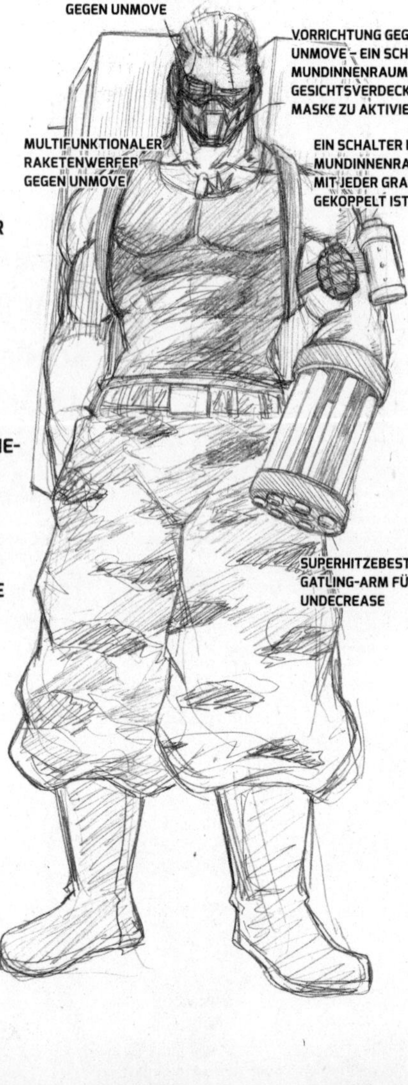

No. 077
On your mark

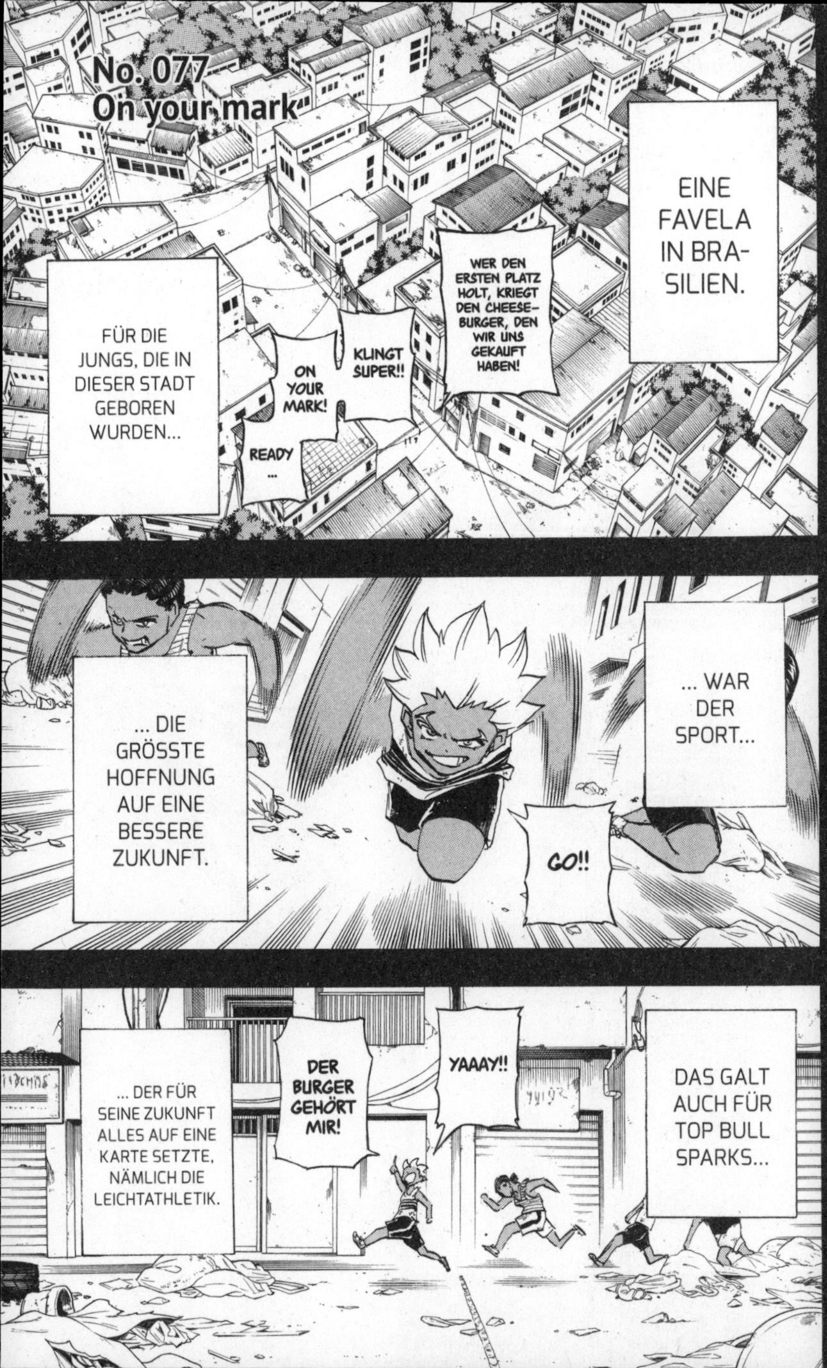

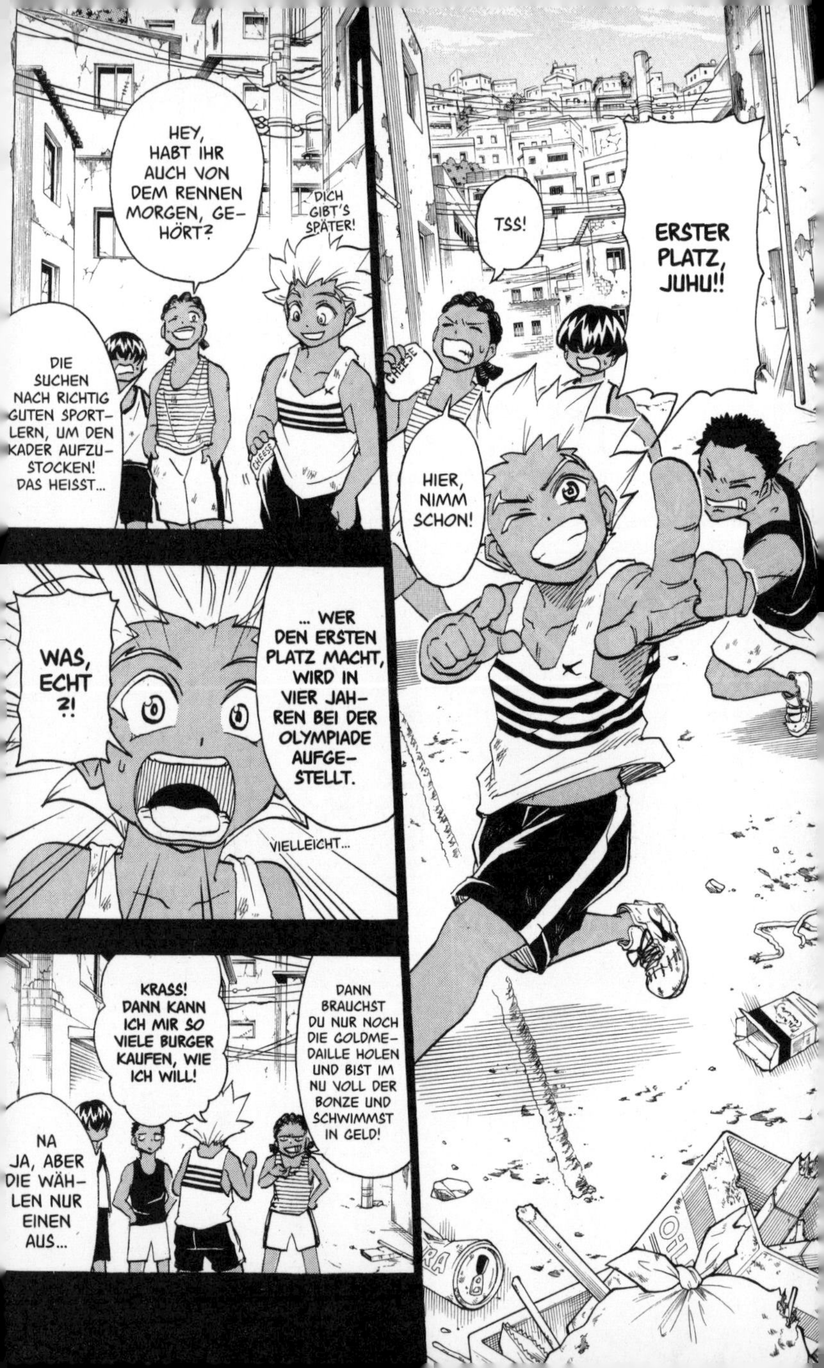
ERSTER PLATZ, JUHU!!
TSS!
HIER, NIMM SCHON!
CHEESE
DICH GIBT'S SPÄTER!
HEY, HABT IHR AUCH VON DEM RENNEN MORGEN, GEHÖRT?
CHEESE
DIE SUCHEN NACH RICHTIG GUTEN SPORTLERN, UM DEN KADER AUFZUSTOCKEN! DAS HEISST...
... WER DEN ERSTEN PLATZ MACHT, WIRD IN VIER JAHREN BEI DER OLYMPIADE AUFGESTELLT.
VIELLEICHT...
WAS, ECHT?!
DANN BRAUCHST DU NUR NOCH DIE GOLDMEDAILLE HOLEN UND BIST IM NU VOLL DER BONZE UND SCHWIMMST IN GELD!
KRASS! DANN KANN ICH MIR SO VIELE BURGER KAUFEN, WIE ICH WILL!
NA JA, ABER DIE WÄHLEN NUR EINEN AUS...

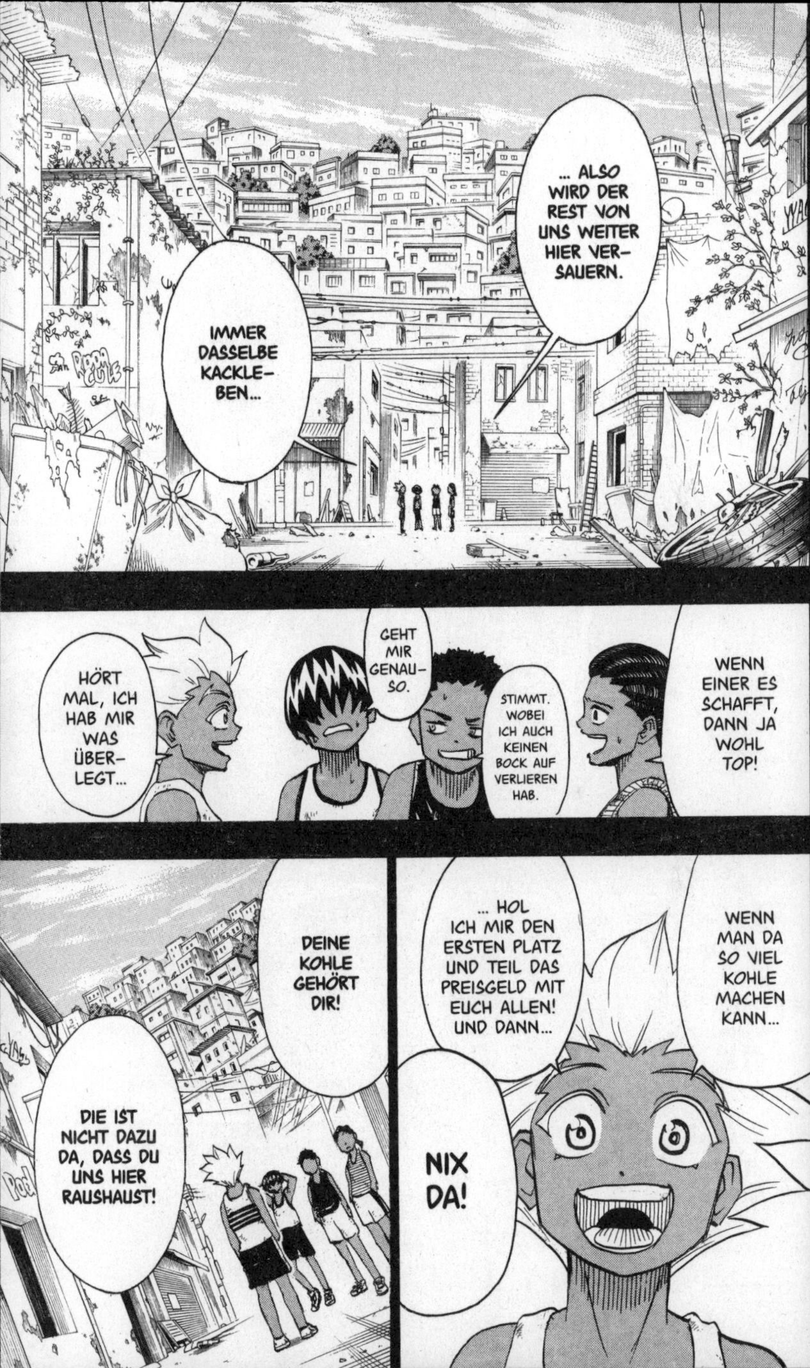
... ALSO WIRD DER REST VON UNS WEITER HIER VERSAUERN.
IMMER DASSELBE KACKLEBEN...
WENN EINER ES SCHAFFT, DANN JA WOHL TOP!
STIMMT. WOBEI ICH AUCH KEINEN BOCK AUF VERLIEREN HAB.
GEHT MIR GENAUSO.
HÖRT MAL, ICH HAB MIR WAS ÜBERLEGT...
WENN MAN DA SO VIEL KOHLE MACHEN KANN...
... HOL ICH MIR DEN ERSTEN PLATZ UND TEIL DAS PREISGELD MIT EUCH ALLEN! UND DANN...
NIX DA!
DEINE KOHLE GEHÖRT DIR!
DIE IST NICHT DAZU DA, DASS DU UNS HIER RAUSHAUST!

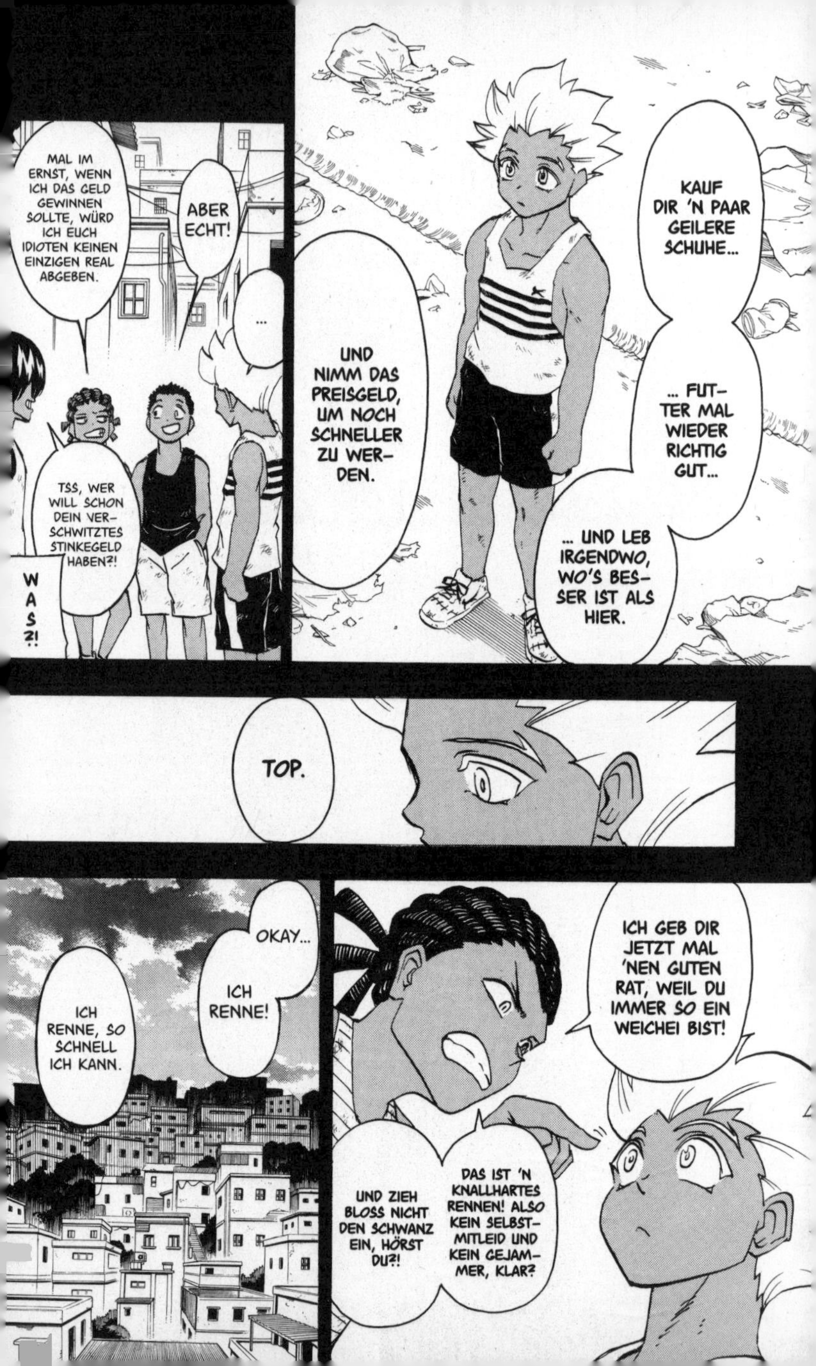
KAUF DIR 'N PAAR GEILERE SCHUHE...
... FUTTER MAL WIEDER RICHTIG GUT...
... UND LEB IRGENDWO, WO'S BESSER IST ALS HIER.
UND NIMM DAS PREISGELD, UM NOCH SCHNELLER ZU WERDEN.
...
ABER ECHT!
MAL IM ERNST, WENN ICH DAS GELD GEWINNEN SOLLTE, WÜRD ICH EUCH IDIOTEN KEINEN EINZIGEN REAL ABGEBEN.
TSS, WER WILL SCHON DEIN VERSCHWITZTES STINKEGELD HABEN?!
WAS?!
TOP.
ICH GEB DIR JETZT MAL 'NEN GUTEN RAT, WEIL DU IMMER SO EIN WEICHEI BIST!
DAS IST 'N KNALLHARTES RENNEN! ALSO KEIN SELBSTMITLEID UND KEIN GEJAMMER, KLAR?
UND ZIEH BLOSS NICHT DEN SCHWANZ EIN, HÖRST DU?!
OKAY...
ICH RENNE!
ICH RENNE, SO SCHNELL ICH KANN.

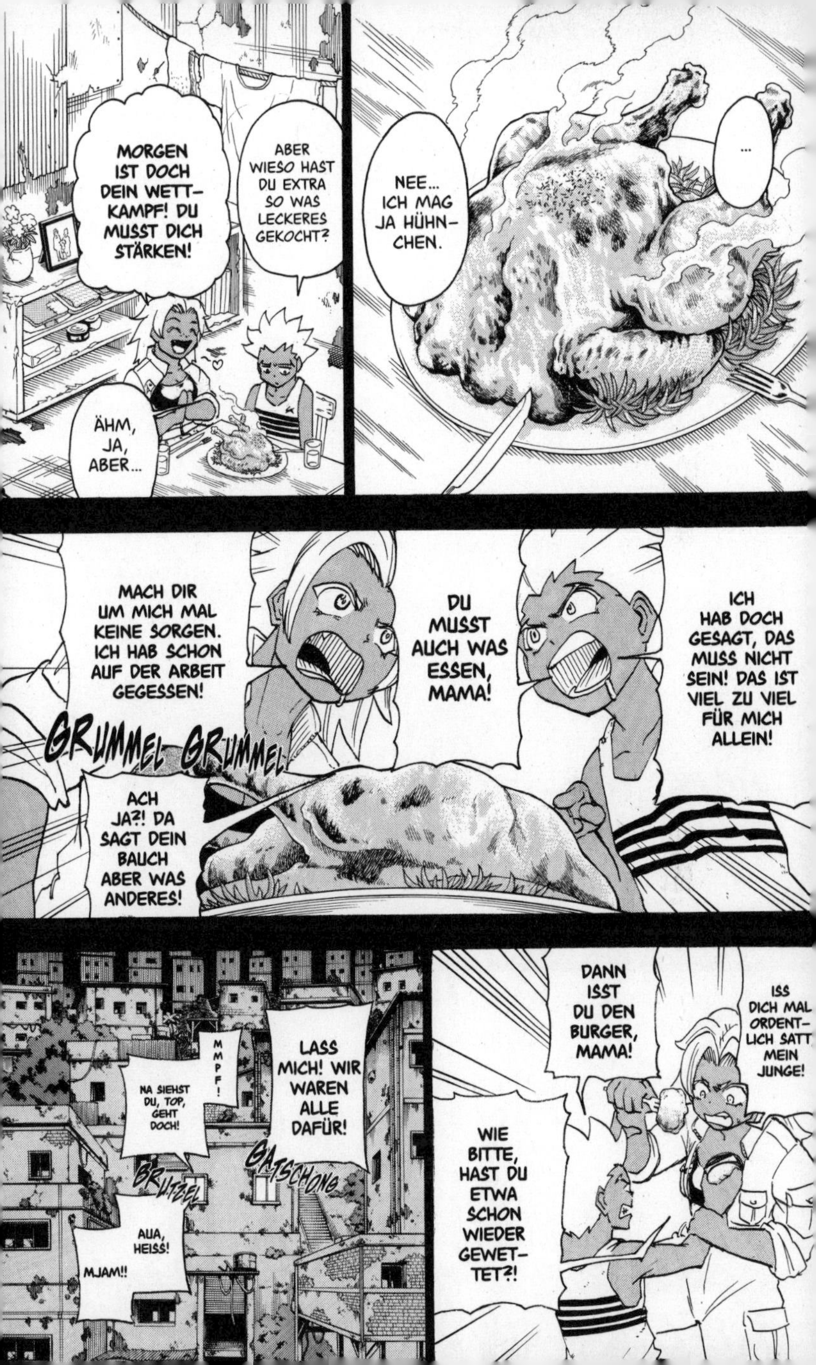
MORGEN IST DOCH DEIN WETT-KAMPF! DU MUSST DICH STÄRKEN!
ABER WIESO HAST DU EXTRA SO WAS LECKERES GEKOCHT?
ÄHM, JA, ABER...
NEE... ICH MAG JA HÜHN-CHEN.
...
MACH DIR UM MICH MAL KEINE SORGEN. ICH HAB SCHON AUF DER ARBEIT GEGESSEN!
DU MUSST AUCH WAS ESSEN, MAMA!
ICH HAB DOCH GESAGT, DAS MUSS NICHT SEIN! DAS IST VIEL ZU VIEL FÜR MICH ALLEIN!
GRUMMEL GRUMMEL
ACH JA?! DA SAGT DEIN BAUCH ABER WAS ANDERES!
MMPF!
NA SIEHST DU, TOP, GEHT DOCH!
LASS MICH! WIR WAREN ALLE DAFÜR!
BRUTZEL
GATSCHONG
AUA, HEISS!
MJAM!!
DANN ISST DU DEN BURGER, MAMA!
ISS DICH MAL ORDENT-LICH SATT MEIN JUNGE!
WIE BITTE, HAST DU ETWA SCHON WIEDER GEWET-TET?!

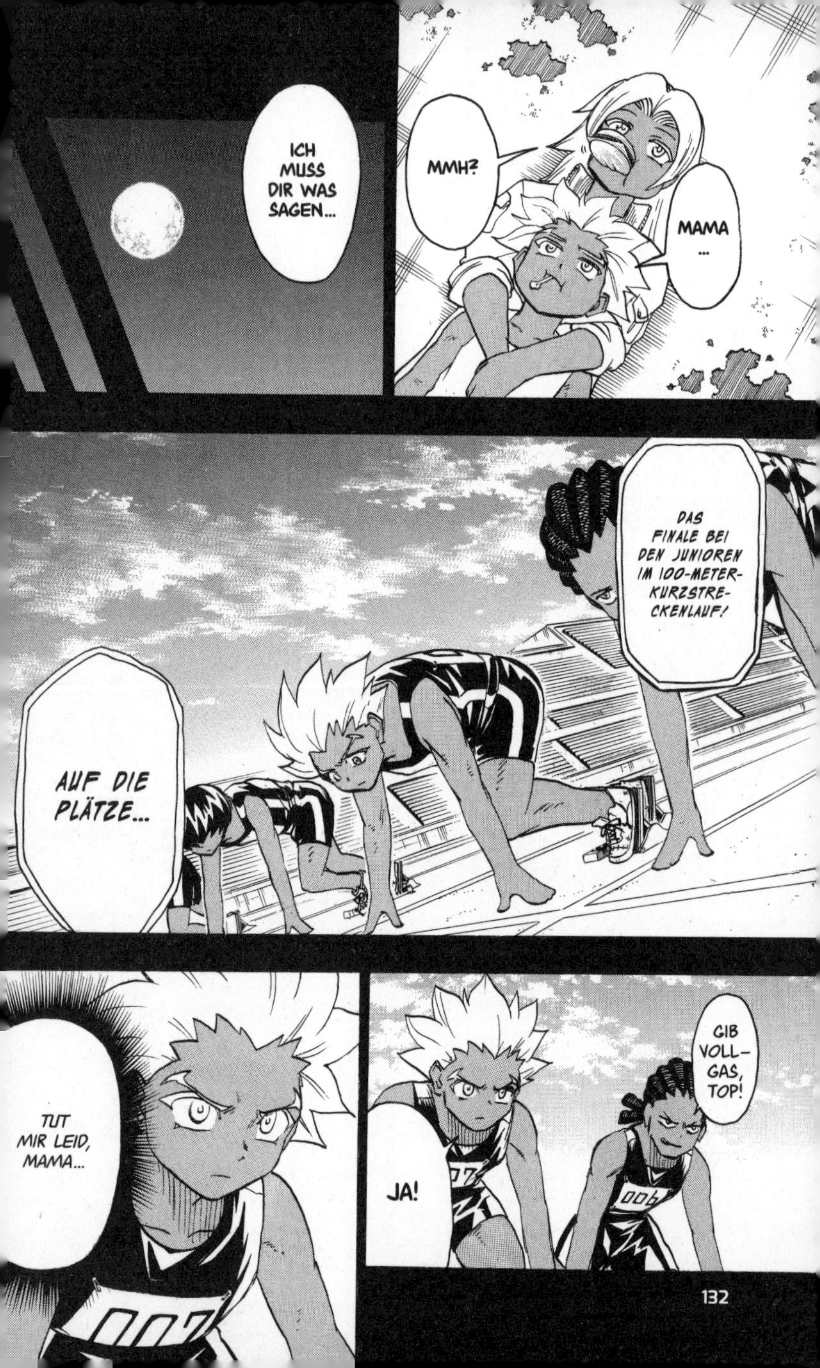
MAMA ...
MMH?
ICH MUSS DIR WAS SAGEN...
DAS FINALE BEI DEN JUNIOREN IM 100-METER-KURZSTRECKENLAUF!
AUF DIE PLÄTZE...
GIB VOLLGAS, TOP!
JA!
TUT MIR LEID, MAMA...

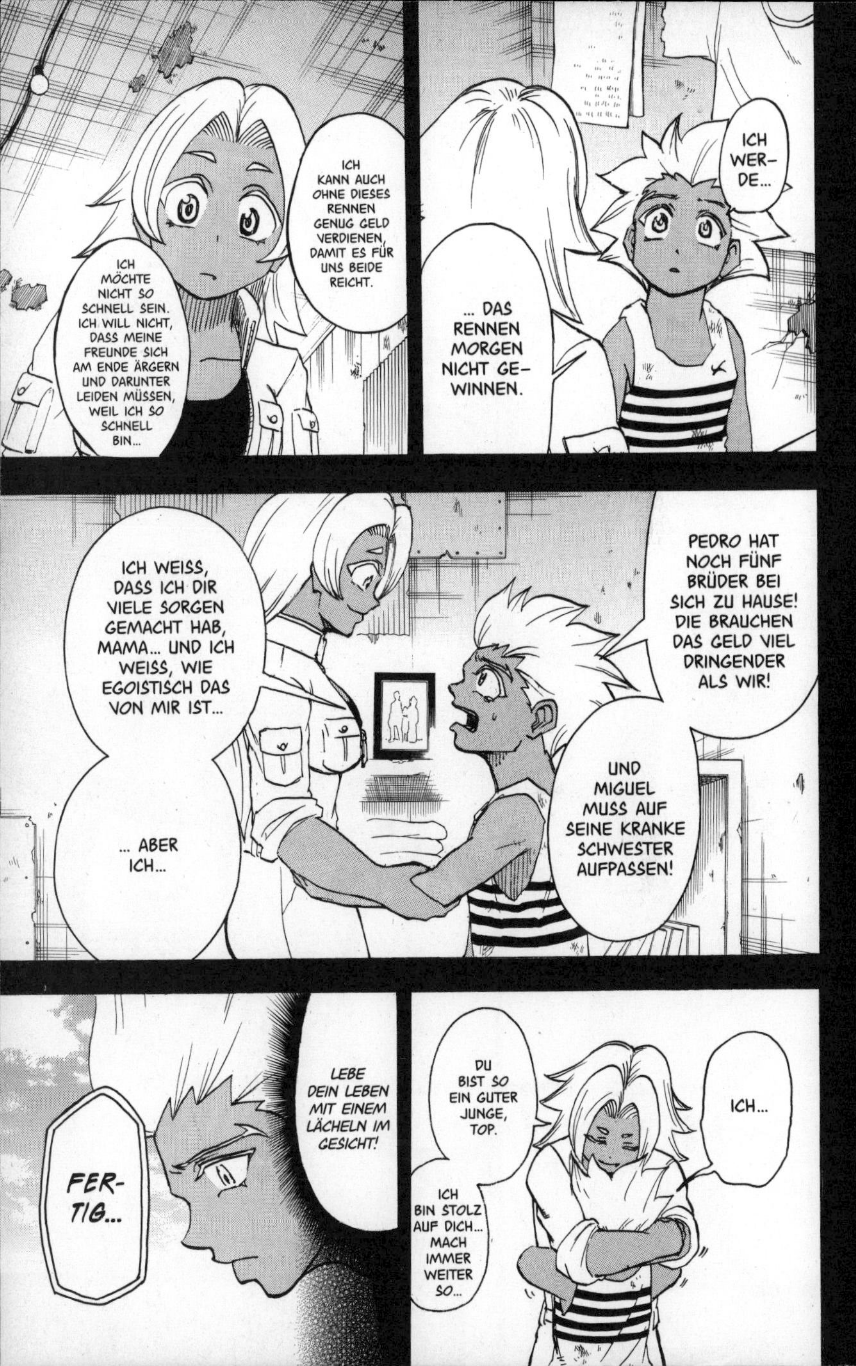
ICH WERDE...
... DAS RENNEN MORGEN NICHT GEWINNEN.
ICH KANN AUCH OHNE DIESES RENNEN GENUG GELD VERDIENEN, DAMIT ES FÜR UNS BEIDE REICHT.
ICH MÖCHTE NICHT SO SCHNELL SEIN. ICH WILL NICHT, DASS MEINE FREUNDE SICH AM ENDE ÄRGERN UND DARUNTER LEIDEN MÜSSEN, WEIL ICH SO SCHNELL BIN...
PEDRO HAT NOCH FÜNF BRÜDER BEI SICH ZU HAUSE! DIE BRAUCHEN DAS GELD VIEL DRINGENDER ALS WIR!
UND MIGUEL MUSS AUF SEINE KRANKE SCHWESTER AUFPASSEN!
ICH WEISS, DASS ICH DIR VIELE SORGEN GEMACHT HAB, MAMA... UND ICH WEISS, WIE EGOISTISCH DAS VON MIR IST...
... ABER ICH...
ICH...
DU BIST SO EIN GUTER JUNGE, TOP.
ICH BIN STOLZ AUF DICH... MACH IMMER WEITER SO...
LEBE DEIN LEBEN MIT EINEM LÄCHELN IM GESICHT!
FERTIG...

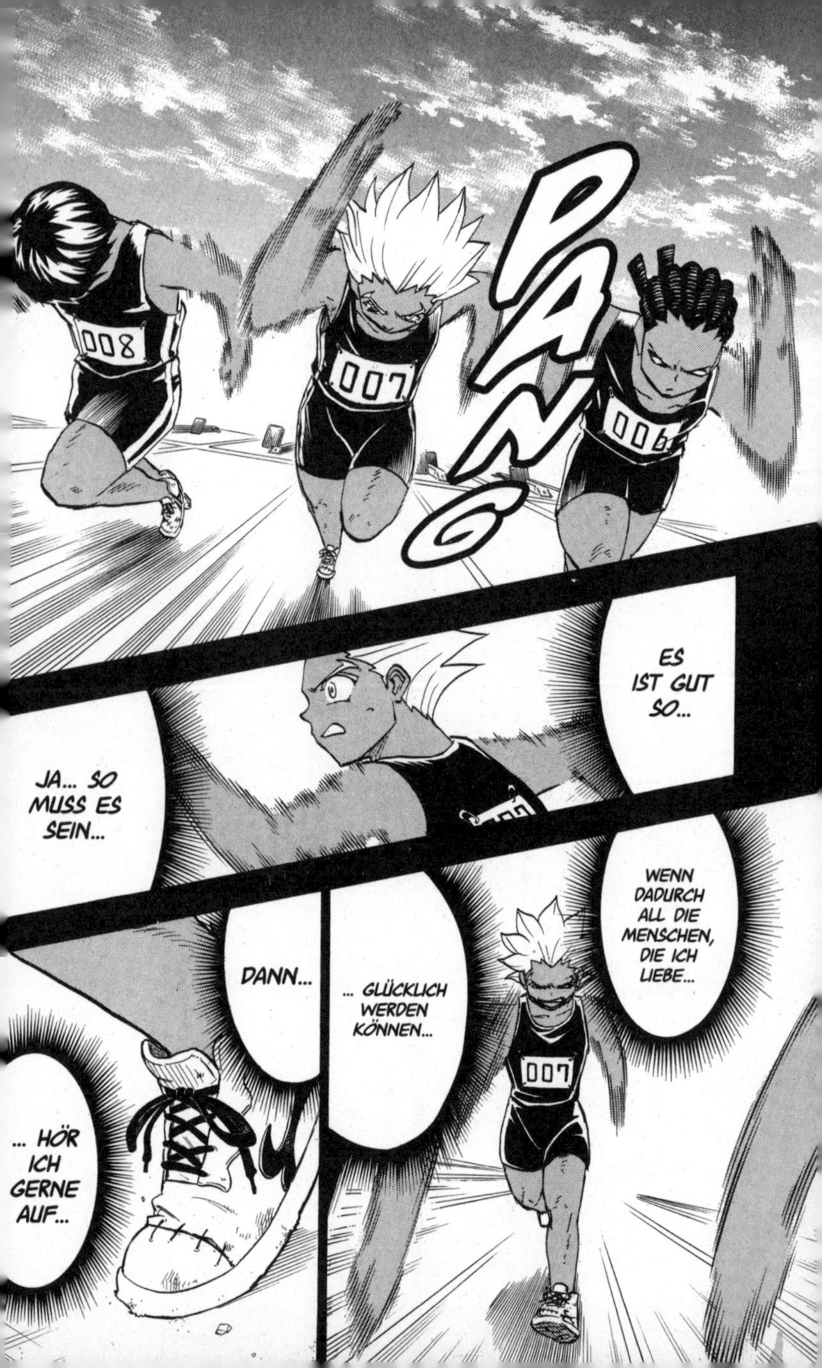
PANG
ES IST GUT SO...
JA... SO MUSS ES SEIN...
WENN DADURCH ALL DIE MENSCHEN, DIE ICH LIEBE...
... GLÜCKLICH WERDEN KÖNNEN...
DANN...
... HÖR ICH GERNE AUF...

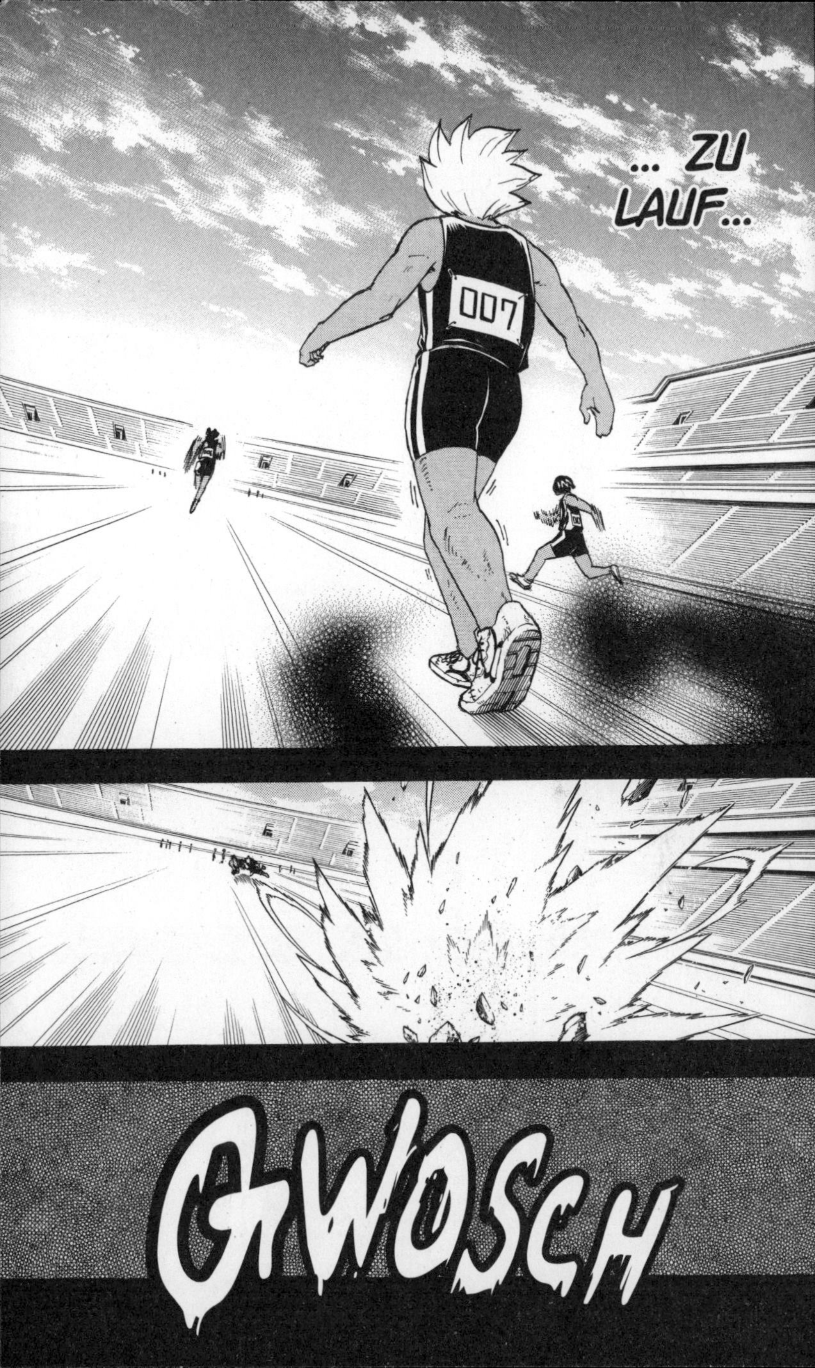
... ZU LAUF...
007
GWOSCH

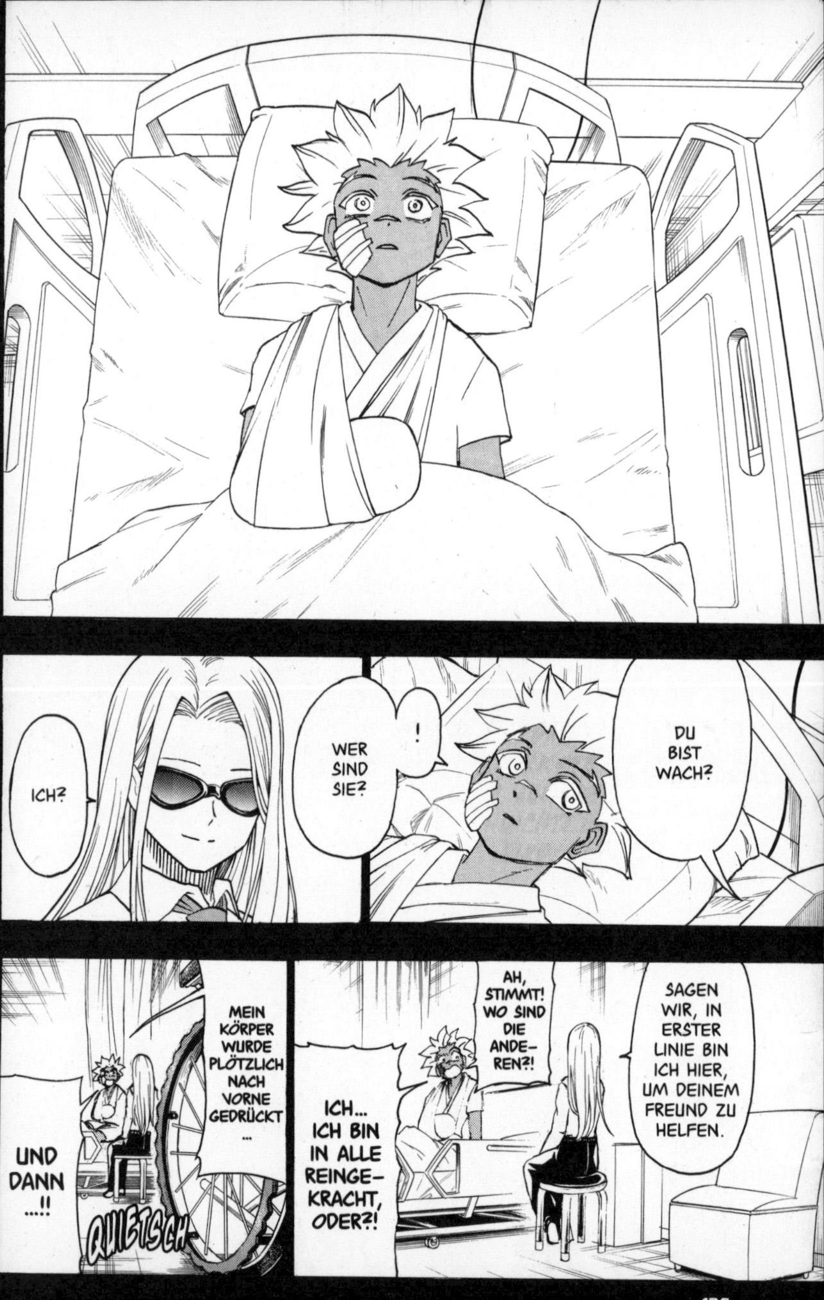
DU BIST WACH?
!
WER SIND SIE?
ICH?
SAGEN WIR, IN ERSTER LINIE BIN ICH HIER, UM DEINEM FREUND ZU HELFEN.
AH, STIMMT! WO SIND DIE ANDEREN?!
ICH... ICH BIN IN ALLE REINGEKRACHT, ODER?!
MEIN KÖRPER WURDE PLÖTZLICH NACH VORNE GEDRÜCKT ...
UND DANN ....!!
QUIETSCH

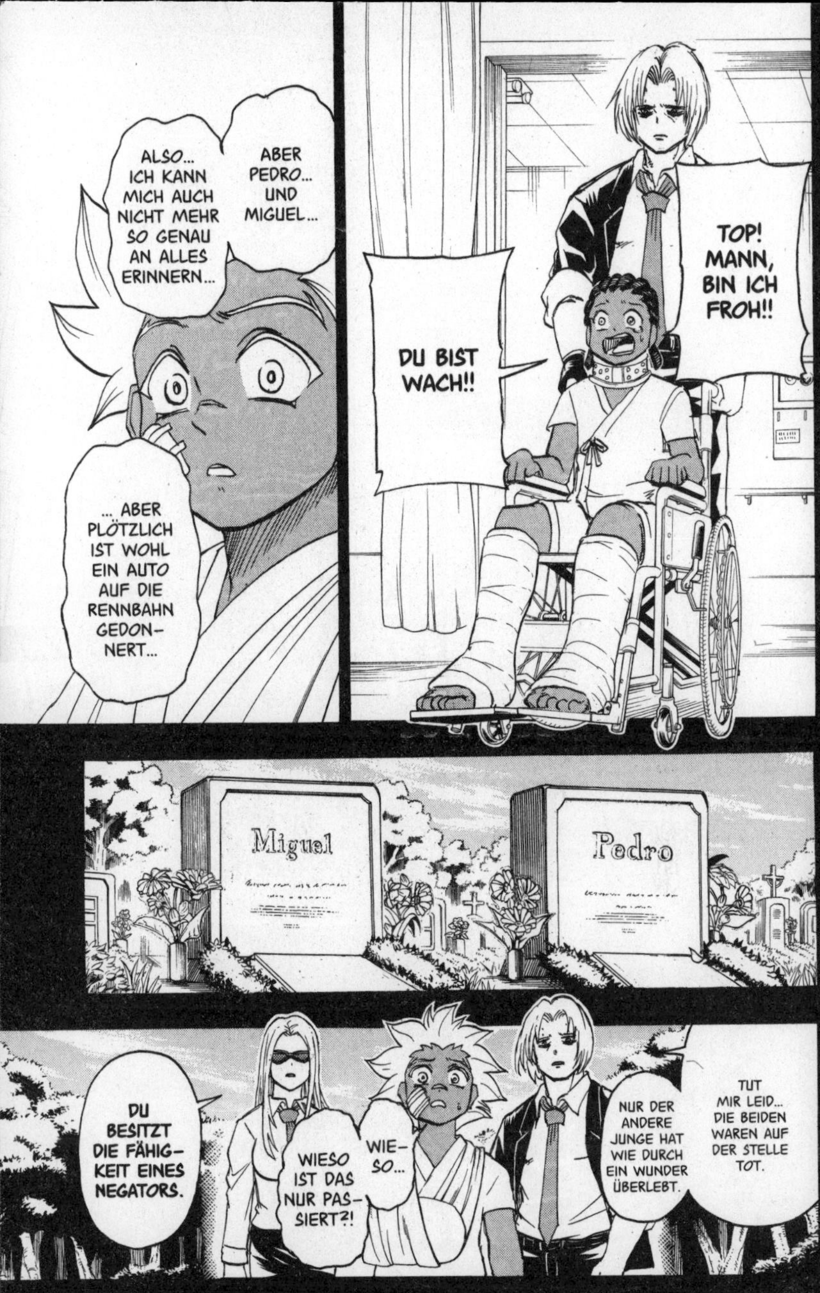
TOP! MANN, BIN ICH FROH!!
DU BIST WACH!!
ABER PEDRO... UND MIGUEL...
ALSO... ICH KANN MICH AUCH NICHT MEHR SO GENAU AN ALLES ERINNERN...
... ABER PLÖTZLICH IST WOHL EIN AUTO AUF DIE RENNBAHN GEDONNERT...
Pedro
Miguel
TUT MIR LEID... DIE BEIDEN WAREN AUF DER STELLE TOT.
NUR DER ANDERE JUNGE HAT WIE DURCH EIN WUNDER ÜBERLEBT.
WIE-SO...
WIESO IST DAS NUR PAS-SIERT?!
DU BESITZT DIE FÄHIG-KEIT EINES NEGATORS.

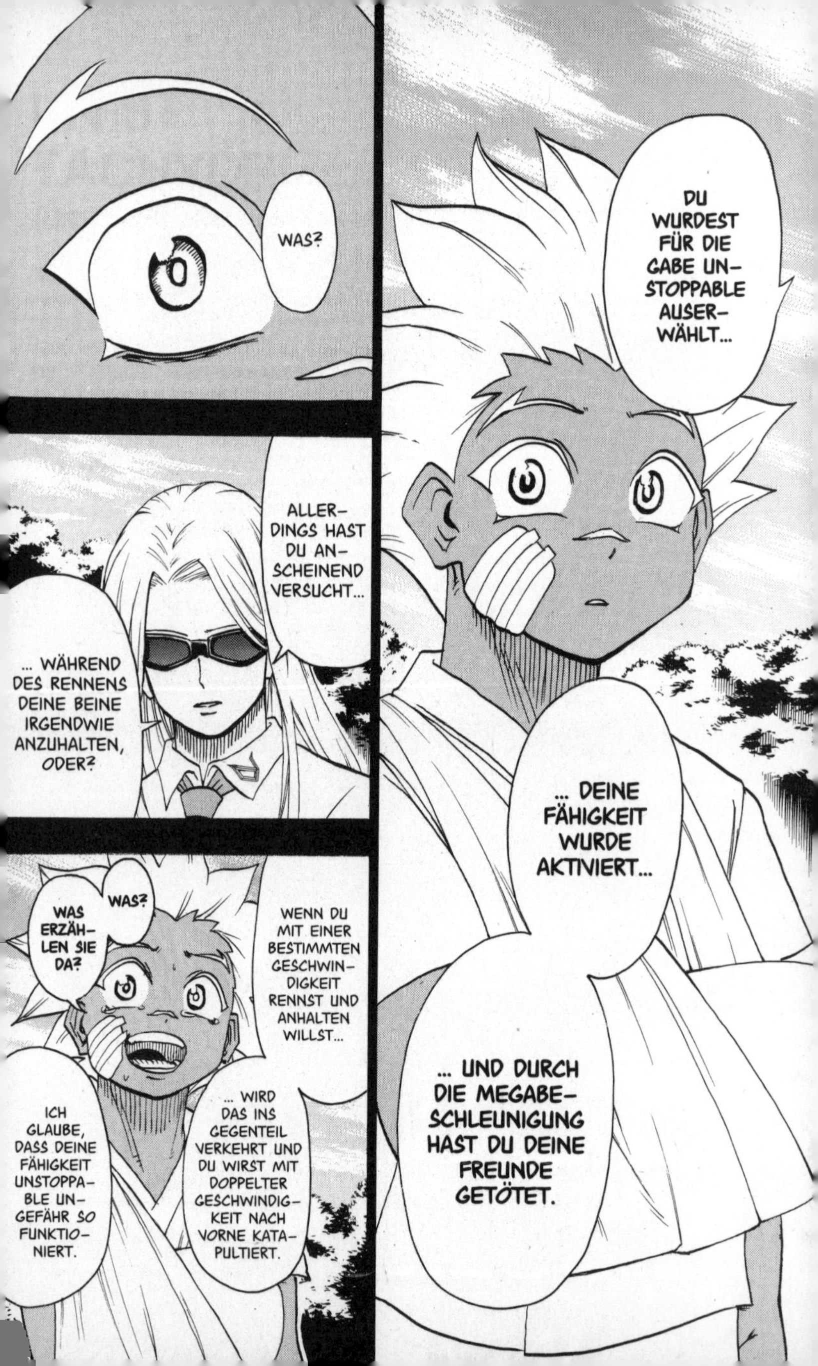
DU WURDEST FÜR DIE GABE UN-STOPPABLE AUSER-WÄHLT...
... DEINE FÄHIGKEIT WURDE AKTIVIERT...
... UND DURCH DIE MEGABE-SCHLEUNIGUNG HAST DU DEINE FREUNDE GETÖTET.
WAS?
ALLER-DINGS HAST DU AN-SCHEINEND VERSUCHT...
... WÄHREND DES RENNENS DEINE BEINE IRGENDWIE ANZUHALTEN, ODER?
WAS?
WAS ERZÄH-LEN SIE DA?
WENN DU MIT EINER BESTIMMTEN GESCHWIN-DIGKEIT RENNST UND ANHALTEN WILLST...
... WIRD DAS INS GEGENTEIL VERKEHRT UND DU WIRST MIT DOPPELTER GESCHWINDIG-KEIT NACH VORNE KATA-PULTIERT.
ICH GLAUBE, DASS DEINE FÄHIGKEIT UNSTOPPA-BLE UN-GEFÄHR SO FUNKTIO-NIERT.

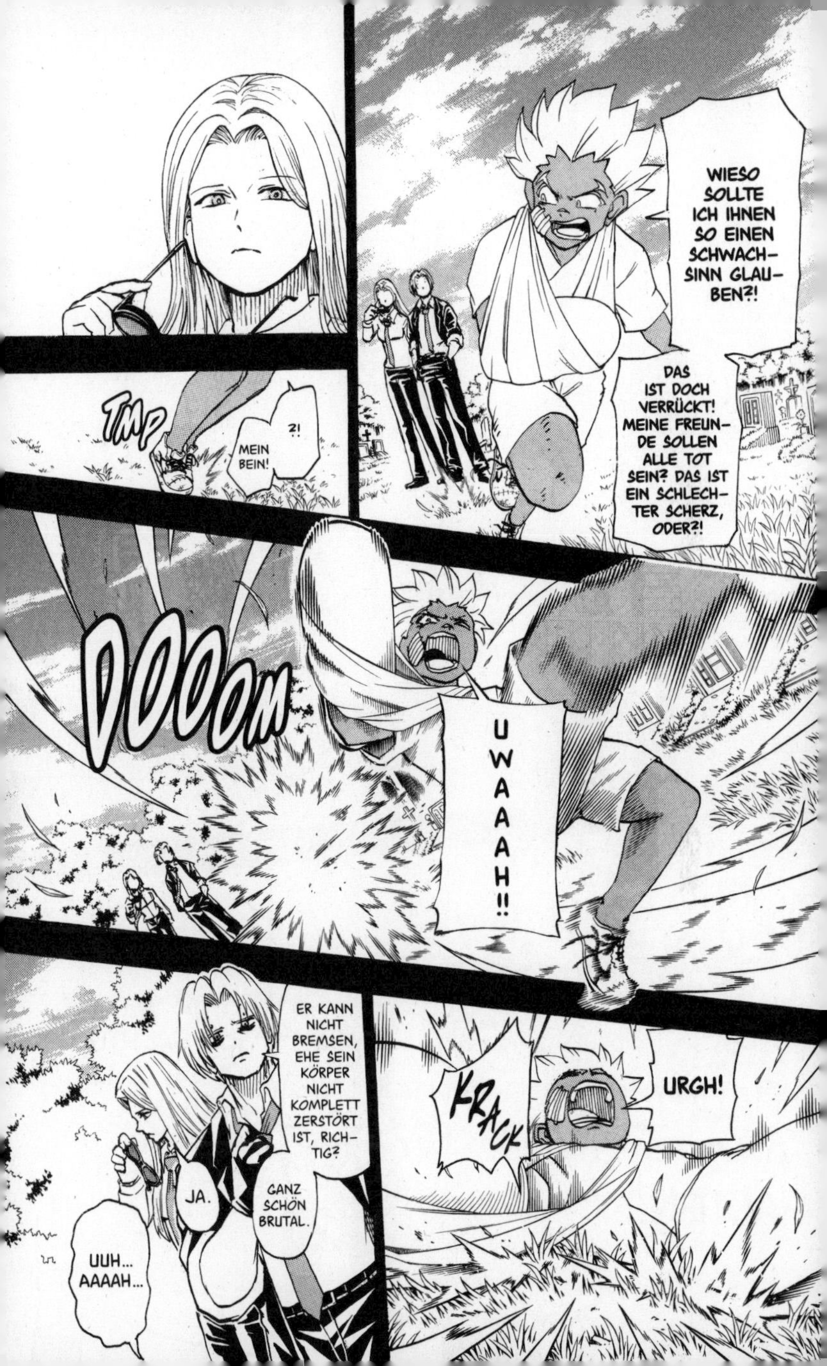
WIESO SOLLTE ICH IHNEN SO EINEN SCHWACHSINN GLAUBEN?!
DAS IST DOCH VERRÜCKT! MEINE FREUNDE SOLLEN ALLE TOT SEIN? DAS IST EIN SCHLECHTER SCHERZ, ODER?!
TMP
?!
MEIN BEIN!
DOOOM
UWAAAAH!!
URGH!
KRACK
ER KANN NICHT BREMSEN, EHE SEIN KÖRPER NICHT KOMPLETT ZERSTÖRT IST, RICHTIG?
JA.
GANZ SCHÖN BRUTAL.
UUH... AAAAH...

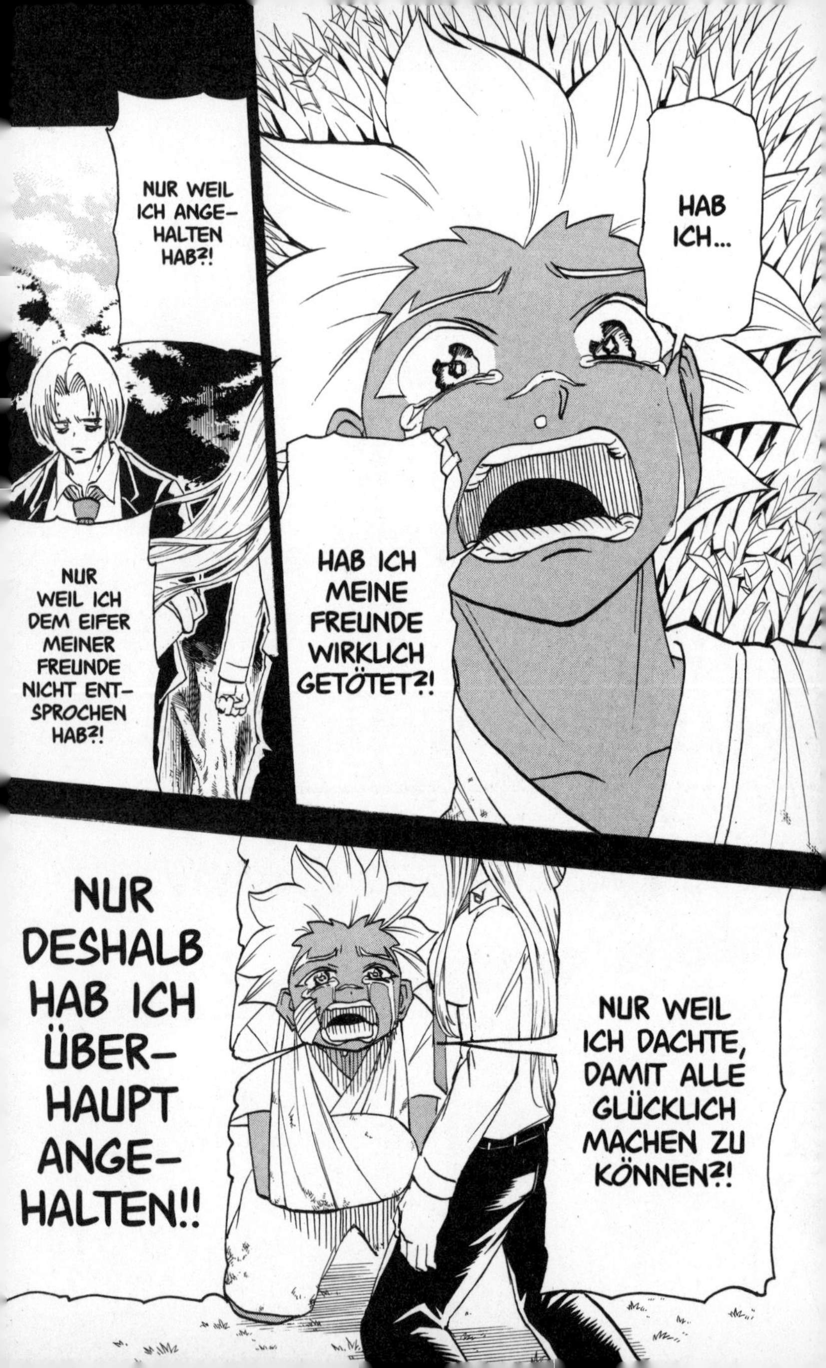
HAB ICH...
NUR WEIL ICH ANGE-HALTEN HAB?!
HAB ICH MEINE FREUNDE WIRKLICH GETÖTET?!
NUR WEIL ICH DEM EIFER MEINER FREUNDE NICHT ENT-SPROCHEN HAB?!
NUR WEIL ICH DACHTE, DAMIT ALLE GLÜCKLICH MACHEN ZU KÖNNEN?!
NUR DESHALB HAB ICH ÜBER-HAUPT ANGE-HALTEN!!

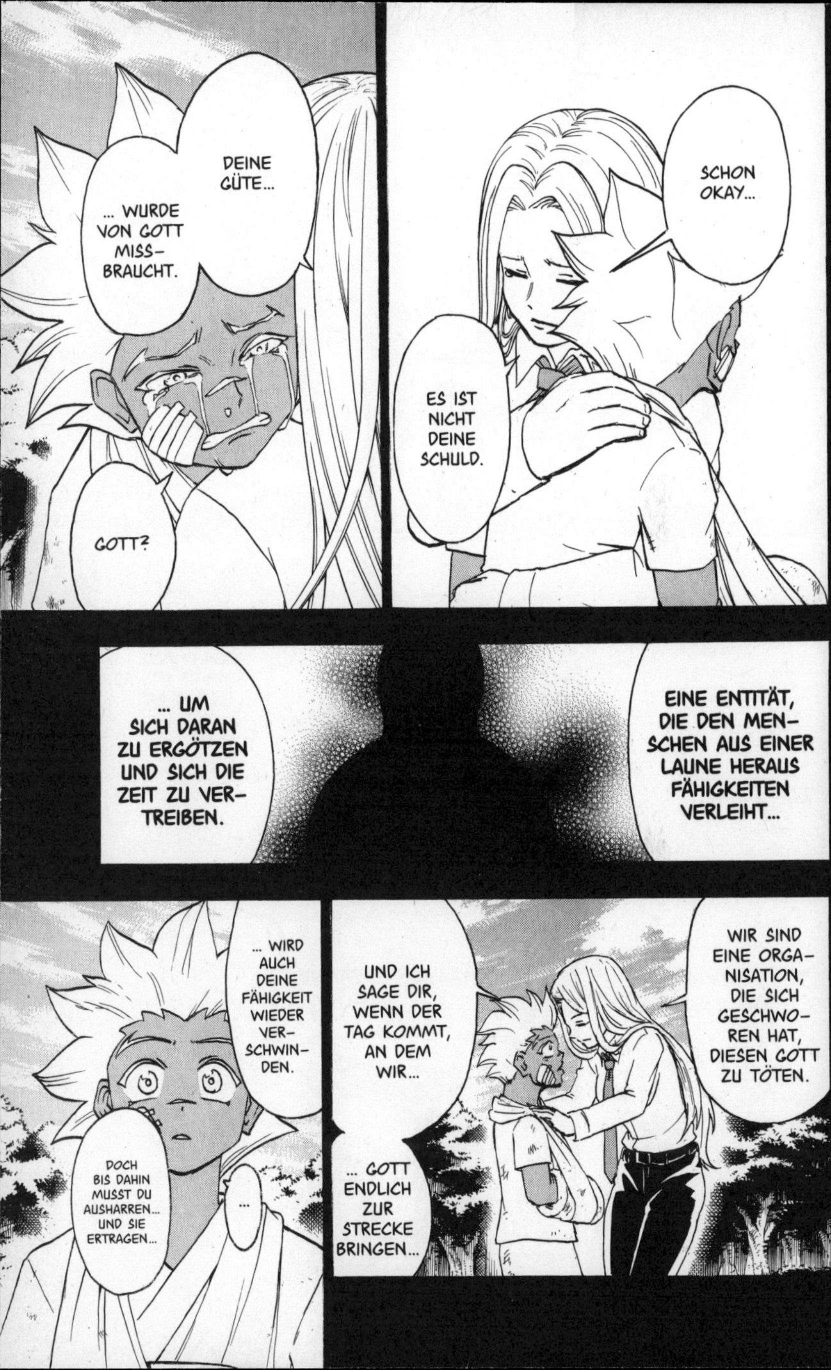

SCHON OKAY...
ES IST NICHT DEINE SCHULD.
DEINE GÜTE...
... WURDE VON GOTT MISSBRAUCHT.
GOTT?
EINE ENTITÄT, DIE DEN MENSCHEN AUS EINER LAUNE HERAUS FÄHIGKEITEN VERLEIHT...
... UM SICH DARAN ZU ERGÖTZEN UND SICH DIE ZEIT ZU VERTREIBEN.
WIR SIND EINE ORGANISATION, DIE SICH GESCHWOREN HAT, DIESEN GOTT ZU TÖTEN.
UND ICH SAGE DIR, WENN DER TAG KOMMT, AN DEM WIR...
... GOTT ENDLICH ZUR STRECKE BRINGEN...
... WIRD AUCH DEINE FÄHIGKEIT WIEDER VERSCHWINDEN.
...
DOCH BIS DAHIN MUSST DU AUSHARREN... UND SIE ERTRAGEN...

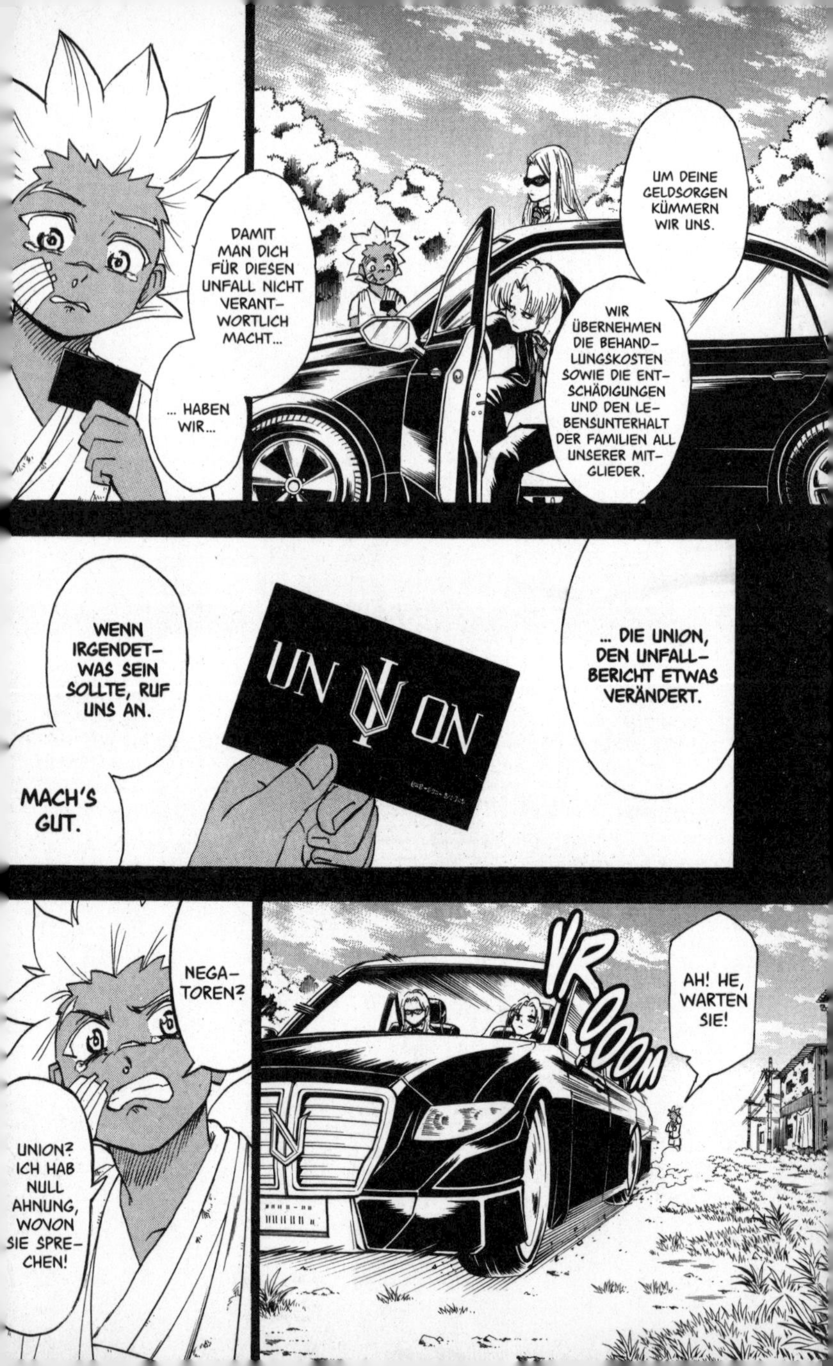
UM DEINE GELDSORGEN KÜMMERN WIR UNS.
WIR ÜBERNEHMEN DIE BEHANDLUNGSKOSTEN SOWIE DIE ENTSCHÄDIGUNGEN UND DEN LEBENSUNTERHALT DER FAMILIEN ALL UNSERER MITGLIEDER.
DAMIT MAN DICH FÜR DIESEN UNFALL NICHT VERANTWORTLICH MACHT...
... HABEN WIR...
... DIE UNION, DEN UNFALLBERICHT ETWAS VERÄNDERT.
UNION
WENN IRGENDETWAS SEIN SOLLTE, RUF UNS AN.
MACH'S GUT.
VROOOM
AH! HE, WARTEN SIE!
NEGATOREN?
UNION? ICH HAB NULL AHNUNG, WOVON SIE SPRECHEN!

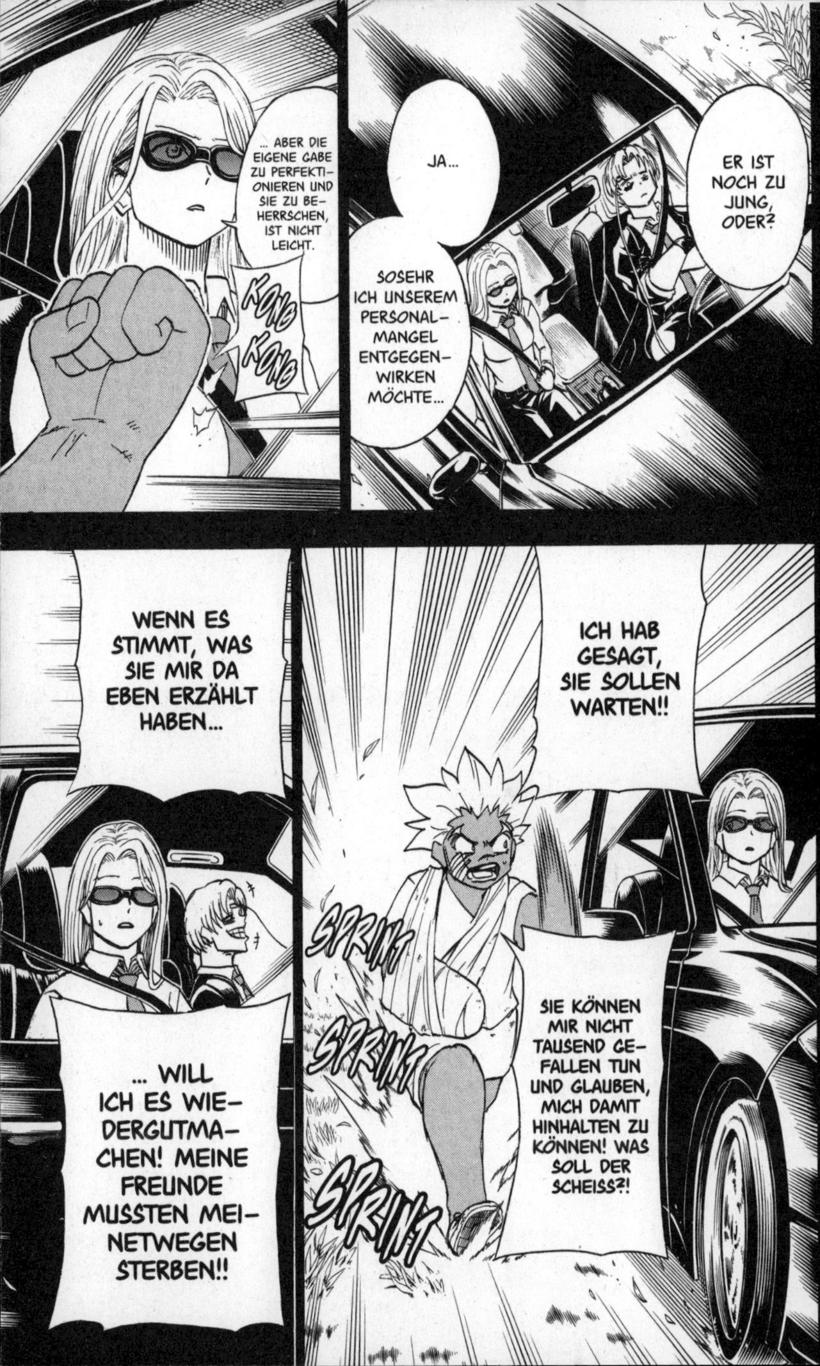

ER IST NOCH ZU JUNG, ODER?
JA...
SOSEHR ICH UNSEREM PERSONAL-MANGEL ENTGEGEN-WIRKEN MÖCHTE...
... ABER DIE EIGENE GABE ZU PERFEKTI-ONIEREN UND SIE ZU BE-HERRSCHEN, IST NICHT LEICHT.
KONG KONG
ICH HAB GESAGT, SIE SOLLEN WARTEN!!
SIE KÖNNEN MIR NICHT TAUSEND GE-FALLEN TUN UND GLAUBEN, MICH DAMIT HINHALTEN ZU KÖNNEN! WAS SOLL DER SCHEISS?!
SPRINT
SPRINT
SPRINT
WENN ES STIMMT, WAS SIE MIR DA EBEN ERZÄHLT HABEN...
... WILL ICH ES WIE-DERGUTMA-CHEN! MEINE FREUNDE MUSSTEN MEI-NETWEGEN STERBEN!!

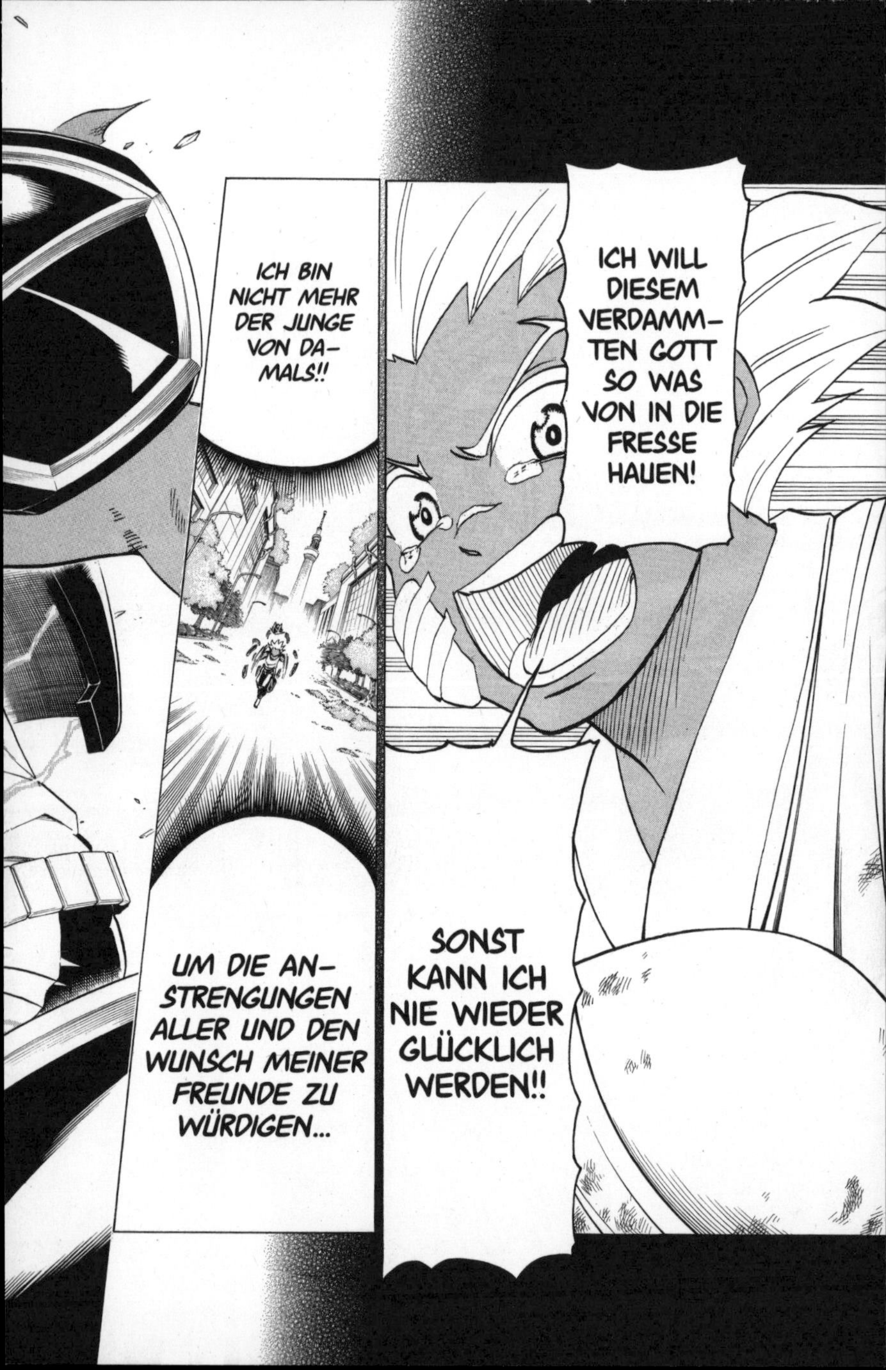
ICH WILL DIESEM VERDAMM-TEN GOTT SO WAS VON IN DIE FRESSE HAUEN!
ICH BIN NICHT MEHR DER JUNGE VON DA-MALS!!
SONST KANN ICH NIE WIEDER GLÜCKLICH WERDEN!!
UM DIE AN-STRENGUNGEN ALLER UND DEN WUNSCH MEINER FREUNDE ZU WÜRDIGEN...

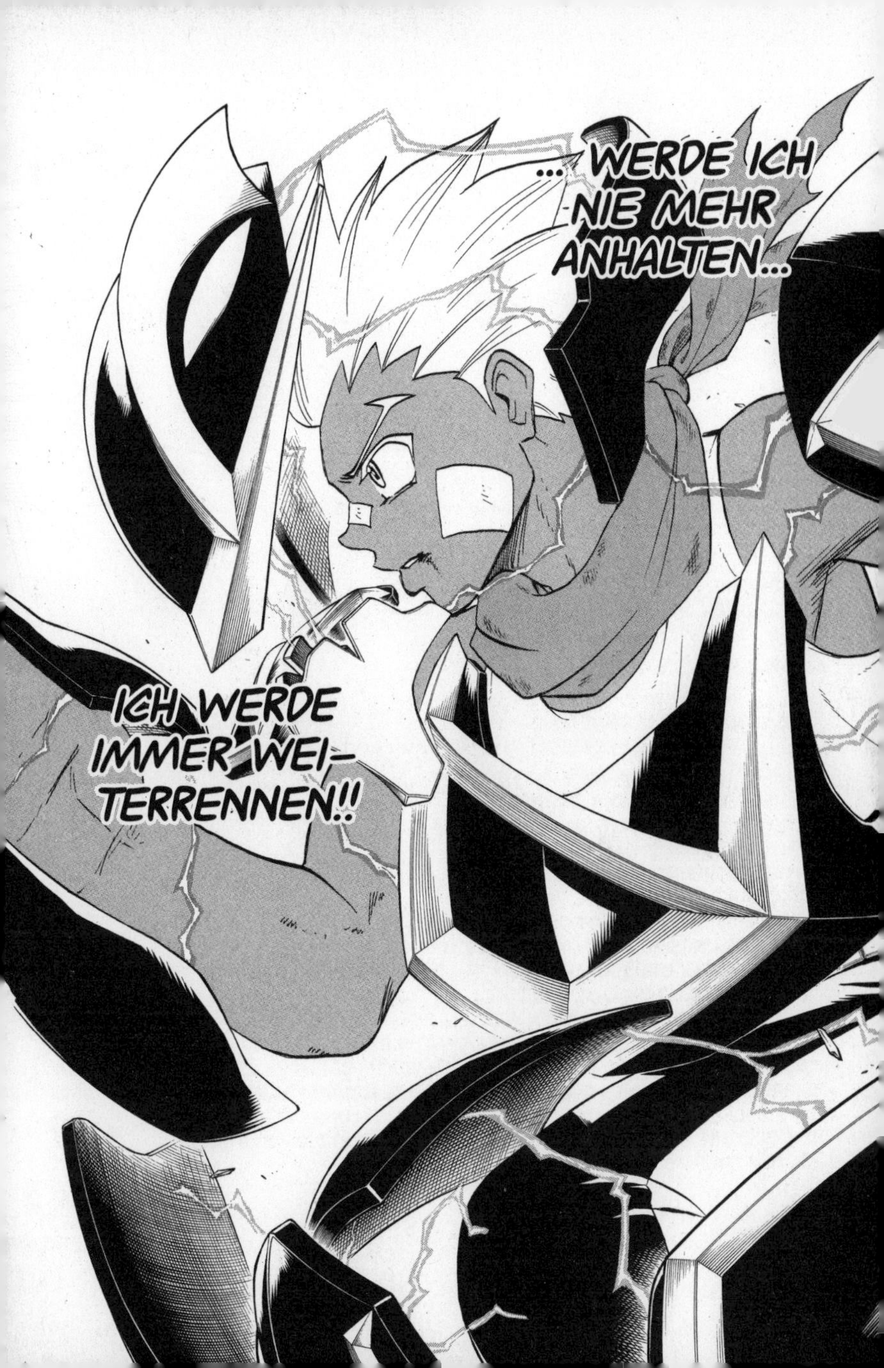
... WERDE ICH NIE MEHR ANHALTEN...
ICH WERDE IMMER WEI-TERRENNEN!!

TOP BULL SPARKS

ALTER: 15

GRÖSSE: ETWAS GRÖSSER ALS TATJANA! (VIELLEICHT)

GEWICHT: LANGE NICHT MEHR GEWOGEN

HOBBYS: LAUFSCHUHE KAUFEN UND SAMMELN, DIE GUTEN ALTEN SUPERHELDENSERIEN IM FERNSEHEN GUCKEN (SEIT NEUESTEM AUCH GEMEINSAM MIT DEN KIDDIES AUS LONGING)

BESONDERE FÄHIGKEITEN: KANN UNGLAUBLICH SCHNELL RENNEN

KANN GUT: SCHMERZEN AUSHALTEN

WAS ER MAG: WENN SEINE MAMA HÜHNCHEN MACHT

GABE: UNSTOPPABLE

ER MUSS SEINE FÄHIGKEIT ZWINGEND AUF EIN EXTERNES ZIEL AUSRICHTEN. WENN ER IN EINEM BESTIMMTEN TEMPO LOSRENNT UND ZWISCHENDURCH ANZUHALTEN VERSUCHT, WIRD ER MIT MEHR ALS DER DOPPELTEN BESCHLEUNIGUNGSKRAFT NACH VORN GESTOSSEN UND ERREICHT DADURCH EINE WAHNSINNSGESCHWINDIGKEIT. DIESE REGEL KANN NICHT AUFGEHOBEN WERDEN. VIELLEICHT WEIL ER FRÜHER SCHON VIEL LEICHTATHLETIK TRAINIERT HAT, HAT TOP EINEN »ZUSAMMENBRUCH« OFT MIT GEBROCHENEN KNOCHEN GLEICHGESETZT. SOLLTE JEMAND ANDERS DIE FÄHIGKEIT UNSTOPPABLE VERLIEHEN BEKOMMEN UND DIESER DAS BILD DES »ZERBRECHENS« MIT DEM TOD GLEICHSETZEN, WIRD ER BIS ZUM ENDE SEINES LEBENS UNAUFHALTSAM BLEIBEN.

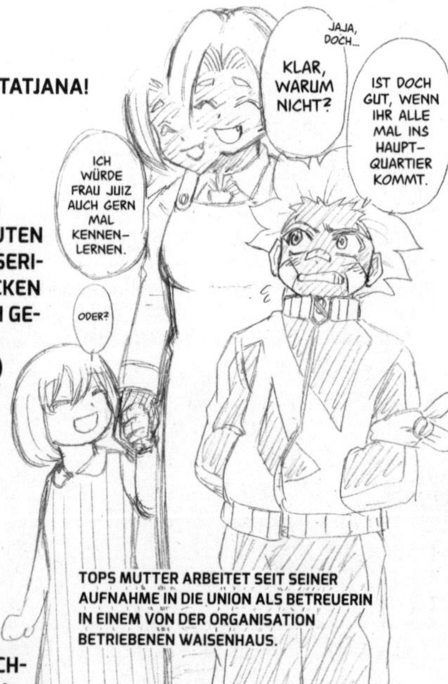

TOPS MUTTER ARBEITET SEIT SEINER AUFNAHME IN DIE UNION ALS BETREUERIN IN EINEM VON DER ORGANISATION BETRIEBENEN WAISENHAUS.

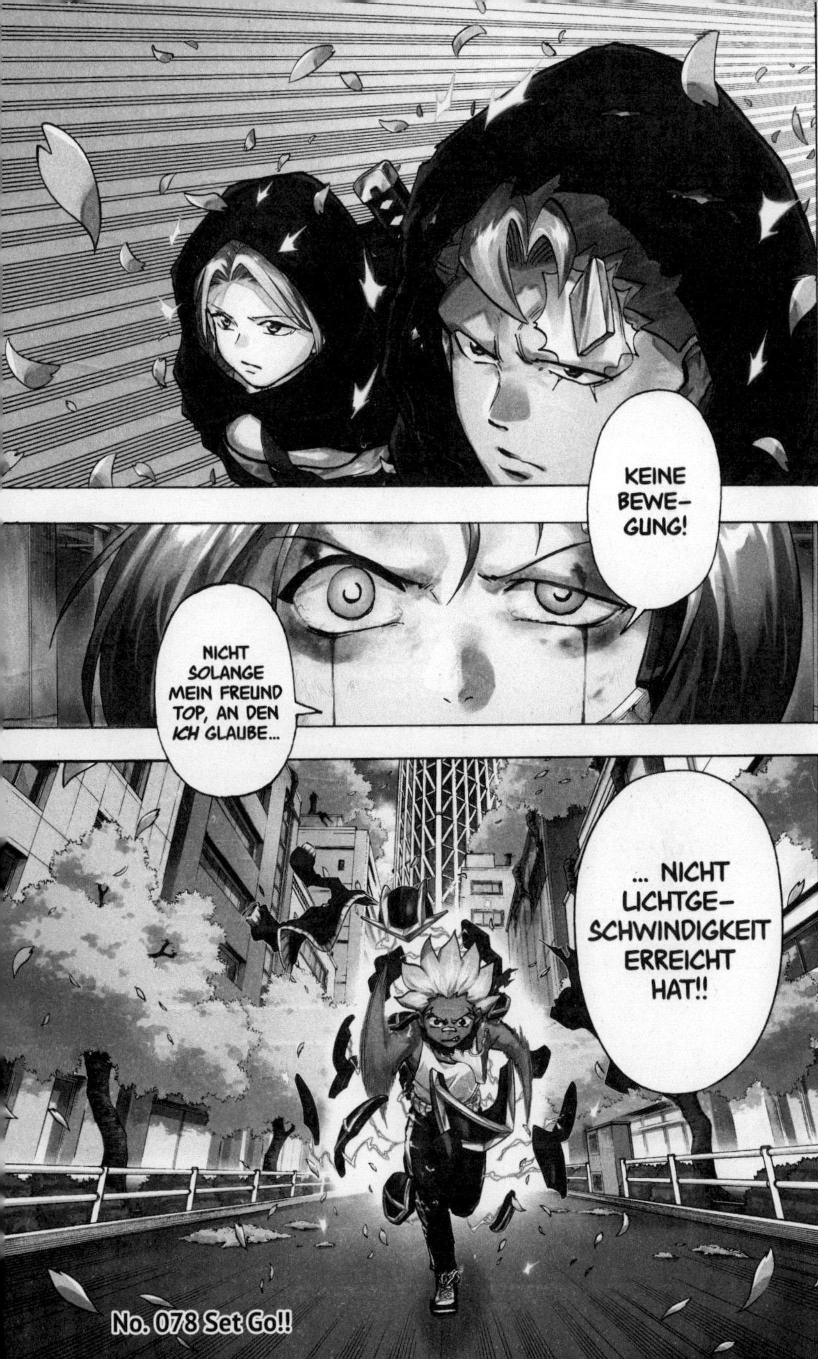
KEINE BEWE-GUNG!
NICHT SOLANGE MEIN FREUND TOP, AN DEN ICH GLAUBE...
... NICHT LICHTGE-SCHWINDIGKEIT ERREICHT HAT!!
No. 078 Set Go!!

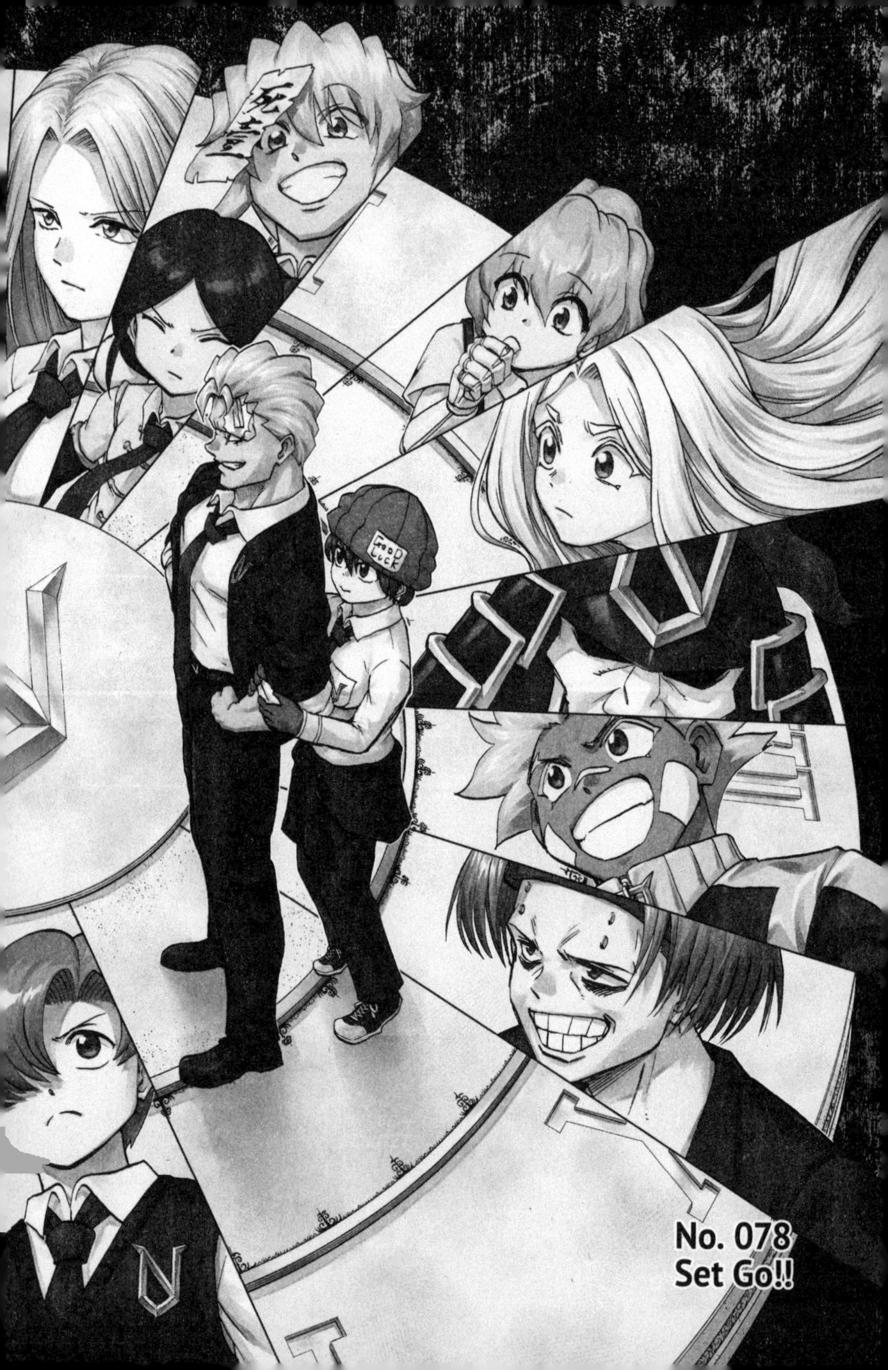

No. 078
Set Go!!

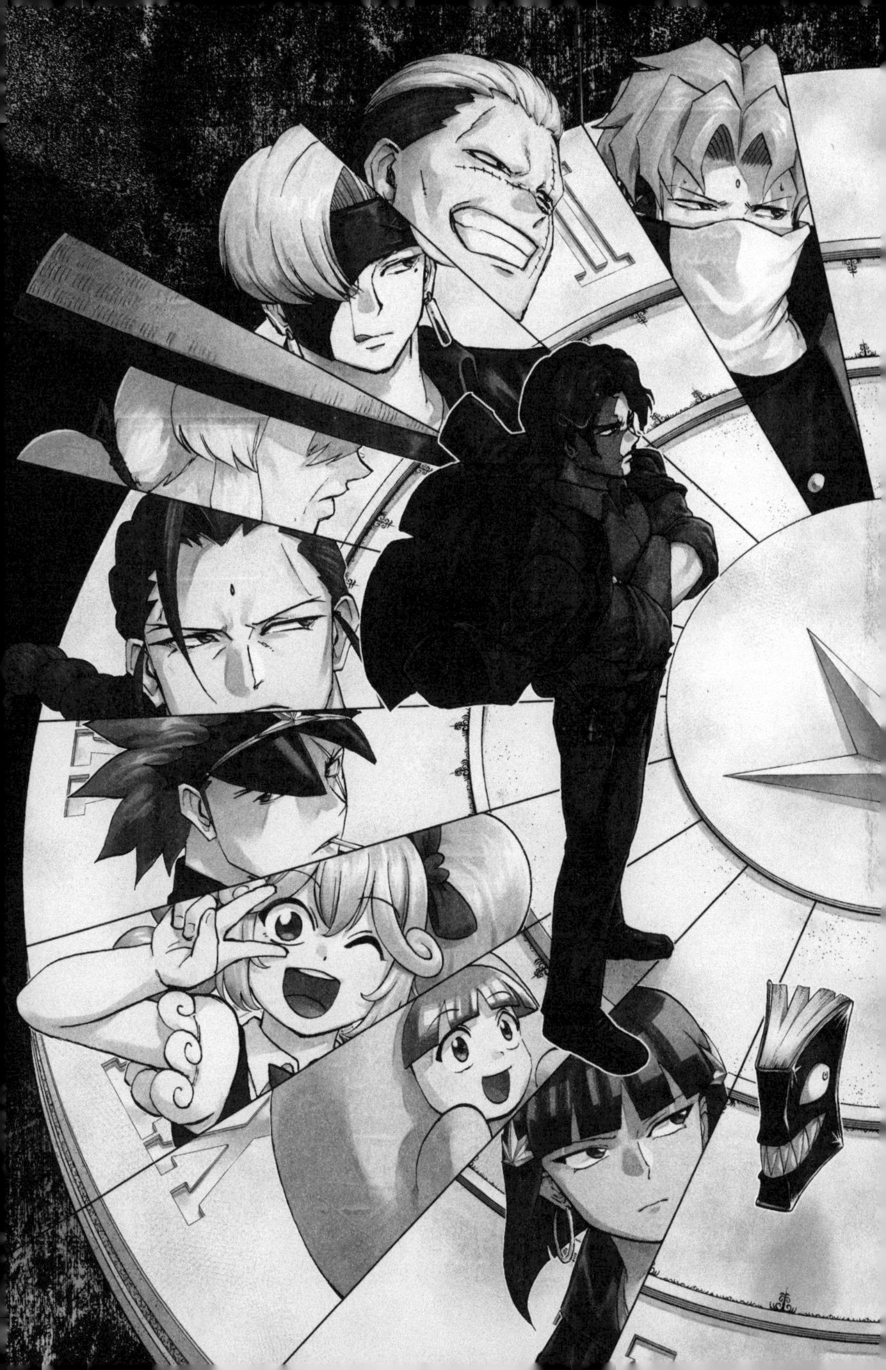

WEEKLY JUMP 2021, COVER DER AUSGABE 41

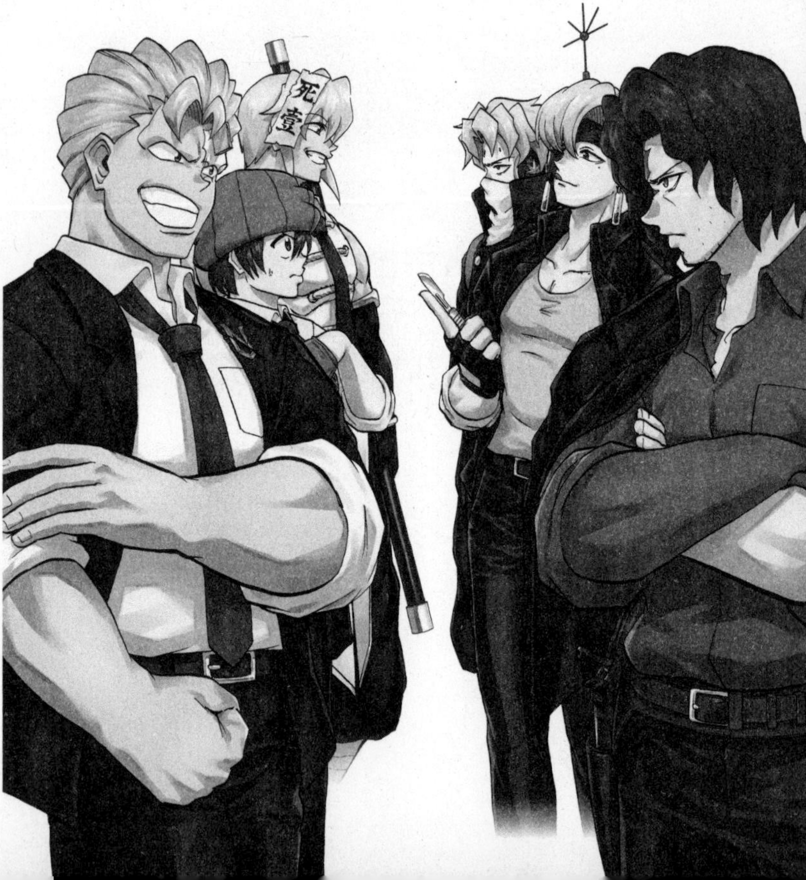

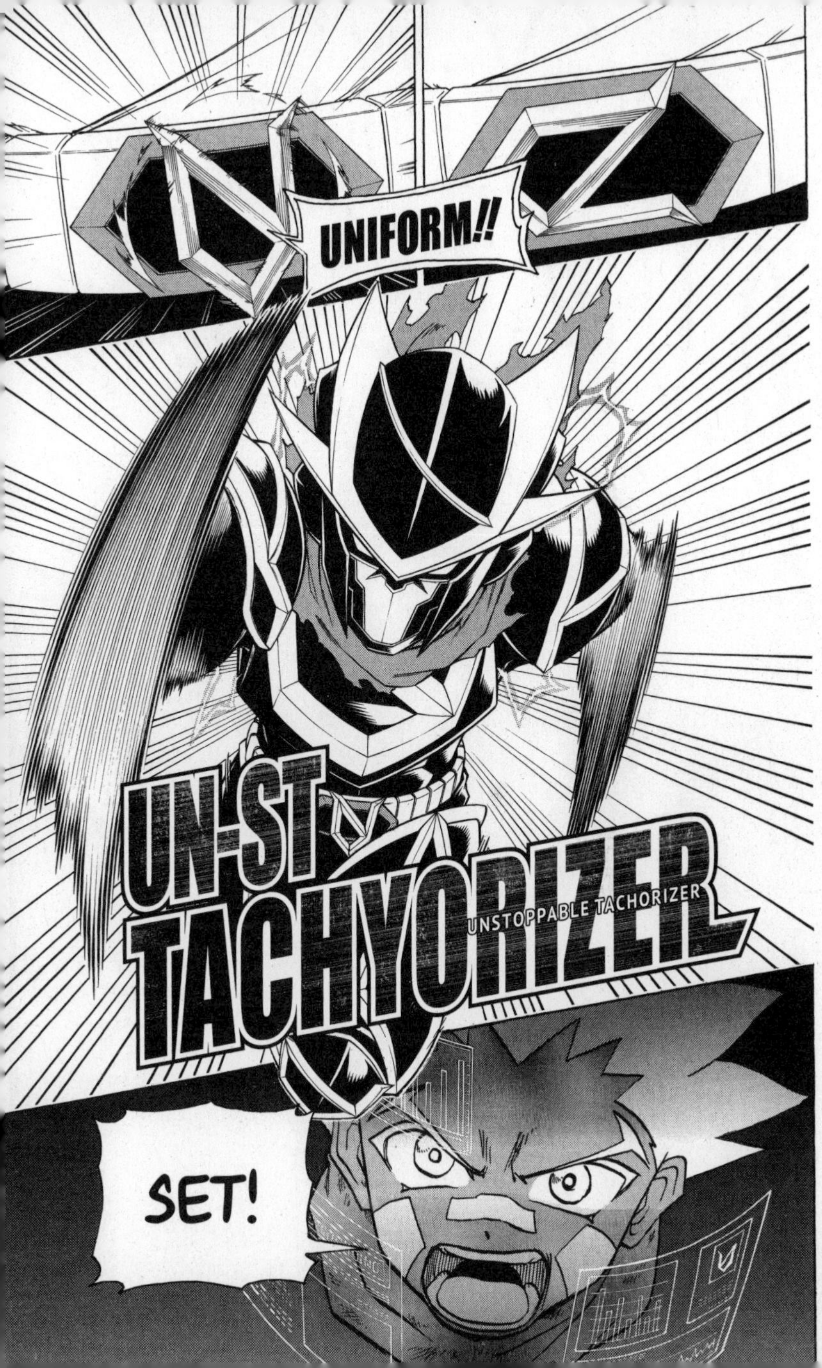
UNIFORM!!
UN-ST TACHYORIZER
UNSTOPPABLE TACHORIZER
SET!

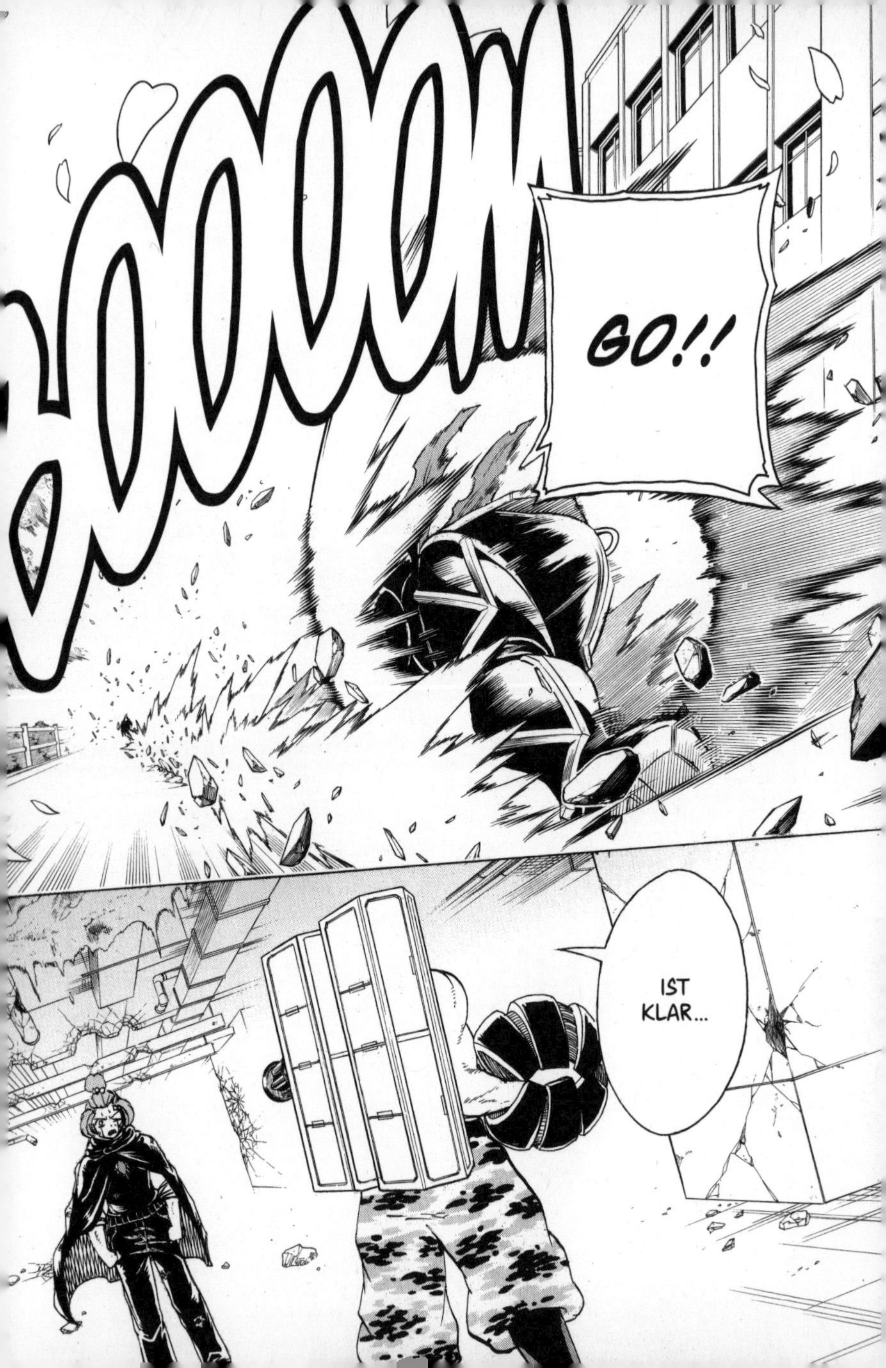
GO!!
IST KLAR...

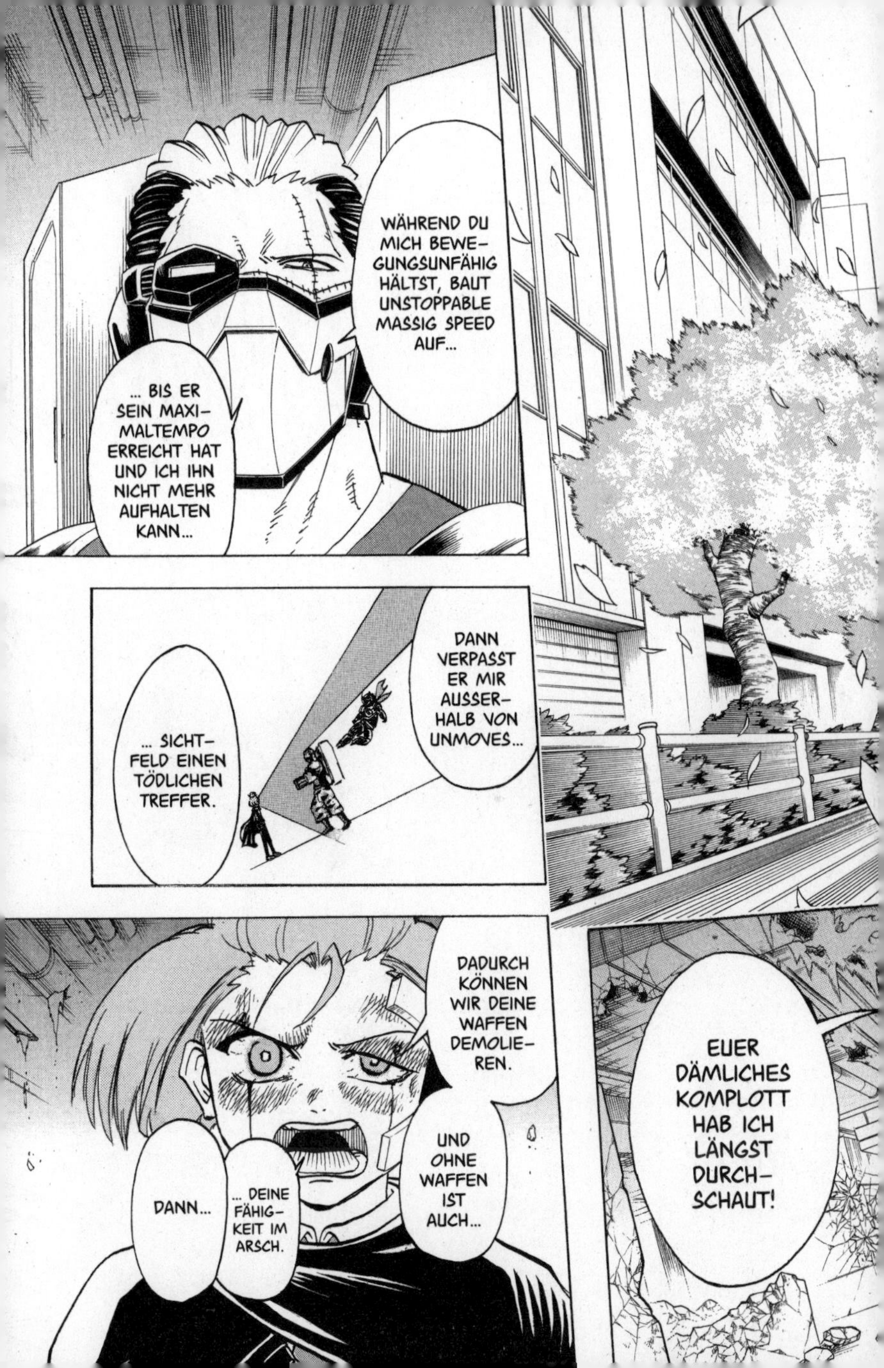
WÄHREND DU MICH BEWEGUNGSUNFÄHIG HÄLTST, BAUT UNSTOPPABLE MASSIG SPEED AUF...
... BIS ER SEIN MAXIMALTEMPO ERREICHT HAT UND ICH IHN NICHT MEHR AUFHALTEN KANN...
DANN VERPASST ER MIR AUSSERHALB VON UNMOVES...
... SICHTFELD EINEN TÖDLICHEN TREFFER.
EUER DÄMLICHES KOMPLOTT HAB ICH LÄNGST DURCHSCHAUT!
DADURCH KÖNNEN WIR DEINE WAFFEN DEMOLIEREN.
UND OHNE WAFFEN IST AUCH...
... DEINE FÄHIGKEIT IM ARSCH.
DANN...

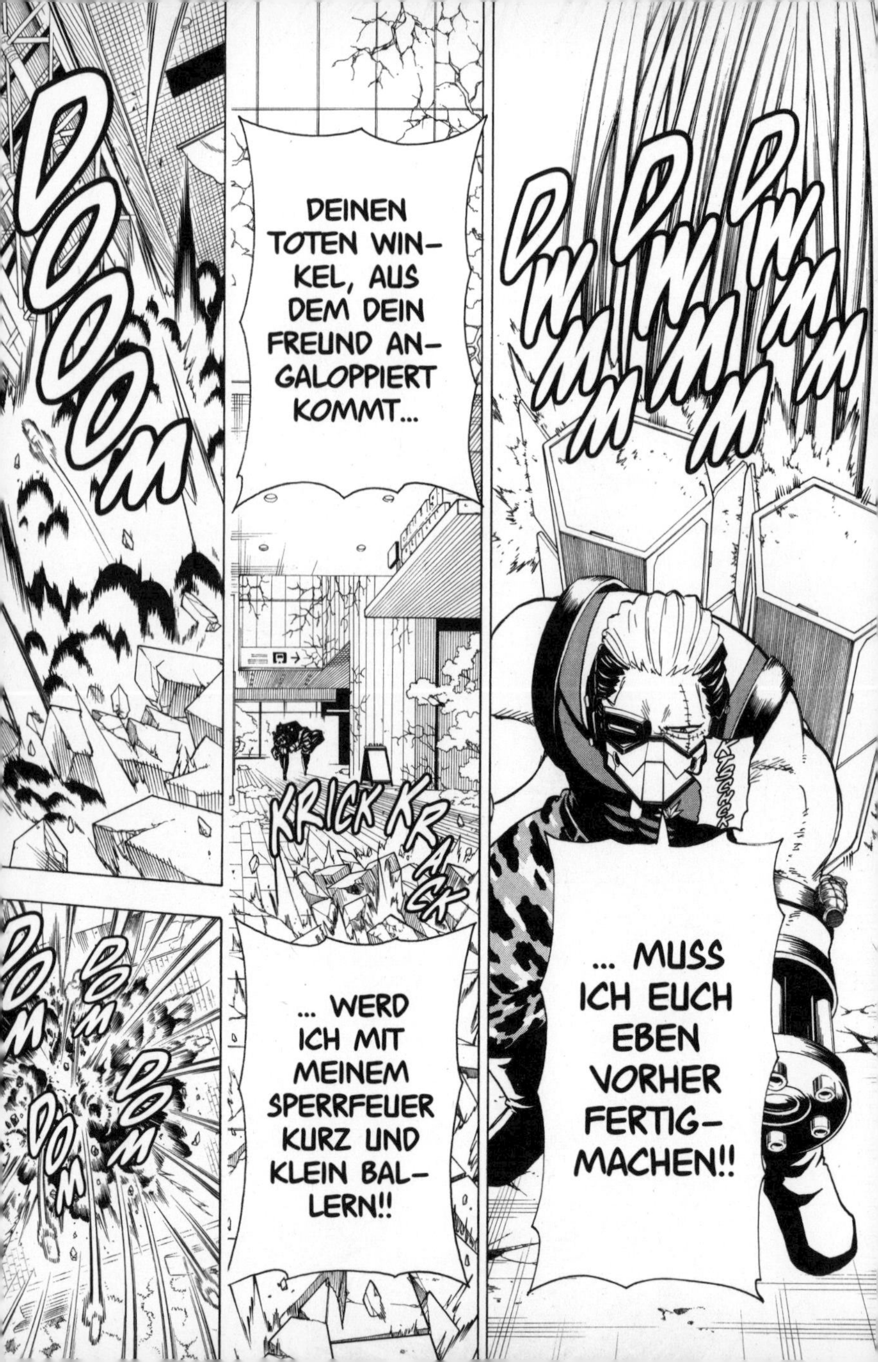
DWM DWM DWM
DEINEN TOTEN WINKEL, AUS DEM DEIN FREUND ANGALOPPIERT KOMMT...
KRICK KRACK
... WERD ICH MIT MEINEM SPERRFEUER KURZ UND KLEIN BALLERN!!
... MUSS ICH EUCH EBEN VORHER FERTIGMACHEN!!
DOOOOOM
DOOM DOOM DOOM DOOM

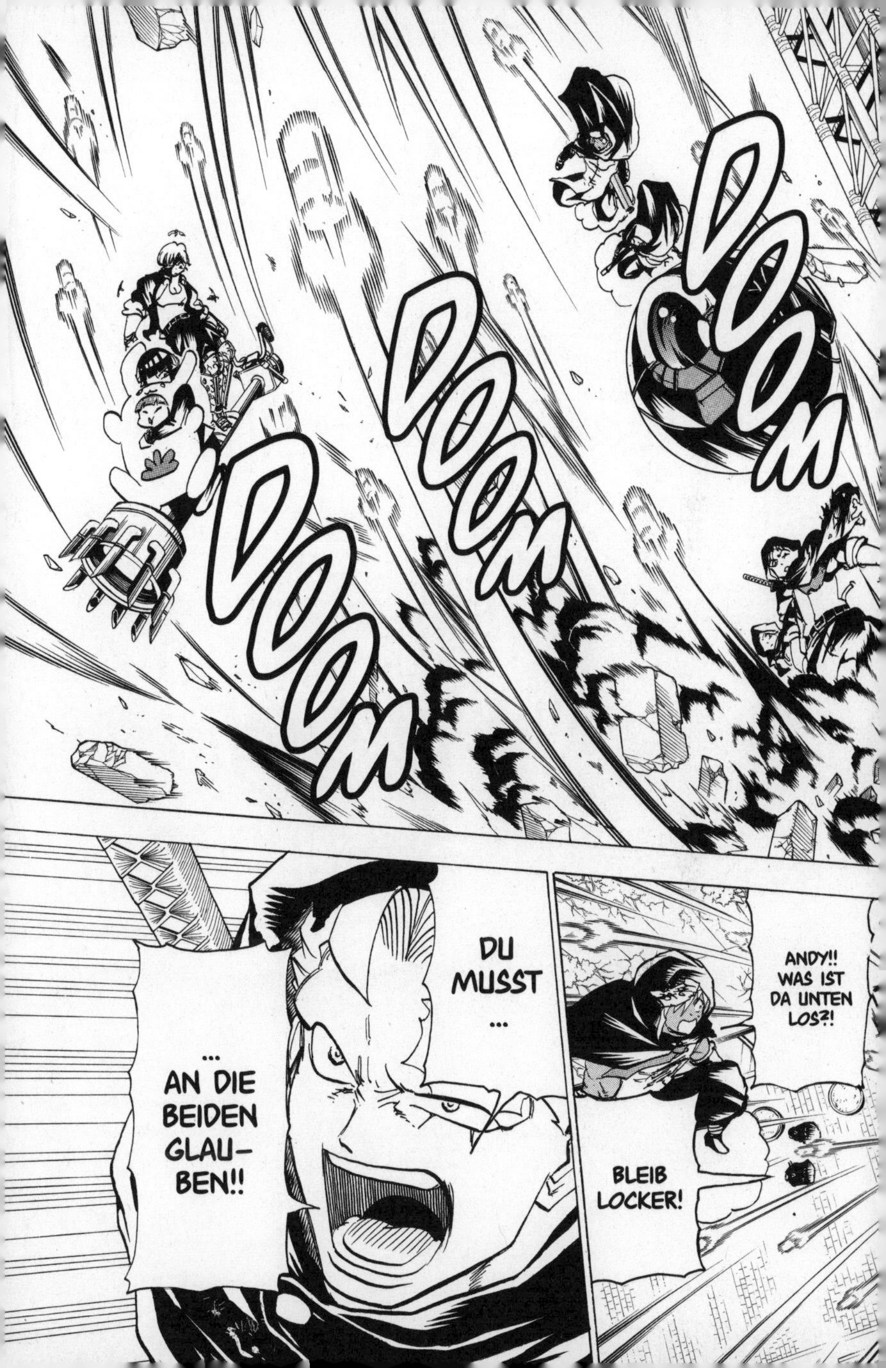
DOOOM
DOOOM
DOOOM
ANDY!! WAS IST DA UNTEN LOS?!
BLEIB LOCKER!
DU MUSST ...
... AN DIE BEIDEN GLAU-BEN!!

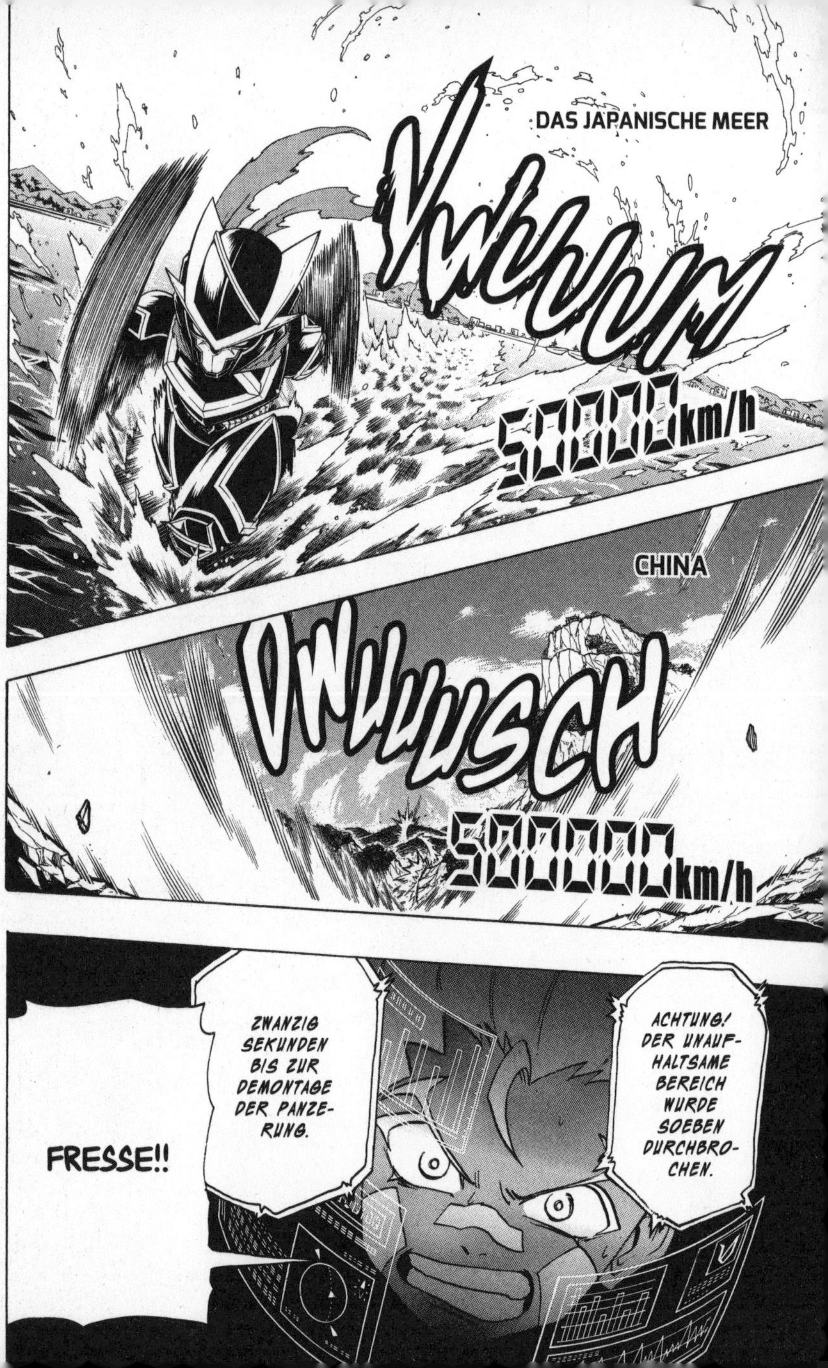
DAS JAPANISCHE MEER
WHUUUM
50000km/h
CHINA
WUUUSCH
500000km/h
ACHTUNG! DER UNAUFHALTSAME BEREICH WURDE SOEBEN DURCHBROCHEN.
ZWANZIG SEKUNDEN BIS ZUR DEMONTAGE DER PANZERUNG.
FRESSE!!

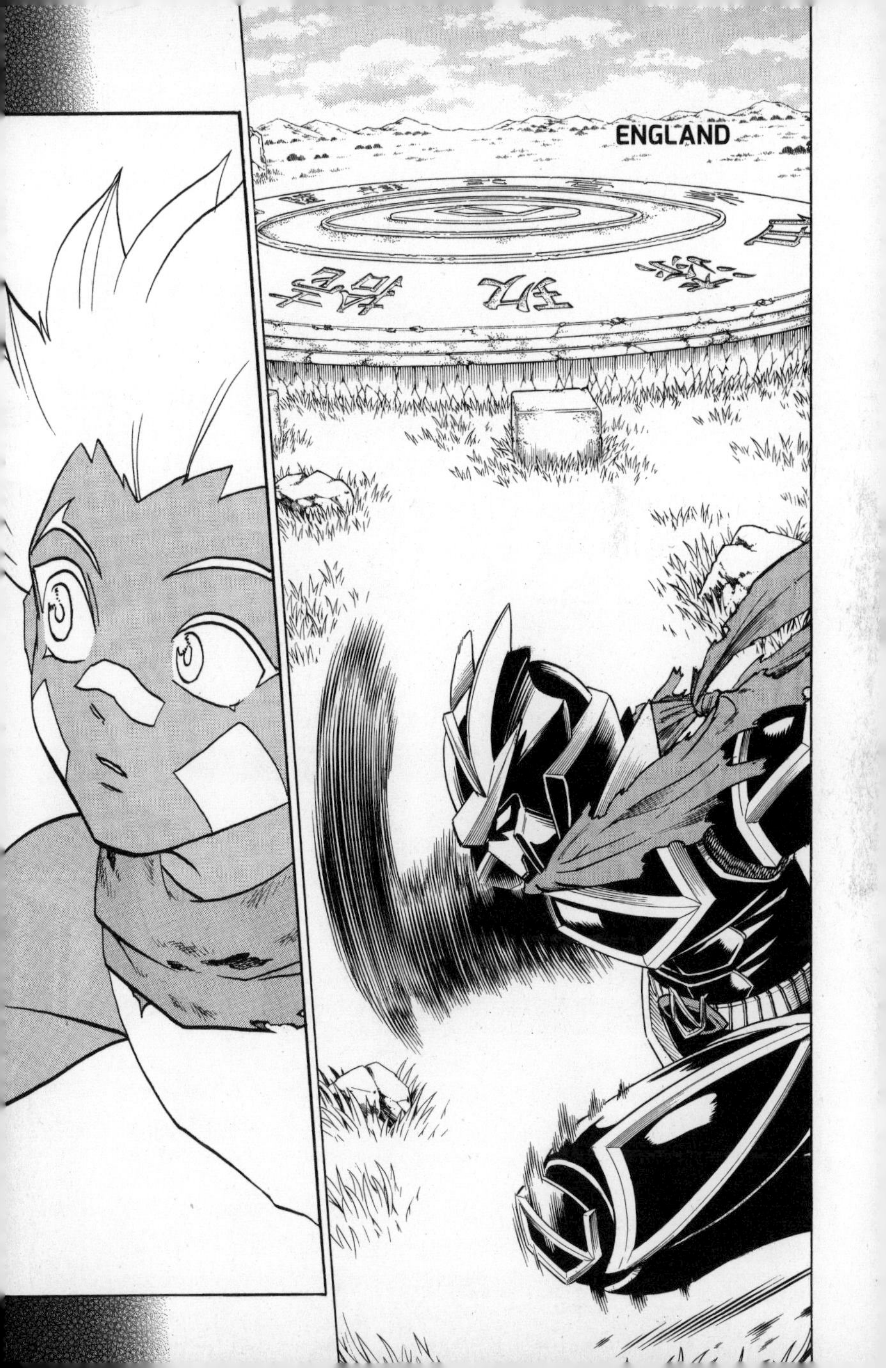
ENGLAND

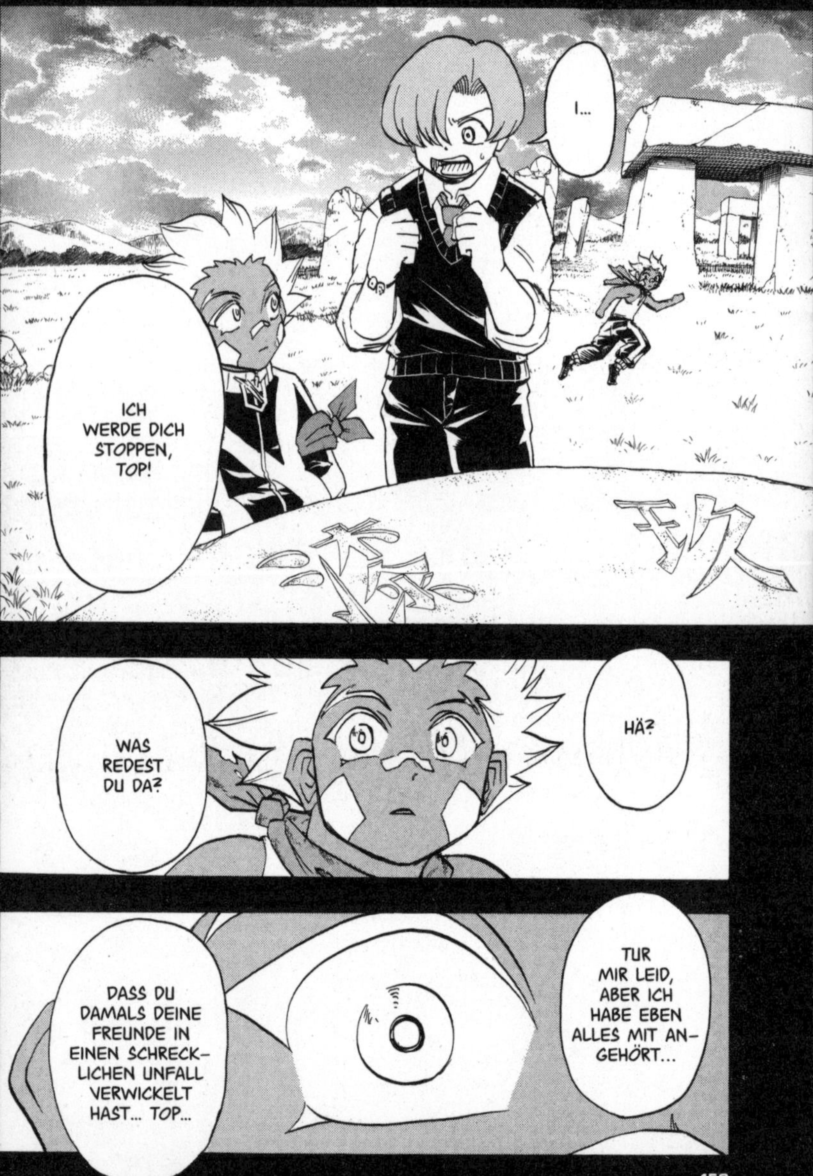
I...
ICH WERDE DICH STOPPEN, TOP!
HÄ?
WAS REDEST DU DA?
TUT MIR LEID, ABER ICH HABE EBEN ALLES MIT ANGEHÖRT...
DASS DU DAMALS DEINE FREUNDE IN EINEN SCHRECKLICHEN UNFALL VERWICKELT HAST... TOP...

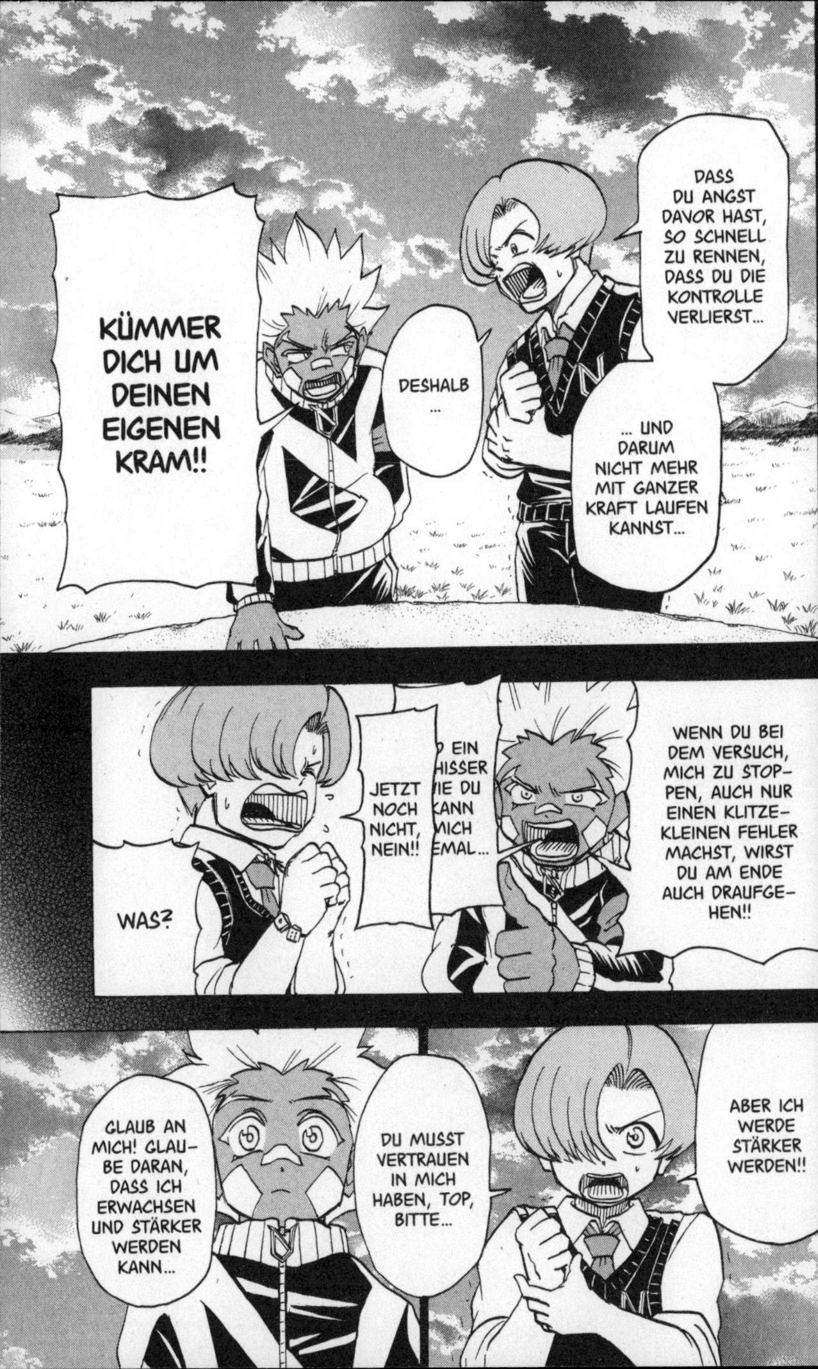
DASS DU ANGST DAVOR HAST, SO SCHNELL ZU RENNEN, DASS DU DIE KONTROLLE VERLIERST...
... UND DARUM NICHT MEHR MIT GANZER KRAFT LAUFEN KANNST...
DESHALB ...
KÜMMER DICH UM DEINEN EIGENEN KRAM!!
WENN DU BEI DEM VERSUCH, MICH ZU STOPPEN, AUCH NUR EINEN KLITZEKLEINEN FEHLER MACHST, WIRST DU AM ENDE AUCH DRAUFGEHEN!!
JETZT NOCH NICHT, NEIN!!
WAS?
ABER ICH WERDE STÄRKER WERDEN!!
DU MUSST VERTRAUEN IN MICH HABEN, TOP, BITTE...
GLAUB AN MICH! GLAUBE DARAN, DASS ICH ERWACHSEN UND STÄRKER WERDEN KANN...

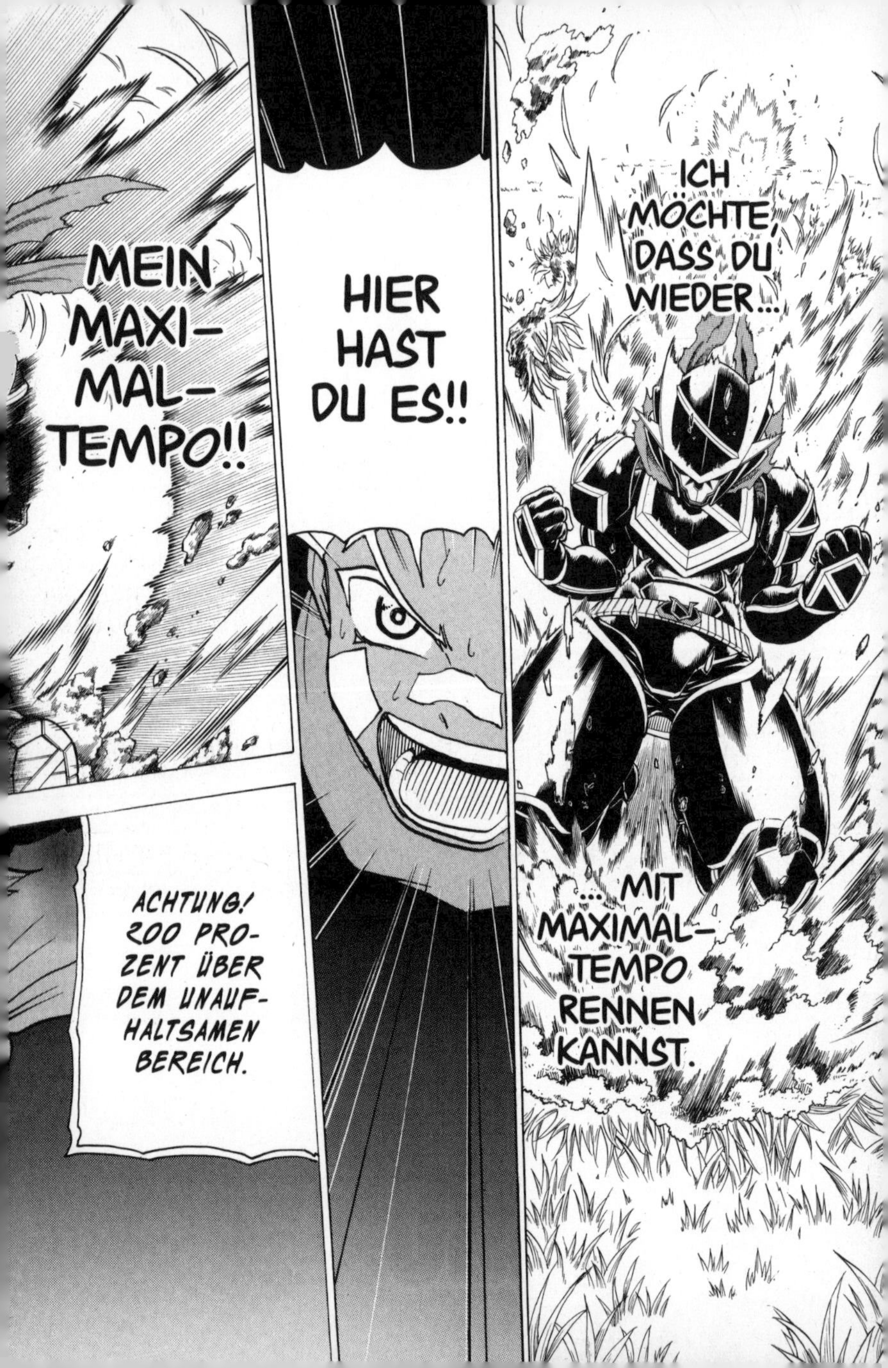
ICH MÖCHTE, DASS DU WIEDER...
... MIT MAXIMAL-TEMPO RENNEN KANNST.
HIER HAST DU ES!!
MEIN MAXI-MAL-TEMPO!!
ACHTUNG! 200 PRO-ZENT ÜBER DEM UNAUF-HALTSAMEN BEREICH.

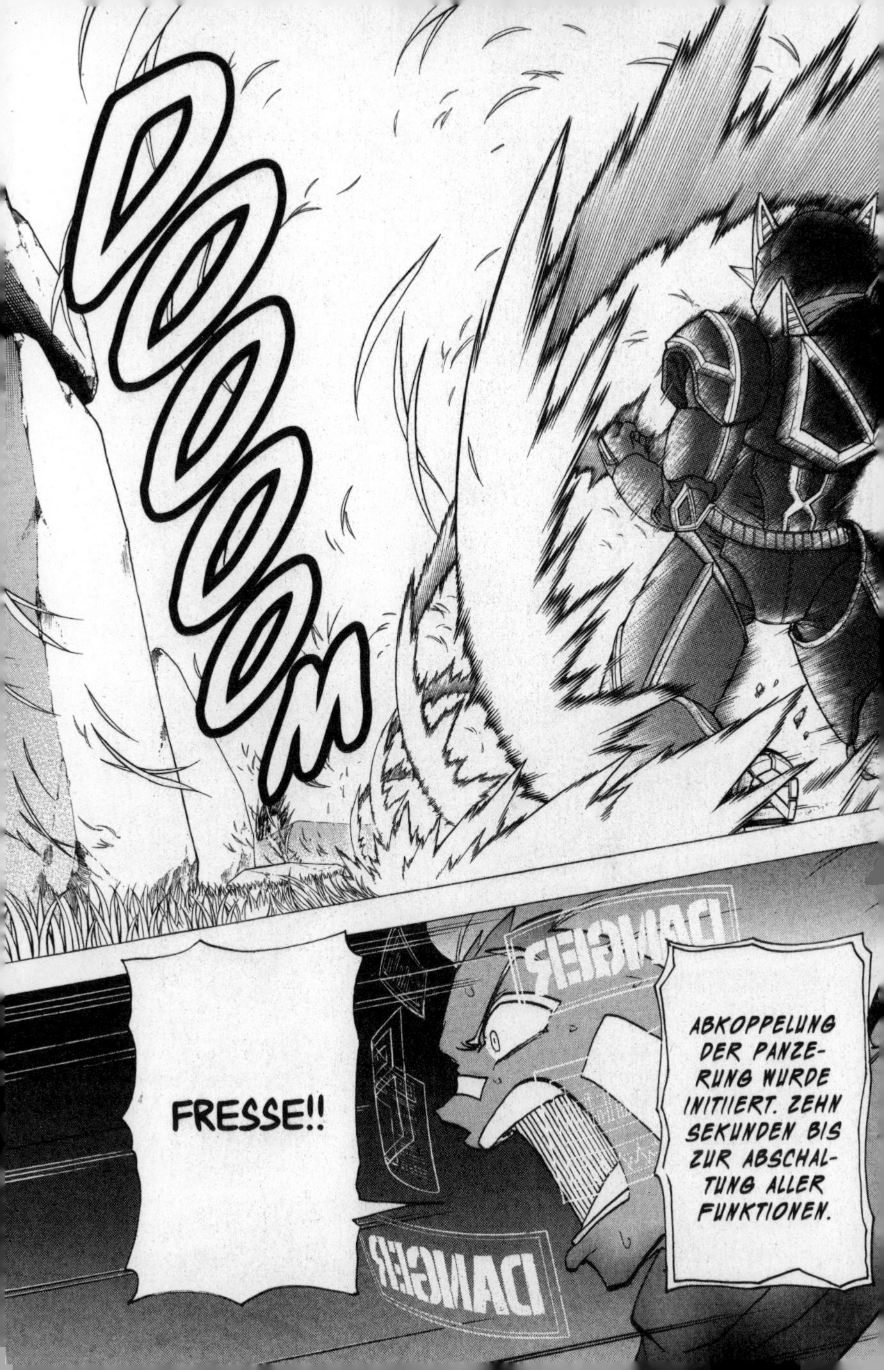
ABKOPPELUNG DER PANZE-RUNG WURDE INITIIERT. ZEHN SEKUNDEN BIS ZUR ABSCHAL-TUNG ALLER FUNKTIONEN.
FRESSE!!

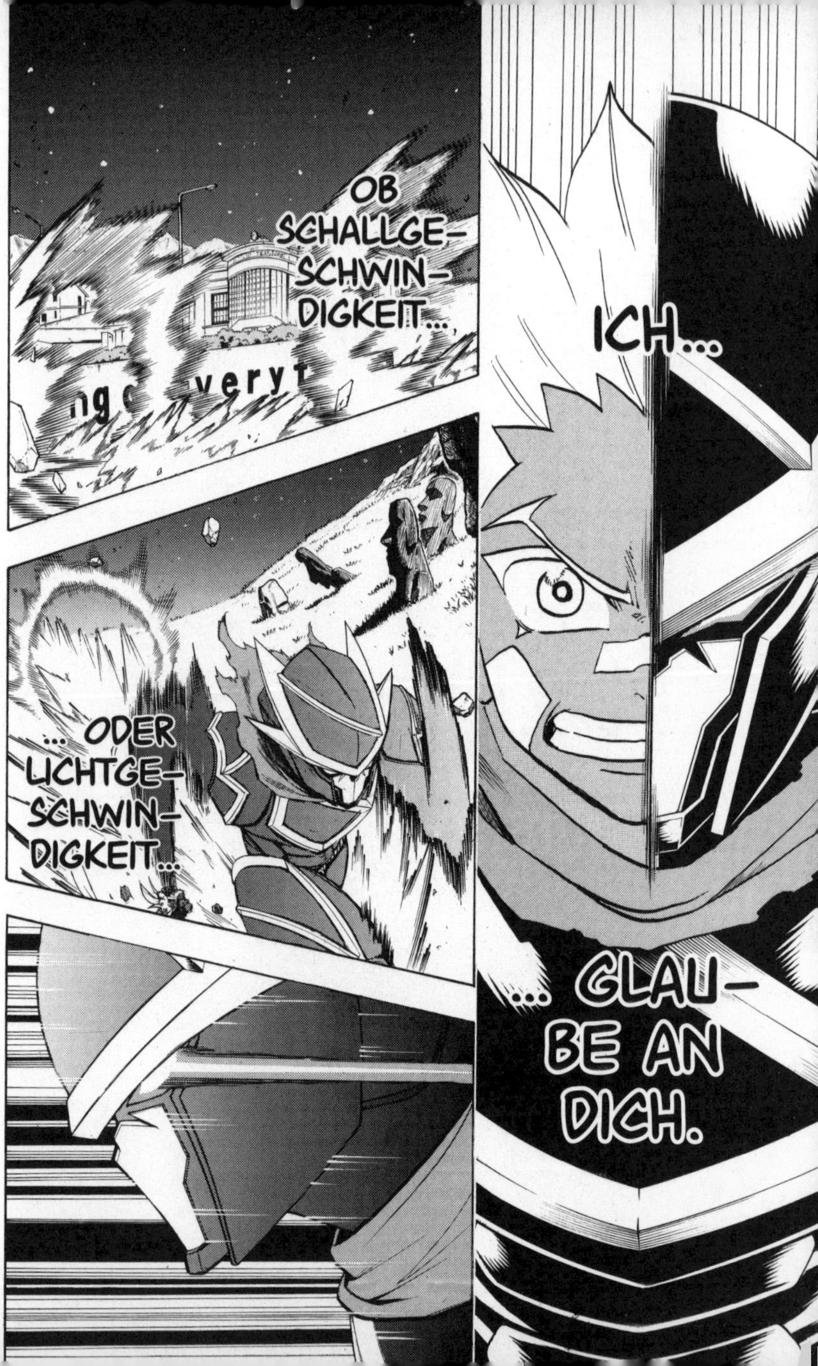
OB SCHALLGE-SCHWIN-DIGKEIT...
... ODER LICHTGE-SCHWIN-DIGKEIT...
ICH...
... GLAU-BE AN DICH.

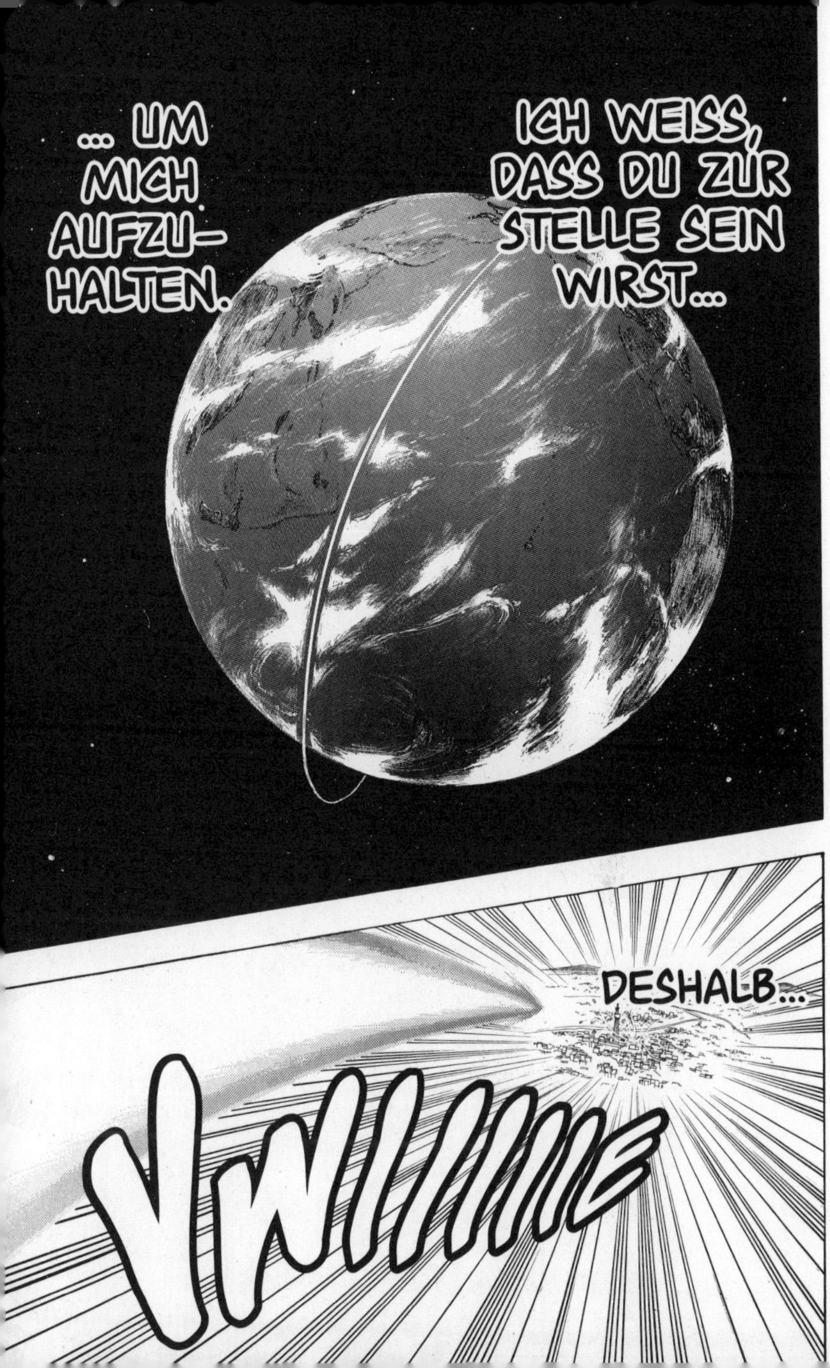
ICH WEISS, DASS DU ZUR STELLE SEIN WIRST...
... UM MICH AUFZU-HALTEN.
DESHALB...
VWIIIIIE

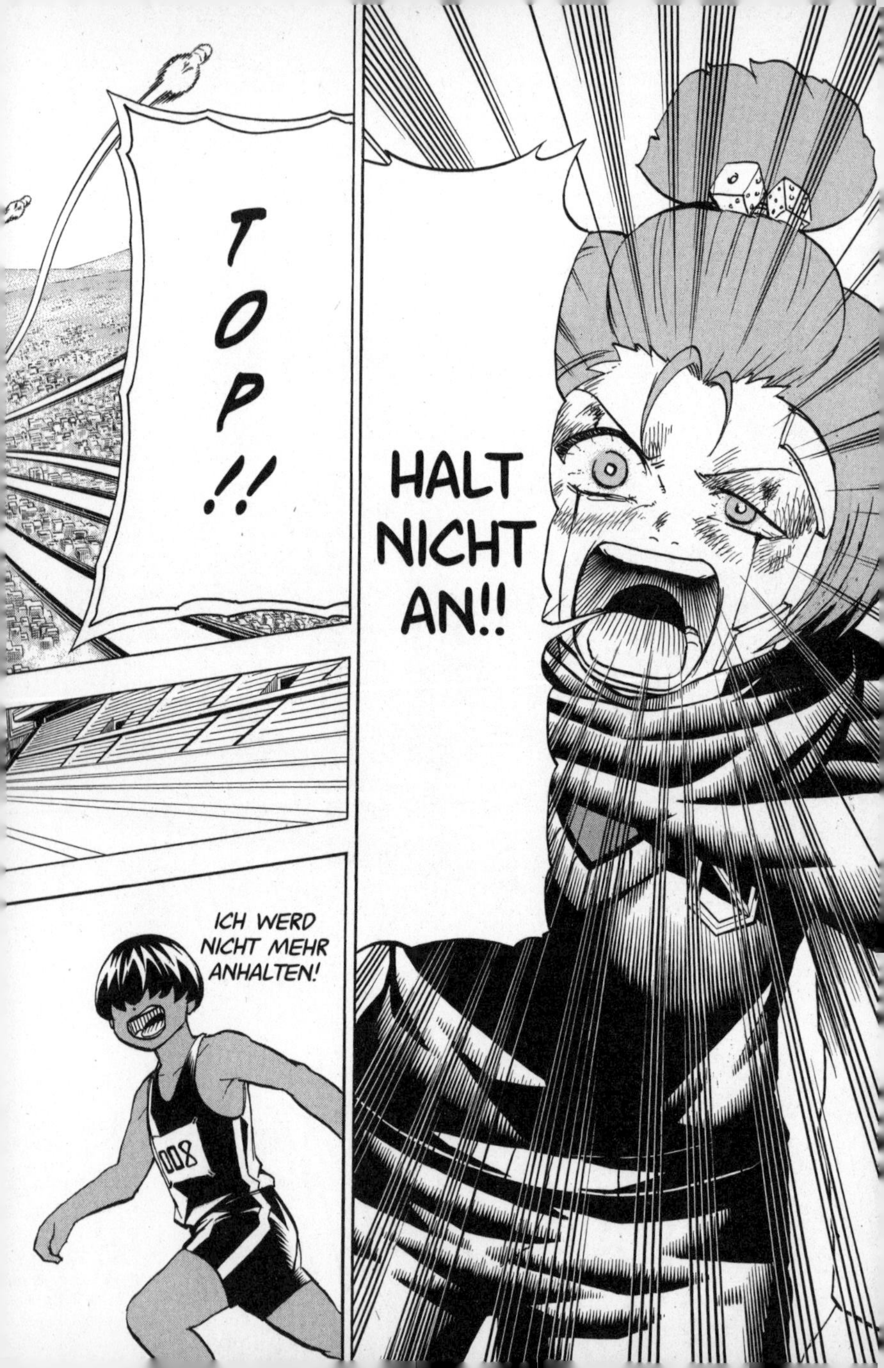
HALT NICHT AN!!
TOP!!
ICH WERD NICHT MEHR ANHALTEN!

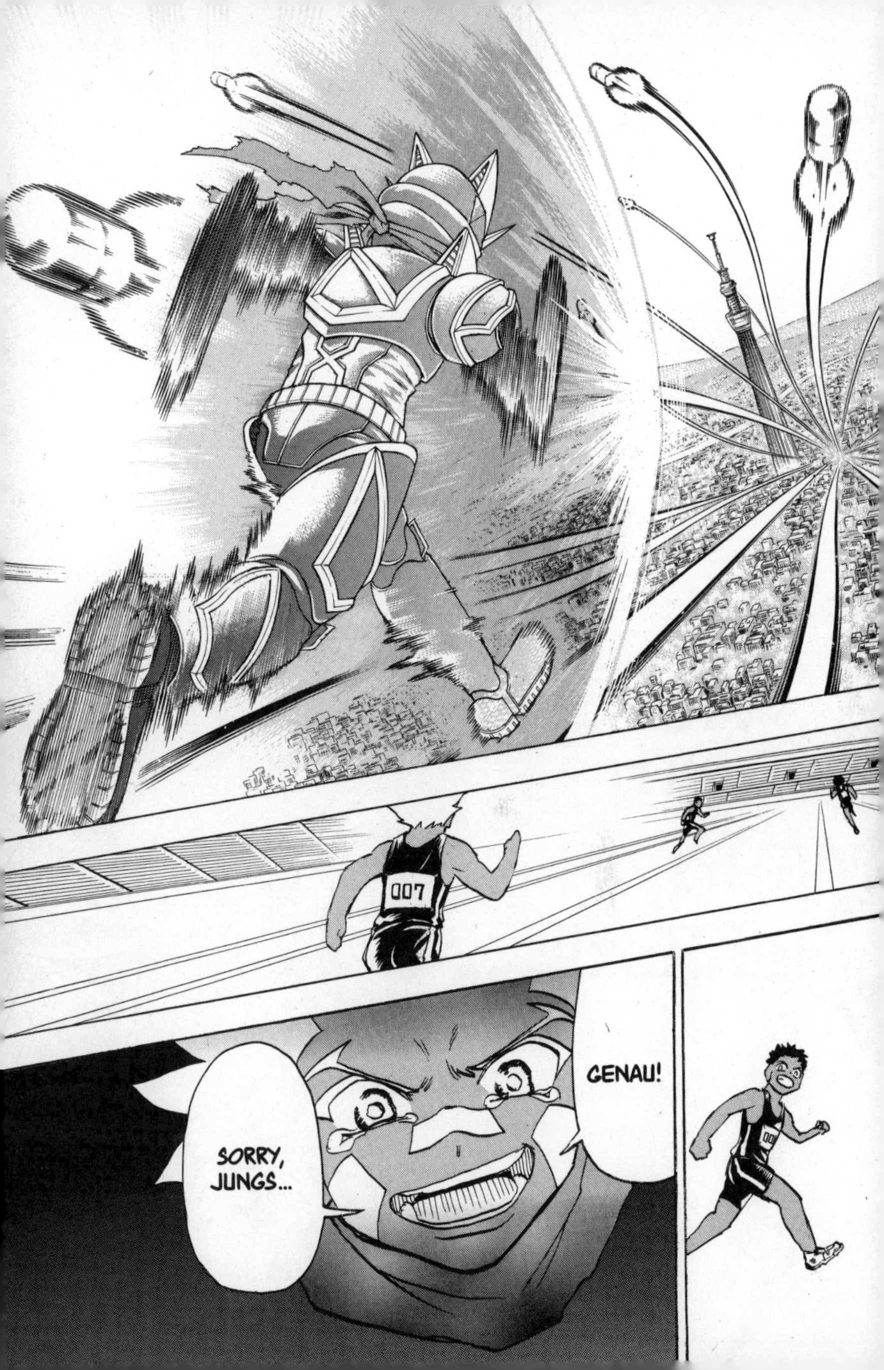
GENAU!
SORRY, JUNGS...

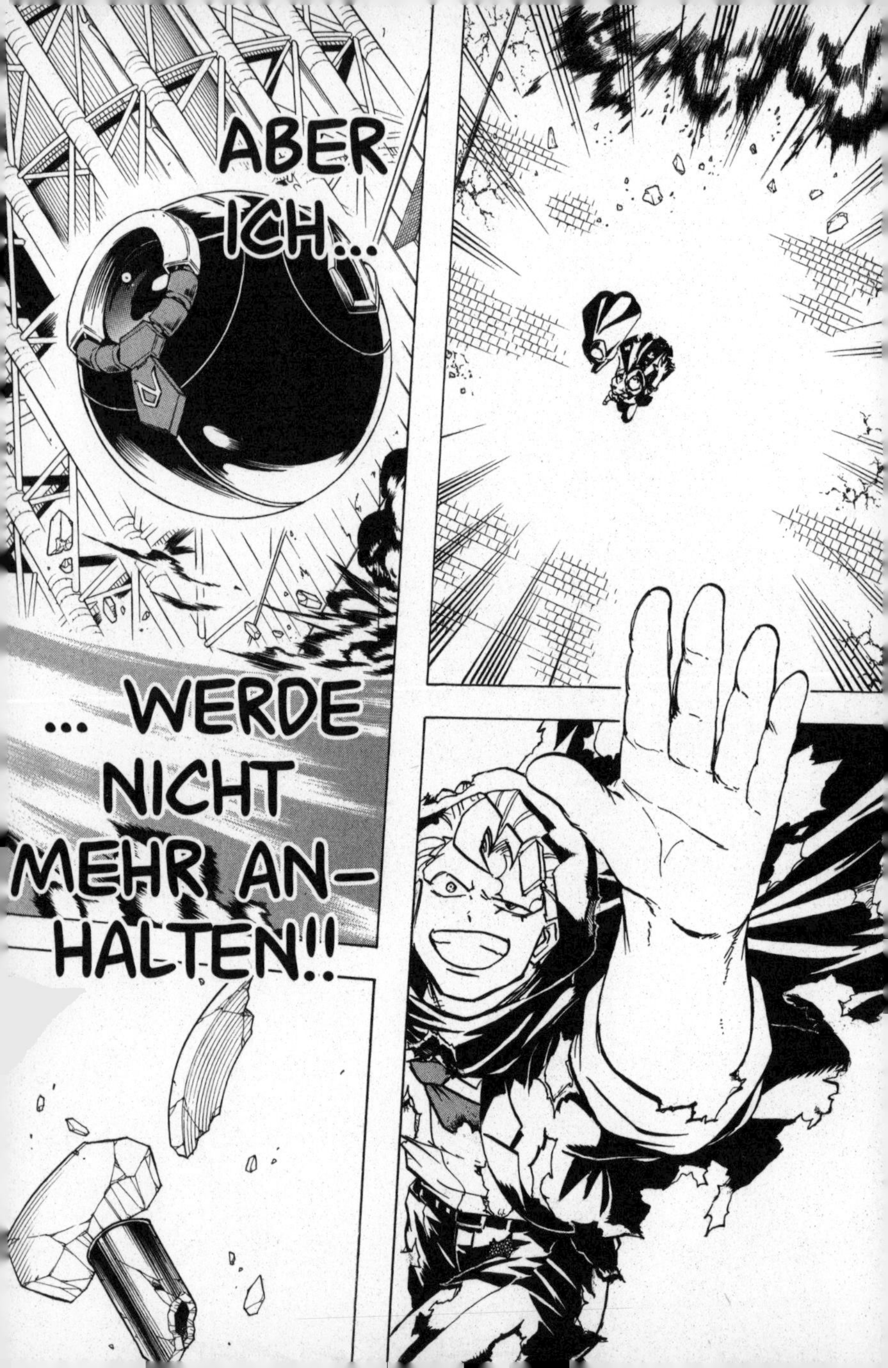
ABER ICH...
... WERDE NICHT MEHR AN-HALTEN!!

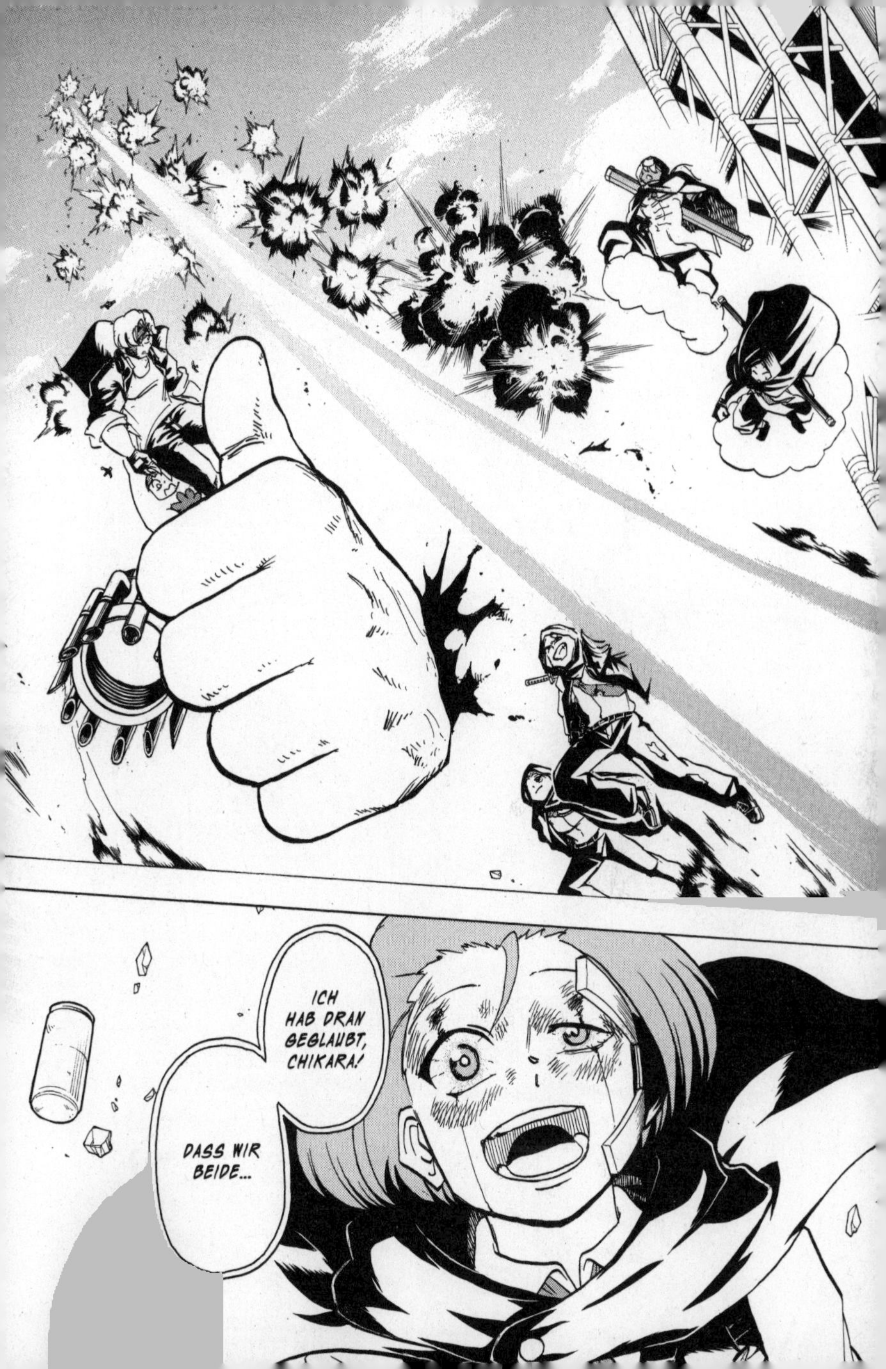
ICH HAB DRAN GEGLAUBT, CHIKARA!
DASS WIR BEIDE...

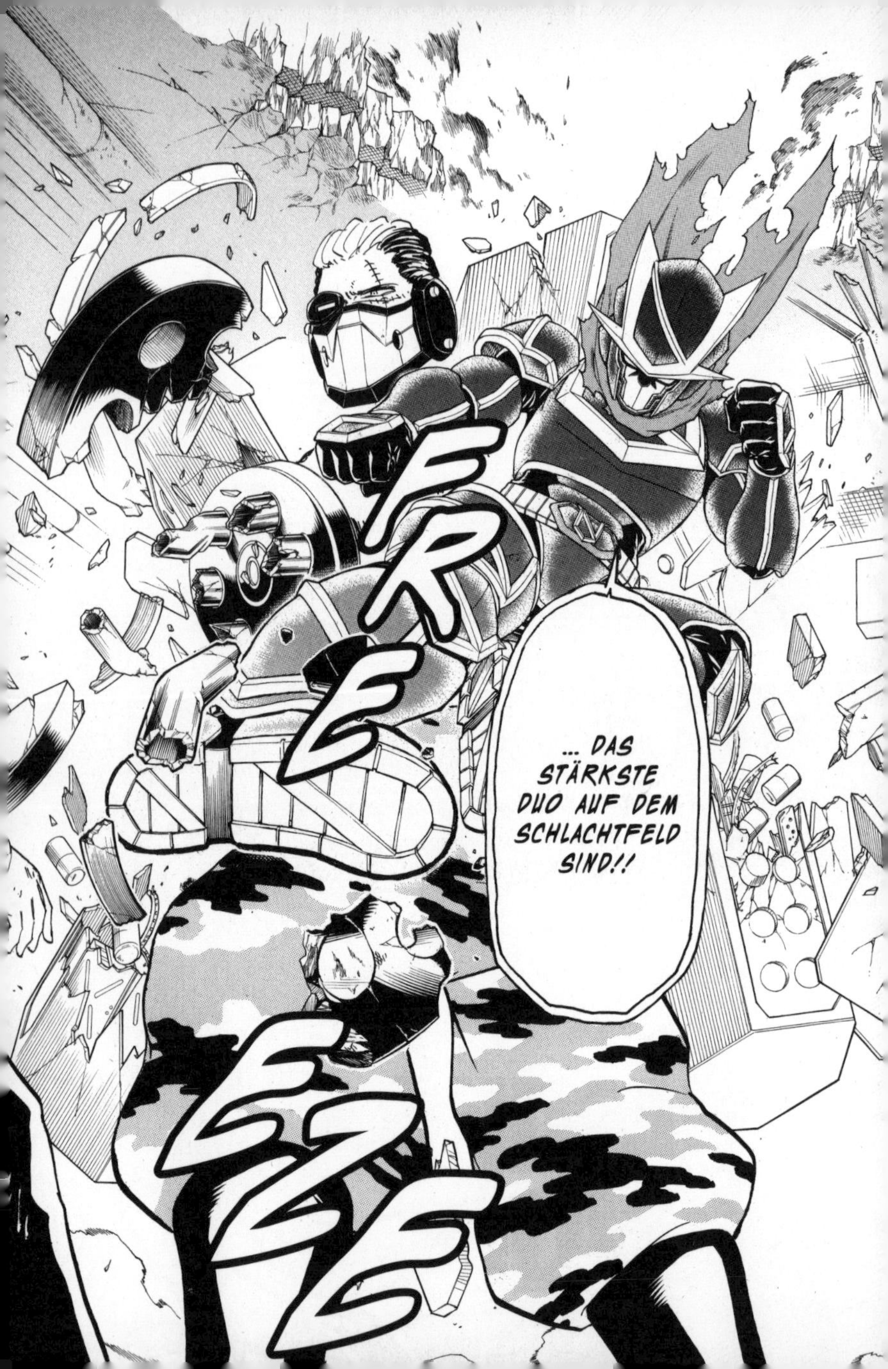
... DAS STÄRKSTE DUO AUF DEM SCHLACHTFELD SIND!!
FREEEES

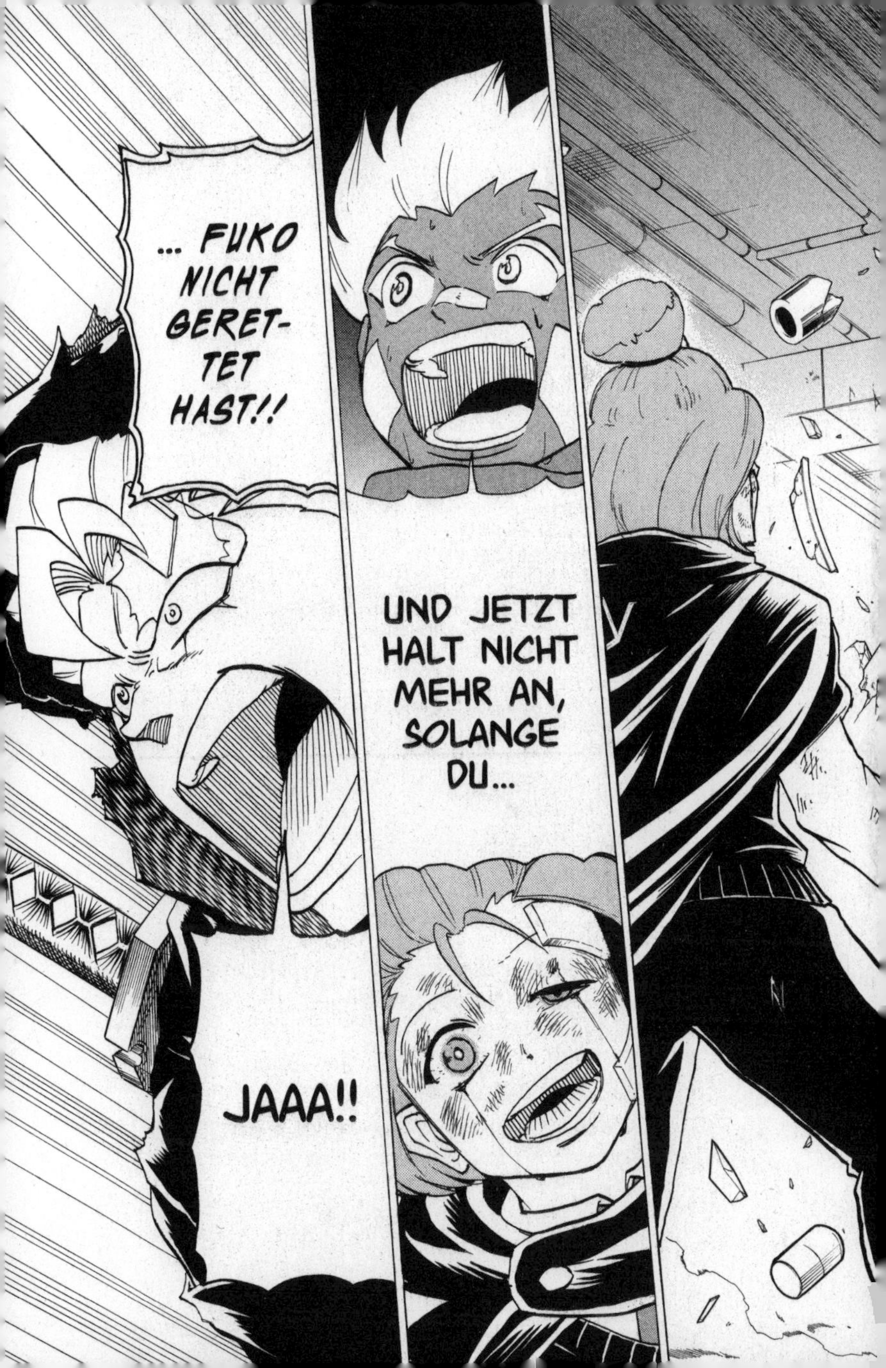
... FUKO NICHT GERET-TET HAST!!
UND JETZT HALT NICHT MEHR AN, SOLANGE DU...
JAAA!!

UN-ST TACHYORIZER

(UNSTOPPABLE TACHORIZER)

SOBALD ER DEN »TACHORIZER« UM SEINE HÜFTE EINSCHALTET, KANN SICH TOP VERWANDELN. NICO HAT DIESEN POWERANZUG EXKLUSIV FÜR IHN ENTWICKELT, WEIL ER IHM DIE FÄHIGKEIT »UNBREAKABLE« VON ISSHIN NICHT EINFACH SO VERLEIHEN KANN. DERZEIT HANDELT ES SICH NOCH UM EINEN PROTOTYP. ER KANN DIE DURCH SEINE EIGENE MEGABESCHLEUNIGUNG ERZEUGTE SCHOCKWELLE ABSORBIEREN UND IN BESCHLEUNIGUNG E UMWANDELN. HINZU KOMMT, DASS DIE OBERFLÄCHE DER PANZERUNG ABGEKOPPELT WIRD, DA SIE SICH DURCH DIE REIBUNG ZU SEHR ERHITZT. EBENFALLS SIND EINE FUNKTION ZUM BRECHEN VON GLIEDMASSEN, UM DIE FÄHIGKEIT UNSTOPPABLE FREIZUSETZEN, UND EINE FUNKTION ZUM AUSGLEICH DER KINETISCHEN ENERGIE E NACH DEM ANHALTEN DURCH UNMOVE VORHANDEN.

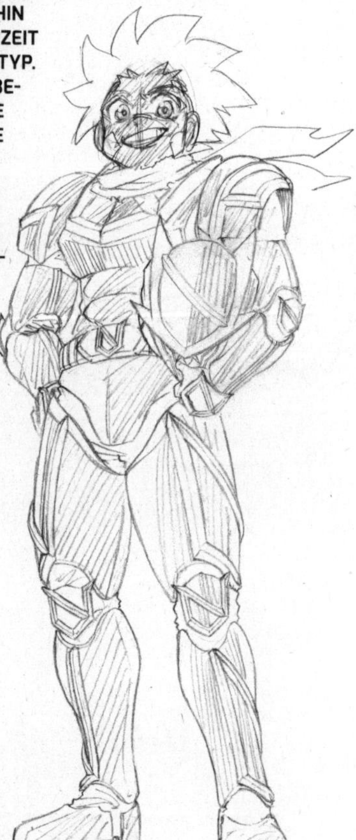

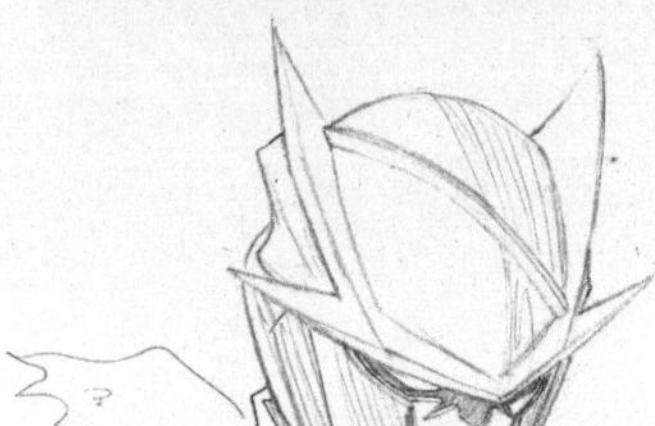

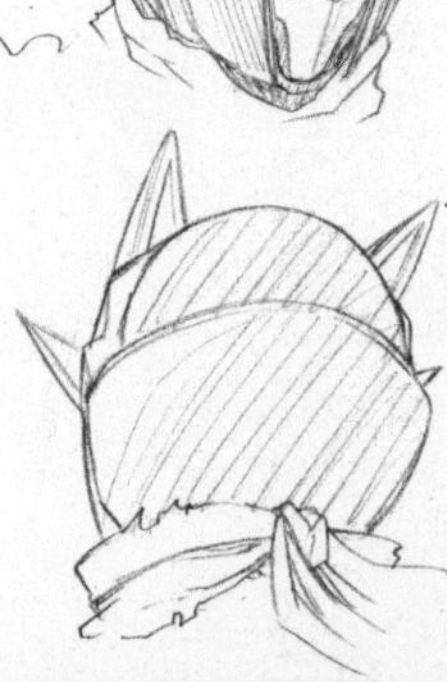

No. 079 Und trotzdem...

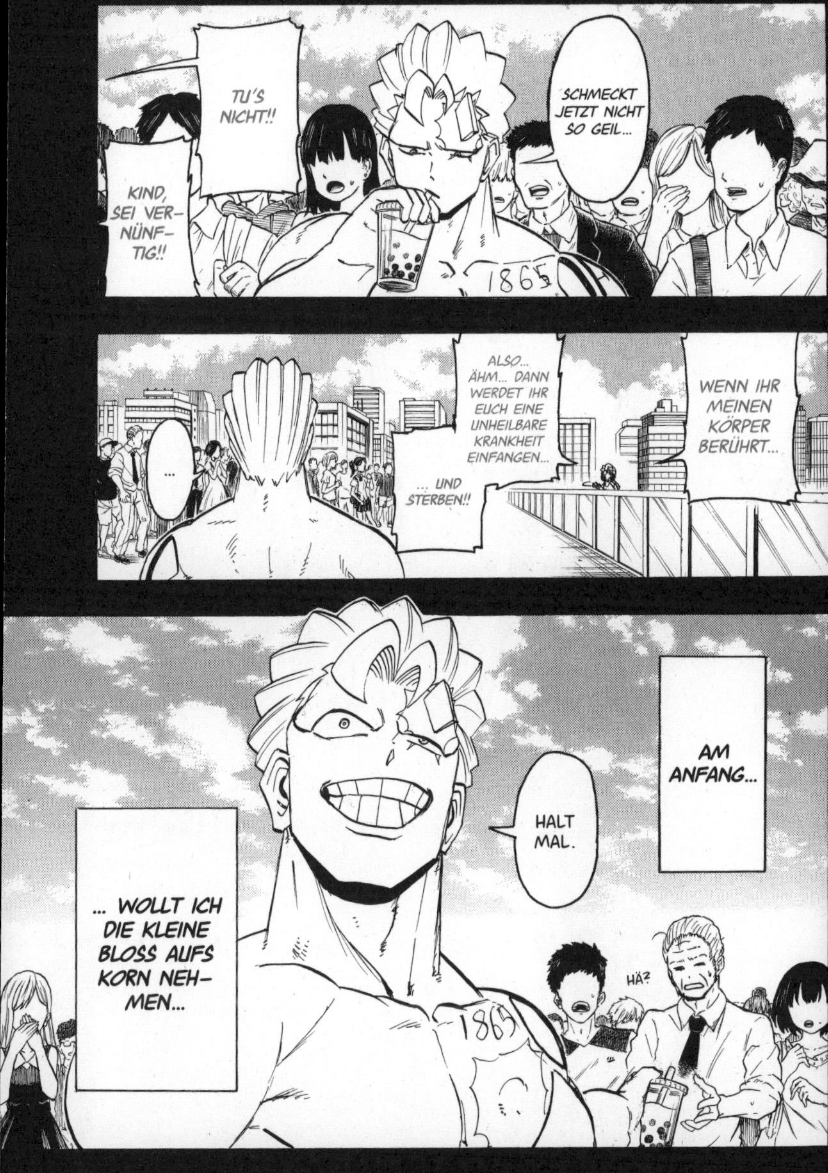

No. 079 Und trotzdem...

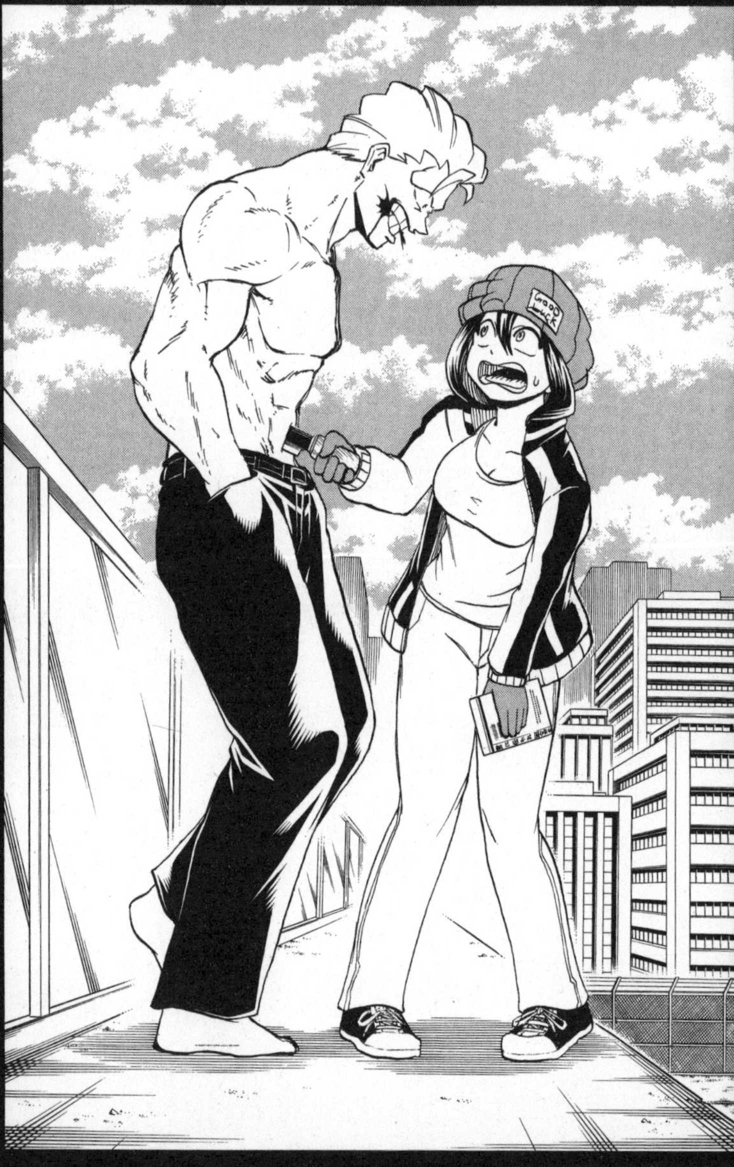

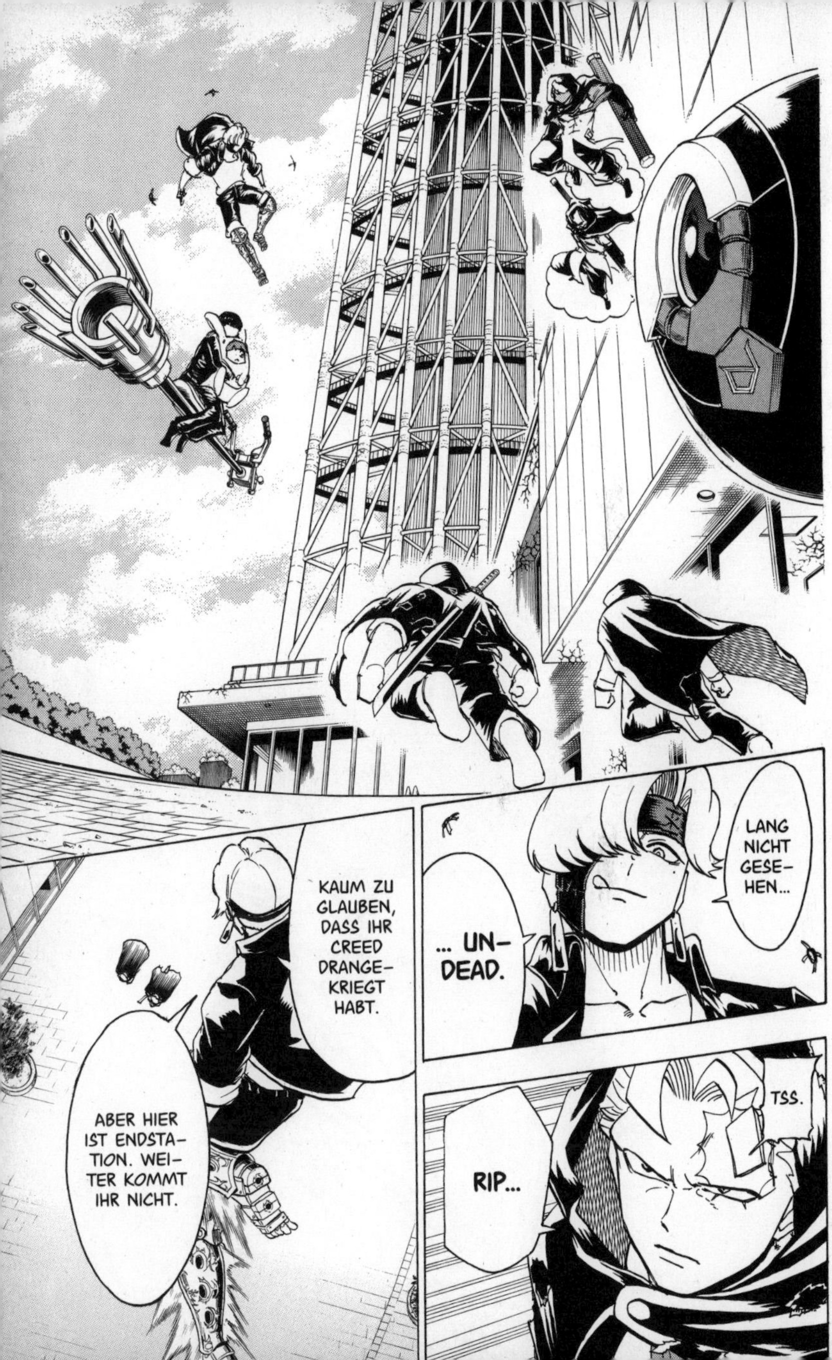
LANG NICHT GESEHEN...
... UN-DEAD.
TSS.
RIP...
KAUM ZU GLAUBEN, DASS IHR CREED DRANGEKRIEGT HABT.
ABER HIER IST ENDSTATION. WEITER KOMMT IHR NICHT.

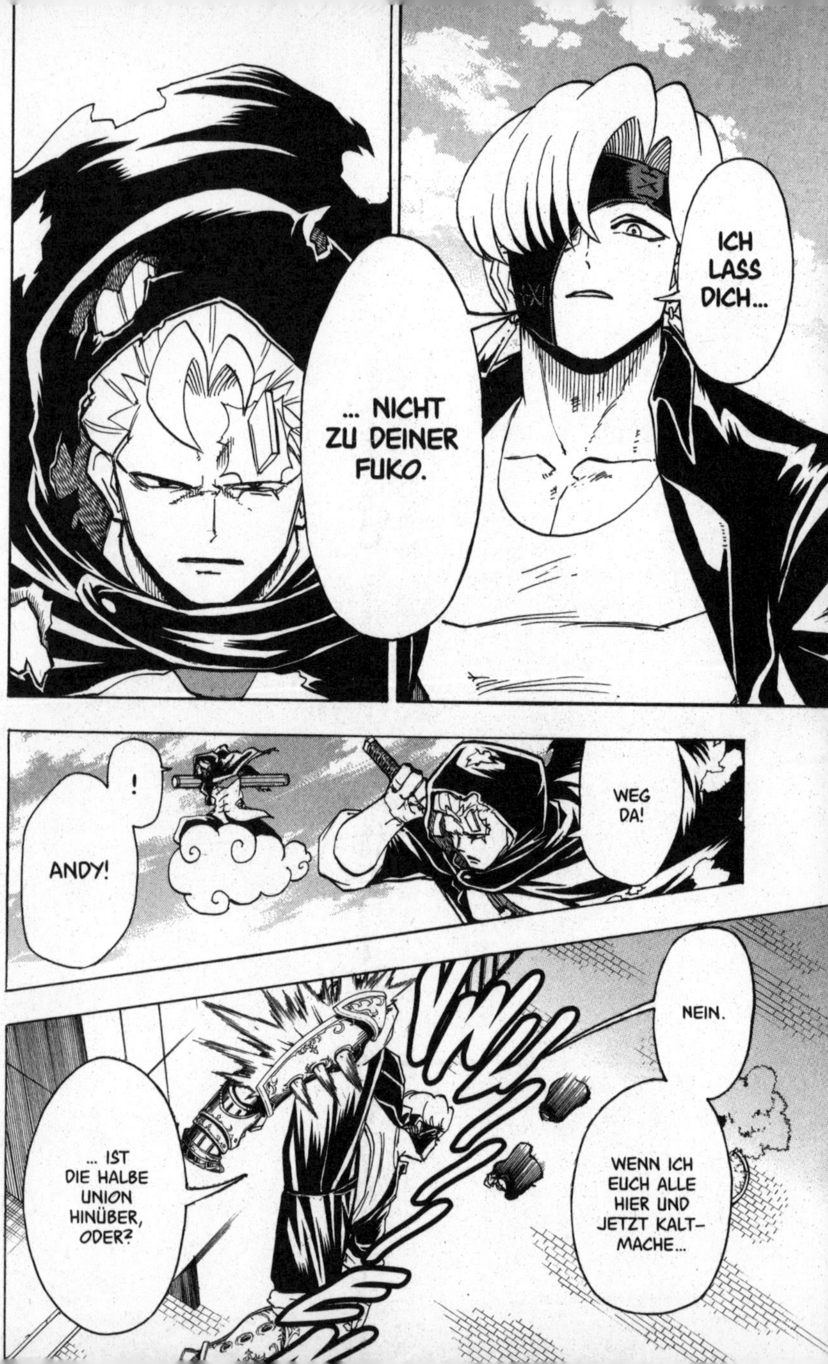
ICH LASS DICH...
... NICHT ZU DEINER FUKO.
WEG DA!
!
ANDY!
NEIN.
WENN ICH EUCH ALLE HIER UND JETZT KALT-MACHE...
... IST DIE HALBE UNION HINÜBER, ODER?

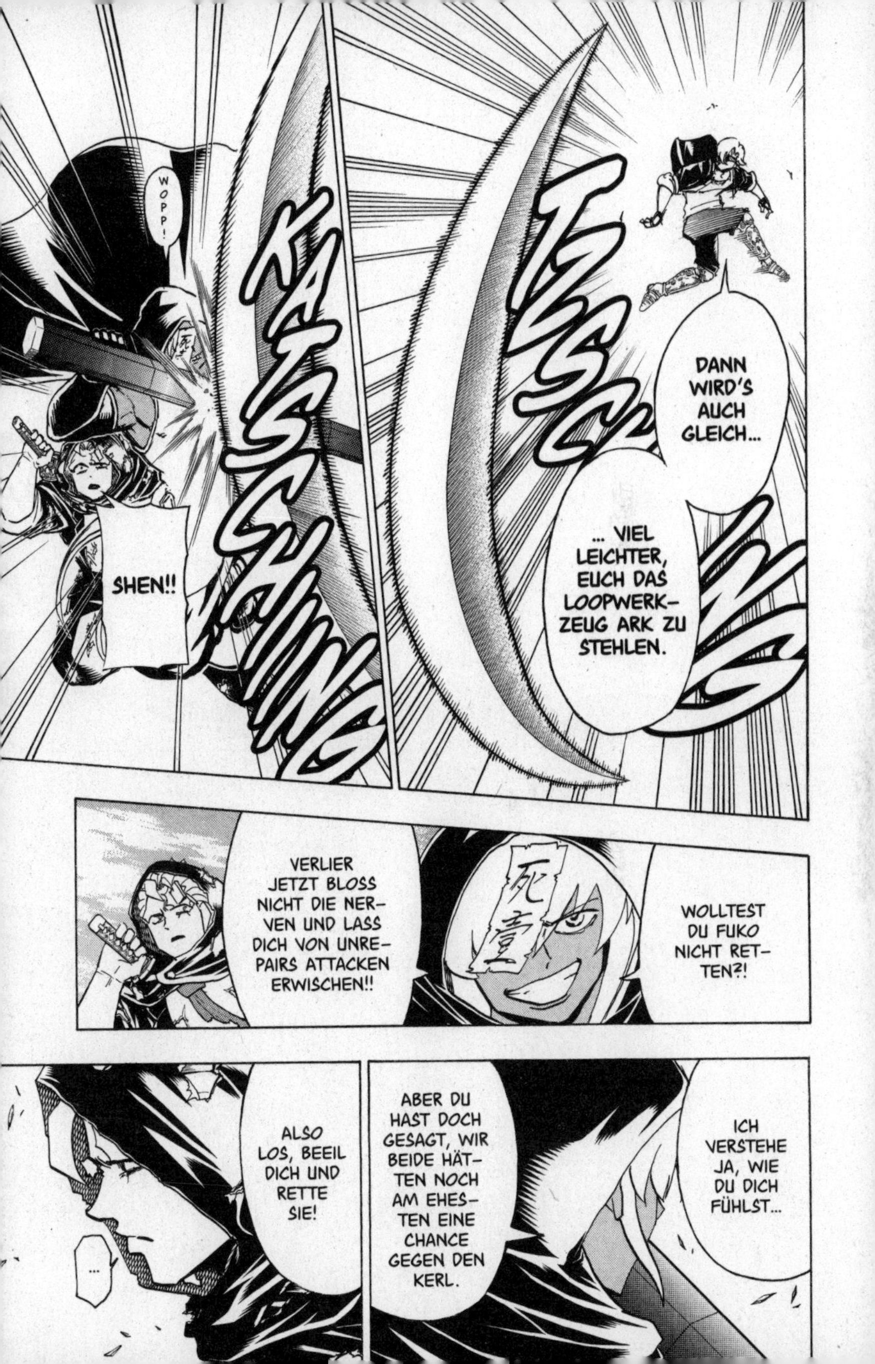
DANN WIRD'S AUCH GLEICH...
... VIEL LEICHTER, EUCH DAS LOOPWERKZEUG ARK ZU STEHLEN.
WOPP!
KATSCHING
SHEN!!
WOLLTEST DU FUKO NICHT RETTEN?!
VERLIER JETZT BLOSS NICHT DIE NERVEN UND LASS DICH VON UNREPAIRS ATTACKEN ERWISCHEN!!
ICH VERSTEHE JA, WIE DU DICH FÜHLST...
ABER DU HAST DOCH GESAGT, WIR BEIDE HÄTTEN NOCH AM EHESTEN EINE CHANCE GEGEN DEN KERL.
ALSO LOS, BEEIL DICH UND RETTE SIE!
...

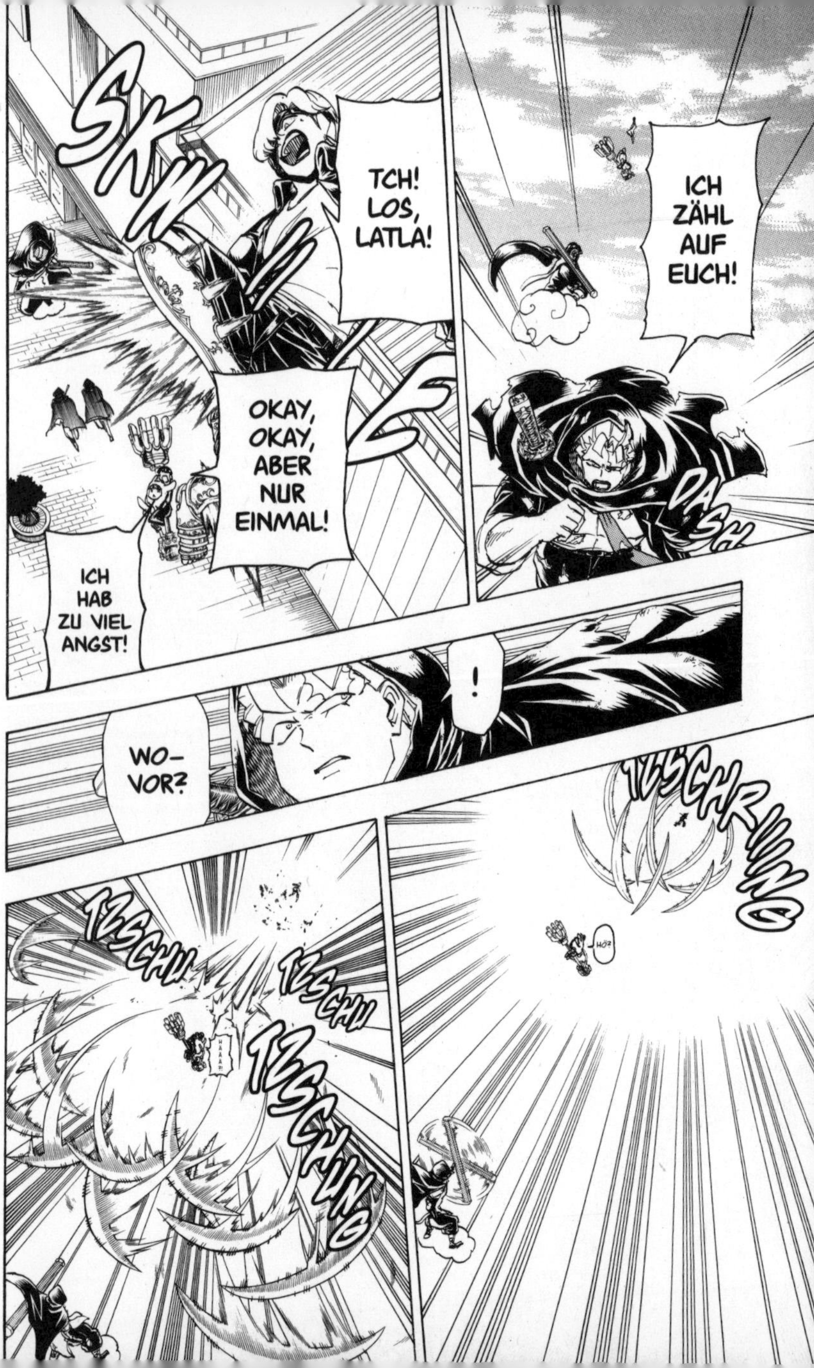
ICH ZÄHL AUF EUCH!
DASH
TCH! LOS, LATLA!
OKAY, OKAY, ABER NUR EINMAL!
ICH HAB ZU VIEL ANGST!
!
WO-VOR?
TZSCHRIIING
HÖ?
TZSCHU
TZSCHU
TZSCHING

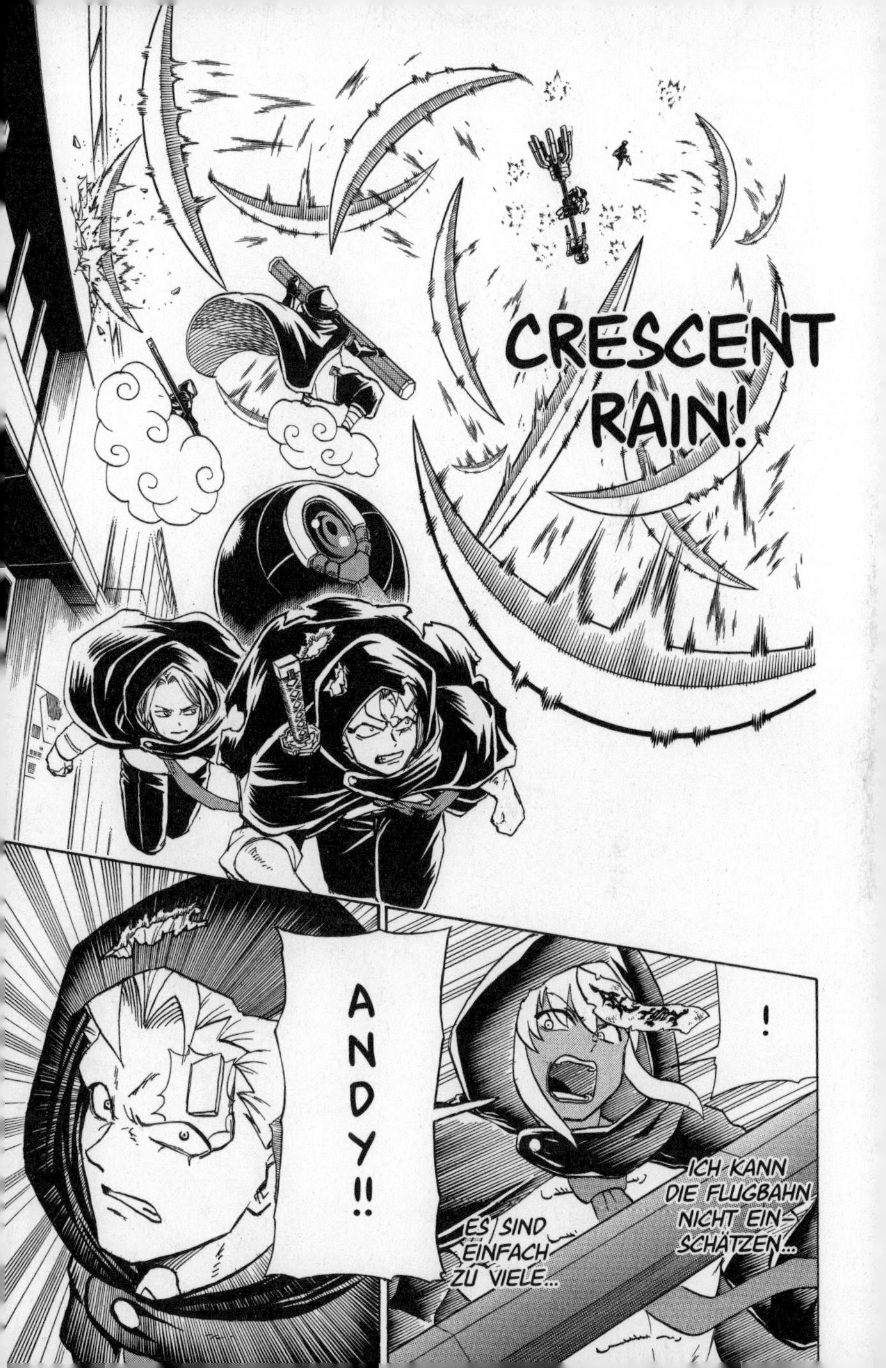
CRESCENT RAIN!
ANDY!!
!
ICH KANN DIE FLUGBAHN NICHT EIN-SCHÄTZEN...
ES SIND EINFACH ZU VIELE...

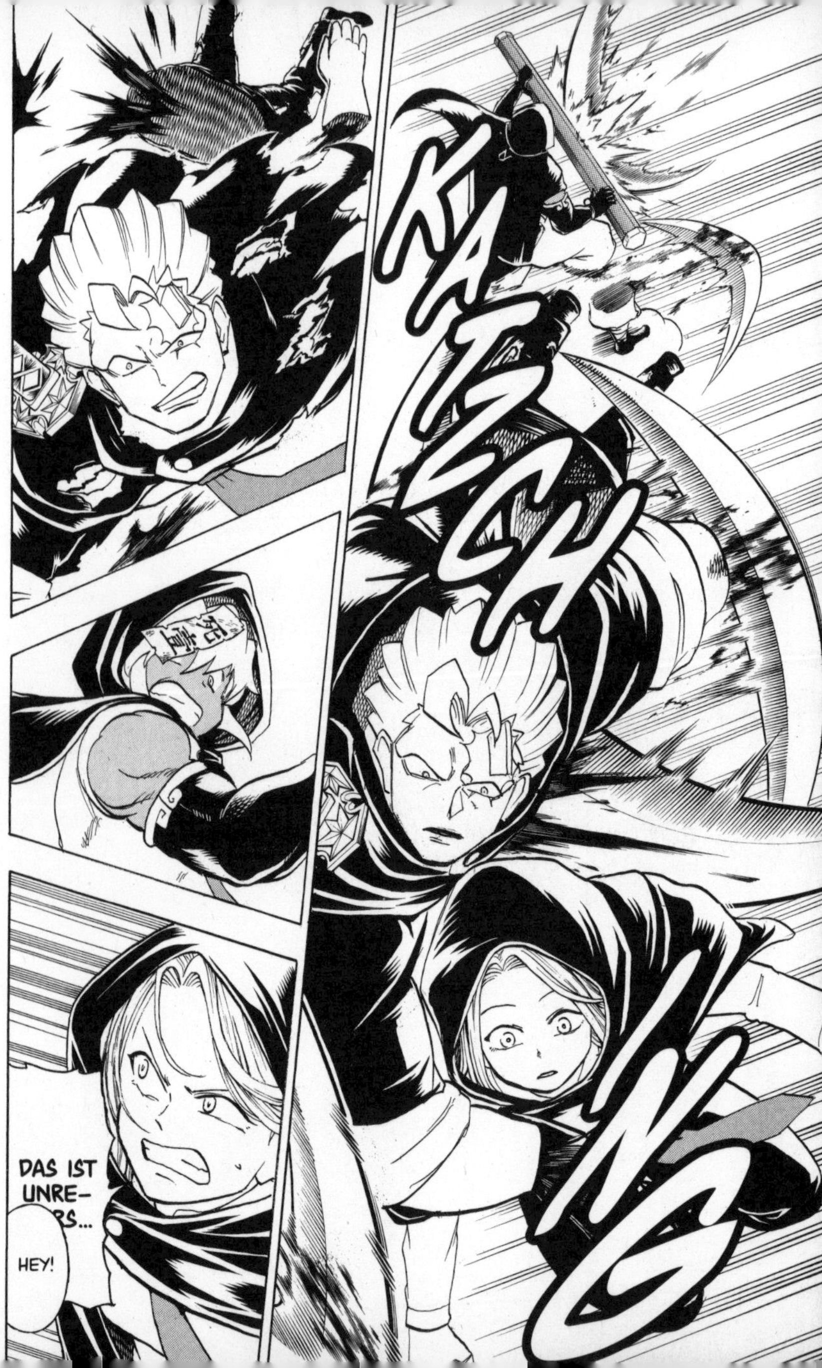
KATSCH
DAS IST UNRE-
RS...
HEY!

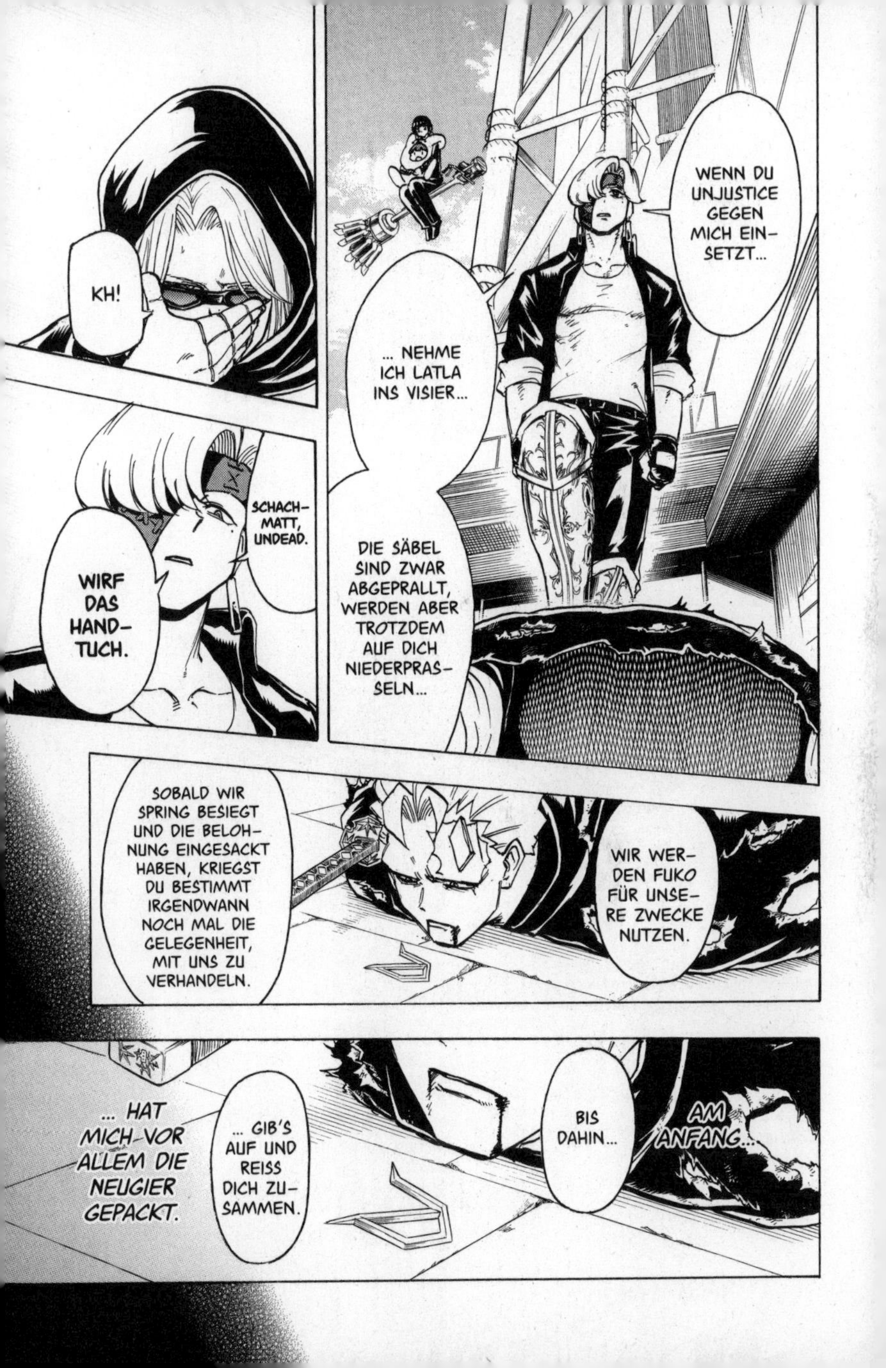

WENN DU UNJUSTICE GEGEN MICH EINSETZT...
... NEHME ICH LATLA INS VISIER...
DIE SÄBEL SIND ZWAR ABGEPRALLT, WERDEN ABER TROTZDEM AUF DICH NIEDERPRASSELN...
KH!
SCHACHMATT, UNDEAD.
WIRF DAS HANDTUCH.
WIR WERDEN FUKO FÜR UNSERE ZWECKE NUTZEN.
SOBALD WIR SPRING BESIEGT UND DIE BELOHNUNG EINGESACKT HABEN, KRIEGST DU BESTIMMT IRGENDWANN NOCH MAL DIE GELEGENHEIT, MIT UNS ZU VERHANDELN.
AM ANFANG...
BIS DAHIN...
... GIB'S AUF UND REISS DICH ZUSAMMEN.
... HAT MICH VOR ALLEM DIE NEUGIER GEPACKT.

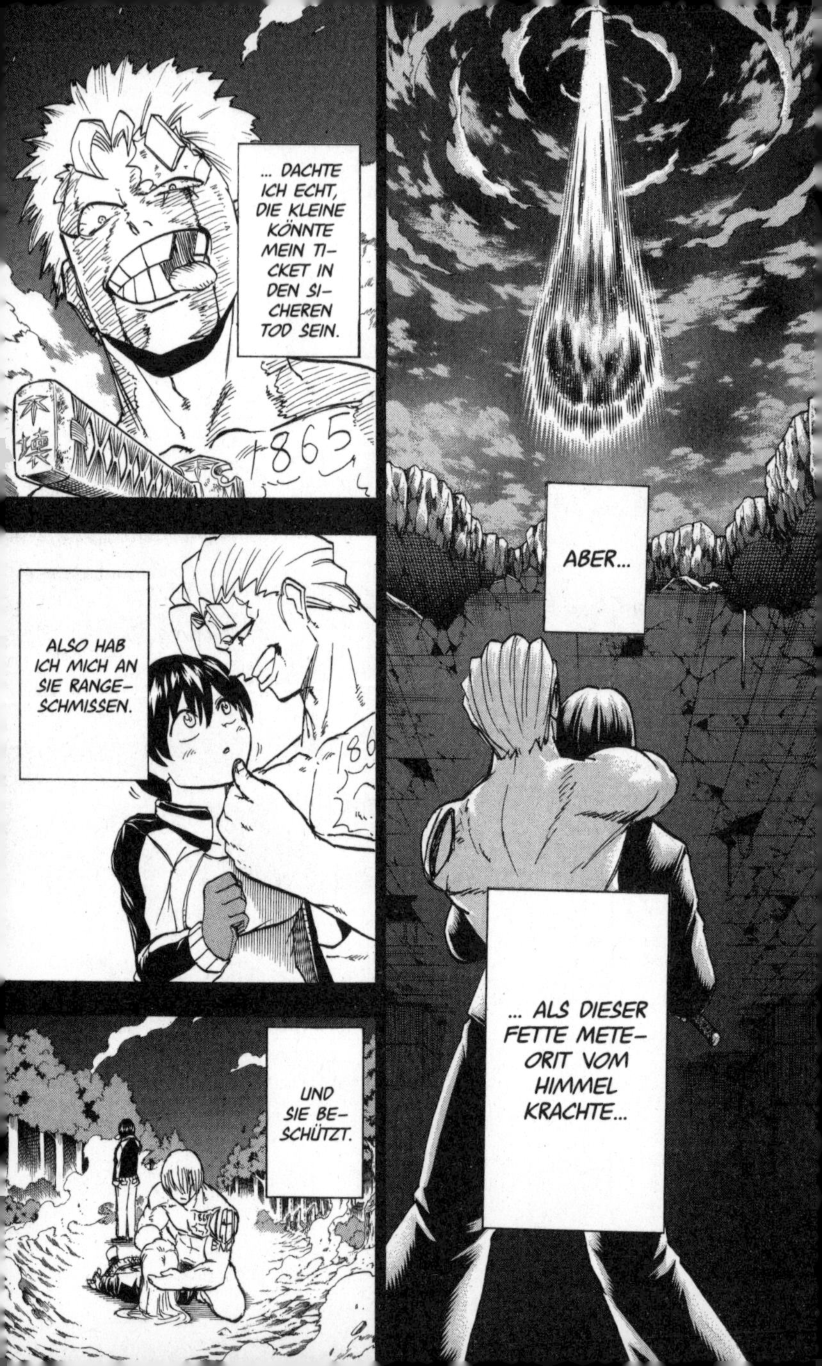
ABER...
... ALS DIESER FETTE METEORIT VOM HIMMEL KRACHTE...
... DACHTE ICH ECHT, DIE KLEINE KÖNNTE MEIN TICKET IN DEN SICHEREN TOD SEIN.
1865
ALSO HAB ICH MICH AN SIE RANGESCHMISSEN.
UND SIE BESCHÜTZT.

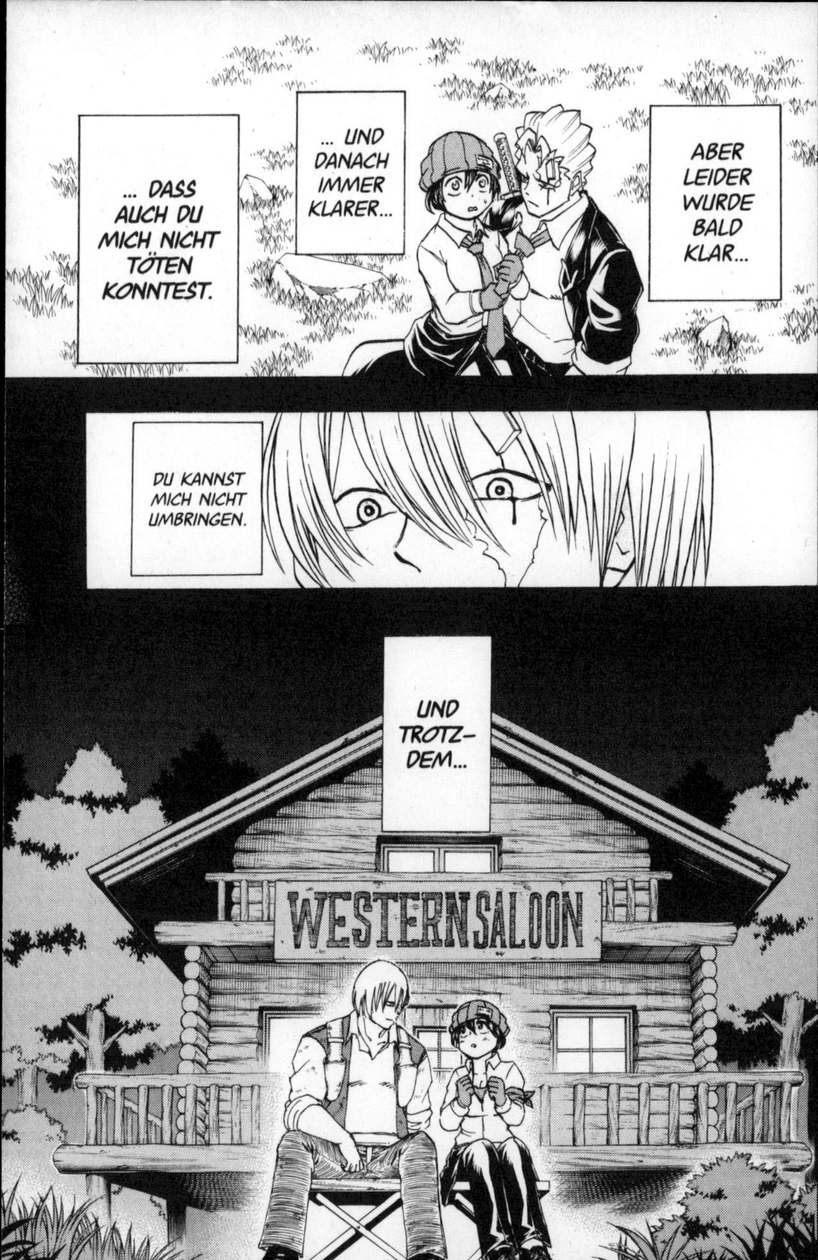
ABER LEIDER WURDE BALD KLAR...
... UND DANACH IMMER KLARER...
... DASS AUCH DU MICH NICHT TÖTEN KONNTEST.
DU KANNST MICH NICHT UMBRINGEN.
UND TROTZ-DEM...
WESTERNSALOON

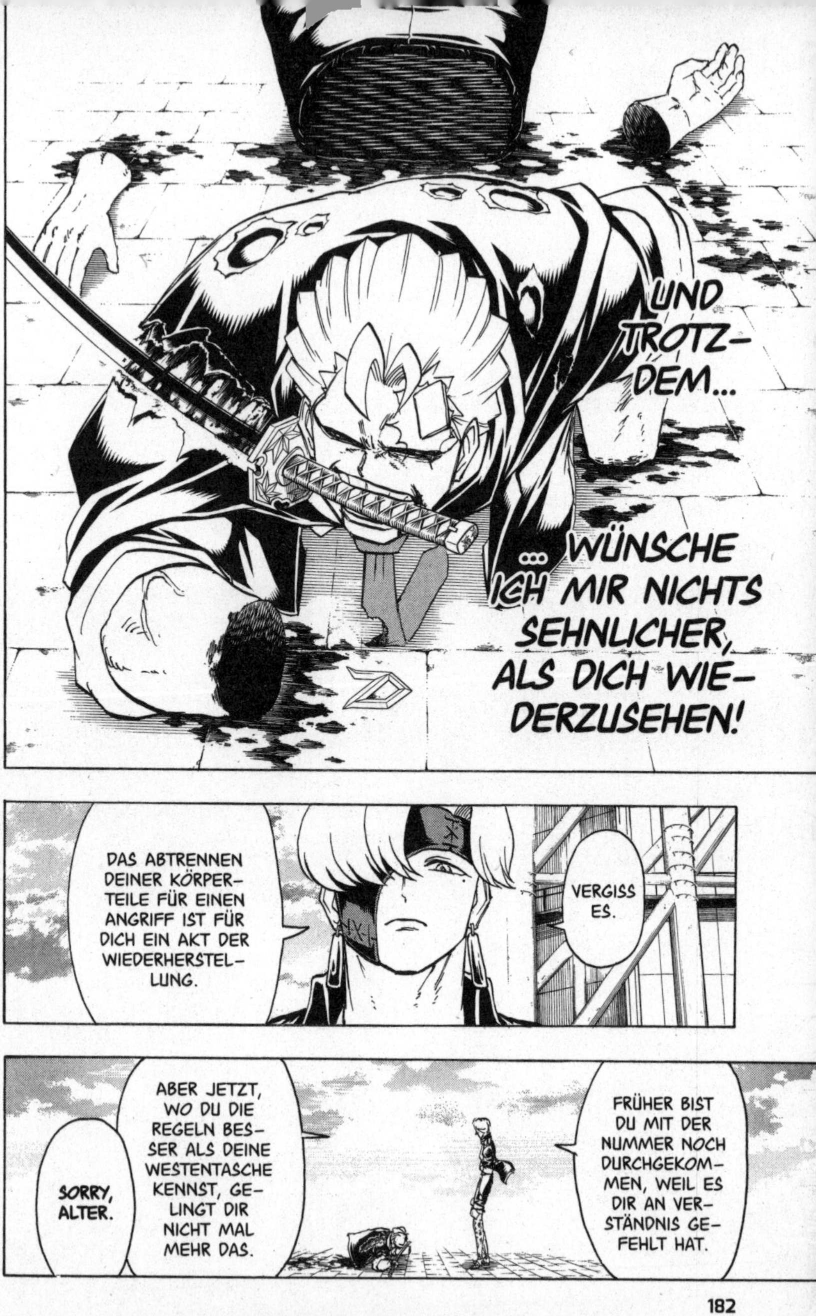
UND TROTZ-DEM...
... WÜNSCHE ICH MIR NICHTS SEHNLICHER, ALS DICH WIE-DERZUSEHEN!
VERGISS ES.
DAS ABTRENNEN DEINER KÖRPER-TEILE FÜR EINEN ANGRIFF IST FÜR DICH EIN AKT DER WIEDERHERSTEL-LUNG.
FRÜHER BIST DU MIT DER NUMMER NOCH DURCHGEKOM-MEN, WEIL ES DIR AN VER-STÄNDNIS GE-FEHLT HAT.
ABER JETZT, WO DU DIE REGELN BES-SER ALS DEINE WESTENTASCHE KENNST, GE-LINGT DIR NICHT MAL MEHR DAS.
SORRY, ALTER.

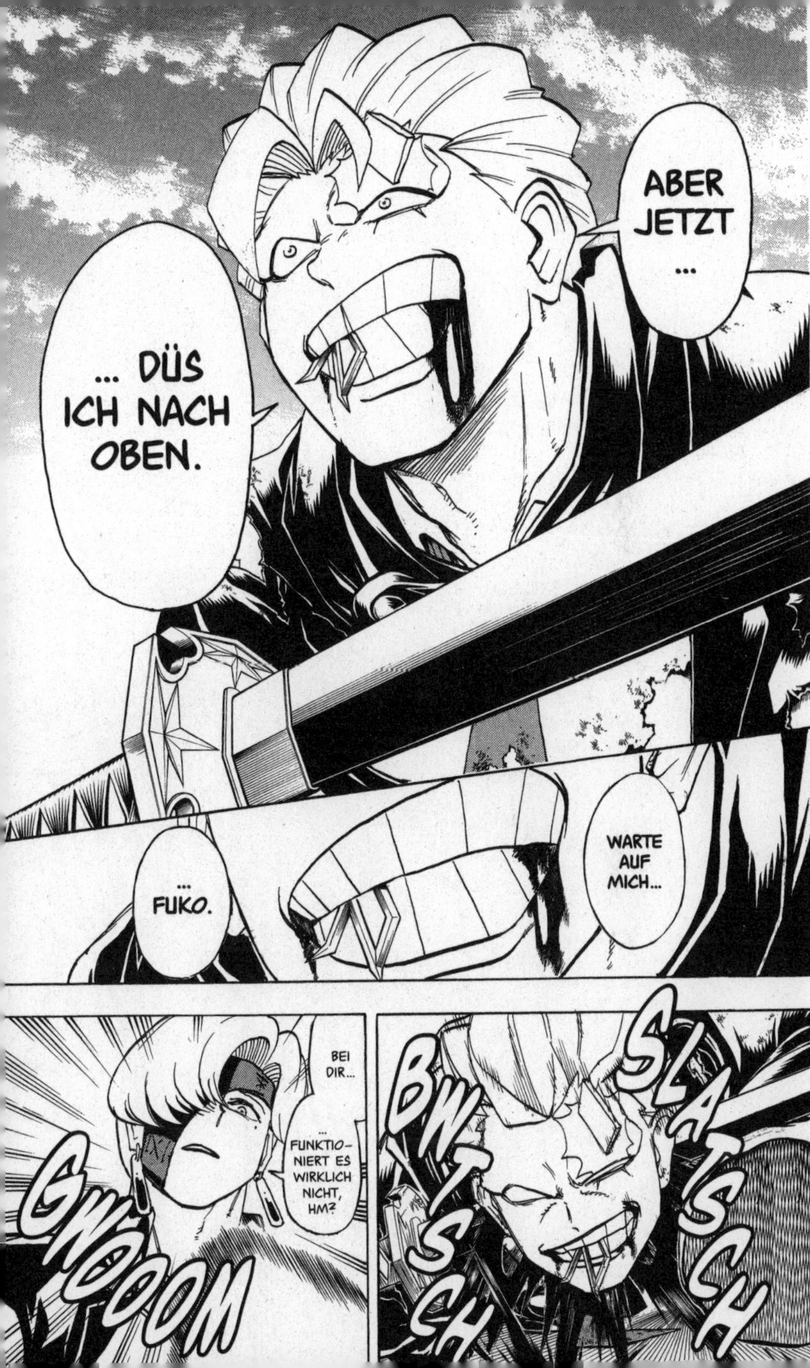
ABER JETZT ...
... DÜS ICH NACH OBEN.
WARTE AUF MICH...
... FUKO.
SLATSCH
BWTSCH
BEI DIR...
... FUNKTIONIERT ES WIRKLICH NICHT, HM?
GWOOOM

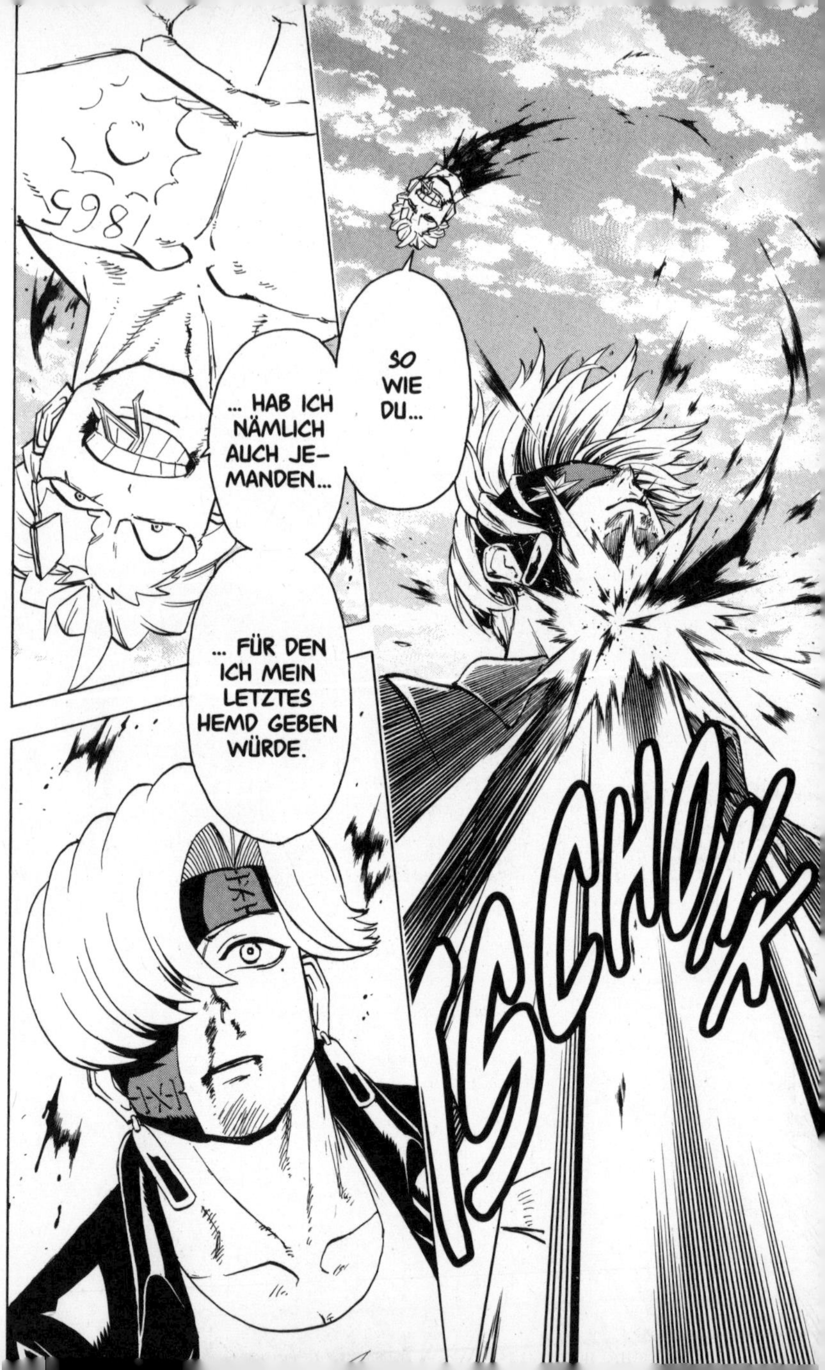
1865
SO WIE DU...
... HAB ICH NÄMLICH AUCH JE-MANDEN...
... FÜR DEN ICH MEIN LETZTES HEMD GEBEN WÜRDE.
TSCHOK

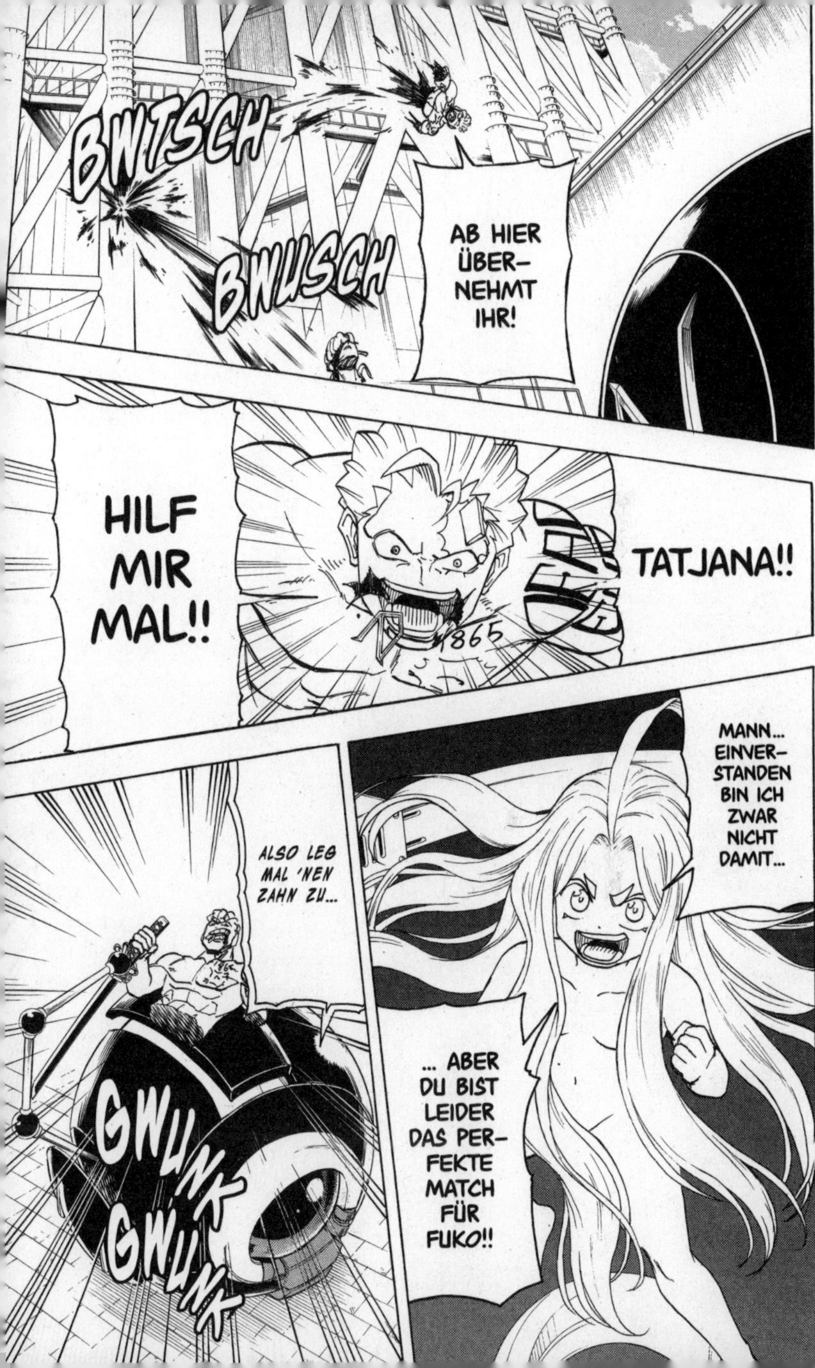
BWTSCH
BWUSCH
AB HIER ÜBER-NEHMT IHR!
TATJANA!!
HILF MIR MAL!!
MANN... EINVER-STANDEN BIN ICH ZWAR NICHT DAMIT...
... ABER DU BIST LEIDER DAS PER-FEKTE MATCH FÜR FUKO!!
ALSO LEG MAL 'NEN ZAHN ZU...
GWUNK GWUNK

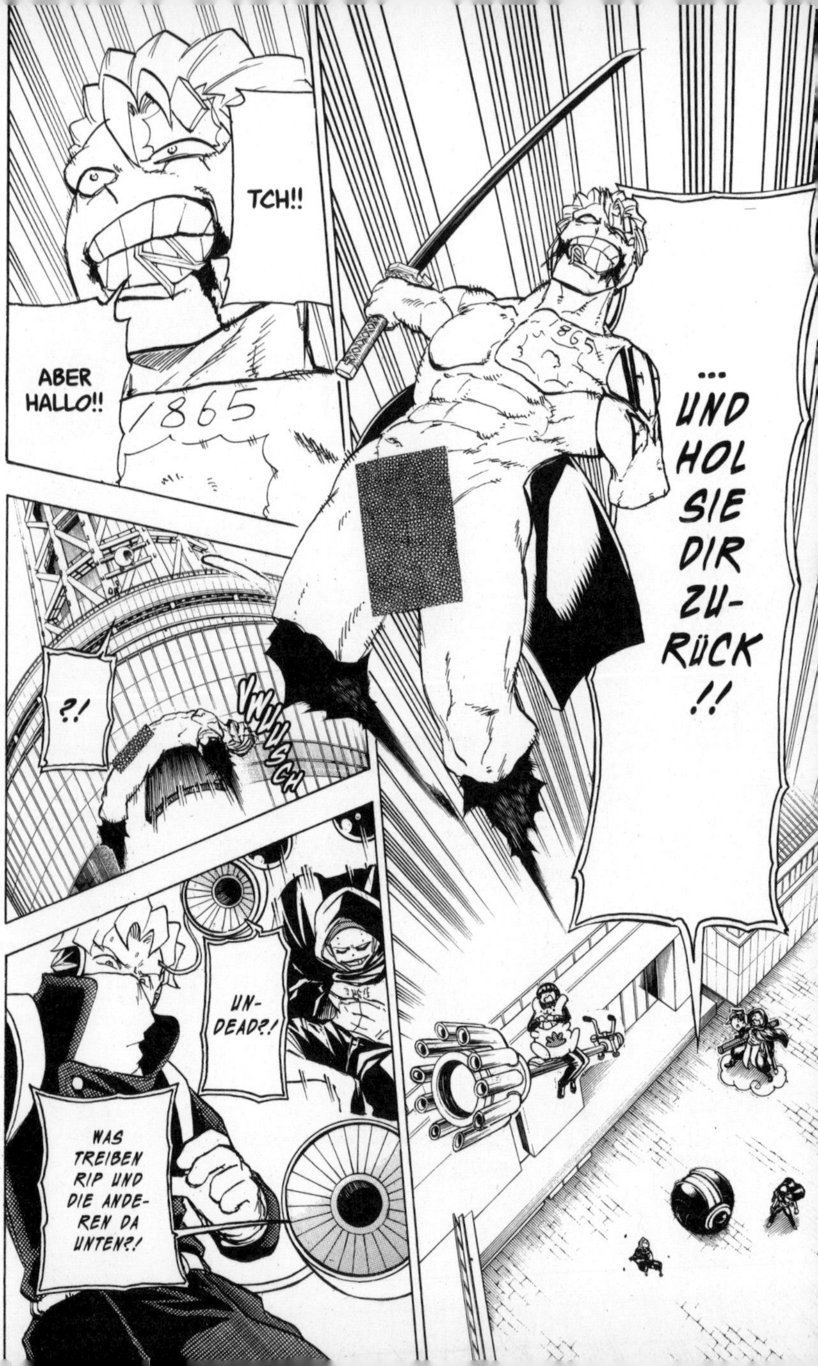

TCH!!
ABER HALLO!!
1865
... UND HOL SIE DIR ZU-RÜCK !!
?!
WWUUSCH
UN-DEAD?!
WAS TREIBEN RIP UND DIE ANDE-REN DA UNTEN?!

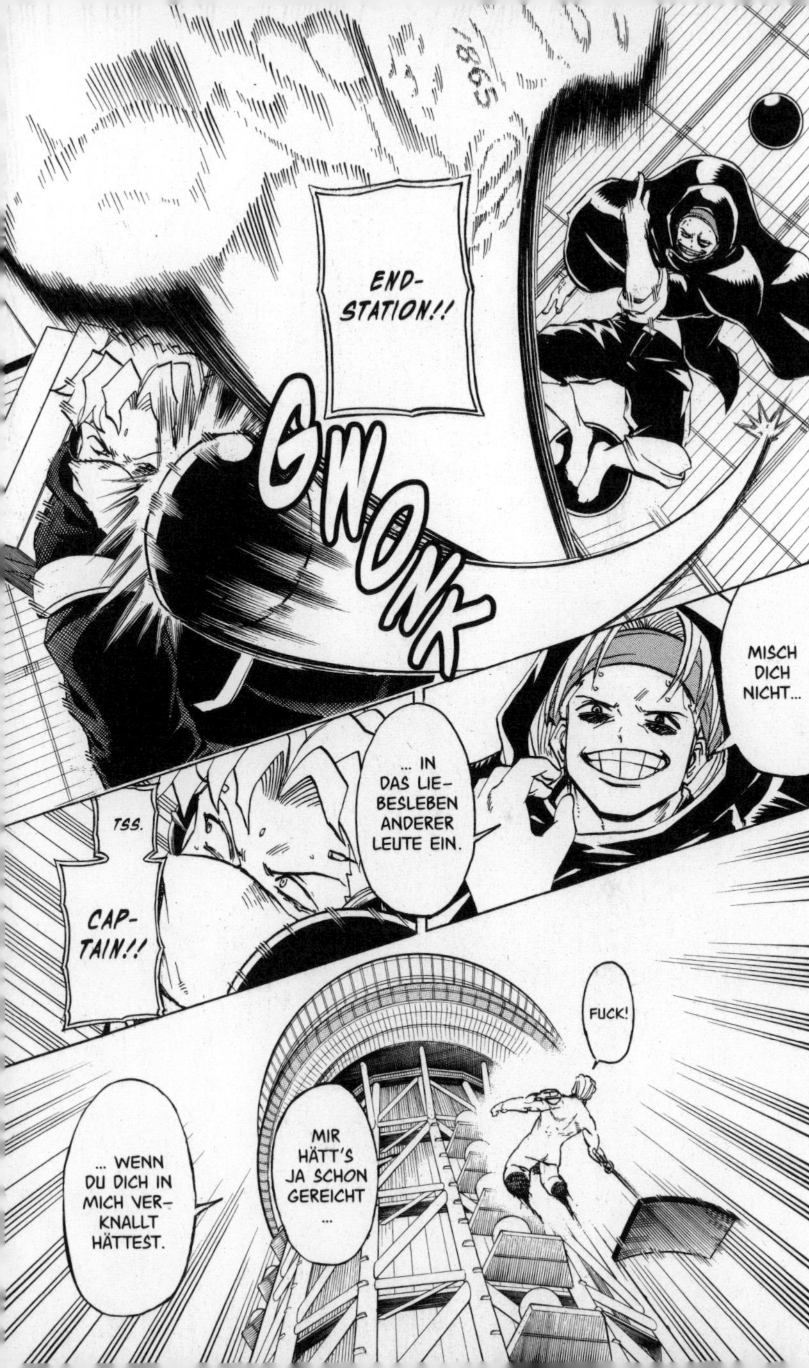
END-STATION!!
GWONK
MISCH DICH NICHT...
... IN DAS LIE-BESLEBEN ANDERER LEUTE EIN.
TSS.
CAP-TAIN!!
FUCK!
MIR HÄTT'S JA SCHON GEREICHT ...
... WENN DU DICH IN MICH VER-KNALLT HÄTTEST.

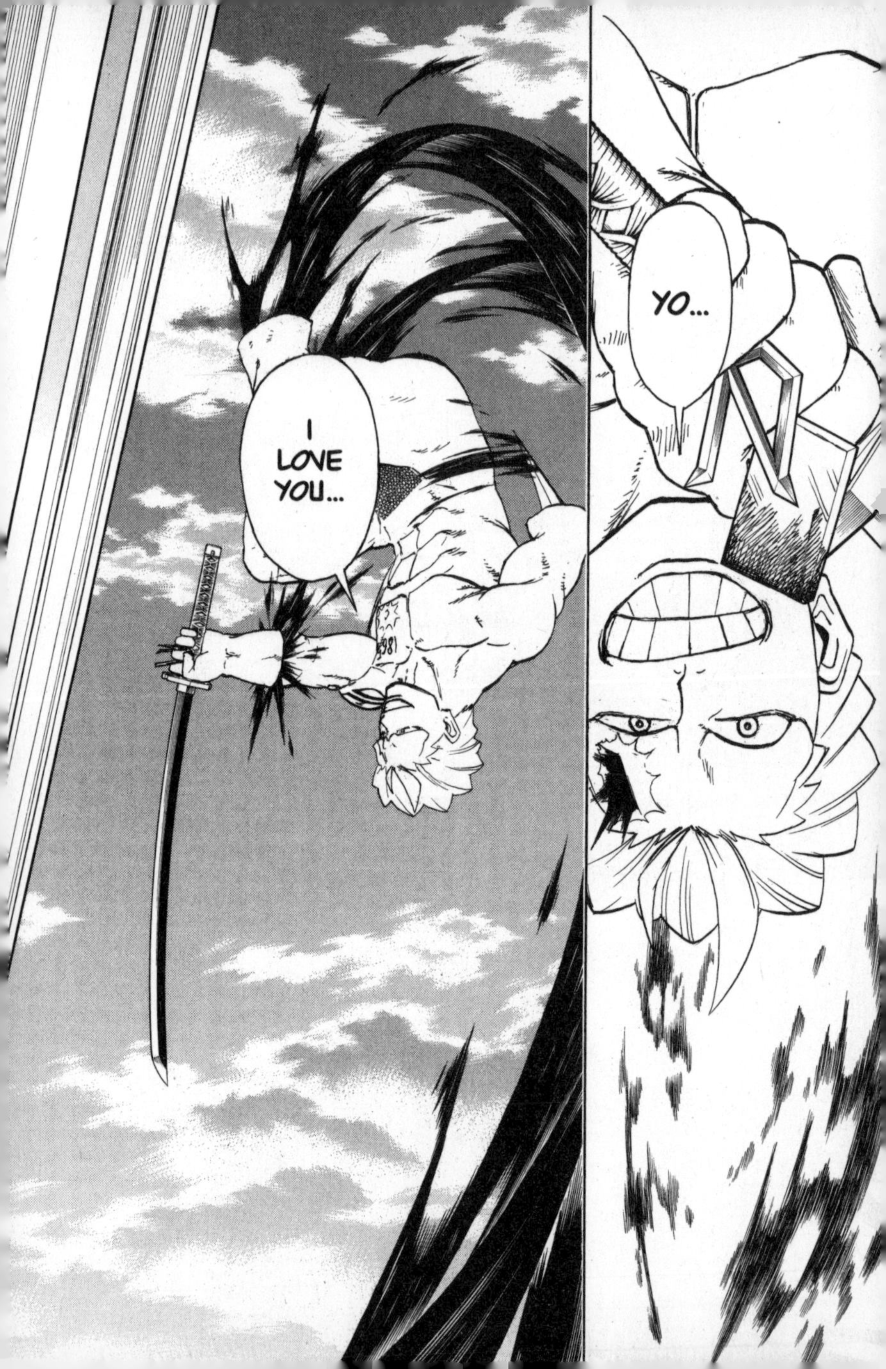
YO...
I LOVE YOU...

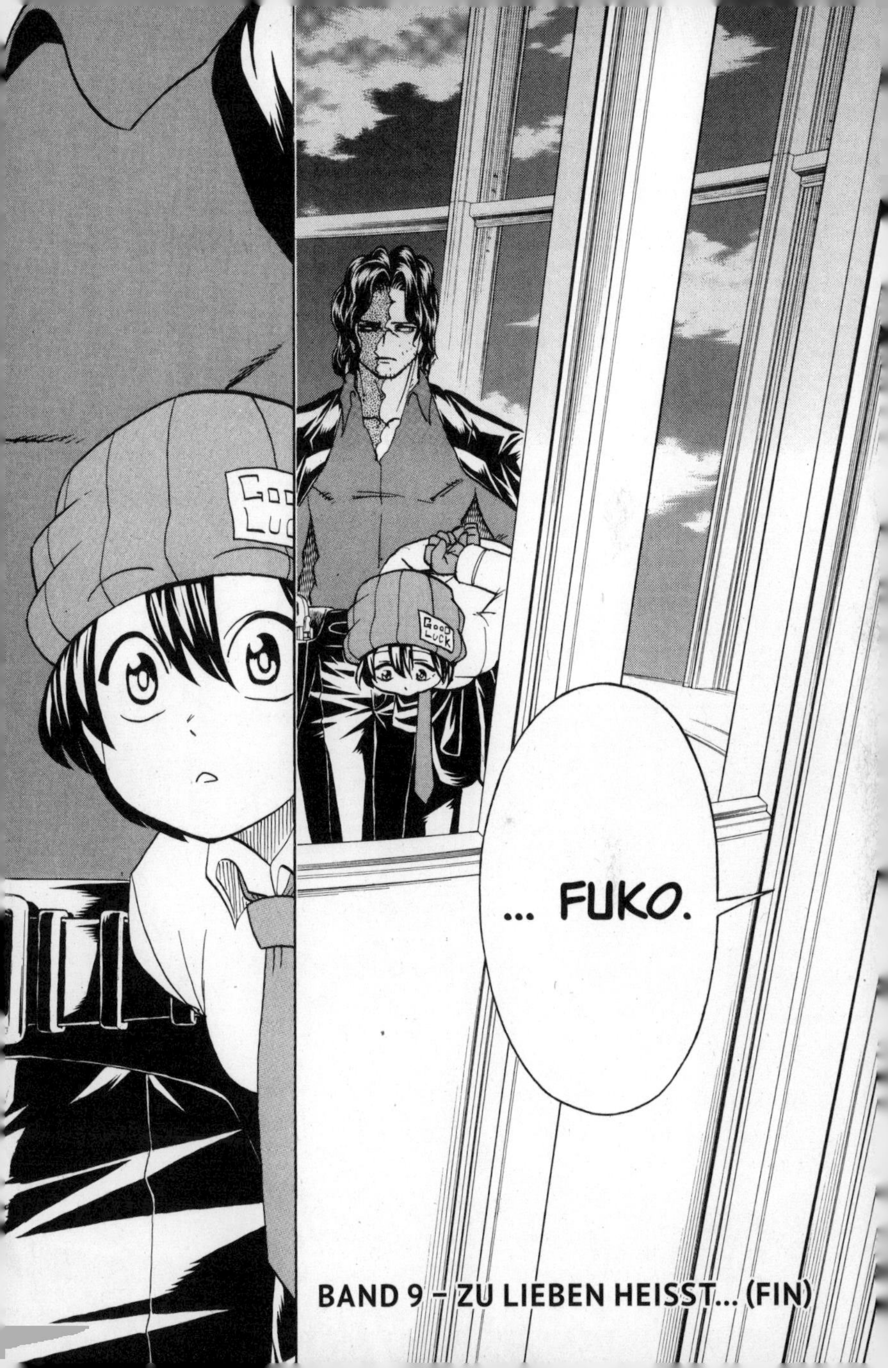
GOOD LUCK
GOOD LUCK
... FUKO.
BAND 9 – ZU LIEBEN HEISST... (FIN)

UNDEAD UNLUCK ▶▶▶▶ NEXT VOLUME NOTICE!!!!!

VS. BILLY!!

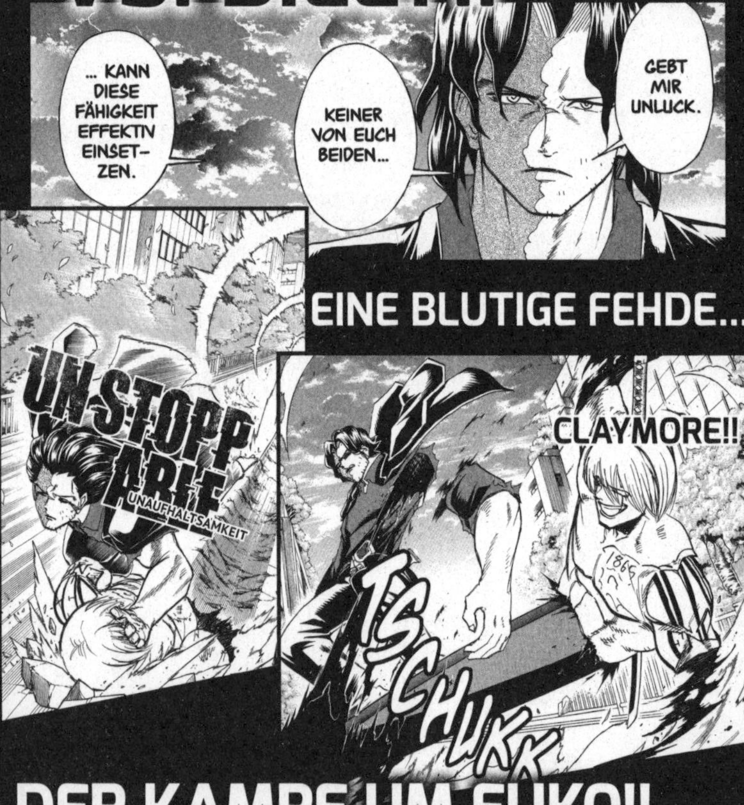

DER KAMPF UM FUKO!!

ZWEI GEGENSÄTZLICHE ABSICHTEN...

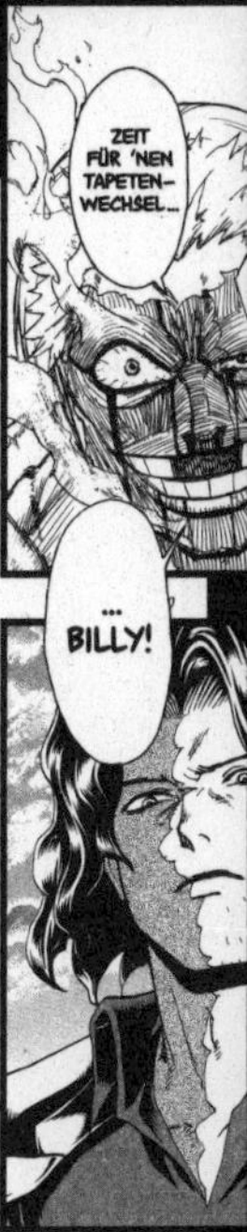

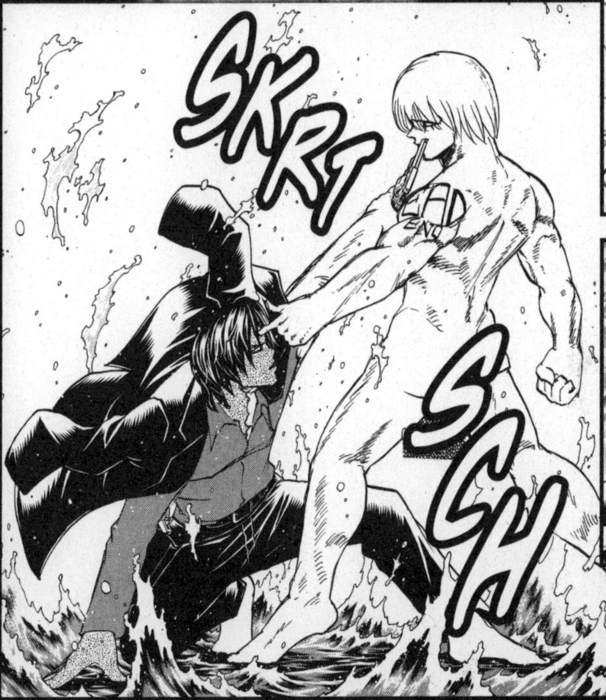

WIE WIRD DER ENTSCHEIDENDE KAMPF AUSGEHEN...?!

10

ERSCHEINT IM OKTOBER 2023.

UNDEAD
UNLUCK

UNDEAD
UNLUCK

UNDEAD
UNLUCK

UNDEAD
UNLUCK

UNDEAD
UNLUCK

UNDEAD
UNLUCK

UNDEAD
UNLUCK

HALT!

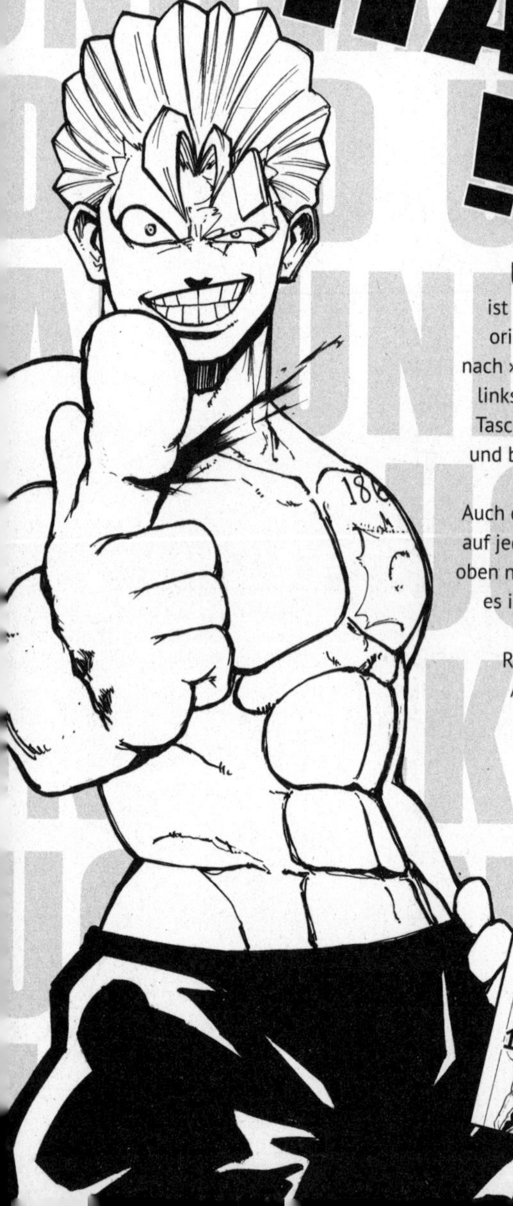

UNDEAD UNLUCK
ist eine japanische Serie, die originalgetreu von »hinten« nach »vorne« und von rechts nach links gelesen wird! Schlagt das Taschenbuch also »hinten« auf und blättert Seite für Seite nach »vorne« weiter!
Auch die Bilder und Sprechblasen auf jeder Seite werden von rechts oben nach links unten gelesen, wie es in der Grafik gezeigt wird!

Rotes Mützchen auf und Action auf Full Power!

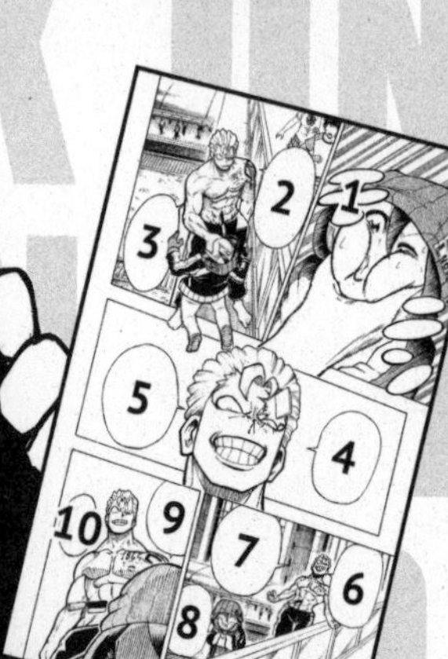